beck'sche reihe

bsr

Ein Grundthema dieser Essays, die erneut die Analyse wissenschaftlicher Probleme mit der Erörterung tagespolitischer Fragen verbinden, ist das Spannungsverhältnis zwischen tiefen politischen Umbrüchen und gesellschaftliche Strukturen von langlebiger Dauer in der europäischen, besonders der deutschen Geschichte. Es steht auch im Mittelpunkt weiterer Essays, die gesellschaftsgeschichtlichen Problemen – so der Frage nach der Zukunft der „Bürgergesellschaft" –, Wendepunkten der deutschen Geschichte und schließlich Fragen der Geschichtswissenschaft gelten.

Hans-Ulrich Wehler ist emeritierter Professor für Allgemeine Geschichte an der Universität Bielefeld. Im Verlag C.H. Beck erschien u.a.: Deutsche Gesellschaftsgeschichte. Bisher drei Bände (1987–1995); Die Herausforderung der Kulturgeschichte (1998); Politik in der Geschichte (1998).

Hans-Ulrich Wehler

Umbruch und Kontinuität

Essays zum 20. Jahrhundert

Verlag C.H. Beck

Die Deutsche Bibliothek – CIP-Einheitsaufnahme

Wehler, Hans-Ulrich:
Umbruch und Kontinuität : Essays zum 20. Jahrhundert /
Hans-Ulrich Wehler. – Orig.-Ausg., – München : Beck, 2000
(Beck'sche Reihe ; 1400)
ISBN 3 406 45940 4

Originalausgabe
ISBN 3 406 45940 4

Umschlagentwurf: +malsy, Bremen

Gesamtherstellung: C. H. Beck'sche Buchdruckerei, Nördlingen
Printed in Germany

Inhalt

IV.

Anhang

Vorwort

Wie zuvor verbindet auch diese Aufsatzsammlung die wissenschaftliche Auseinandersetzung mit der Beteiligung an tagespolitischen Kontroversen.[1]

In der jüngst verschärften, vielleicht sogar erst richtig eröffneten Debatte über das Verhältnis, in dem führende Historiker der Bundesrepublik in ihren jungen Jahren zum Nationalsozialismus gestanden haben, fließen beide Intentionen zusammen. Seit dem Deutschen Historikertag im September 1998 hat diese doppelpolige Diskussion jedenfalls eine neue Intensität gewonnen. Vor allem Theodor Schieder, Werner Conze, Karl-Dietrich Erdmann, Otto Brunner und Hermann Heimpel stehen zur Zeit in ihrem Mittelpunkt. Da ich bei Theodor Schieder promoviert und nach der Tätigkeit als Assistent mich bei ihm habilitiert habe, schien es ein Gebot der Redlichkeit, zugleich aber auch der Fairneß und Loyalität zu sein, frühzeitig eine klare Position zu beziehen, anstatt vor den bestürzenden Entdeckungen stumm wegzutauchen. Diese Stellungnahme findet sich in der ersten Abhandlung, die zu einer noch längst nicht abgeschlossenen Auseinandersetzung beitragen möchte.

Die Entwicklungsgeschichte der jungkonservativen Intellektuellengeneration, der die vorne erwähnten Historiker in den 1920er/30er Jahren überwiegend angehörten, lenkt erneut auf die mentalitätsprägende Kraft des Nationalismus hin.[2] Denn der radikalisierte Nationalismus jener Jahre hat das politische Urteil und auch die Bandbreite der politischen Optionen ihrer Angehörigen in einem ausschlaggebenden Maße bestimmt. Die folgenden Beiträge beschäftigen sich daher mit Aspekten des Nationalismus. Insbesondere geht es zum einen um die Frage, ob der Einfluß des deutschen Radikalnationalismus bisher angemessen hoch veranschlagt worden ist, wenn eine überzeugende Erklärung des Aufstiegs der Hitler-Bewegung und der Loyalitätsbasis des „Dritten Reiches“ angestrebt wurde. Zum anderen steht der Nexus zwischen Nationalismus, Nationalstaat und Krieg zur Debatte, damit aber letztlich das Problem, ob die gesellschaftlichen und politischen Organisationsprinzipien des Nationalismus in den vergangenen zwei Jahrhunderten nicht so oft und mit so barbarischen Konsequenzen gescheitert sind, daß die moderne Staats- und Gesellschaftsordnung einer anderen Fundierung bedarf. Denn ihre nationalideologische Legitimationsbasis hat weder eine harte, ja mörderische Exklusionspolitik im Innern noch zahlreiche Kriege bei der Errichtung von Nationalstaaten oder beim Zusammenprall der konfligierenden Interessen von Nationalstaaten verhindert. Im Gegenteil, sie hat solche Praktiken und Konflikte immer wieder gefördert, wegen ihrer absoluten Ansprüche mit Notwendigkeit aus sich hervorgebracht.

Ein zweites Bündel von Essays befaßt sich in historisch-politischer Perspektive mit der Systemgefährdung der Bundesrepublik, hält aber die vermeindliche Parallele zum Niedergang der Weimarer Republik für ganz und gar überzogen.[3] Andererseits wird argumentiert, daß sich die Auseinandersetzung mit der DDR-Geschichte weit intensiver als bisher dem doppelten Vergleich mit staatskommunistischen „Volksdemokratien", aber auch mit der nationalsozialistischen Diktatur stellen muß, um Gemeinsamkeiten und Ähnlichkeiten, selbstverständlich aber auch Unterschiede herausarbeiten zu können. Achtzig Jahre nach dem Ersten Weltkrieg erinnert ein weiterer Beitrag daran, wie prägend die Konstellation des ersten Totalen Krieges auf die folgenden Jahrzehnte des „Zweiten Dreißigjährigen Krieges" (R. Aron) eingewirkt hat.

Im dritten Abschnitt stehen die sozial- und gesellschaftsgeschichtlichen Interessen des Verfassers im Mittelpunkt.[4] Zuerst werden einige Grundzüge der deutschen Wirtschafts- und Sozialgeschichte des 20. Jahrhunderts herausgearbeitet, ehe die Frage, ob man aus der Geschichte des Industriekapitalismus lernen kann, ohne Wenn und Aber bejaht wird. Ein Rückblick auf die inzwischen rund tausendjährige Entwicklung des Bürgertums in Mitteleuropa zeigt, wie nach seinem Absturz während der NS-Diktatur eine ganz und gar unerwartete Renaissance dazu geführt hat, daß das Bürgertum wie Phönix aus der Asche wieder emporgestiegen ist und die Zielutopie einer „Bürgerlichen Gesellschaft", heute der „Zivilgesellschaft", eine neue Attraktivität gewonnen hat.[5] Zwei Längsschnittanalysen bemühen sich sodann darum, einen Überblick über die Theorien zur Sozialen Ungleichheit und zu jenem gesamtgesellschaftlichen Transformationsprozeß zu verschaffen, den wir abkürzend Modernisierung nennen.[6] Auf diese Weise soll eine schnelle Orientierung über Deutungen der Wirklichkeit vermittelt werden, welche die tiefgreifenden Veränderungen der Sozialstruktur und der Natur neuzeitlicher Gesellschaften nicht nur interpretierend begleitet, sondern zum Teil auch selber mitgeschaffen haben.

Schließlich werden einige innerwissenschaftliche Probleme aufgegriffen. Angesichts des jüngst sehr lebhaften Interesses an Körper- und Emotionengeschichte wird die Frage verfolgt, ob soziale Klassen auch vergleichsweise homogene emotionale Klassen verkörpern. Dabei wird die These vertreten, daß die Habitustheorie des französischen Soziologen Pierre Bourdieu die Chance bietet, die soziale Formierung der Emotionen in sein Konzept einzubeziehen, damit aber die Ausgangsfrage zu bejahen. Im Rückblick auf eine inzwischen vierzigjährige Diskussion wird das Verhältnis von Geschichtswissenschaft und Soziologie erneut auf den Prüfstand gestellt, da der anhaltende ahistorische Trend in den Sozialwissenschaften erkenntnishemmende Folgen besitzt und erklärungskräftige Analysen verhindert.[7] Ein abschließender Beitrag bemüht sich um eine vergleichende Positionsbestimmung im Hinblick auf die Schwerpunkte und Entwicklungstrends des historischen Denkens namentlich in der zweiten Hälfte des 20. Jahrhunderts.

Für die Herstellung der ursprünglichen Texte und jetzt der Druckvorlage möchte ich wieder Jutta Wiegmann, für die Kritik, die Mithilfe beim Korrekturenlesen und die Erstellung des Registers Cornelius Torp und Claus Kröger danken. Vor allem aber bin ich erneut Ernst-Peter Wieckenberg dankbar, daß er noch einmal die kritische Prüfung eines Manuskripts von mir mit der gewohnten lückenlosen Aufmerksamkeit auf sich genommen hat.

Bielefeld, Februar 2000 *H.-U. W.*

I.

1. Nationalsozialismus und Historiker

„Die Deutschen sind von Hitler befreit worden“, schreibt der Zeithistoriker Eberhard Jäckel, aber sie „werden ihn doch niemals loswerden“. Unbestreitbar sei vielmehr, „daß auch der tote Hitler immer mit den Deutschen sein wird, mit den überlebenden, mit den nachlebenden und sogar mit den noch ungeborenen ... als ewiges Denkmal des Menschenmöglichen“.[1]

Diese klaren Worte treffen den Tatbestand, um den es hier gehen wird, präziser als die larmoyante Formel von jener „Vergangenheit, die nicht vergehen“ will. Zur Zeit treffen sie auch in einem ganz besonderen Maße auf die deutschen Historiker zu, die unlängst in eine neue Debatte über das Verhalten exponierter Vertreter der eigenen Zunft in der Zeit des Nationalsozialismus und danach eingetreten sind. In ihrem Mittelpunkt steht das Engagement von Historikern zugunsten der nationalsozialistischen Ideenwelt und Politik – von Gelehrten, die nach 1945 eine außerordentlich prominente Rolle gespielt haben. An erster Stelle geht es hier um Theodor Schieder, Werner Conze und Karl Dietrich Erdmann, um Otto Brunner, Hermann Heimpel und Hermann Aubin, offenbar aber noch um eine Vielzahl von Landeshistorikern, Mediävisten und Experten der politischen Neuzeit.

Diese Diskussion hat soeben an Schwungkraft gewonnen, nachdem sie auf dem 42. Deutschen Historikertag, der im September 1998 in Frankfurt abgehalten wurde, erstmals auch eine breitere Öffentlichkeit erreicht hat. Sie wird wegen der zahlreichen neuen Forschungsmöglichkeiten und wegen unserer allgemeinen Vergangenheitsdiskussion sobald nicht ihr Ende finden. Vorerst dreht sie sich um drei Streitpunkte, die hier erörtert werden sollen.

Im Vordergrund steht die bisher weithin unbekannte, von ihnen selber angestrengt verhüllte „braune“ Vergangenheit dieser Historiker. Überwiegend aus ungedruckten Quellen – aus Denkschriften und Eingaben, aus Behördenakten und Briefen –, manchmal freilich durchaus auch aus gedruckten Texten, die bisher noch gar nicht oder doch nur zu selten kritisch zur Kenntnis genommen worden sind, wird eine neue Geschichte davon geschrieben, wieweit sich damals junge Historiker auf den Nationalsozialismus eingelassen haben und wie sie mit ihrem „Committment" nach der Zäsur von 1945 umgegangen sind.

Zum zweiten steht die Einstellung von einigen ihrer wiederum im Historikerberuf tätigen „Schüler" zu dieser Vorgeschichte zur Debatte. Denn die Enthüllungsarbeit ist mit lebhaften Vorwürfen gegen sie verbunden, hätten sie doch, heißt es, über diese Vergangenheit ihrer wissenschaftlichen „Väter" wissentlich geschwiegen, bestenfalls – und auch dann nur schwer erklärbar – aus fehlendem Interesse, eher wohl aus geschmeidiger Verdrängungsbereitschaft oder gar aus schnöden, womöglich durch ein „Schweigegelübde" besiegelten Karrieremotiven, da sie sonst mächtige „Säulenheilige" (Aly) ins Fadenkreuz ihrer Kritik hätten nehmen müssen.

Und drittens wird, da einige dieser „Schüler" an der Entwicklung der westdeutschen Sozialgeschichte beteiligt waren und sind, um deren Herkunft aus der „Volksgeschichte" vor 1945 gestritten. Da die Vätergeneration auf die erst völkische, dann nationalsozialistische „Volksgeschichte" gesetzt und diese im Zuge der nach 1945 politisch opportunen Sprachkosmetik flugs auf „Strukturgeschichte" oder, weit überwiegend, auf „Sozialgeschichte" umgetauft habe, stammten die aus ihrem Umfeld hervorgegangenen Sozialhistoriker der 60er und 70er Jahre, wird insinuiert, im Grunde aus „brauner" Wurzel. Diese Behauptung bietet manchen Anlaß zu vollmundigen Attacken. Da sie sich im allgemeinen durch eine verblüffende Unkenntnis der wissenschaftsgeschichtlichen und politischen Grundlagen dieser neueren Sozialgeschichte auszeichnen, kann hier manches schnell zurecht gerückt werden.

Begreift man außerdem solche polemischen Auseinandersetzungen mit Pierre Bourdieu als Kämpfe um den Vorrang auf einem stets umstrittenen Kraftfeld, hier demjenigen der geschichtswissenschaftlichen Deutungskompetenz, geht es bei der anlaufenden Kontroverse, ob bereitwillig eingestanden oder als Subtext, auch um die konzeptionelle, ja politisch-moralische Delegitimierung der Sozialgeschichte, denn ihre Vertreter werden auf der Linie einer flink praktizierten Verschwörungstheorie als gesinnungsschwache, wenn nicht gar feige Karrieristen gekennzeichnet, die sich – bar jeder Zivilcourage und intellektuellen Redlichkeit – der angeblich nationalsozialistischen Herkunft ihrer mit soviel progressiven, innovatorischen Ansprüchen verfochtenen Sozialgeschichte bis heute nicht zu stellen wagten.

Ungleich wichtiger noch ist der allgemeine Zusammenhang mit unseren Gedächtnis- und Erinnerungsproblemen. Seit rund 20 Jahren gewinnt die Diskussion über die Bedeutung des Holocaust zusehends an Intensität. Der Goldhagen-Disput ist eines der Symptome dafür. Die Debatte über ein Berliner Holocaust-Denkmal hält weiter an. Das dumpfe Ressentiment, das sich in Walsers – als Friedenspreisrede etikettierter – Kriegserklärung gegen eine selbstkritisch durchgehaltene Vergegenwärtigung unserer jüngeren Vergangenheit äußert („Moralkeule", „Meinungssoldaten", „Monumentalisierung der Schande"), hat eine neue Kontroverse ausgelöst, die uns noch weiter begleiten wird. Immer geht es dabei um die Frage: Wie gehen die Deutschen mit ihrem Vernichtungskrieg und Massenmord vor 1945 um? Wie begegnen sie dieser Aufgabe in dem halben Jahrhundert seither? Wie können sie die Erinnerung daran weiter glaubwürdig wachhalten?

Es kommt nicht häufig vor, daß Völker sich ihren eigenen Verbrechen stellen. Im internationalen Vergleich kann sich da die Bundesrepublik, aufs Ganze gesehen, durchaus sehen lassen. Niemand konnte glauben, daß aus einem Volk von Millionen Tätern und Abermillionen von Mitläufern 1945 über Nacht eine Versammlung geläuterter Demokraten werden würde. Daß aber nur ein schmerzhafter, mühseliger, angestrengter Lernprozeß zur Einsicht in die eigene Vergangenheit und ihre Dimensionen des Massenmords, damit aber auch zu einer standfesten selbstkritischen Erinnerung führen könne – darauf konnte, ja mußte man hoffen. Darauf beruhte auch der emphatische Aufklärungsimpetus der Geschichtswissenschaft, besonders der Zeitgeschichte, die auf dieser kritischen Überprüfung der eigenen Vergangenheit, auf dieser Selbsterforschung weithin erfolgreich insistiert hat. Insgesamt, scheint mir im Rückblick, hat dieser Lernprozeß viel bewirkt – nicht nur die innere Bejahung und die Stabilität der zweiten deutschen Republik, sondern auch ein selbstkritisches historisches Bewußtsein, das ständig wachgehalten werden muß, um etwa jene offenen Diskussionen zu bestehen, die wir jetzt führen und die unvermeidbar weiter auf uns zukommen.

An zwei Wissenschaftlern möchte ich, in mancher Hinsicht paradigmatisch, das schwierige Verhältnis von „brauner" Vergangenheit und neuem Lebensabschnitt nach 1945, von ideologischer Verblendung und Lernbereitschaft erörtern. Zusätzliche Brisanz entsteht dadurch, daß es sich um Historiker handelt, die vor 1945 eine „kämpferische, politische Wissenschaft" öffentlichkeitswirksam betreiben wollten, seither aber an exponierter Stelle und wiederum öffentlich auf das historische Bewußtsein in der Bundesrepublik eingewirkt haben.

Worum geht es konkret bei dem ersten Streitpunkt, der zur Zeit die zunftinterne und allgemeine Aufmerksamkeit zu Recht auf sich zieht? Rasch wächst ein Korpus einschlägiger Literatur heran, die neues Licht auf die Teilnahme von Historikern an der unter nationalsozialistischem Vorzeichen betriebenen „Ostforschung" und „Westforschung" wirft.[2] Vorwiegend steht die Generation der zwischen 1900 und 1910 Geborenen zur Debatte, ihr Denken und Verhalten in der Zeit zwischen 1930 und 1945 – und jahrzehntelang seither. Aus einem breiten Quellenmaterial wird allmählich das ganze Ausmaß der engen Kooperation, der bereitwilligen Zusammenarbeit, zumindest der widerstandslosen Mitwirkung an anrüchigen Vorhaben rekonstruiert. Aus dem bisher undurchdringlichen Dickicht der Vergangenheit treten jetzt, da seit dem Umbruch von 1989/91 immer mehr wichtige Archivbestände endlich zugänglich werden, die Konturen eines NS-freundlichen Engagements zunehmend klarer hervor, das man wegen der aktiven Teilnahmebereitschaft und Überzeugungsidentität nicht länger mehr mit dem leicht apologetisch wirkenden Begriff der „Verstrickung", die einem eine fremde Gewalt, ein „zufälliges Schicksal" von außen aufnötigt, charakterisieren sollte.

Ziemlich genau ist inzwischen die bisher unbekannte Landschaft großer Forschungsinstitutionen und -projekte in der Spätphase der Weimarer Republik und im „Dritten Reich" erkundet worden: die „Nordostdeutsche Forschungsgemeinschaft" (NOFG) und die „Südostdeutsche Forschungsgemeinschaft" (unter dem Vorsitz Otto Brunners) mit mehr als tausend Mitarbeitern, das „Handwörterbuch des Grenz- und Auslanddeutschtums" mit gut 700 Mitarbeitern, die Hilfsorganisationen der „Volkstumsforschung" und „Westforschung". Sie alle waren auf einen germanozentrischen, slawenfeindlichen, antisemitischen, expansionistischen Kurs eingeschworen. Sie sollten nicht nur die „Weltanschauung" des Nationalsozialismus durch die „Erfindung von Traditionen" der regimekonformen Sorte legitimieren, sondern auch seiner Bevölkerungs-, Umsiedlungs- und Vertreibungspolitik den Anschein historischer Notwendigkeit verleihen.

Im Vordergrund stehen jetzt aber nicht solche Institutionen, ihre staunenerregenden Etats und ihre hochideologisierten Zielvorgaben. Vielmehr geht es vornehmlich um einige in ihnen wirkende, später prominente Historiker, deren Aufstieg damals begann. Sie traten, wie das auch und gerade für Brunner, Conze, Schieder und andere zutrifft, ihrem politischen und wissenschaftlichen Selbstverständnis nach für eine neue Strömung in der deutschen Geschichtswissenschaft ein: für die „Volksgeschichte".

Woher kam sie? Was wurde unter ihr verstanden? Was wollte sie? Ihren entscheidenden Ausgangspunkt bildete die traumatisierende Erfahrung der Weltkriegsniederlage 1918. Staaten zerfielen (wie Österreich-Ungarn) oder wurden in eine neue, ungeliebte Verfassungsform überführt (wie das Deutsche Kaiserreich). Der Staat aber war für mehrere Historikergenerationen der Garant von Kontinuität im geschichtlichen Wandel gewesen. Was konnte jetzt, angesichts einer fatalen Krise, weiterhin Kontinuität verbürgen? Das war, hieß es, das „deutsche Volk", in gleich welcher staatlichen Form. Diese Überzeugung knüpfte fugenlos an ältere Volks- und Volkstumsvorstellungen seit der Politischen Romantik an.

Im deutschsprachigen Österreich ist die Aufwertung des Volkes schon früher erkennbar, da dort durch die leidenschaftlichen Nationalitätenkonflikte, zum Beispiel mit Tschechen, und die Erfahrung mit einer multikulturellen Gesellschaft, zum Beispiel in Wien, der Staatskritik am Habsburger Reich und der Verklärung der Deutschen als eines bedrängten, aber zur Herrschaft prädestinierten „Volkes" der Boden bereitet worden war.

Eine weitere Grundlage hatte die Landesgeschichte des Späten Mittelalters und der Frühen Neuzeit geschaffen, welche vor allem in aktiven Instituten an den Universitäten zu Leipzig, Bonn und Innsbruck die Erforschung des „Volkskörpers", des „einfachen Volkes", der „Volksmassen" anstelle der bislang bevorzugten adligen oder klerikalen Eliten mit differenzierten, aber auf eine integrierte Regionalgeschichte zielenden Ansätzen verband.

Während der Weimarer Republik wurden diese Impulse verstärkt durch die Ablehnung des republikanischen Staates und der gesamten Nachkriegskonstellation, durch die Verweigerung des äußeren und inneren Friedens und die Fixierung auf den machtpolitischen Wiederaufstieg der „deutschen Nation". Zugleich drangen, namentlich in der jüngeren Generation, die Volkstumsvorstellungen, die völkischen Ideen, der Glaube an die Zukunft verbürgende, letztlich alle aktuellen Widrigkeiten überwindende Substanz des „deutschen Volkes" vor. Diese mystifizierte Größe wurde weit verstanden: als Bevölkerung des „Deutschen Reiches", wie die Republik weiter hieß, aber auch als das „österreichische Deutschtum" und die Diaspora des gesamten Grenz- und Auslanddeutschtums. Dabei wurden die „Volksdeutschen" in ihren Siedlungsgebieten zwischen Baltikum und Banat mit ihrer angeblich authentischen „deutschen Lebensart", fern vom „zersetzenden" Einfluß der westlichen Moderne, geradezu als Kern eines künftigen „reinen Deutschtums" idealisiert.

Wissenschaftlich verkörperte dieses „Volk" aber weithin eine Terra incognita. Wenn Historiker sich nun mit Soziologen, Demographen, Linguisten, Geographen, mit möglichst allen Nachbarwissenschaften zusammentaten, konnte man hoffen, die Komplexität der „Volksgeschichte" endlich genauer als zuvor zu erschließen. Das leidenschaftliche ideologische Engagement für die historische Mission des „deutschen Volkes" auf einem Tiefpunkt seiner historischen Existenz im Verein mit wissenschaftlich progressiver Interdisziplinarität – diese Fusion verhieß sowohl die intellektuelle und emotionale Befriedigung, die eine gegenwartsorientierte Geschichte als „politische Wissenschaft", wie es jetzt kämpferisch hieß, gewährte, als auch die Aussicht auf einen hohen Ertrag der wissenschaftlichen Forschungsergebnisse.

Eine wichtige Rolle spielten dabei, wie oft bei einer solchen Schulbildung, starke, politisch und sozialtheoretisch aber dogmatisch festgelegte Lehrerpersönlichkeiten. Da waren vor allem der Demograph und „Volkslehre"-Apostel Gunther Ipsen in Königsberg, der als einer der Wortführer der „Konservativen Revolution" profilierte Leipziger Soziologe Hans Freyer, der zur Volkstumsgeschichte und Volkstumspolitik aufrufende (aber nicht völkischen Ideen anhängende) Historiker Hans Rothfels an der „Grenzland"-Universität Königsberg – das Idol junger Historiker wie Schieder und Conze. Der Einfluß, den diese Hochschullehrer dank ihrer politischen Leidenschaft, ihrer intellektuellen Brillanz, ihres innovatorischen Anspruchs gewissermaßen als Minicharismatiker auf diese Generation ausgeübt haben, als sie sie auf einen schrecklichen Irrweg führten, muß offenbar hoch veranschlagt werden.

Die „Volksgeschichte" zog daher, von mächtigen Motiven und von einflußreichen Wissenschaftlern vorangetrieben, zusehends junge Historiker an, zumal wenn sie aus dem protestantischen Bildungsbürgertum stammten, wissenschaftliches Leistungsdenken früh verinnerlicht hatten, zu Hause und in den bündischen Jugendverbänden jungkonservative, völkische Ideen, großdeutsche Hoffnungen und Ziele des aggressiven „Neuen Nationalismus" aufgesogen hatten – wie das etwa auf Conze und Schieder zutrifft.

Man vergegenwärtige sich ihre Optionen zu Beginn des Studiums oder der Dissertation: Sie konnten zum einen bei der erdrükkenden Mehrheit der Geschichtsprofessoren an deutschen Universitäten eine ziemlich öde Diplomatie- oder konventionelle Nationalgeschichte kennenlernen. Bei Friedrich Meinecke konnten sie zum anderen eine vergleichsweise raffinierte Ideengeschichte betreiben (und diese Aussicht zog nicht wenige der besten Jüngeren, etwa Felix Gilbert, Hans Rosenberg, Dietrich Gerhard, Gerhard Masur, Ernst Simon, magisch an). Oder aber sie konnten auf die neue Karte der „Volksgeschichte" setzen. Von diesem Feld ist offenbar, das kann man sich unschwer vorstellen, seit den späten 20er und in den 30er Jahren eine große Faszination ausgegangen, da es Bevölkerungs-, Sozial-, Wirtschafts-, Sprach-, Siedlungs- und Verfassungsgeschichte auf einem neuartigen interdisziplinären Niveau mit aktuellen politischen Aufgaben zu kombinieren versprach. Nicht nur der komplizierte Forschungsgegenstand, sondern auch die Zusammenarbeit mit den Nachbarwissenschaften zwang zur Schärfung der theoretischen Interessen. Kurzum: Die jungen „Volkshistoriker" traten selbstbewußt, ja siegessicher zum Kampf gegen die „Interpretationsmonopole des Mandarinentums" an.[3]

In Österreich hat Otto Brunner frühzeitig seine Entscheidung für die „Volksgeschichte" getroffen. In Deutschland gehörten Schieder und Conze mit manchen Altersgenossen zu ihren frisch gewonnenen Adepten. Ob ihre kurzlebige Praxis so innovativ war, wie ihre Protagonisten glaubten und wie auch einige Ergebnisse heute noch wirken, ist zur Zeit heftig umstritten. Denn die ideologischen Scheuklappen engten die weiten forschungsleitenden Interessen starr ein. Durchweg wurde die „ländliche Gesellschaft" privilegiert, die moderne industriekapitalistische Welt aber nicht nur vernachlässigt, sondern diskriminiert. Soziale Konflikte wurden klein-, das gesellschaftliche Harmonieideal und nationale Gegensätze dagegen großgeschrieben. Die zeitgenössische Bevölkerungsgeschichte etwa Paul Momberts und die Agrargeschichte der Jüngeren Historischen Schule der Nationalökonomie waren so rückständig nicht. Wie auch immer, erst ein sorgfältiger Vergleich der Vorzüge und Grenzen der „Volksgeschichte" mit dem Leistungsstand der tradierten Disziplinen kann die Entscheidung über das Innovationspotential bringen, das trotz der ideologischen Engführung vorhanden gewesen sein kann. Die moralisierende Etikettierung, daß die „Volksgeschichte" im Grunde nur „inhumane Ziele" verfolgt habe und deshalb in den Orkus gehöre, schneidet diese vergleichende Analyse ab, noch ehe sie begonnen worden ist. Allgemein gilt jedoch: Theoretisch-methodische Progressivität muß keineswegs mit politischem Avantgardismus gekoppelt sein, wie etwa die bahnbrechenden Arbeiten des erzroyalistischen Verfassungshistorikers Otto Hintze oder die bis heute stimulierenden agrar- und herrschaftssoziologischen Überlegungen Max Webers aus der Zeit seines alldeutschen Radikalnationalismus schlüssig beweisen.

Mit Hilfe des Begriffs und des Inhalts der „Volksgeschichte" kann man das innerwissenschaftliche Diskussionsfeld abgrenzen. Will man die Parameter der Debatte jedoch weiter stecken, muß man die seit dem Ersten Weltkrieg immens verschärften Nationalitätenkonflikte einbeziehen, die für die politische Generation von Schieder und Conze lebensgeschichtlich von prägender Bedeutung waren. Ringsum hatten sich seit dem türkischen Massaker an den Armeniern, der wechselseitigen griechischen und türkischen Vertreibung und schließlich staatlich organisierten „Umsiedlung", den harten Konflikten zwischen Italienern und deutschsprachigen Südtirolern, Serben und Kroaten, Ungarn und Nichtmadjaren, namentlich zwischen den „Staatsnationen" und allen Minderheiten in den Nachfolgestaaten der multinationalen habsburgischen, russischen und preußisch-deutschen Reiche mit ihrer unentwirrbaren ethnisch-kulturellen Mischsiedlung die Zusammenstöße gewaltig verschärft. Die Versailler Friedensordnung zugunsten insbesondere der neuen polnischen, tschechischen und baltischen Staaten wirkte wegen der vermeintlichen und faktischen Diskriminierung der jeweiligen deutschen „Volksgruppen" gerade auf die „Volkshistoriker" wie der ständig schmerzende Stachel eines historischen Unrechts, das wiedergutzumachen sei. Ohne die Nationalitätenkonflikte in „Ostmitteleuropa", wo der seit den 1870er Jahren forcierte Zusammenprall zwischen „Germanisierungspolitik" und „slawischer Flut" eine neue Dimension angenommen zu haben schien, läßt sich ihr Erfahrungshorizont und Gedankenhaushalt nicht angemessen verstehen.

Das fatale Dilemma der auch durch diese neuen Nationalitätenkonflikte motivierten „Volksgeschichte" liegt für uns unabweisbar auf der Hand. Seit 1933 wurde der ältere – anfangs nicht notwendig rassistische, aber sozialromantische – Volkstumsbegriff durch die verhängnisvolle völkisch-rassistische Chimäre des „Volkes" verdrängt. Historische Konflikte wurden zum Kampf um die „Reinhaltung deutscher Art", als Behauptung der germanischen oder „arischen Rasse", als Verteidigung des „deutschen Volksbodens" stilisiert. Und gleitend, bei einigen auch durchaus tatkräftig, ergab sich der Übergang zur Unterstützung der nationalsozialistischen Volkstumspolitik, selbst in der Gestalt der Umsiedlung und Vertreibung der „fremdnationalen" Kontrahenten.

Zum Schreibtischtäter wurde man da im Nu, denn man wirkte, selbst wenn die Bemühungen um eine direkte Einflußnahme auf die konkrete NS-Politik zunächst beiseite bleiben, durch die Sprache aus dem „Wörterbuch des Unmenschen" und damit durch ein regimekonformes Denken an dem Absenken der zivilisatorischen Hemmschwellen, an der pseudowissenschaftlichen Legitimierung der inhumanen Politikpraxis des NS-Regimes mit. Wer sich einmal intensiv und überzeugt auf Volkstumspolitik und völkische „Volksgeschichte" eingelassen hatte, konnte offenbar der rassistischen Aufladung der „Volksgeschichte" und ihrer Indienstnahme durch die braune Diktatur keinen glaubwürdigen Widerstand entgegensetzen – und wollte es im allgemeinen auch gar nicht. Die Überlappung der „volksgeschichtlichen" Ziele mit nationalsozialistischen Intentionen wuchs sich schnell zu einer breiten Konsenszone aus.

Hier verdient es ein wichtiger Gesichtspunkt Hans Mommsens noch einmal betont zu werden. Man sollte nicht von einem harten ideologischen Kern des Nationalsozialismus ausgehen und dann die mehr oder minder große Affinität, etwa der Berufsklasse der Professoren, zu diesem Kern herausarbeiten. Die Metapher vom harten Kern und der graduell abgestuften Affinität führt leicht in die Irre. Realitätsnäher ist es vielmehr, von einem System sich überlappender Kreise auszugehen, wobei dann die gemeinsamen Schnittflächen zwischen nationalsozialistischen Ideen und Auffassungen der Mehrheit der deutschen Universitätshistoriker (zum Beispiel: Revision des „Versailler Systems", Wiederaufrüstung, europäische Hegemonialpolitik, deutsche Kulturmission im Osten, Reichsmythos, Großdeutschland, Honoratiorenantisemitismus) für eine ausreichende partielle Interessen- und Zielidentität sorgten, ohne daß sie notwendig auch Parteigenossen wurden und mit gleichmäßiger Verve für alle nationalsozialistischen Zielvorstellungen eintraten. (Die Summe all dieser oft diffusen Überlappungen innerhalb der deutschen Gesellschaft war dann realiter der Nationalsozialismus!) Solche Überlegungen bestätigen überdies die Notwendigkeit, nicht allein einzelne Historiker in der Zeit des „Dritten Reiches" zu untersuchen, sondern möglichst einmal die gesamte politische Generation der jungen Rechtsintellektuellen, die in den 30er Jahren in die Universitäten und anderen Staatsinstitutionen drängten.[4]

An dieser Stelle muß jetzt der Frage nachgegangen werden, wieweit das Engagement für die „Volksgeschichte" und eine von ihr inspirierte Politikberatung tatsächlich reichte. Ich fange mit Theodor Schieder an – in den 25 Jahren vor seinem Tod (1984) die einflußreichste Persönlichkeit in der westdeutschen Geschichtswissenschaft. Ich tue das auch aus einem persönlichen Grund, den zu verschweigen unaufrichtig wäre, denn ich habe nach einer ersten Amerikazeit wegen Schieder das Studium in Köln fortgesetzt und bin seinetwegen dort geblieben.[5] Schieder ist uns über die Jahrzehnte hinweg als ein intellektuell überlegener, außerordentlich vielseitiger und theoriebewußter, im persönlichen Umgang mit Jüngeren großzügiger, ja auffällig liberaler Historiker begegnet. Bei ihm konnte man überdies etwas ungemein Wichtiges lernen: sich nämlich mit rationalen Argumenten zu streiten, anstatt dem Komment einer engherzigen Schulbildung, die uns allen fremd blieb, zu folgen. Politisch gehörte er damals zu der in Deutschland seltenen Spezies des liberalen Tory. Doch auch auf diesem Feld konnte man sich, zum Beispiel über die Anerkennung der Oder-Neiße-Grenze, argumentativ mit ihm auseinandersetzen.

An diesen 15 Kölner Jahren ist nichts zu bereuen. Über eines aber schwieg Schieder, trotz vielfachen Drängens bei mancher informellen Gelegenheit, buchstäblich eisern: zu jeder Frage nach den 30er oder 40er Jahren, insbesondere zur „Königsberger Zeit" von 1934 bis 1944. Keinen einzigen Satz ließ er sich dazu entlokken. Das regte zwar zu vagen Vermutungen darüber an, warum das auferlegte Schweigegebot so konsequent beachtet wurde. Konkretisieren aber konnten wir sie nicht, geschweige denn einen begründeten Verdacht entwickeln, und wir empfanden dann auch wegen des vorherrschenden Gesamteindrucks der Persönlichkeit die Klärung gegen einen derartig hartnäckigen Widerstand als nicht so dringend.

Um so schmerzhafter hat es mich getroffen, daß ich nun meine eigene Erfahrung und das Verhalten des „jungen" Schieder – gegen Kriegsende war er Mitte 30 – im Lichte der jüngsten Funde in ein neues Verhältnis setzen muß. Das gilt natürlich auch ganz allgemein für das historisch neu abzuwägende Urteil über ihn und seine Berufsgenossen.

Schieder (Jahrgang 1908) promovierte 1933 in München bei Karl Alexander v. Müller mit einer quellennahen Studie über die kleindeutsche Nationalbewegung in Bayern von 1863 bis 1871.[6] Es ist noch immer eine empirisch eindrucksvolle Studie, interpretatorisch ganz im Stil der gängigen nationalhistorischen Bejahung der Bismarckschen Reichsgründung angelegt. Im Vorwort zur Druckfassung (1936) forderte er freilich eine von der Gegenwart nahegelegte „stärkere Durchdringung der großdeutschen Bewegungselemente" im Sinne der jetzt anstehenden „neuen Deutung vom gesamtdeutschen historisch-politischen Denken her". Das war gewiß zeitgemäß, entsprach aber auch einer ihm vertrauten älteren Tradition der bündischen Jugendbewegung. Es überrascht dann nicht, daß Schieder den „Anschluß" Österreichs im Jahre 1938, wie auch sein Briefwechsel mit dem Wiener Historiker Heinrich Ritter v. Srbik, einem leidenschaftlichen Verfechter „Gesamtdeutschlands“, zeigt, im Einklang mit Millionen von „Reichsdeutschen“ und Österreichern als Erfüllung der „großdeutschen Hoffnungen“ empfand.

Im Februar 1934 ging er mit dem festen Ziel nach Königsberg, dort bei Hans Rothfels, der auch ihn seit Jahren faszinierte, seine Habilitationsarbeit zu schreiben. Da Rothfels – trotz seiner exponierten Stellung in Königsberg, trotz seines leidenschaftlichen Nationalismus, trotz seiner Verletzung als Frontoffizier – wegen seiner jüdischen Herkunft im Zuge der antisemitischen Beamtenpolitik des „Dritten Reiches“ seine Stelle verlor, scheiterte dieser Plan. Dank eines bereits im März 1934 gewährten Stipendiums der „Publikationsstelle Berlin-Dahlem“, von der aus unter der Leitung Albert Brackmanns, der grauen Eminenz der Großforschung, auch die NOFG aufgebaut wurde, konnte Schieder jedoch sogleich mit seinem Projekt (Die Bildung eines preußischen Bewußtseins in Westpreußen von 1466 bis 1772) beginnen und es seit dem April 1935 als Leiter der ostpreußischen „Landesstelle für Nachkriegsgeschichte“, einer von dem befreundeten Theodor Oberländer vermittelten Außenstelle der Brackmannschen Zentrale, fortsetzen.

Als Sprecher der bündischen „Akademischen Gildenschaft“ hatte der 22jährige Student 1930 den „massendemokratischen“ Charakter des Nationalsozialismus ganz so abgelehnt wie dessen Ideal eines „omnipotenten“ Staates, da beides dem bündischen Prinzip autonomer Selbstverwaltung widerspreche.[7] Darin äußerte sich ein typisch bildungsbürgerlich-elitärer Vorbehalt gegenüber den braunen Plebejern, deren volkstumspolitische und großdeutsche Ziele jedoch von den Bündischen, auch in der „Gilde“, weithin geteilt wurden.

Wie sehr sich die anfängliche Distanz verringert hatte, zeigte fünf Jahre später Schieders Programm für die Arbeit seiner „Landesstelle“. Das Forschungsinstitut sei dem „Arbeitsprinzip der kämpfenden Wissenschaft“, wie es der Nationalsozialismus verfechte, verpflichtet, mithin durch und durch „politisch“ ausgerichtet, und sein Wahrheitskriterium werde durch die „Wahrheit des eigenen Schicksals“ vorgegeben; im Rahmen der „Volksgeschichte“ gelte es, den Kampf um den „Volksboden“, den „Volkstumskampf“ überhaupt herauszuarbeiten.[8]

Im Herbst 1939 lag die Habilitationsschrift vor, die bereits im nächsten Jahr als Buch erschien: „Deutscher Geist und ständische Freiheit im Weichselland. Politische Interessen und politisches Schrifttum in Westpreußen 1569–1793“ (Königsberg 1940). Im allgemeinen präsentierte es, überwiegend ideen- und verfassungsgeschichtlich angelegt, „sachliche Detailforschung“[9] zur ständischen Politik namentlich des deutschen patrizischen Stadtbürgertums, etwa in Danzig und Elbing, viel weniger des deutschen landsässigen Adels. Beurteilt man die Studie in einer ideologiekritischen Perspektive, war sie auf der Linie von Rothfels' volkstumspolitisch inspirierter Geschichtsschreibung als eine historisch fundierte Verteidigung des deutschen Anspruchs auf das 1918/19 an Polen abgetretene Westpreußen konzipiert – wie das Schieder selber im Vorwort dem Leser eröffnete.

Gegen die damals vorherrschende Tendenz in der deutschen Geschichtswissenschaft, das anachronistische Ständewesen zugunsten des absolutistisch-bürokratischen Zentralstaats, der die Zukunft der modernen Staatsbildung verkörpere, scharf abzuwerten, wertete Schieder die Stände entschieden auf. Warum? Das erläuterte er genauer erst 1943 in einem Aufsatz über „Landständische Verfassung, Volkstumspolitik und Volksbewußtsein“, wo er ungleich offenherziger (oder aus Überzeugung inzwischen dezidierter?) als in dem eher vorsichtig und ruhig argumentierenden Buch die frühneuzeitliche Ständepolitik in Westpreußen, Siebenbürgen und Livland deshalb so überaus positiv beurteilte, weil sie im Dienst der „Verteidigung des völkischen Selbstverwaltungsanspruchs“ gegen „fremdnationale Bestrebungen“ gestanden und daher eine „volkstumserhaltende Funktion“ gegen den Druck der „Verpolung“ oder die angedrohte „völlige völkische Vernichtung“ durch Russifizierung und Madjarisierung besessen habe.[10] So gesehen kämpften die deutschen Stände statt für althergebrachte Privilegien für die „Reinheit des Blutes“, da ihnen die „Vermischung“ als „größtes völkisches Unheil“ erschien, mithin für die „völkische Arterhaltung“ und gegen die „völkische Zermürbung“. Denn angeblich war in diesen Ständerepräsentanten das „Gefühl für die natürlich-bluthaften ... Lebensgesetze der Reinerhaltung von Rasse und Blut“ besonders lebendig. So deutete Schieder den Kampf um tradierte ständische Sonderrechte in einen geradezu zukunftsorientierten, explizit auf das nationalsozialistische „Volksgruppenrecht“ verweisenden Kampf um.

Warum bloß hat Werner Conze noch 1984 in seinem Nachruf auf den Freund ausgerechnet diesen Aufsatz als eine „meisterhafte Studie“ loben können, als einen „vorwärtsweisenden Versuch, zu einer vergleichenden Verfassungstypologie vorzudringen“?[11] Und warum hat Schieder selber sich nach vier Kriegsjahren bewogen gefühlt, dort ein schmales Büchlein von Rothfels über das Baltikum als Beleg anzuführen (S. 279, Anm. 28)? Ein wenig trotzig vielleicht, um an den inzwischen vertriebenen, verehrten Mentor ungeachtet seiner jüdischen Herkunft zu erinnern? Aber doch zugleich anpassungsbereit, da hinter Rothfels' Namen – eine bittere Irritation – der neuen Zitierordnung gemäß das „j.A.“, d.h. Autor jüdischer Abstammung, nicht fehlte. Spätestens bei der Umbruchkontrolle hätte der Titel, zumal er sachlich unwichtig war, gelöscht werden können, handelte es sich doch um einen bewunderten Hochschullehrer, dessen Abschied von seinem engeren Studentenkreis nach der Stigmatisierung (1934) Schieder rund 30 Jahre später als das „bewegendste“ Erlebnis seiner jungen Jahre empfand.

Man könnte sagen, daß sich nach intensiver Suche auf den vielen hundert Seiten der wissenschaftlichen Veröffentlichungen Schieders in den zehn Jahren zwischen 1934 und 1944 bisher doch nicht mehr als eben diese Stellen hätten finden lassen. Kann aber der dann unvermeidbare Begriff des Mitläufers zur Charakterisierung genügen? Oder geht es nicht doch um das Denken und Schreiben in jener Konsenszone, in der sich die völkische „Volksgeschichte“ mit nationalsozialistischen Ideen, ja Handlungsimperativen in einer osmotischen Beziehung zusehends deckte?

Dafür spricht auch die Art der Politikberatung, zu der Schieder durch die Maxime der „kämpfenden Wissenschaft“ geführt wurde. Unmittelbar nach dem Ende des „Polenfeldzugs“ trafen sich, offenbar von Brackmann nachhaltig unterstützt, einige Historiker – alle stammten aus dem Umfeld der „Volksgeschichte“: Hermann Aubin, Walther Kuhn, Theodor Schieder u.a., am 28. September 1939 in Breslau, um mit ihrer fachwissenschaftlichen Kompetenz die Siedlungsplanung der künftigen deutschen Polenpolitik in vorauseilendem Gehorsam zu beeinflussen. Schieder übernahm die Aufgabe – auf Wunsch Brackmanns, als ehemaliger

NOFG-Stipendiat, als Jüngster? – , die Protokollnotizen zu einer Denkschrift auszuarbeiten, deren Entwurf bereits am 7. Oktober, trotz der eigenen Arbeitsbelastung wenige Tage vor dem Einreichen der Habilitationsschrift, handschriftlich vorlag.[12] Wo Schieder die Meinung anderer Teilnehmer wiedergab, läßt sich zur Zeit nicht exakt feststellen. Man muß vielmehr davon ausgehen, daß er selber das dachte und schrieb, was sich in seinem Entwurf findet. Dem Leiter der Berliner „Publikationsstelle" galt er jedenfalls als „der eigentliche Bearbeiter".

Schieder ging es hier zuerst um die „Wiedergutmachung von offenkundigem politischem Unrecht", der „brutalen Entdeutschungspolitik der Polen, die zu einer beispiellosen Vernichtung und Verdrängung des ansässigen deutschen Volkstums, seines Lebensraums und Besitzes geführt" habe. „Oberstes Gesetz einer Neuordnung" sei jetzt „die Sicherung deutschen Volksbodens im Osten durch eine geschlossen siedelnde ... deutsche Bevölkerung" und die „klare Abgrenzung von polnischem und deutschem Volkstum, die die Gefahren völkischer und rassischer Vermischung vermeidet". Wenn man nicht zur Reichsgrenze von 1914 zurückkehren, sondern eine neue Grenze weiter östlich ziehen wolle, die diesen „geschlossenen deutschen Volksboden" von polnischen Landschaften trenne, mache dieses Ziel „Bevölkerungsverschiebungen allergrößten Ausmaßes notwendig. Eine solche Entwicklung erfordert nicht ein Programm für wenige Jahre, sondern Pläne auf lange Sicht". Zu den „Sofortmaßnahmen" der nationaldeutschen Homogenisierungspolitik rechnete Schieder eine staatliche „Generalvollmacht" zur „Enteignung" und „Ausweisung aller seit 1919 zugewanderten Polen" sowie zur „Wiedereindeutschung", die durch den „Einsatz" von Volksdeutschen im Gefolge der „Umsiedlung der deutschen Volksgruppen im gesamten osteuropäischen Raum" ermöglicht werde.

Wohin sei „der zu erwartende polnische Auswandererstrom aus Posen und Westpreußen zu lenken?" fragte der Autor. Möglichst, ja „unter allen Umständen" in die „Überseewanderung" anstatt in die „Abwanderung in den polnischen Reststaat". Dorthin sei ein Transfer nur möglich, wenn die „Herauslösung des Judentums aus den polnischen Städten" gelinge, um der dann einströmenden Landbevölkerung endlich den Aufbau eines polnischen Bürgertums zu ermöglichen, und wenn zum anderen die

„landwirtschaftliche Intensivierung“ der ländlichen Mehrheit einen erweiterten „Nahrungsspielraum“ verschaffe. „Die Entjudung Restpolens“, insistierte Schieder in der Denkschrift noch einmal, und der „Aufbau einer gesunden Volksordnung erfordern den Einsatz deutscher Mittel und Kräfte“.

Zwar wurde der Entwurf hastig einigen Berliner Exekutivinstanzen zugeleitet, dem Auswärtigen Amt und Reichsinnenministerium etwa, dem „Oberkommando der Wehrmacht“ und der „Deutschen Arbeitsfront“, wo er in der Aktenablage verstaubte. Die geplante Langfassung galt aber bereits am 16. Oktober als nicht mehr „lohnend“, „weil die Lage der Dinge sich allzu sehr verändert“ habe. In der Tat waren soeben maßgebliche Kompetenzen dem „Reichsführer SS“ Heinrich Himmler übertragen worden, der am 7. Oktober das Amt und die Behörde des „Reichskommissars für die Festigung Deutschen Volkstums“ (RKFDV) an sich gezogen hatte und auch mit dieser neuen Institution des SS-Imperiums die radikalste Variante nationalsozialistischer Bevölkerungspolitik in Osteuropa zu realisieren begann. Seine Planer bedurften offenbar nicht mehr der Politikberatung durch aktivistische „Volkshistoriker“, deren beflissene Vorschläge, so kompromittierend Gemeinsamkeiten des Gedankenhaushalts auch waren, als generelle „Planungsmatrix“ (Roth) hätten dienen können.

Die Denkschrift vom 7. Oktober 1939 ist kein Einzelfall. Auch in den folgenden Jahren hat Schieders „Landesstelle“ für den RKFDV, für den Sicherheitsdienst (SD), für den radikalnationalistischen „Bund deutscher Osten“ Memoranden und Gutachten erarbeitet, in denen insbesondere die Nationalitätenstatistik der „wiedergewonnenen“ oder soeben annektierten Grenzgebiete mit dem Blick auf eine „ethnische Flurbereinigung“ präsentiert wurde – offenbar zur Zufriedenheit mancher Empfänger, in deren Namen etwa der ostpreußische Gauleiter Koch sich im Januar 1942 ausdrücklich bedankte. 1942 auch erhielt Schieder als Nachfolger Kurt v. Raumers im Zuge einer Hausberufung Rothfels' Lehrstuhl, wurde jetzt „Leiter des Amtes für Presse und Propaganda des NS-Dozentenbundes“ und „Lektor der parteiamtlichen Prüfungskommission“, nachdem er bereits nach dem Eintritt in die Partei im Mai 1937 „Mitarbeiter im Hauptschulungsamt“ der Königsberger NSDAP geworden war. 1943 wählte ihn die Philosophische Fakultät zum Dekan.

Es gibt Hinweise darauf, daß Schieder 1944 für die Berufung auf den berühmten Berliner Lehrstuhl Rankes und Treitschkes ins Auge gefaßt worden ist. Mußte er für diese exponierte Stellung in der Universität der Reichshauptstadt nicht das Image der „Zuverlässigkeit" besitzen? Im Dezember 1944 gelang es ihm mit seiner Familie, kurz vor dem Untergang Königsbergs ins heimatliche bayrische Schwaben auszureisen.[13] 1947 übernahm er, nach seiner Entnazifizierung und nach der Absage Hans Rosenbergs, den Kölner Neuzeit-Lehrstuhl.

Auch Schieders Freund Werner Conze (Jahrgang 1910), ebenfalls protestantischer Bildungsbürgersohn und Mitglied der bündischen „Gilde", war wegen Rothfels nach Königsberg gegangen. Bei ihm hat er mit 23 Jahren über „Hirschenhof", eine „deutsche Sprachinsel in Livland", promoviert; die Studie erschien sofort als Buch.[14] Trotz der verschärften Attacken gegen den „Nichtarier" Rothfels zögerte Conze doch nicht, sich im Vorwort ausdrücklich bei seinem „verehrten Lehrer" zu bedanken, wie er sich auch zusammen mit Schieder und dem jungen Mediävisten Erich Maschke in einem Protestbrief entschieden dafür aussprach, Rothfels auf seiner Professur weiter wirken zu lassen. (Selbst Rudolf Heß als „Stellvertreter des Führers" stimmte zu, aber Gauleiter Koch setzte die Entlassung durch!) Gleichzeitig war er jedoch unter den Einfluß Gunther Ipsens geraten, der von seiner Königsberger Professur für „Philosophie und Volkslehre" aus das rassereine bäuerliche „Landvolk" im Stil seines geradezu „obsessiven Agrozentrismus" idealisierte und sich in rabiaten Worten gegen das „Industriesystem" und mit dem offenherzigen Rassismus des überzeugten Nationalsozialisten gegen die „Herrschaft des Judentums" stemmte.[15]

Zwar rühmte auch Conze die Leistung und Bodenverfassung der deutschen livländischen Bauern, doch achtete er in „Hirschenhof" gegenüber Ipsens starrer agrarsoziologischer Dogmatik auf eine gewisse Distanz. Als dessen Assistent seit 1935 behielt er allerdings seine agrar- und sozialgeschichtlichen Interessenschwerpunkte bei, nutzte seine Kompetenz als Slawist und schrieb trotz des einjährigen Militärdienstes seine Habilitationsschrift über „Agrarverfassung und Bevölkerung in Litauen und Weißrußland". Im Sommer 1939 reichte er diese empirische Studie in Wien ein, da Ipsen dorthin übergewechselt war und ihn als Assistenten habilitieren wollte.[16] Wegen der Opposition vor allem Otto Brunners, der das „Ausarten des soziologischen Nebengeleises“ rügte, passierte Conze, der nach Kriegsbeginn zur Infanterie eingezogen worden war, erst im Dezember 1940 das zweite akademische Nadelöhr.[17]

Bis dahin hatte Conze mehrfach zu verstehen gegeben, daß seine Vorstellung von „Volksgeschichte“ mit manchem ideologischen Ballast der Ipsenschen „Volkslehre“ kompatibel war. Nicht nur glaubte er 1937, wie jeder in seinem Königsberger Milieu, daß der Kampf gegen „die zerstörerischen Mächte des asiatischen Ostens“ fortgesetzt werden müsse;[18] sondern er bezeichnete 1938 auch Wilna als ein „Zentrum des Weltjudentums“; „die Macht dieses Fremdkörpers“ sei „immer noch unerträglich genug“.[19]

Für den Internationalen Soziologenkongreß in Bukarest, der wegen des Krieges ausfiel, steuerte Conze, dank der Vermittlung Ipsens, der sich auch als „völkischer Soziologe“ verstand, einen Beitrag über die „ländliche Übervölkerung Polens“ bei.[20] Dort forderte er unverblümt die „Entjudung der Städte und Marktflekken“, um Raum dafür zu schaffen, daß der polnische „bäuerliche Nachwuchs“ in „Handel und Handwerk“ endlich „Aufnahme“ finden könne. Auf die menschlichen, sozialen und politischen Folgelasten dieser „Entjudung“, die ja nur als gewaltsame, staatlich dirigierte Deportation denkbar war, verwandte Conze kein Wort.

Zugegeben, der Begriff besaß in der politischen Semantik vor Auschwitz einen anderen Stellenwert, eine „quasi unschuldige Vokabel“ der demographischen Experten war er aber keineswegs.[21] Denn weder in der deutschen noch in der osteuropäischen Diskussion, wo das Wort auch kursierte, konnte es von einem giftigen Antisemitismus abgelöst werden. Der unverhohlenen Diskriminierung der Juden entsprach aber ganz folgerichtig die euphorische Verklärung des „erbgesunden Bauerntums“ als „Blutquells des deutschen Volkes“.[22] Ist es da angebracht, noch immer von „ganz wenigen heute befremdlich klingenden Wendungen“ zu sprechen?[23]

Dieser Apologetik braucht man nicht sogleich das Bild von der Spitze eines Eisbergs entgegenzusetzen. Dennoch: Geht es nicht auch hier um die Begriffs- und Interessenidentität, um die Affinität von Handlungszielen in jener Überlappungszone von nationalsozialistischem Ideenkonglomerat und Gedankenwelt der völkischen „Volksgeschichte“, die in ihrer extrem zeitgebundenen Form keineswegs den „sozialwissenschaftlich universell begründeten Ansatz einer modernen Sozialgeschichte“ verkörperte?[24]

Im Frühjahr 1943 wurde Conze, der während des gesamten Krieges zur Infanterie eingezogen war, eine Dozentur an der neuen „Reichsuniversität Posen“, wo der baltendeutsche Dekan und Osteuropa-Historiker Reinhart Wittram tätig war, mit einer Venia für „Agrar- und Siedlungsgeschichte sowie Geschichte der völkischen Sozialentwicklung“ übertragen; im März 1944 wurde er zum außerplanmäßigen Professor ernannt. In seiner Antrittsvorlesung (Die Umwandlung der Volksordnung Mitteleuropas durch die liberalen Agrarreformen) griff Conze im Mai 1943 offenbar – der ursprüngliche Text ist bisher nicht bekannt bzw. noch nicht gefunden worden – Ipsens These auf, daß die liberale „Bauernbefreiung“ in den deutschen Staaten seit der Wende zum 19. Jahrhundert für die „Übervölkerung“ und damit für die „Zersetzung“ des bäuerlichen „Landvolkes“, ja des „gesunden Volkskörpers“ verantwortlich sei. Bekannt ist nur die von Conze überarbeitete und 1949 gedruckte Fassung; auf die wichtige Frage nach der Begriffskontinuität über 1945 hinaus ist gleich noch zurückzukommen.[25]

Abschließend nur zwei kontrafaktische Fragen:

1. Was wäre gewesen, wenn das NS-Regime, aus welchen Gründen auch immer, ein Dutzend Jahre länger bestanden hätte? Von der Position der „Volksgeschichte“ aus wäre offenbar ein Rationalitätspotential für kritische Einwände nicht mobilisierbar, geschweige denn ein auch nur halbwegs plausibler Widerstand gegen die Zwangsumsiedlung und Rassenpolitik, gegen Antisemitismus und Slawophobie möglich oder sogar nur denkbar gewesen.

2. Und was wäre geschehen, wenn einer Entnazifizierungskommission eine sorgfältige Ausarbeitung über Schieders und Conzes politische Urteile und Ziele vor 1945 gemäß unserem gegenwärtigen Kenntnisstand vorgelegen hätte? Hätte da ein Berufsverbot wirklich verwundern können? Statt dessen wurde beiden, wurde vielen aus ihrer Generation eine zweite Chance eingeräumt.

Der Fall des neuerdings ebenfalls kritisierten Kieler Historikers Karl-Dietrich Erdmann, auch er einst, wie Schieder und Conze,

Vorsitzender des „Verbandes deutscher Historiker", ja darüber hinaus sogar der erste deutsche Präsident des „Internationalen Historikerverbandes", stellt sich anders dar. Während jene konsequent schwiegen, prangerte Erdmann unverhüllt „Charakterlosigkeit und Opportunismus" mancher „Professoren unter Hitler" an.[26] Sich selber schilderte er aber als jemanden, der vom Regime wegen des fehlenden „Ariernachweises" seiner Frau und durch die Verweigerung einer Beamtenstelle als Studienrat benachteiligt worden sei, in der Wehrmacht eine Art Zuflucht, dank seines protestantischen Glaubens zu einer standhaften inneren Opposition gefunden habe. Die Dissertation und die ohnehin erst nach dem Krieg geschriebene Habilitationsarbeit (1947), beide aus dem Bereich der französischen Geschichte des 18. und 19. Jahrhunderts, hatten weder mit der „Volksgeschichte" noch mit der nationalsozialistischen „Westforschung" etwas gemein.

Die neue kritische Bewertung beruht wiederum auf ungedrucktem Material, wenn sie, so ihr Tenor, das eigentümlich geschönte Image Erdmanns nach 1945 mit seinem Verhalten in der Zeit vorher vergleicht.[27] Daß Erdmann als junger Austauschstudent in Paris seine anfängliche Reserve gegenüber dem NS-Regime durch das Bekenntnis zum „Führerprinzip" und „Rassegedanken" ersetzte, wird man nicht dramatisieren wollen. Nicht vereinbar mit seiner Selbststilisierung ist jedoch die Mitwirkung an einem Schulbuch (1938), wo Erdmanns Beitrag über das 20. Jahrhundert ungeschminkt auf der Linie nationalsozialistischer Geschichtsklitterung lag. Daß das mehrbändige Gesamtwerk wegen ideologischer Einwände (gegen welchen Band?) schließlich keine Druckgenehmigung erhielt, ändert nichts an dem Charakter des Textes aus Erdmanns Feder, die kaum von einem mysteriösen Lektor so kenntnisreich geführt worden ist. Und seine geradezu begeisterte Unterstützung deutscher „Großraumpläne" während des Krieges, in Briefen, Veröffentlichungen und offenbar auch in der Lehre an Offiziersschulen, läßt von einer konsequenten Ablehnung hybrider „großgermanischer" Reichsbildung nichts verspüren. Der „Ariernachweis" der Ehefrau traf übrigens mit einer gewissen Verspätung durchaus ein, die Beamtenstelle wurde bewilligt, das Kriegsgehalt bis Anfang 1945 bezahlt.

Für die relativ frühe ungeschminkte Kritik Erdmanns an braunen Professoren, längst ehe sie seit 1968 dezidierter geübt wurde, durfte man damals dankbar sein. Woher rührte jedoch das selbstgerechte Ausblenden der eigenen Nachgiebigkeit? War es ein zeitüblicher Opportunismus, das häufige „Nebeneinander von Zustimmung und Ablehnung"? Drängten sich die Vorbehalte des aktiven evangelischen Christen derart in den Vordergrund der Erinnerung, daß sie eine beschönigende Dominanz gewannen? Für die völkische „Volksgeschichte", für radikale Volkstumspolitik, für Zwangsumsiedlung ist Erdmann nicht eingetreten. Doch auch bei ihm geht es offensichtlich um die Überschneidung eigener Grundanschauungen mit Leitideen des Nationalsozialismus.

Ehrgeizig und karrierebewußt wie Conze und Schieder war Erdmann allemal – auch das mag ihn ein Stück weit bei dem Schulbuch, einem ehrenden Auftrag für einen 27jährigen, zu seiner erschreckend enthusiastischen Übereinstimmung mit der NS-Doktrin bewogen haben. Und mit seinem festen Glauben an ein künftiges deutsches Großreich als Vormacht des „Abendlandes", an die unbezweifelte deutsche Hegemonialstellung in Europa, an den Sinn des auch zu diesem Zweck geführten Weltkrieges bewegte er sich in Übereinstimmung mit vielen Akademikern seiner politischen Generation. Warum aber schwieg er später genauso konsequent wie Schieder und Conze? Wollte er es vermeiden, durch das Eingeständnis eigener Fehler eine gewisse Mitschuld zuzugeben? Was brachte ihn dazu, sogar eine Opferrolle zu wählen und sie mehr als 40 Jahre lang beharrlich weiterzuspielen? Hätten nicht freimütige Worte über die eigene Anfälligkeit als sehr junger Mann sein Engagement nach 1945 für eine kritisch aufklärende Geschichtswissenschaft, für die Öffnung zur internationalen „Community of Scholars" noch glaubwürdiger, als ein Ergebnis eigener bitterer Erfahrungen erscheinen lassen?

Schieders und Conzes Schweigen lagen tiefer verankerte Motive zugrunde, konnten sie sich doch nach 1945 keinem Zweifel darüber hingeben, daß „Volksgeschichte" und „Volkstumspolitik", „Entjudung" und „Bevölkerungsverschiebung" zum Absturz in die Barbarei beigetragen hatten. Bisher läßt aber keine einzige Quelle ihre Motive direkt erkennen. Angst werden sie, denke ich, gespürt haben, über ihre eigene Mitwirkung an jenen Denk- und Aktionsvoraussetzungen zu sprechen, die – wenn auch vermutlich nicht immer klar bewußt und mit allen Folgen gewollt – die Radikalisierung der nationalsozialistischen Politik doch mitermöglicht hatten. Scham werden sie, denke ich, auch verspürt haben, wenn sie sich, schon von Berufs wegen, immer wieder ins Gedächtnis rufen mußten, wohin ihre einst hochgemut verfochtenen Ideen deutscher Volkstumspolitik, ethnischer Homogenität, der Reinerhaltung deutscher Art und Rasse geführt hatten. Eine tiefe Hemmung wird sie deshalb wohl abgehalten haben, denke ich, ihren Studenten gegenüber eine ehrliche Auskunft über die Vergangenheit zu geben, zumal nach der gelungenen Entnazifizierung und unter der Konstellation des Kalten Krieges die latente Sorge, von „Linken" decouvriert zu werden, in ihnen rumort haben wird.

In der Tat wäre es alles andere als leicht gewesen, Verständnis für ihre „Vorgeschichte" aufzubringen. Dennoch: Die genaue Schilderung des eigenen Lebens, Denkens und Schreibens während der braunen Jahre im Verein mit der spürbaren Bereitschaft, daraus selbstkritisch zu lernen, hätte eine größere Offenheit und Ehrlichkeit im Umgang mit der eigenen Lebensgeschichte, mit den „Schülern", mit der Öffentlichkeit ermöglicht. Auch wer dem kommunistischen Ritual der Selbstkritik skeptisch gegenübersteht, hätte doch dem genuin protestantischen Bekenntnis dieser lutherischen Bildungsbürger: „Hier stehe ich, ich konnte damals nicht anders", seinen Respekt nicht ganz versagt, und die selbstkritische Offenherzigkeit hätte ihnen auch eine andere innere Freiheit verschafft, nach 1945 erneut als Hochschullehrer vor jüngeren Generationen zu lehren und für sie zu schreiben.

Es ist eins, die praktizierte Abwehrhaltung zu bedauern, zu kritisieren und für eine endlich rückhaltlose Aufklärung einzutreten. Etwas anderes und Wichtigeres ist jedoch die Frage, wie tiefgehend Historiker wie Schieder und Conze nach 1945 umgelernt haben. Denn unbestreitbar folgte bei ihnen seither eine in vielfacher Hinsicht eindrucksvolle fast 40jährige Schaffensperiode, die durch eine ungewöhnlich erfolgreiche Wirksamkeit als Lehrer und Forscher, eine imponierende wissenschaftliche Leistung: das eigentliche Lebenswerk, die Liberalität im Umgang mit sehr unterschiedlichen Jüngeren, die auffälligen Organisationserfolge und auch das politische Engagement beim Aufbau eines neuen deutschen Staates charakterisiert ist.

Beschränkte man sich nur auf die Zeit vor 1945, fiele das allgemeine moralische Urteil – und selbstverständlich können und sollen Historiker, zumal beim Nationalsozialismus, auch moralische Urteile explizit fällen – als ein klares Verdikt über intellektuelle Schreibtischtäter aus. Ihren Weg in die „Volksgeschichte" mit allen verhängnisvollen Folgen, politischen Appellen und Versuchungen der Politikberatung im historischen Kontext gemäß den Regeln der Hermeneutik zu „verstehen" (wenn auch selbstredend nicht zu billigen) erfordert methodische Disziplin, stellt aber keine ungewöhnlich komplizierte Aufgabe dar – und das Urteil über diesen spezifischen Irrweg kann letztlich, trotz der gebotenen Differenzierung bei einigen empirischen Ergebnissen, etwa von Conzes agrargeschichtlichen Studien, nicht zweifelhaft sein.

Das eigentliche Problem bei der Beurteilung dieser Wissenschaftler taucht erst dann auf, wenn es um die Bilanzierung ihres gesamten Lebens geht, dessen eindeutiger Schwerpunkt in den vier Nachkriegsjahrzehnten liegt. Wie setzt man die rund zwölf Jahre der „volksgeschichtlichen" Vergangenheit samt ihren politischen Präferenzen in ein glaubwürdiges Verhältnis zum Lebenswerk und politischen Verhalten in einer viermal so langen Zeitspanne danach? Für manchen gegenwärtigen Kritiker liegt das moralische Pauschalurteil offenbar auf der Hand: Einmal braun kontaminiert, für immer diskreditiert. Gibt es aber wirklich keinen Weg, um trotzdem ein überlegenes Gegengewicht zu jener großen Belastung zu schaffen, die aus den Jahren des „Dritten Reiches" stammt? Wie viele Jahrzehnte muß man ein honoriges Leben führen, um diese Jahre zwar nicht wettzumachen, aber doch zu relativieren?

Die Grundlage für ein positives Urteil hängt ganz und gar von der Antwort auf die Frage nach einer glaubwürdigen Lernbereitschaft und reflexiven Lernfähigkeit in der Zeit nach der Zäsur von 1945 ab. Kein Kritiker hat bisher eine Kontinuität der politischen Auffassungen behauptet. Keiner dieser Männer hat dem Nationalsozialismus auf irgendeinem Gebiet nachgetrauert. Keiner ist ein Rechtsradikaler, ein offener oder geheimer Neonazi geworden. Ein Theodor Maunz ist unter ihnen bisher nicht entdeckt worden. Wenn die neue Kritik die NS-Lastigkeit der „Volksgeschichte", die Parteiämter, die historisch verbrämte ideologische Aufwertung der nationalsozialistischen „Weltanschauung", die Mitwirkung an mehr als dubiosen Projekten, auch die Politikberatung, nachdrücklich betont, muß dieses „Debunking", wie es im investigativen amerikanischen Journalismus heißt, ohne Ansehen der Person nach den Regeln des Historikergewerbes weiterbetrieben werden, bis diese Vergangenheit möglichst genau geklärt ist.

Das strategische Problem der Lebensbilanz liegt dort aber nicht. Denn heutzutage ist für das abwägende Urteil die Klärung der Frage ungleich wichtiger, ob so einflußreiche Historiker wie Schieder und Conze ihre Prämissen – in unserem Jargon: ihre erkenntnisleitenden Interessen –, ihre Schlüsselkategorien, ihre Denkfiguren und die Paradigmata ihrer Interpretation über den Einschnitt von 1945 hinaus beibehalten oder seither völlig aufgegeben haben. Gäbe es hier eine beweisbare Kontinuität, wäre ein schneidendes Urteil unvermeidlich und nur zu verständlich.

Bisher ist diese für wissenschaftsgeschichtlich und theoretisch interessierte Historiker eigentlich naheliegende Aufgabe der Begriffsüberprüfung präzise nur von dem israelischen Historiker Gadi Algazi am Beispiel von Otto Brunners bedeutendstem, auch international einflußreichstem Buch „Land und Herrschaft"[28] in einer brillanten Textexegese angegangen worden. Um es kurz zu machen: Für seine als wahre Pionierleistung der „Volksgeschichte" geltende Untersuchung beanspruchte Brunner in schroffer Ablehnung der aufgestülpten, wirklichkeitsverzerrenden modernen Begriffe des 19. Jahrhunderts die Realitätsadäquatheit einer quellennahen Begriffssprache, mithin auch gesteigerte Glaubwürdigkeit seiner gesamten Interpretation von Adelsherrschaft, Fehdewesen und Rechtsverfassung in der Untersuchungszeit. Dagegen weist Algazi die Herkunft von Schlüsselbegriffen aus der durch und durch zeitgebundenen Begriffssprache der braunen Jurisprudenz, vor allem Carl Schmitts und seiner Schüler, überzeugend nach. Diesen durchaus modischen Transfer von „Grundbegriffen" hat Brunner in den Jahrzehnten nach 1945 nirgendwo eingestanden, geschweige denn zu korrigieren versucht. Insofern steht das weithin positive Urteil über Brunners Werk fortab der fundamentalen Herausforderung durch Algazis Sprachanalyse gegenüber.

Verfolgt man ein vergleichbares Ziel, muß bei Conze (an dieser Stelle notgedrungen extrem verkürzt) außer der Auswirkung von Rothfels' volkstumspolitischen Gedanken der frühzeitig, schon bei dem 22jährigen Studenten einsetzende Einfluß der „Volkslehre" Ipsens als intensiv gelten. Die von Kennern immer wieder beschriebene starke Persönlichkeit dieses Lehrers hat sich zusätzlich geltend gemacht. Conze ist vermutlich nicht nur aus Karrieregründen, sondern auch aus Überzeugung bei ihm Assistent gewesen und wäre ihm 1939 bereitwillig nach Wien gefolgt. Sein Interesse an der osteuropäischen Agrargeschichte und der Sozialgeschichte der ländlichen Gesellschaft ist unstrittig in hohem Maße von Ipsen geprägt worden. Dem entsprach auch die Idealisierung der Lebenswelt deutscher Bauern einschließlich ihres Bodenrechts und die doktrinäre Ablehnung des vordringenden Agrarkapitalismus, erst recht des Industriekapitalismus. Deshalb ist es um so bemerkenswerter, daß Conze in seiner Dissertation und seiner Habilitationsschrift Ipsens „Landvolk"-Lehre, die vom völkischen Dogma und vom Rassismus dieses leidenschaftlichen Nationalsozialisten nicht zu trennen ist, nicht dogmatisch übertragen hat. Zugegeben, die Wahl der Themen, das positive Urteil über die deutsche Aufbauleistung und die Hufenverfassung verweisen zusammen mit Ipsens Gedanken über den Zusammenhang von Nahrungsspielraum und Bevölkerungsentwicklung auf die Ausgangsposition zurück, die aber nüchterne empirische Arbeit keineswegs ausgeschlossen, sondern angeregt hat.

Die vorn zitierten Äußerungen lassen freilich die Konturen einer festeren ideologischen Fixierung erkennen. Und als Conze 1943 die Probevorlesung für seine Posener Dozentur für Agrargeschichte und „völkische Sozialentwicklung" hielt, hat er vermutlich die „Zersetzung des bäuerlichen Landvolkes" durch die liberalen Agrarreformen angeklagt. Denn sie führten zu einem drastisch enthemmten „Gattungsvorgang" (Ipsen) und infolgedessen zu einer von traditionalen Nahrungsstellen und -normen abgekoppelten, völlig ungesteuerten „Übervölkerung" mit dem Ergebnis, daß ein riesiger eigentumsloser „Pöbel" auf dem Lande heranwuchs. Eine grandiose Fehlleitung des frühen deutschen Liberalismus, dem damit die Fähigkeit zur Sozialgestaltung abgesprochen wurde. Auch in der höchstwahrscheinlich sprachlich gereinigten Fassung von 1949 ist der belastende Begriff der „Volksordnung" ganz so beibehalten worden wie die Kritik an den sozialen Sprengwirkungen der Reformen, obwohl sie doch jene ländliche Eigentümergesellschaft mitgeschaffen haben, die seither eine auch in der modernen Marktwirtschaft behauptungsfähige Bauernschaft umschloß.

Am Anfang der 50er Jahre finden sich noch Anklänge an die ältere Gedankenwelt in Aufsätzen über die „Strukturkrise des östlichen Mitteleuropa“ (1953) und über den Übergang „Vom ‚Pöbel‘ zum ‚Proletariat‘“ (1954). Gerade in dem letztgenannten, zeitweilig einflußreichen Aufsatz findet man jedoch auch das Ergebnis einer energischen, anfangs vermutlich mühsamen Umorientierung, die sich spätestens seither durchgesetzt hat. Man wird sie als einen Lernprozeß kennzeichnen können, der bei Conze zu neuen Interessen und neuen Begriffen, zum neuen Paradigma der „industriellen Welt“ geführt hat. Jetzt gewann das Interesse an der industriellen Arbeiterschaft und ihrer Bewegung die Oberhand, die ländliche Gesellschaft trat ganz zurück.

Conze, seit 1958 in Heidelberg tätig, warb in einem rasch wachsenden Studentenkreis für die Erforschung dieser Problematik, und wenige Jahre später betreute er auf diesem Gebiet mehr als 30 Dissertationsvorhaben. Darüber hinaus gewann die allgemeine deutsche Sozialgeschichte des 19. und 20. Jahrhunderts bei ihm einen festen Platz. Mit seinem „Württemberg-Projekt“ gelang ihm eine eindrucksvolle Bündelung von Regionalstudien zur Industrialisierungs- und Bevölkerungsgeschichte eines eigentümlichen südwestdeutschen Entwicklungszentrums. Gelegentlich wurde auch das ältere Interesse an Osteuropa noch weiter verfolgt.[29] Zeitweilig engagierte sich Conze auch in der Forschung zur Weimarer Republik, wo ihn lebensgeschichtliche Erinnerungen zu einer unhaltbaren Verteidigung Brünings führten. Zunehmend absorbierte auch das große begriffshistorische Lexikon der „Geschichtlichen Grundbegriffe“, das er mit Otto Brunner und Reinhart Koselleck herausgab, seine Arbeitszeit.

Vor allem setzte sich Conze für eine Sozialgeschichte unermüdlich ein, die nicht explizit theoriefundiert war, aber mit der Ipsenschen „Volkslehre“ nichts mehr gemein hatte. Den 1958 von ihm gegründeten „Arbeitskreis für moderne Sozialgeschichte“ betrachtete er als seinen Zirkel, dem er viel von seiner Arbeitskraft widmete, auch und gerade nachdem die ursprüngliche Königsberger Runde (Conze, Schieder, Ipsen, Jantke, Maschke, Krüger) durch Jüngere ersetzt worden war. Überhaupt trug Conze in der Historikerzunft entscheidend dazu bei, sozialgeschichtlichen Interessen Respektabilität und Freiräume zu verschaffen, sie auch institutionell zu stabilisieren, z.B. am Anfang des Bielefelder

Universitätsprojekts, ehe Koselleck seine Rolle in der Gründungskommission übernahm. Das alles verband er mit Engagement im Heidelberger Universitätsleben, im Historikerverband, auch im Evangelischen Arbeitskreis der CDU. Kurzum, in den gut 30 Jahren bis zu seinem Tod (1986) entstand ein eindrucksvolles Lebenswerk, das den ursprünglichen „Wertehimmel" der Königsberger Jahre aufgegeben hatte.

Verfolgt man dieselbe Fragestellung im Hinblick auf Schieder, ergibt sich, daß er es nach 1945 verstanden hat, seine seit der Dissertation verfolgten Interessen an der deutschen Nationalbewegung und am deutschen Nationalstaat, aber auch die später hinzugekommenen, nachhaltig von Rothfels beeinflußten Interessen an deutschen „Volksgruppen" in Osteuropa in eine vergleichende Nationalismusforschung zu transformieren, der jetzt, nach der Überwindung der älteren Denk- und Sprachformen bis zur Mitte der 1950er Jahre, soweit ich zu sehen vermag, jeder „völkische" Dünkel abging. Was allerdings als Grundüberzeugung erhalten blieb, war die gegenüber skeptischen Jüngeren verteidigte Einsicht, daß man die Antriebs- und Prägekraft des Nationalismus im 19. und 20. Jahrhundert, auch nach 1945, weiterhin ernst nehmen müsse. Die Problemauswahl, die Typologie, die empirischen Studien, die Schieder selber in diesem Rahmen komparativer Forschung betrieben und auch bei seinen Studenten angeregt hat, verkörperten zeitweilig eine geradezu einsame Leistung, die damals von anderen Nationalismuskennern, wie etwa Conze, Wittram und Rothfels, nicht erreicht worden ist. Obwohl sie im Lichte der neuen Nationalismusforschung seit den frühen 1980er Jahren eigentümlich überholt wirkt, stellte sie damals doch den fortgeschrittensten Stand der westdeutschen Diskussion dar.

Zum anderen zog Schieder aus den Exzessen des deutschen Radikalnationalismus unter dem NS-Regime die Konsequenz, die historiographische Fixierung auf Nationalgeschichte und Nationalstaat durch eine weite europäische Perspektive zu überwinden, zumindest entschieden zu relativieren. (Das halte ich, anders als Conze, nicht für ein Rothfelssches Erbe, da dessen offenkundige Kritik an der Allgemeinverbindlichkeit des Nationalstaates sich nicht gegen das Bismarckreich, sondern gegen die osteuropäischen Nachfolgestaaten mit ihrer ethnisch-kulturellen Mischsiedlung und Diskriminierung deutscher Minderheiten richtete.) Zu einer streng komparativen Geschichte Europas, die unter analytischen Gesichtspunkten die Bevölkerungsentwicklung, die Wirtschaftssysteme, die Sozialstrukturen, die politischen Regime usw. als gemeineuropäische oder spezifische Probleme präsentiert hätte, ist er dabei noch nicht vorgedrungen. Das von ihm herausgegebene siebenbändige „Handbuch der europäischen Geschichte" (1968–1979) bietet, so respektabel viele Artikel auch sind, gewissermaßen scheibchenweise addierte Nationalgeschichte. Doch seine umfangreichen eigenen Beiträge zu diesem Handbuch und der Propyläen-Band über Europa von 1848 bis 1918 demonstrieren, wie ernst er sein Postulat nahm und wie weit er in der Ausführung der Projekte selber gekommen ist.

Auf die Geschichte der politischen Ideen und Theorien während der Frühen Neuzeit, das Thema seiner Habilitationsschrift, kam er dagegen nur mehr in allgemeiner Form in der Lehre zu sprechen, mit einer deutlichen Präferenz für Althusius und Macchiavelli. Nach der von Grund auf verfehlten völkischen Interpretation des deutschen Ständewesens in Osteuropa kehrte er zu dieser Thematik wohlweislich nicht mehr zurück. (Deshalb lehnte er auch den von Walter Hubatsch angeregten Nachdruck des Buches von 1940 unmißverständlich ab.) Ein Widerschein früherer Interessen am alten Preußen ist nur in seinem Buch über Friedrich den Großen zu erkennen, das eigenartig analytisch und gar nicht im herkömmlichen Sinne biographisch angelegt ist. Wohl aber erweiterte er sein Interessenspektrum durch die viele Jahre währende Beschäftigung mit zwei Phänomenen, die vor 1945 häufig diskreditiert worden waren: mit dem deutschen und europäischen Liberalismus sowie mit den modernen politischen Parteien als den – auch demokratietheoretisch von ihm jetzt akzeptierten – wichtigsten Verbänden gesellschaftlicher Interessenartikulation.

In zahlreichen Aufsätzen, die er in drei Bänden sammelte, ging er mit einer erstaunlichen Spannweite auf sehr unterschiedliche historische Fragen ein. Zu den interessantesten und einflußreichsten Stücken gehören seine theoretischen Beiträge. Denn längst vor der Theoriediskussion der 70er Jahre bezog Schieder immer wieder zu theoretischen Problemen Stellung: zum Verhältnis von Struktur und Individuum, zur Rolle von Idealtypen, zum Verhältnis von Geschichtswissenschaft und Soziologie. Im Kölner Lehrbetrieb, aber auch im persönlichen Gespräch insistierte

Schieder immer wieder hartnäckig darauf, die Begriffe, Typen und erkenntnisleitenden Fragestellungen so weit wie nur eben möglich zu klären. Das war damals an Historischen Seminaren in der Bundesrepublik durchaus ungewöhnlich, und man entdeckte über kurz oder lang, daß Schieder in mancher Hinsicht ein engagierter Weberianer geworden war.[30]

Dabei mögen genuin erkenntnistheoretische Interessen des philosophiegeschichtlich breit belesenen Mannes zur Geltung gekommen sein. Rückblickend neige ich aber eher dazu, auch dieses Bemühen um eine unablässig durchgehaltene theoretische und methodische Klärung der Kategorien und Paradigmata als einen durchaus politisch-reflexiven Lernprozeß zu deuten. Nachdem Schieder mit der Ideenwelt der „Volksgeschichte" und „Volkstumspolitik" einem fatalen „Holzweg" gefolgt war, wirkt das in seiner Generation überaus seltene Theorieinteresse wie eine Reaktion auf eigene Fehlleistungen. Es sollte ihn, scheint mir, diese nicht nachlassende Anstrengung, sich über die eigenen Begriffe und erkenntnisleitenden Interessen samt den erkennbaren Konsequenzen so genau wie möglich Rechenschaft zu geben, sowohl vor einem neuen Irrweg schützen als auch die eigene Arbeit transparent machen und öffentlich legitimieren. (So gesehen war es freilich ganz unweberianisch, über eigene Ideen und Werturteile vor 1945 so konsequent zu schweigen.) Auf nicht wenige seiner Studenten hat sein Reflexionsappell eine nachhaltige Wirkung ausgeübt.

Geht man also auch bei Schieder von einem lebensgeschichtlich motivierten Lernprozeß aus, wird man das durchaus politische wissenschaftliche Management und die weit ausgreifende Mitwirkung in zahlreichen wissenschaftlichen Institutionen nicht allein auf Machtehrgeiz reduzieren. Vielmehr äußerte sich darin doch auch eine bewußte politische Entscheidung, am Wiederaufbau von Wissenschaft und von glaubwürdiger Politik in der Bundesrepublik mitzuwirken.[31]

Insgesamt läuft mein Urteil über Schieder und Conze in den 40 Jahren nach 1945 darauf hinaus, ihnen sowohl Lernwilligkeit als auch reflexive Lernfähigkeit – über die übliche Anpassung weit hinausgehend – zuzusprechen. Werden dagegen die Lernprozesse dieser Jahre nicht angemessen anerkannt, läßt sich ein gerechtes Urteil kaum fällen. Gerechtigkeit – das ist nun freilich ein komplexes Entscheidungskriterium, das Kritik und Verstehen verbinden muß. Es verlangt nicht nur ein abwägendes Urteil über die extrem unterschiedlichen Lebensphasen dieser Individuen. Vielmehr fordert es auch, die Opfer der nationalsozialistischen Bevölkerungs- und Rassenpolitik einzubeziehen, da ihnen gegenüber weder die „Volksgeschichte“ noch die beflissene Politikberatung in den Stand einer artifiziellen Unschuld versetzt werden können. Es verlangt auch, an jene rund 135 deutschen Historiker zu denken, die in die Emigration vertrieben worden sind, häufig eine durchaus vergleichbare Sozialisation im protestantischen Bildungsbürgertum, in der bündischen Jugend, in der Nachkriegszeit erlebt hatten und dennoch andere Maßstäbe und Denkmöglichkeiten besaßen als die „Volkshistoriker“.

Versteht man Gerechtigkeit in diesem weiten Sinn, wird das bilanzierende Urteil, welches das gesamte Berufsleben dieser Historiker ins Auge faßt, um ein manchmal schmerzhaftes Spagat nicht herumkommen. Es führt kein Weg daran vorbei, ihre politischen und wissenschaftspolitischen Optionen vor 1945 entschieden zu kritisieren. Und wir werden trotzdem dem eigentlichen Lebenswerk in den 40 Jahren danach, auch und gerade als ein Ergebnis folgerichtiger Lernprozesse, die ausschlaggebende Bedeutung für ein Gesamturteil zumessen können. Nachdem sich die Kritiker bisher auf die Jahre bis 1945 beschränkt haben, ist es an der Zeit, die Parameter der Diskussion neu zu bestimmen und die Lebensspanne nach 1945 in die Kontroverse mit einzubeziehen.

Wenn ein moralisch siegessicherer Purismus sich einer solchen Gewichtung wegen der monströsen Dimension des nationalsozialistischen Massenmords versagt, sieht er sich einem fatalen Dilemma gegenüber, da das Problem zerissener Lebenswege und multipler Identitäten unverändert große Aktualität besitzt und nach einem abwägenden Urteil verlangt.

Um nur ein Beispiel zu nennen: Wie sollen wir all jenen osteuropäischen und besonders ostdeutschen Geistes- und Sozialwissenschaftlern begegnen, die, sei's aus Überzeugung oder sei's wegen des Verbots von Alternativen, auf das intellektuelle Potential des Marxismus gesetzt haben, während die Satrapen-Staaten der Sowjetunion und diese selber unter Berufung auf die Lehre von Marx mordeten, verfolgten, unterdrückten? Sieht man hier einmal von den Fällen konkretisierbaren Verschuldens, von der durch

„Peer Review" evaluativ ermittelten Dogmatik und Unfähigkeit von Parteibuchkarrieristen ab, wird man doch nicht allen Ernstes mehreren politischen Generationen mit einem Pauschalvorwurf wegen ihres Marxismus jede glaubwürdige Lernbereitschaft und Lernfähigkeit hochmütig absprechen können. Wer sich gegen die Zumutung eines Spagats zugunsten von Schieder und Conze sträubt, sollte sich zumindest Klarheit darüber verschaffen, wie er sich zu solchen Beispielen stellen will.

Loyalität, daran halte ich fest, schulden wir den Toten, deren gute Jahrzehnte wir selber miterlebt haben. Diese Loyalität steht aber in einer nie völlig auflösbaren Spannung zu jener anderen Loyalität gegenüber den Vertriebenen und Opfern von deutscher Hand. Wir können, scheint mir, aus dieser schmerzhaften Spannung nie ganz heraustreten. Aushalten können wir diese Wertekollision nur, wenn wir von einer glaubwürdigen Lernbereitschaft ausgehen dürfen – sei's bei jenen Toten wie Schieder und Conze oder sei's bei unseren Zeitgenossen heute mit einem vergleichbar zerrissenen Lebensweg.

Damit kehre ich noch einmal zu der Ausgangsüberlegung zurück, ob sich zwei Lebenswege in mancher Hinsicht als paradigmatisch für allgemeine Entwicklungen vom „Dritten Reich" bis weit in die Bundesrepublik hinein betrachten lassen. Vor 1945: die Anfälligkeit auch dieser Historiker für völkische Ideen, für die Verheißung nationalen und machtpolitischen Wiederaufstiegs bis hin zu der Überschneidung ihrer Zielvorstellungen mit manchen nationalsozialistischen Intentionen, auch in der politischen Praxis – wie bei Millionen von anderen Deutschen damals auch, und trotzdem kritikwürdiger, weil sie als Männer des Wortes und der öffentlichen Wirkung genauer abzuwägen verpflichtet waren. Nach 1945: ein schmerzhafter, aber doch überzeugender Lernprozeß und eine Wirkung auf die Geschichtswissenschaft und das historische Bewußtsein, die ich nur positiv nennen kann – so wie ich auch die lernbereite Auseinandersetzung der Bundesrepublik mit der Vergangenheit als respektheischend empfinde.

Dieses Vertrauen auf Lernbereitschaft wird mancher als aufklärerische Illusion belächeln. Aber da es sich doch auf unsere Erfahrungen stützt, erhält es uns die Hoffnung, daß wir, sofern wir nur diese Lernwilligkeit bewußt lebendig erhalten, selbst mit dem „Zivilisationsbruch" seit 1933 in den Grenzen des für die Nachlebenden Menschenmöglichen umgehen und auch all jenen Zumutungen widerstehen könnten, die uns die – letztlich nationalistischem Ressentiment entspringende – Zurückdrängung der öffentlichen Erinnerung und die Regression in das exotische Traumland der „Normalität" anraten.

Zuletzt geht es noch knapp um die Frage nach dem Einfluß von Conze und Schieder auf die westdeutsche Sozialgeschichte, um deren vermeintliche Herkunft aus der opportunistisch umbenannten „Volksgeschichte".[32] Dazu nur vier Gesichtspunkte.

1. Der direkte Einfluß beider Historiker wird gemeinhin überschätzt. Schieder ermunterte Studenten, sofern sie sozialgeschichtliche Interessen verfolgen wollten, lenkte sie aber keineswegs energisch darauf hin. Von einer gleichwie gearteten Kontinuität von der „Volksgeschichte" zur Sozialgeschichte kann genausowenig die Rede sein wie von einer dezidierten sozialgeschichtlichen Schulbildung. Das läßt sich unter anderem am Inhalt der von ihm betreuten Dissertationen und Habilitationen leicht ablesen. Von allen Habilitationsarbeiten berücksichtigten nur drei Aspekte einer politischen Sozialgeschichte. Von allen Dissertationen besaßen nur sechs einen sozialgeschichtlichen Einschlag, da sie sich der Parteiengeschichte, mithin einer gelegentlich sozialhistorisch angereicherten Politikgeschichte widmeten. Wichtiger als die direkte Förderung war daher die bereitwillig gewährte Rückendeckung, wenn „Schüler" sozialgeschichtliche Interessen verfolgten oder damit aneckten.

Conzes direkter Einfluß ist vorn bereits angedeutet worden. Die konkrete Umsetzung darf man aber ebenfalls nicht überschätzen. Unstreitig galt sein Name, aber auch der von Mitarbeitern wie Reinhart Koselleck, Hans Mommsen, Wolfgang Schieder, eine geraume Zeit lang geradezu als Synonym für die Sozialgeschichte und ihre Proliferation. Nur zwei Habilitationsarbeiten kann man aber in einem weiteren Sinn sozialgeschichtlich nennen, andere blieben eindeutig politikhistorisch orientiert. Unter den Dissertationen gibt es ungleich mehr sozialhistorische Studien als bei Schieder; ihre Ausstrahlungskraft auf die aufkommende Sozialgeschichte hielt sich aber in Grenzen. Die größte Wirkung ging unstreitig von Conze selber durch anregende Aufsätze, Editionsprojekte und die unermüdliche Werbung für die Sozialgeschichte innerhalb der Zunft aus. Seine Reputation, sein „Arbeitskreis" und dessen Veröffentlichungsreihe „Industrielle Welt" deckten in einer wichtigen Entwicklungsphase bislang ungeschützte Interessen ab.

So naheliegend es für Schieder und Conze gewesen sein mag, einen Teil ihrer „volksgeschichtlichen" Interessen in ein sozialgeschichtliches Interesse am Wandel der deutschen Gesellschaft zu transponieren, und so unbestreitbar die Unterstützung und Förderung ist, die beide, mit sehr unterschiedlicher Intensität, der Sozialgeschichte zukommen ließen, haben doch nicht sie allein die entscheidenden Weichen für die westdeutsche Sozialgeschichte gestellt. Das taten vielmehr lebensgeschichtliche Impulse der jüngeren Generation, die Anregungen von Weber und Marx und – last but not least – von Hans Rosenberg.

2. Jene jungen Historiker, die seit den späten 1950er Jahren – und keineswegs nur in Köln und Heidelberg, sondern auch in Berlin, Göttingen, Tübingen, Hamburg und anderswo – den Weg zur Sozialgeschichte einschlugen, wurden an erster Stelle von dem generationsspezifischen Impetus vorangetrieben, die Ursachen des deutschen Zivilisationsbruchs seit 1933 überzeugender und das hieß zugleich: selbstkritischer als bisher erklären zu wollen. Das lenkte sie auf die damals weithin unerforschten kurz- und langlebigen gesellschaftlichen Voraussetzungen des deutschen „Sonderwegs" in den Nationalsozialismus hin. Fast bei allen gehörte diese Aufklärungsintention zu ihren ausschlaggebenden erkenntnisleitenden Interessen. Auch in der politischen Praxis schien der zweite Anlauf zum Aufbau einer deutschen Republik die nüchterne Auseinandersetzung mit jenen historischen Konstellationen zu gebieten, die als Bedingung der Möglichkeit eines derartigen Wegs in den Abgrund angesehen werden konnten. Eben diese Auseinandersetzung bildete nun keineswegs den Schwerpunkt von Schieders und Conzes wissenschaftlichen Interessen. Wohl aber ist die kritische Distanz gegenüber der jüngsten deutschen Zeitgeschichte bei fast allen künftigen deutschen Sozialhistorikern durch einen längeren Studienaufenthalt in Amerika oder England unterstützt worden, der auch die Erweiterung der disziplinären Matrix gefördert hat.

3. Um die gesellschaftsgeschichtlichen Voraussetzungen des Nationalsozialismus genauer erfassen zu können, schien die Tradition der klassischen Politikgeschichte und der historistischen

Hermeneutik nicht zu genügen, so daß Nachbarwissenschaften wie die Soziologie, Politikwissenschaft und Ökonomie zu theoretischen und methodischen Ideenspendern aufrückten. Denn sie ermöglichten systematische Fragen und analytische Interpretationen von Problemen, die in den zeitgenössischen Quellen keinen direkten Niederschlag gefunden hatten. Wenn man diese Wendung personalisieren will, traten Weber und Marx an die Stelle von Ranke und Dilthey. Als ein Berliner Historiker unlängst im Zusammenhang der Debatte über Historiker im Nationalsozialismus den „zynisch wirkenden, sezierend-analytischen Blick auf Gruppen, Schichten und Klassen durch die moderne Sozialgeschichte" und, damit einhergehend, die „Mißachtung des Individuellen" auf die Spätwirkung der „Volksgeschichte", 30, 40 Jahre nach ihrer Scheinblüte, zurückführte, hätte er mit dem Strukturdenken von Weber und Marx den tatsächlich maßgebenden Einfluß mühelos ausmachen können.[33]

Zur Fortsetzung der „Volksgeschichte" konnte dieses Duo ganz gewiß nicht anregen, wohl aber zum Denken in Strukturen und restriktiven Bedingungen, die nicht intentionalem Handeln entsprangen, sondern auf überprüfungsbedürftige systemische Grenzen verwiesen. Es ist daher auch kein Zufall, daß Conze und Schieder die jüngeren Sozialhistoriker als linke Kritiker empfanden und diese sich wiederum innerhalb der Historikerzunft und des politischen Spektrums als Opposition links von der Mitte sahen. Überdies war Sozialgeschichte in den ersten 25 Jahren nach 1945 keineswegs karriereförderlich. Da gab es für die Laufbahnstrategen viel opportunere historische Problemfelder.

4. Nicht zuletzt aber verfehlt die Fixierung auf Schieder und Conze den weitreichenden Einfluß von Hans Rosenberg, den dieser während seiner Gastprofessuren und auch von Amerika aus ausübte. Maßgeblich vermittelt wurde dieser Einfluß durch Gerhard A. Ritter, der zu Rosenbergs ersten Studenten an der FU Berlin gehörte und mit ihm bis zu dessen Tod (1988) befreundet blieb. Die klare Mehrheit der einflußreichen westdeutschen Sozialhistoriker, die seit den 1960er Jahren auftauchten, ist von Ritter ausgebildet und gefördert worden. Schon der quantitative Befund ist eindeutig, die Wirkungsgeschichte ist es erst recht. Die Hälfte aller insgesamt 40 Dissertationen und der insgesamt 20 Habilitationen bei Ritter war sozialgeschichtlich ausgerichtet. Die Namen

der Autoren wirken wie die der Phalanx der neueren Sozialgeschichte. Von einem gleichwie gearteten Einfluß der „Volksgeschichte", aber auch von einem direkten Einfluß von Schieder und Conze kann – über das zunftübliche Maß an Kenntnis ihrer neueren Veröffentlichungen hinaus – bei ihnen keine Rede sein. Und wenn von Schieders und Conzes „volksgeschichtlicher" Vergangenheit in einer Art von „Sippenhaft" auf ihre Studenten geschlossen wird, passen doch – Clio volente – die tatsächlichen „Väter" der westdeutschen Sozialgeschichte: Weber, Marx, Rosenberg, Ritter, nicht in die rechte Ecke.

Die von manchen neuen Kritikern der „Volksgeschichte" suggestiv vollzogene Herleitung der westdeutschen Sozialgeschichte aus der „braunen" Wurzel, verbunden mit dem Vorwurf, daß einige ihrer Exponenten eben deshalb über ihre wissenschaftlichen „Väter" wohlweislich geschwiegen hätten, ist nach alledem in einem verblüffenden Maße ungetrübt von genaueren wissenschaftsgeschichtlichen Kenntnissen. Denn die Generationserfahrungen, Theorieeinflüsse und Ausbildungsschwerpunkte werden von diesen Attacken schlechterdings ignoriert. Welche Grenzen und Defizite die Sozialgeschichte auch immer aufgewiesen hat und weiter besitzt – auf den sinistren Einfluß der „Volksgeschichte", ihrer Impulse und Begrifflichkeit kann man sie glaubwürdig nicht zurückführen.

Da die Entstehung und Entwicklung der westdeutschen Sozialgeschichte ohne größere Anstrengungen in Erfahrung zu bringen ist, läßt sich die Frage nach den Motiven der Kontinuitätspolemik nicht abweisen. Ein Teil der Kritiker, jedenfalls die besonders lebhaften, kommt aus der 68er oder post-68er Linken. Beschwingt von ihrer Entdeckerfreude nach all den Quellenfunden und irritiert durch das langjährige Verschweigen und Vertuschen der Zunft prangern sie zu Recht die Vergangenheit von führenden Historikern an. Vom Schwung ihrer Anklagen beflügelt, werden sie jedoch weiter getrieben zu allerhand Vermutungen und Insinuationen über das vermeintliche Fortbestehen der von ihrem ärgsten Ideologieballast befreiten „Volksgeschichte". Und über den korrupten, womöglich noch durch ein „Schweigegelöbnis" besiegelten Kritikverzicht derjenigen Sozialhistoriker, die sich längere Zeit in Schieders und Conzes akademischem Umfeld bewegt haben. Warum hat hier die sonst großgeschriebene empirische Kontrolle nicht eingesetzt? Denn die suggerierte Filiationsgeschichte ist bisher durch keinen einzigen konkretisierten Nachweis, daß Interessen und Kategorien der „Volksgeschichte" in der Sozialgeschichte seit den 60er Jahren fortgewirkt haben, glaubwürdig gestützt worden. Der Vorwurf des „kalten Blicks" trägt ja nicht sehr weit.

Man kann daher die kritischen Angriffe, abgesehen von den genannten Gründen, auch anders deuten. Geht man, wie vorn bereits angedeutet, mit Bourdieu davon aus, daß auf umstrittenen „Feldern" ständig Distinktions- und Machtkämpfe stattfinden, zielt die Kritik auch auf eine Delegitimierung der Sozialgeschichte sowohl auf dem Feld der Geschichtswissenschaft als auch auf dem der öffentlichen Meinung. Die Exponenten der Sozialgeschichte haben seit jeher ihre Kritik am linken Dogmatismus, an einer theoriefernen „Alltagsgeschichte" und an einem antianalytischen, aber gefühlsstarken „Kulturalismus" nicht verschwiegen. Dadurch ist offenbar manche Wunde geschlagen worden, und die Gelegenheit, alte Rechnungen zu begleichen, wirkt verführerisch, wie auch ein Teil des Presseechos auf den Frankfurter Historikertag beweist.

Außerdem wird die Sozialgeschichte seit einigen Jahren mit einer grundsätzlichen Diskussion über die vermeintlich überlegene Historische Kulturwissenschaft konfrontiert. Sie sieht sich daher veranlaßt, ihre Fundamente zu überprüfen und zu erweitern.[34] In einer solchen Situation ist es für Kritiker attraktiv, sich am Verdrängungswettbewerb mit Ideologiekritik und politischer Diskreditierung, wie unsubstantiiert sie auch immer sein mögen, zu beteiligen.

Da die westdeutschen Sozialhistoriker den offenen Konflikt seit jeher methodisch und politisch befürwortet haben, können sie in der neuen Auseinandersetzung ihre Position gelassen beziehen. Wenn sich die Pulverschwaden der ersten Platzpatronen verzogen haben, möchte man freilich wissen, für welche Alternative die politisch motivierten Kritiker eintreten. Oder wollen sie nach dem Erfolg ihrer Kritik an später prominenten „Volkshistorikern" allen Ernstes an der Behauptung festhalten, ihre Kontinuitätsargumente seien beiläufige polemische Schlenker, fungierten aber nicht als wissenschaftspolitische und politische Herausforderung?

2. Radikalnationalismus – erklärt er das „Dritte Reich" besser als der Nationalsozialismus?

Die internationale Forschung hat lange Zeit dem „Weltbild" des Nationalsozialismus, der wüsten Melange seiner ideologischen Dogmen und darunter vor allem den obsessiven Idiosynkrasien Hitlers, eine hohe, manchmal sogar eine strategische Bedeutung beigemessen, wenn es darum ging, den Aufstieg der Hitler-Bewegung und die Persistenz des nationalsozialistischen Diktatorialregimes bis zum Frühjahr 1945 zu erklären. Inzwischen scheint aber der Grenznutzen immer neuer Studien, welche dieser Markierungslinie folgen, rapide abzunehmen.

Daher taucht die Frage auf, ob man nicht ein Interpretationsmodell von größerer Erklärungskraft gewinnen könnte, wenn man der Bedeutung des deutschen Nationalismus intensiver, als das bisher geschehen ist, nachspürt. Die Entscheidung für diesen Pfad ist mit folgenreichen methodischen, wissenschaftspolitischen und politischen Konsequenzen verbunden. Sie wird wahrscheinlich dazu führen, weniger die Singularität des Nationalsozialismus noch einmal hervorzuheben als vielmehr anstelle der vielfach ritualisierten Formel von seiner Einzigartigkeit die seit jeher bestehende und bis in unsere unmittelbare Gegenwart anhaltende Eigenart des Nationalismus, daß er mit giftigen Elementen immer wieder neu aufgeladen werden kann, deutlicher in den Vordergrund zu rücken.

Damit soll die Bedeutung anderer wichtiger Erklärungselemente im Hinblick auf die Anziehungskraft des Nationalsozialismus nicht bestritten werden, etwa die Rolle des Antimarxismus oder der Wirtschaftskrise seit 1929. Erst recht gilt das für die charismatische Führerherrschaft vor und nach 1933. Da aber die Wirkung des Charismatikers in einem grundsätzlichen Sinn immer von der Zustimmungsbereitschaft seiner Gesellschaft, seiner „charismatischen Gemeinschaft", abhängt, wird man darauf hingelenkt, daß damals auch sie in hohem Maße durch den deutschen Radikalnationalismus bestimmt worden ist.

Da es in diesem Zusammenhang um die Schlüsselrolle des Nationalismus in der ersten Hälfte des 20. Jahrhunderts geht, muß zunächst das Diskussionsfeld etwas genauer abgesteckt werden.

Die ältere Nationalismusforschung von den 1860er Jahren bis zum Ende der 1970er Jahre teilte, wie aus der Vogelperspektive deutlich wird, einige Prämissen.

1. Die Nation galt ihr als quasi-natürliche Einheit in der europäischen Geschichte, die sie mit der Völkerwanderung, spätestens mit dem Mittelalter beginnen ließ. Die Genese der Nationen wurde eher vorausgesetzt als präzise untersucht.

2. Die Nation besitze, lautet eine grundlegende Annahme, das Anrecht auf ihren Staat. Neue Nationen dürften ihn sich erkämpfen, alte Nationen ohne Staat müßten ihn wiedergewinnen, wie namentlich die deutsche Forschung im Hinblick auf den deutschen Nationalstaat sowohl vor als auch nach 1871 argumentiert hat.

3. Die Nation bringe allmählich, erst recht wenn sie ihre staatliche Hülle besitze, Ideensysteme hervor, welche die Existenz der Nation rechtfertigten, ihre Vergangenheit deuteten, ihre Zukunft entwürfen. Diese Ideen wurden als Nationalbewußtsein, Nationalgefühl, Patriotismus konzeptualisiert. Der Begriff des Nationalismus galt als pejorativer Ausdruck, der einen exzessiv übersteigerten Patriotismus meinte. Hier wird er ohne positive oder negative Konnotationen, sozusagen als abkürzende Formel gebraucht.

4. Im Grunde herrschte eine Denkfigur Marxscher Provenienz vor: Die politische, soziale, kulturelle Basis der Nation generiert einen ideellen Überbau in Gestalt des Nationalismus. Diese Charakterisierung hätte Friedrich Meinecke, Hans Kohn, Carlton Hayes nicht gefallen, geschweige denn Hans Rothfels, Theodor Schieder, Werner Conze. Sie trifft aber den Kern der Argumentation.

Die neue Nationalismusforschung hat sich seit dem Anfang der 1980er Jahre auf breiter internationaler Front entwickelt. Ihr „annus mirabilis“ ist das Jahr 1983, in dem die anregendsten Bücher, etwa von Ernest Gellner und Benedict Anderson, erschienen sind, die seither eine erstaunliche Wirkung entfaltet haben.

1. Diese neuere Diskussion beruht erkenntnistheoretisch auf den Ideen des neuen relativen Konstruktivismus. In meinen Augen handelt es sich um keine Innovation, sondern um eine Renaissance, um die Rückkehr zur neukantianischen Erkenntnistheorie, für deren Leistungsvermögen Max Webers „Objektivitäts“-Aufsatz mit seiner unübertrefflichen Klarheit paradigmatisch stehen kann.

2. Die neue Nationalismusforschung besteht als Erbin des „Linguistic Turn“ auf dem Primat der Sprache und der Ideen. Daher geht sie vom Vorsprung des utopischen, ideellen Entwurfs der Nation als einer „gedachten Ordnung“ (Lepsius) aus, die dann mit der wachsenden Resonanz der Leitideen allmählich realisiert wird. Die klassische Formulierung stammt von Gellner: „Nicht die Nation schafft den Nationalismus, sondern der Nationalismus schafft sich die Nation.“

3. Die ältere Nationalismusforschung ist, aufs Ganze gesehen, noch immer überlegen, was die Analyse der fördernden und restriktiven Bedingungen angeht, unter denen sich der Nationalismus durchgesetzt hat. Aber die neue Nationalismusforschung besitzt, wie eine Kosten-Nutzen-Abwägung zeigt, deutliche Vorzüge.

Sie löst den Anschein der Natürlichkeit des Nationalismus und der Nation, damit den Essentialismus der älteren Schule auf. Sie folgt einem genuin historischen Denkstil, folgerichtig insistiert sie daher auf der anhaltenden Historizität der Nation und des Nationalismus. Sie betont den Konstruktcharakter, damit auch die Flexibilität, dic innere Vielfalt des Nationalismus, der immer wieder neu definiert und aufgeladen werden kann.

Sie kommt insgesamt vielerorts an vergangene Wirklichkeit – auch an Nationalismusphänomene unserer unmittelbaren Gegenwart – näher heran, als das die essentialistische ältere Deutung tat. Sie analysiert die jeweils neuen Utopien des Nationalismus, ihr Durchsetzungsvermögen, ihre Veränderbarkeit, ihren Chamäleoncharakter, ungleich weniger jedoch die ebenfalls wichtigen und klar erkennbaren Langzeitelemente. Überhaupt tut sie sich noch schwer mit der Einbeziehung und genauen Analyse „realhistorischer“, soll hier heißen: nichtsprachlicher, Bedingungen, wie etwa der Erfahrung von Krieg, Bürgerkrieg und Revolution.

Die neue Forschungsströmung kann Legitimationsprobleme gut erfassen, da das in den Kategorien der „gedachten Ordnung“, des Utopieentwurfs einleuchtend geht. Sie ist aber methodisch relativ schwach, wenn es um den Zerfall der älteren Legitimität und um fördernde außersprachliche Bedingungen für den Aufstieg neuer Legitimationsmuster geht.

Insgesamt ist der Nationalismus als umfassendes „Weltbild“, ist auch die Nation ein erstaunlicher Konstruktionserfolg. Selbst der hochentwickelte Nationalismus in ausgebildeten Nationalstaaten bleibt in seinem flüssigen, plastischen Aggregatzustand, er weist mithin nie den Endzustand einer irgendwie „vollendeten Nation" auf. Dieser Aggregatzustand verbindet Langzeitelemente, die tief verankert sind und relativ dauerhaft einflußreich bleiben, mit epochenspezifischen, neuen Zuschreibungen; sie können im Grenzfall auch die überkommenen Langzeitelemente neu definieren, neu auffüllen, ja ganz verändern.

Der Nationalismus geht oft mit anderen Loyalitätsbeständen feste oder vorübergehende Fusionen ein (zum Beispiel mit Konfessionen, historischen Regionen, städtischen Traditionen, Ideensystemen wie dem Neuhumanismus oder dem Kulturprotestantismus). Zum Teil bezieht er eben daraus seine Dynamik und erstaunliche Langlebigkeit.

Seit jeher geht es dem Nationalismus auch immer um eine „legitime Ordnung" im Sinne Max Webers, um die Legitimationsfähigkeit der nationalen Ordnung. Dabei wird die Nation selber als Legitimationsspender unter Berufung auf historische Traditionen, naturrechtliche Ideen, die „Vorsehung" eines göttlichen Weltplans überhöht. Diese Legitimitätsfiktion ist der berechtigte Kern des Arguments, daß der Nationalismus auch immer – oder vielleicht ganz und gar – ein politisches Phänomen der Neuzeit sei.

Der deutsche Nationalismus war bis 1918 als Weltbild fest und massenwirksam etabliert. Er behielt aber eine riesige Spannweite, die von den Alldeutschen und der „Vaterlandspartei" über den Heidelberger Kreis um Weber bis zu den Anhängern Bernsteins, Quiddes und schließlich der USPD reichte. Zugleich blieb er in seinem fluiden Aggregatzustand. Ihn kann man z.B. daran ablesen, daß sich aus ihm auch der sogenannte „neue Nationalismus" der 1920/30er Jahre entwickelte.

Trotz seiner Bedeutung ist bisher der Zusammenhang von Nationalismus und Nationalsozialismus nicht angemessen konzeptualisiert, geschweige denn empirisch analysiert worden. Das ist aber unabweisbar wichtig im Hinblick vor allem auf drei Komplexe: die Parteiideologie, die Massenmobilisierung von 1930 bis 1938 und die Loyalitätsstabilisierung von 1939 bis 1945.

Die wüste Melange der nationalsozialistischen Ideologie oder Hitlers Obsessionen haben bisher oft als entscheidende Triebkräfte im Vordergrund gestanden, damit aber die Antwort auf die Frage nach dem Stellenwert des Nationalismus in jener Zeit offensichtlich blockiert. Zunächst sollen dazu einige allgemeine Vorüberlegungen skizziert werden. Dazu gehören drei Thesen:

1. Nur von der Massenwirkung eines radikalen Nationalismus her lassen sich Aufstieg und Erfolg, Regimeakklamation und Kohäsion in einem fünfjährigen Weltkrieg erklären. Kontrafaktisch formuliert: Ohne diesen Nationalismus wären solche Erfolge nicht erreichbar gewesen.

2. Der Primat der nationalistischen Psychomotorik gilt für alle autoritären Bewegungen nach dem Ersten Weltkrieg, mithin etwa für Italien, Spanien, Portugal, Polen, die baltischen Staaten, Ungarn, Rumänien, Kroatien. Ein Radikalnationalismus findet sich auch in allen Faschismen, wobei die typische Fusion mit anderen Loyalitätsspendern (zum Beispiel mit dem Großreich-Mythos) zu beobachten ist und er sich mit einer typischen Extremisierung des Antimarxismus und Antisemitismus verbindet. Daher taucht erneut die Frage auf, warum nur in Deutschland als einzigem der westlichen Industrie- und Kulturländer der Nationalsozialismus als ein Regime des Radikalfaschismus möglich war. Gehört außer den bekannten, vieldiskutierten Gründen auch sein spezifischer Nationalismus dazu?

3. Die Barbarei des deutschen Vernichtungsantisemitismus besitzt für zentral postierte Nationalsozialisten, selbstverständlich vor allem für Hitler mit seiner Definitionsmacht als charismatischer „Führer", den Primat, da „der Jude" schlechthin alle Gefahren der Moderne verkörpert. Für die Mehrheit aber scheint der Antisemitismus lediglich akzeptabel, vielleicht – in unklarer Form – wünschenswert gewesen zu sein, um das Ideal der ethnisch homogenen, durch Ausscheidung aller Juden, „Fremdvölkischen" und „Erbkranken" gestärkten Nation und ihres schlagkräftigen Nationalstaates realisieren zu können. Die Homogenität der derart „vollendeten Nation" wurde zunehmend als rassistische Purifizierung verstanden, offen oder latent begrüßt.

Die entscheidende Zäsur in der Entwicklungsgeschichte des deutschen Nationalismus seit 1914 (die dritte Zäsur liegt dann im Jahr 1945) ist das bis 1933 entstehende Krisensyndrom von Weltkrieg, Kriegszieleuphorie, Niederlage, Revolution, „Versailler System", Territorialverlust, Entmilitarisierung, „Reparationsknechtschaft“ und Weltwirtschaftskrise seit 1929. Mit den vermuteten Folgen dieses Syndroms sind einige Fragen verbunden. Wie verarbeiteten die geläufigen Weltbilder diese Herausforderung? Welche Optionsbreite an Weltbildern bestand für die Zeitgenossen überhaupt? Welche Weltbilder rivalisierten mit dem Nationalismus? Warum setzte sich die extremste Aggressivität durch? (Diese Frage nach den Optionen wirft das Webersche Problem der „objektiven Möglichkeiten und adäquaten Verursachung“ auf, bei dem es ihm in einer frühen Vorwegnahme der kontrafaktischen Methode um die Durchsetzungskraft historischer Verlaufsprozesse durch die Überprüfung einstmals vorhandener, aber verschütteter Chancen ging.)

Das vielerorts beschworene Weltbild der „Realpolitik“ hätte die Hinnahme der Niederlage und des Friedens, das Bemühen um eine friedliche Rückkehr zum Großmachtstatus anleiten können. Eben das aber tat es nicht.

Der Pazifismus lag nach dem ersten totalen Krieg in Europa gewissermaßen in der Luft, erfaßte aber nur eine winzige Minderheit. Beide Weltbilder verlangten die Veränderung des eingeschliffenen nationalen Habitus, und eben deshalb fanden sie nur eine kleine Anhängerschaft.

Der Marxismus/Kommunismus war das einzige Weltbild, das Krieg und Revolution angemessen zu deuten versprach und darüber hinaus einen Zukunftsentwurf anbot. Daher zog es Millionen Menschen an. Seine Achillessehne blieb der Internationalismus, welcher der Faszination und dem Sog des Nationalismus nicht gewachsen war. Das war eigentlich seit dem August 1914 klar, ist aber durch die Revolutionswelle von 1917/18 verwischt worden. (Liberalismus und Konservativismus besaßen im Vergleich damit keine Attraktion mehr.)

Dagegen wurde der radikale Nationalismus von vielen als überlegene, befriedigende „Response“ auf den „Challenge“, auf die Probleme der Zeit begriffen. Warum? An welche Langzeitelemente des etablierten Nationalismus konnte dieser „neue Nationalismus“ nach 1918 anknüpfen? Wie hat er sie umdefiniert? Sein Hauptfeind war, dem Grundgefühl der Epoche entsprechend, die Angstvorstellung einer allgemeinen Desintegration. Ringsum zerfielen, schien es, das Reich, das Militär, die Wirtschaft, die Familie, die soziale Hierarchie, das Werte- und Normensystem. Der Desintegrationsfurcht wurde eine neue Integrationshoffnung entgegengesetzt; sie nährte sich aus einem begrenzten Haushalt von Vorstellungen. Wirksam waren vor allem diese: Der Nationalismus bot weiterhin ein umfassendes System der Weltdeutung an. Dazu gehörte ein missionarisches Sendungsbewußtsein, ein säkularisierter Auserwähltheitsglaube. Die Tradition des „welthistorischen Volkes" reicht von Schiller bis Gottfried Benn und Hitler. In den „Ideen von 1914" war sie noch einmal zugespitzt worden. Durch die Niederlage wurde sie nicht dementiert. Der Mythos der Erneuerungsfähigkeit, der nationalen Renaissance lebte fort. Sie hatte 1871 – so dachte man – bereits einmal zum Ziel geführt. Jetzt wurde die Regeneration zunehmend als „völkische Wiedergeburt" erhofft. Dieses Einströmen der völkischen Ideen zeigt erneut, wie plastisch auch der deutsche Nationalismus gegenüber der „Erfindung von Traditionen" blieb. Die Aufgabe des Nationalismus wurde weiterhin darin gesehen, eine politische Legitimationsbasis in Gestalt des Willens der Nation bereitzustellen. Dabei spielten aber, wie der Vergleich zeigt, deutsche Eigenarten, die sich seit den 1860/70er Jahren herausgebildet hatten, eine wichtige Rolle.

Da war einmal die Sonderrolle des Militärs. Deshalb wirkte die militärische Niederlage besonders kränkend und wurde durch die „Dolchstoßlegende" nur mühsam abgemildert, früh auch schon durch Friedrich Eberts fatale Begrüßung heimkehrender Truppenteile in Berlin: „Im Felde unbesiegt, kehrt Ihr heim!" Die Aufwertung des Militärs wirkte für viele als unabweisbare Aufgabe. Wichtige Nationalisierungsimpulse stammten daher aus der Rüstungspolitik.

Der „Reichsmonarch" hatte als Symbolfigur der nationalen Einheit fungiert. Schon 1925 wurde Hindenburg von einer republikfeindlichen Mehrheit, die endgültig freilich erst zwischen 1930 und 1933 siegte, als „Ersatzmonarch" installiert. Die Sehnsucht nach einem abgehobenen nationalen Führer – Wilhelm II. hatte sie im Krieg schon nicht mehr befriedigt, so daß Hindenburg und Ludendorff ihn mühelos verdrängen konnten – blieb bestehen und hielt eine sozialpsychische Motorik in Gang.

Dazu kam die Sonderrolle eines charismatischen „Reichsgründers", der Arndts und Jahns Ruf nach einem deutschen „Heiland" entsprach. Daher hielt sich der Ruf nach einem „neuen Bismarck" oder einem „Messias". Die Sehnsucht nach einem plebiszitären charismatischen Führertum war keineswegs nur Gemeingut der Rechten. Diese drei Elemente wirkten nach 1918 machtvoll weiter fort.

Der Nationalismus fungierte jetzt auch wieder als Entwicklungsideologie, welche die „relative Rückständigkeit" des besiegten, entmilitarisierten, ökonomisch geschwächten Reiches nach 1918 bekämpfen und überwinden sollte.

Die traditionellen Feindbilder wurden überscharf ausgebildet. Nationale Kohäsion wurde – der uralte Topos – durch die Anti-Haltung der „Ingroup" gegen die „Outgroup" gesteigert, oft durch den schier unbändigen Haß des Unterlegenen, am meisten auf Polen und Frankreich, aber auch auf England. Der „neue Nationalismus" gewann jedoch an erster Stelle seine Dynamik aus neuen Zuschreibungen, aus dem Entwurf einer neuen „gedachten Ordnung", aus der Umdefinition der Nation und des Volkes in eine rassisch fundierte „Volksgemeinschaft", aus der Allianz mit anderen Loyalitätsbindungen. Das zeigt erneut seine anhaltende Offenheit.

Der Auslöser für den „neuen Nationalismus" war, noch einmal, das Syndrom von Krieg, Niederlage, Revolution, Versailles usw. Zunächst kann man auf der Nützlichkeit der funktionalistischen Denkfigur von „Challenge" und „Response", der Reaktion auf die große Krise, beharren. Die Desintegration, Kränkung, Demütigung wurde als so dominant empfunden, daß manche überkommenen Langzeitelemente des Nationalismus unzureichend wirkten. Das ist ablesbar am allgegenwärtigen Topos der „Umbruchzeit", der „Zeitenwende". Angeblich wurde Europas Weg seit der Reformation und der Aufklärung grundlegend revidiert, eine neue Welt, hieß es, ziehe herauf. Daher stammte die Exaltiertheit der Diskussion, die erneut die „welthistorische" Rolle der Deutschen beschwor. Sie sollten nicht nur dem Abgrund entrinnen, sondern sich sogar an die Spitze der Menschheitsentwicklung setzen.

Deshalb konnte Gottfried Benn im Frühjahr 1933 über das „Dritte Reich" sagen, es gehe „um eine Vision von der Geburt des Menschen, vielleicht die letzte großartige Konzeption der weißen Rasse überhaupt", die glücklicherweise Hitler mit seiner Bewegung realisieren werde. Hitler hat diese Endzeiterwartungen in das große Armageddon, in den letzten Kampf gegen die Juden, gelenkt. Deutschland müsse, forderte er, die Welt von „Juda" befreien und anschließend zum „Herrn der Erde" aufsteigen.

Einige Veränderungen hin zum „neuen Nationalismus" lassen sich auch an drei idealtypisch definierten Schlüsselbegriffen verfolgen.

Die *Volksnation* wurde jetzt völkisch, rassistisch umgedeutet, viel intensiver als das die Alldeutschen und die Rasseapostel vor 1914 getan hatten. Die emphatische Aufwertung von Volk und Volkstum – nach dem Zerfall des Staates in Deutschland und Österreich-Ungarn bot nur „das Volk" eine Kontinuitätsgewähr, bekanntlich auch für die neue „Volksgeschichte" – lenkte erneut auf das „Großdeutschland" aller Deutschsprechenden hin. Das „Volkstum" war nicht von vornherein notwendig rassistisch, eher sozialromantisch konzipiert, wurde dann aber, vor allem vom Nationalsozialismus und seinen Vorläufern, als rassisch fundierte Volksgemeinschaft umdefiniert. Sie bildete die arische, alle Juden und Fremdvölkischen, Linken und „Erbkranken" ausschließende, also auf mörderischen Exklusionsprinzipien beruhende „neue", „junge Nation" als Handlungseinheit. Die Utopie der Volksgemeinschaft strahlte auch in die traditionellen, zum Teil NS-resistenten Milieus aus, da die Faszination einer totalitären Bindung und Überwindung der antagonistischen Klassengesellschaft von ihr ausging.

Die *Kulturnation* war durch den Kampf der „deutschen Kultur" gegen die „westliche Zivilisation" seit den „Ideen von 1914" immens aufgewertet worden. Der anhaltende Rekurs auf diesen restringierten Kulturbegriff bot eine Kompensation für die unverständliche Niederlage durch die Berufung auf ein unverändert überlegenes kulturelles Erbe.

Die *Staatsnation* war seit 1871, dann durch den Weltkrieg ebenfalls aufgewertet worden. Der Wunsch nach einer möglichst radikalen Revision der Kriegsergebnisse machte die Wiedergeburt des nationalen Machtstaats zu einer unabdingbaren Voraussetzung.

Der „alte", wenn man so will, der eher konservative Nationalismus blieb nach 1918 fixiert auf die Rückkehr zum Status quo des Bismarckreichs. Diese Nostalgie reichte von der DNVP bis hin zur SPD. Aber: Der „neue Nationalismus" der neuen Rechten, vor allem dann des völkischen und nationalsozialistischen Rechtsradikalismus setzte diese Rückkehr zwar als Nahziel voraus; auch er blieb antiliberal und antidemokratisch, antiparlamentarisch und antisozialistisch, da der marxistische Internationalismus die Überlegenheit der Nation negierte. Doch ging er über diese ältere Spielart weit hinaus. Er tat das dank seiner dezidierten Massenorientierung. Im Prinzip war sie seit jeher im Nationalismus angelegt, oft gerieten aber primär die bürgerlichen Klassen in sein Visier. Jetzt wurde der Anspruch auf totale Erfassung buchstäblich aller „Volksgenossen" zur leitenden Idee. Der „neue Nationalismus" war mit der Rückkehr zum Status quo des Kaiserreichs nicht zufrieden, er wollte eine neue Gesellschafts- und Staatsordnung in einem rassereinen „germanischen Reich deutscher Nation", wie es Hitler auf dem Reichsparteitag von 1936 forderte. Diese Ordnung konnte nicht durch die Rückkehr zu einem nostalgisch verklärten Kaiserreich erreicht, sondern mußte durch eine „permanente Revolution" herbeigeführt werden.

Umbruchzeiten sind die Stunde des Mythos. Neben den Mythos der „nationalen Regeneration" traten alte und neue Mythen, zum Beispiel des Reichs, Großdeutschlands, der Frontgemeinschaft, der Volksgemeinschaft, der arischen Rasse. Diese Mythen pflanzten integrierende Ziele auf. Damit verstärkten sie die Züge des „neuen Nationalismus" als „politischer Religion".

Auf dieser Linie äußerten sich einige einflußreiche Wortführer des „neuen Nationalismus" immer wieder, zum Beispiel Hans Zehrer, der vom „Mythos der Nation" sprach; Carl Schmitt, der den „stärksten Mythos" eindeutig „im Nationalen" sah, und Mussolinis Wort „Unser Mythos ist die Nation" zustimmte. Ernst Jünger billigte der Nation den „höchsten metaphysischen Rang" zu, der „alle anderen Werte bestimmt"; sein Bruder Friedrich Georg glaubte, daß die Nation den „Weg zu dem lebendigen Gott" eröffne. Hans Franke, ein früher Nationalsozialist, erhob „den Nationalismus zur Religion des Diesseits". Die rechte Intelligenz teilte Denkfiguren des „neuen Nationalismus" und bereitete dem radikalen Nationalismus des Nationalsozialismus den Weg. Bei beiden Varianten des extremen Nationalismus verlangte der Mythos auch die Bereitschaft zum heroischen Opfertod und Glauben an die reinigende Kraft der Zerstörung.

Vom Mythos und anderen neuen Zuschreibungen war der Weg zur „politischen Religion" kürzer denn je zuvor. Der Radikalnationalismus des Nationalsozialismus gewann die Leidenschaft eines solchen Religionsersatzes, und es waren, noch einmal, ganz wesentlich diese nationalen Glaubensinhalte, welche die Hitler-Bewegung emportrugen, das Regime stabilisierten und die Kohäsion im totalen Krieg gewährleisteten.

Als politische Religion versprach der „neue Nationalismus": Kontingenzbewältigung, Sinnstiftung und Weltdeutung durch ein umfassendes Weltbild mit eigenen Normen und Verhaltensimperativen. Er beharrte auf seinem Deutungsmonopol im Verhältnis zur Konkurrenz. Er wollte durch die nationale Vergemeinschaftung mit scharfer Exklusion und privilegierender Inklusion einen überlegenen Solidarverband schaffen. Mit seinen Ritualen unterstützte er die Modellierung der Denk- und Verhaltensmuster. Die Liturgie der Reichsparteitage und Hitler-Auftritte folgte unverhüllt religiösen Vorbildern. Er kompensierte irdische Nachteile durch individuelle und kollektive Erlösungserlebnisse, auch durch die Utopie des paradiesischen Endzustandes, der „vollendeten", der homogenen, der schließlich rassereinen Nation. Er überbrückte die Generationenkluft durch einen unerschütterlichen Generationenvertrag, der die Toten mit den Lebenden verband. Er bezog sich auf eine Transzendenz, die einen verpflichtenden Sinn jenseits des Lebens glaubwürdig machte. Zum Höhepunkt wurde der Opfertod für die Nation.

Diese Fähigkeit des Nationalismus, sich zum Radikalnationalismus und zur „politischen Religion" zu steigern, scheint wichtiger gewesen zu sein als andere, oft beschworene Kausalfaktoren der Extremisierung, zum Beispiel der ominöse sozialökonomische Einbruch des „Mittelstandes" und die nationalistische Kompensation seines Statusverlustes. Erst recht gilt das für die Manipulation durch die Rechte für innenpolitische Zwecke: Die nationale Einheitsfront habe – so die Argumentation – in erster Linie die Sozialdemokratie als Schuldigen der Niederlage und Revolution stigmatisiert.

Man muß das Gewicht solcher Faktoren abwägen, entscheidend aber ist das inhärente Steigerungspotential im ideellen System des Nationalismus, der in einer extremen Krisensituation einer extremen Radikalisierung fähig blieb und religiöse Leidenschaften freisetzen konnte. Eine zentrale Aufgabe bleibt daher die Erklärung dieses Extremisierungspotentials.

Darauf richten sich die aus der neueren Nationalismusforschung herrührenden methodischen und substantiellen Einwände oder zumindest doch die Ergänzungsvorschläge, denen zufolge der Aufstieg oder die Wiederbelebung, die Langlebigkeit und die Radikalisierung des Nationalismus aus der Fusion oder Allianz mit anderen Identitäten stammen könnten.

Diese Überlegungen könnten vielleicht einen hohen Grenznutzen für die präzisere Erfassung des Nationalismus ergeben, nachdem sich die älteren Erklärungsvermutungen weithin erschöpft haben. Ich nenne nur fünf solcher externer Impulszentren.

1. Die Geschlechterverhältnisse: Der Topos vom „soldatischen", vom „männlichen" Nationalismus nach 1918 ist bekannt. Er hängt aufs engste mit den Kriegserfahrungen zusammen, auch mit der folgenden Bürgerkriegssituation. Männliche Kriegserfahrungen erklären vielleicht zum Teil die Radikalisierung der Überlebenden, zum Teil aber auch die „Ohne-mich"-Haltung in der USPD, KPD, SPD. Strittiger wird dieser Erklärungsversuch schon bei der Mehrheit der NS-Wähler von 1930 bis 1933, die bekanntlich nicht mehr im Krieg waren, vor allem also bei jungen Männern, die oft durch ihren am Krieg orientierten Nachholbedarf zur Gewalt oder zumindest zur politischen Unterstützung des Nationalsozialismus getrieben wurden. Probleme wirft diese Interpretation auch im Hinblick auf die Frauen auf, die einen gleich hohen Anteil wie die Männer an der Wählerschaft der Rechtsparteien und der NSDAP stellten. Das bekannte Verdikt, daß die deutschen Mütter lauter kleine Nazis herangezogen hätten, bedarf einer vorurteilsfreien empirischen Überprüfung des Einflusses, den die Mütter tatsächlich auf die politische Sozialisation ihrer Kinder hatten. Immerhin votierten bei den Reichstagswahlen bis zuletzt fast 60 Prozent der Wähler gegen den Nationalsozialismus, und die HJ konnte 1933 nur 100000 Jungen mobilisieren.

2. Die Körpergeschichte: Dieselbe Ambivalenz begegnet einem in der Körpergeschichte, wenn man Bourdieus und Foucaults Einverleibung oder Einkörperung von Habitusdispositionen ernst nimmt. Es gibt noch keine exakte Untersuchung zur Auswirkung der Körpererfahrungen der 13 Millionen deutschen Soldaten im

Ersten Weltkrieg, auch nicht der sechs Millionen Verwundeten und der Abermillionen von Frauen an der „Heimatfront". Der trügerische „Common Sense" sagt, daß die Reaktion eigentlich hätte sein müssen: Nie wieder Verletzung, Vergiftung, Schützengrabenleben. Aber kann bei den Überlebenden nicht doch nach einer gewissen Zeit eine nostalgische Arroganz, eine Verklärung der Materialschlachten eingesetzt haben, die auch der Radikalisierung des Nationalismus zugute kam?

3. Die Konfessionsgeschichte: Der deutsche Protestantismus war nach 1918 zutiefst verstört. Eine Niederlage beendete den „heiligen Krieg", die Kriegstheologie brach zusammen, und ein unerhörtes Ereignis folgte, denn nach 400 Jahren floh überall der Summepiscopus. Der Protestantismus hatte im 19. Jahrhundert, besonders im Kaiserreich, ohnehin in engster Verbindung mit dem Nationalismus gestanden, das galt erst recht für den im Bürgertum eminent einflußreichen Kulturprotestantismus. Wegen dieses Nexus gab es nach 1918 kaum Selbstkritik an der Kriegstheologie, keine Verwerfung der exorbitanten Kriegszielpolitik, vielmehr herrschte eine tiefreichende Unterstützung des Radikalnationalismus vor, die in der Bewegung der „Deutschen Christen" kulminierte. Gab es außer der äußeren Krisenkonstellation nach 1918 nicht auch die „Politische Theologie", die den Nationalismus förderte? Oder reagierten die Sprecher des Protestantismus nur als gekränkte Nationalisten, zumal der konventionelle konfessionelle Antisemitismus durch den völkischen Antisemitismus immer mehr aufgeladen wurde?

4. Die historischen Regionalismen: Überall wirkte der Schock der Niederlage, die Flucht der deutschen Fürsten, die Revolution. Besonders haßerfüllt fiel die Reaktion in Bayern aus. Nach 800 Jahren Wittelsbacher-Herrschaft folgten der Absturz in den „roten Terror" der Räterepublik und der noch blutigere „weiße" Gegenschlag; dazu schäumte die katholische Abneigung gegen das protestantische Preußen als Kriegstreiber über. Das Selbstverständnis als „Ordnungszelle Bayern" panzerte sich gegen Republik und Demokratie. Daraus ging ein spezifisch bayerischer Rechtsradikalismus hervor, der auch zum Radikalnationalismus beigetragen haben könnte. – In Preußen vibrierten dieselben Schockwellen nach der Flucht der Hohenzollern und des Summepiscopus. Der Verlust der Hegemonialstellung seit 1871 schmerzte. Die

hochspezifischen Militärtraditionen wurden in Frage gestellt. Die Folge war eine bittere Reaktion auf Niederlage und Revolution. Andererseits gab es zwölf Jahre lang bis 1932 eine erfolgreiche, auf Mehrheiten gestützte republikanische Regierung! Offensichtlich lohnt sich die Analyse des Problems, ob das verletzte einzelstaatliche oder regionale Bewußtsein den Nationalismus transformiert hat und wie dieser Vorgang im einzelnen ablief.

5. Wissenschaftliche Diskurse: Wie veränderte sich die dem Anspruch nach wissenschaftliche Interpretation der Nation durch sozialdarwinistische und völkische Ideen? Bis 1914 hatte Deutschland den sozialdarwinistischen Nationalisten als Beweis für das „Überleben des Stärksten" gegolten. Auch demographisch war das Reich die jüngste Großmacht in Europa. Die Dynamik einer „jungen Nation" mit einem zukunftsfähigen Volkskern garantierte den anhaltenden Aufstieg. Diesen Optimismus unterbrach die Zäsur seit 1918. Zwei Millionen Tote, sechs Millionen Verwundete, der Rückgang des demographischen Wachstums – sie schwächten die „völkische Kraft". Die Angstvorstellung vom „Volkstod" drang vor. Ihm wurde entgegengesetzt: bewußte „Aufzucht", „Ausmerze", Euthanasie. Die Eugenik galt von rechts bis links als akzeptable Verteidigungsstrategie.

Auch aus diesen Expertendiskursen kam der Ruf nach der starken Nation, nach dem homogenen, leistungsfähigen Volk, das dann erneut eine kraftvolle Machtpolitik führen könnte. Hier gab es einen gleitenden Übergang zum völkischen, rassistisch aufgeladenen Nationalismus, der seit dem Ende des 19. Jahrhunderts aufgekommen war. Wie diffundierten diese Expertendiskurse? Auch sie können die Radikalisierung des Nationalismus plausibler machen, zumal ein unmittelbarer Anschluß an Denktraditionen des neuen Rechtsradikalismus, der „völkischen Bewegung", des Nationalsozialismus möglich war. Von ihnen allen wurde das Postulat der „völkischen Neuordnung" verfochten, welche der Nation zu neuer Kraft verhelfen sollte.

Bei der Abwägung solcher Einflüsse ist man wohlberaten, immer mit dem kausalen Syndrom von Krieg, Niederlage, Revolution, Kriegsfolgen usw. als Stimulanzien der Veränderung zu operieren, insbesondere um den Wandel in den Leitvorstellungen und in der Qualität des Nationalismus zu erklären. Die Forschungslage scheint noch ganz offen zu sein. Die Durchsetzungskraft anderer Loyalitätsbindungen und externer Diskurse wirkt zwar oft plausibel, doch ein exakter Nachweis fehlt bisher.

Die methodische Gefahr, wenn man von solchen externen Impulszentren ausgeht, besteht darin, daß man ein Aktionsschema privilegiert. Zu fragen ist aber immer: Wer reagierte auf was? Reagierten die Geschlechter, die regionalen Identitäten, die wissenschaftlichen oder pseudowissenschaftlichen Diskurse nicht auch auf die Verletzung jener kollektiven mentalen Dispositionen, jener Elemente des politischen Habitus, die wir Nationalismus nennen? Überschätzt man die quasi autonomen Einflüsse externer Einflußzentren, unterschätzt man dann nicht allzu leicht den Nationalismus als längst tief verankertes, psychomotorisch wirksames „Weltbild"?

Zurück zu den drei Problemen, welche die nationalsozialistische Bewegung und das „Dritte Reich" aufwerfen. Die Parteiideologie war eine bunte Mischung, im Kern jedoch das Glaubenssystem einer nationalistischen Massenbewegung, welche die Revision von Versailles, den starken nationalen Machtstaat und zugleich in ihm wieder soziale Sicherheit wollte. Der Antisemitismus besaß für die Führungskader und vor allem für Hitler selber fraglos die Eigenschaften eines religiösen Glaubens. Für die Mehrheit der Parteigenossen und Wähler scheint aber die von allen „Schädlingen" bereinigte starke Nation im Mittelpunkt gestanden zu haben. Der Nationalsozialismus wurde zur „autoritären Volkspartei", zu einer Omnibus-Bewegung zum guten Teil deshalb, weil seine nationalistischen und antimarxistischen Ziele im Vordergrund standen, mithin trotz, nicht wegen seines Antisemitismus.

Die Massenakklamationen von 1930 bis 1938: Selbstverständlich beruhte der Erfolg der Hitler-Bewegung auf ihrer gnadenlosen Kritik an der Republik, dem zu gemäßigten Revisionismus, der Wirtschaftspolitik; auf der Dynamik und dem Elan einer „jungen Bewegung"; auf der Wirkung des „Führermythos" usw. Er beruhte aber auch auf der Faszination, die vom Ideal der starken Nation mit wirtschaftlichem Wachstum und sozialer Sicherheit ausging. Er beruhte auf dem Ziel des nationalen Machtstaates, der den Revisionismus endlich effektiv zu radikalisieren wagte – daher stammte die Zustimmung der Konservativen. Er beruhte auf dem Fernziel eines Großdeutschland mit einem gewaltigen

„Lebensraum“ im Osten. Er beruhte auf der Steigerung des Selbstwert- und des nationalen Identitätsgefühls durch nationale Macht und Größe. Insofern ist Otto Danns These, 1933 sei die „letzte große nationale Bewegung im bürgerlichen Deutschland“ gewesen, sozial zwar zu eingeschränkt, aber der Tendenz nach zutreffend.

Die plebiszitäre Akklamation hielt erst recht an nach dem Einmarsch ins Rheinland, nach der Wiederaufrüstung, dank der Olympischen Spiele von 1936, nach der Sudetenkrise von 1937/38. Sie erreichte ihren ersten Gipfel durch den „Anschluß“ Österreichs. Selbst resistente Milieus wie etwa das des politischen Katholizismus wurden vom Jubel erfaßt. Auch in den vertraulichen SOPADE-Berichten an den Exil-Vorstand der SPD heißt es resigniert: Selbst alte Genossen hielten jetzt Widerstand für zwecklos, Hitler sei ein zweiter Bismarck, ja größer noch als der erste Reichsgründer.

Ihren zweiten Gipfel erreichte die plebiszitäre Akklamation im Frühjahr 1940 nach dem Frankreich-„Feldzug“, der in sechs Wochen erreichte, wozu im Ersten Weltkrieg vier Jahre nicht ausgereicht hatten. Für all diese Krisensituationen gilt: Die Zustimmung beruhte auf Erfolgen, die den deutschen Nationalismus befriedigten. Deutschland stand wieder als starker Nationalstaat da. Man kann die Vermutung riskieren, daß Hitler bei freien Wahlen unter Aufsicht des Völkerbundes im Winter 1938 oder im Sommer 1940 rund 95 Prozent der Wähler für sich gewonnen hätte.

Die Loyalität im Krieg ist erst recht kein Erfolg der Parteidoktrin, sondern der „Nation in Waffen“. Das „Großgermanische Reich deutscher Nation“, wie es im Krieg hieß, war der expandierende imperialistische Nationalstaat, wie ihn Ernst Jünger mit vielen anderen gefordert hatte. In der Dauerkrise seit 1942 kämpfte die erdrückende Mehrheit von 18 Millionen deutschen Soldaten ums Überleben, auch für die Verteidigung der „Heimat“ – oft wohl wissend, was die Rache für eigene Untaten bedeuten könnte –, auch immer noch eher für die Nation und ihren Staat als für die NS-Lehre.

Man sollte die verblüffend lang anhaltende Loyalität von 1942 bis zum Frühjahr 1945 ziemlich pragmatisch mit diesem Überlebenswillen, mit der Wirkung von „Sekundärtugenden“ wie dem Gehorsam, der Angst vor den Sanktionen und vor der Regelverletzung und mit einer diffusen Bereitschaft zur Heimatverteidigung erklären. Wenn aber rechtfertigende allgemeinere Überzeugungen, Wertvorstellungen, Habitusformierungen ins Spiel kamen, sind es wohl eher solche von der Größe der Nation, von der Verteidigung oder Rettung der Nation oder auch der Heimat gewesen als genuin nationalsozialistische Zielvorstellungen.

Kurzum, die These lautet: Der Aufstieg des Nationalsozialismus, seine Massenmobilisierung, die plebiszitäre Akklamation, die Loyalität im Totalen Krieg lassen sich überzeugender erklären, wenn man von einer nationalistischen Massenbewegung, einem zur „politischen Religion" gesteigerten Nationalismus und seiner Integrationsfähigkeit anstatt primär vom Nationalsozialismus oder von Hitlers Idiosynkrasien ausgeht.

Lohnend wirkt heutzutage vor allem die Klärung der Frage, wie die Geschlechterrollen, die Körpererfahrungen, die Konfessionsentwicklung, die Regionalloyalitäten, die intellektuellen Diskurse dem Nationalismus und auch dem Nationalsozialismus zugearbeitet haben. Abgesehen davon bleiben eher vertraute Probleme weiter zu klären. Der Nationalsozialismus initiierte in der Tat eine „permanente Revolution", denn er wollte erstens die Machtstruktur und die Sozialhierarchie der deutschen Gesellschaft von Grund auf umstülpen, um eine neue, rassistisch fundierte Stratifikationsordnung auf der Basis unterworfener „minderwertiger Rassen" errichten zu können. Und er wollte zweitens Europas politische Ordnung umstürzen und nach der Erringung der Hegemonie von der Grundlage eines riesigen, bis zum Ural reichenden, mit dem Leben von 32 Millionen „Slawen" erkauften Kontinentalimperiums aus in den Kampf um die Weltherrschaft eintreten. Wie Hitler im Januar 1938 bereits vor höheren Offizieren erklärte: „Diesem größten Rassekern (84–110 Millionen Deutsche) wird und muß einmal die Welt gehören".

Diese Ziele hätten weder dem bis dahin bekannten Imperialismus noch dem vertrauten Staatenantagonismus widersprochen, im Gegenteil. Aber die rassistische Grundordnung hätte den Nationalismus von innen her im Sinne der arischen Auserwähltheitslehre verändert. Kann man diese Entwicklung noch innerhalb der Parameter eines radikalisierten Nationalismus verstehen? Soll man das überhaupt versuchen? Andrerseits: Wenn seine Elastizität und Plastizität, seine Aufnahmefähigkeit für derartige Zuschreibungen so chamäleonartig veranschlagt werden, wären nicht auch die neue Rassengesellschaft und das ständig kriegführende „arische Großreich“ als Extremformen noch mit dem Nationalismuskonzept kompatibel?

Können, dürfen, wollen wir den Nationalismus aber so weit verstehen? Oder brauchen wir für ein politisches und soziales System, das auf die biologische Umformung der historischen Existenz zielte, andere Begriffe, deren Trennschärfe der Neuartigkeit des Phänomens eher gerecht werden?

Die methodischen, wissenschaftspolitischen und politischen Implikationen solcher Entscheidungen liegen ziemlich klar auf der Hand. Die Entscheidung für die Vorrangigkeit des Rassismus und für die Singularität des Nationalsozialismus verlangt spezifische Urteils- und Interpretationskategorien. Der erweiterte Nationalismusbegriff aber ermöglicht mehr: Er fördert, ja verlangt den Vergleich, und er hält die Nationalismuskritik wach. Denn der nationalsozialistische Rassismus ist die Asche von gestern. Doch der Nationalismus kann immer noch durch neue verhängnisvolle Zuschreibungen bis hin zur Gefahrengrenze neu aufgeladen werden.

3. Nationalstaat und Krieg

Vorbemerkung: Der folgende Text gibt einen Vortrag wieder, den ich auf Einladung des Tübinger Fachbereichs Geschichte am 7. Mai 1999 zur Eröffnung eines Sonderforschungsbereichs der Deutschen Forschungsgemeinschaft, der „Kriegserfahrungen“ analysieren soll, gehalten habe. Da der Kosovo-Krieg noch voll im Gang war und die Gemüter aller Anwesenden beschäftigte, konnte sich der Vortrag zu diesem Zeitpunkt nicht auf einige historische Reflexionen beschränken. Vielmehr wollte er zur Präzisierung des Urteils in der aktuellen Situation beitragen. Selbstverständlich ist er von diesem zeitgeschichtlichen Kontext Anfang Mai 1999 spürbar abhängig.

Nationalismus und Krieg – das ist ein großes Thema, welches eine intensive Debatte verdient, nachdem Dieter Langewiesche vor einigen Jahren damit einen neuen Anfang gemacht hat.[1]

Die neuere Nationalismusforschung kommt vielerorts an vergangene Wirklichkeit – auch an Nationalismusphänomene unserer unmittelbaren Gegenwart – näher heran, als das die essentialistische ältere Deutung tat. Sie analysiert die jeweils neuen Utopien des Nationalismus, der sich seine Nation schafft, sein Durchsetzungsvermögen, seine Veränderbarkeit, seinen Chamäleoncharakter, ungleich weniger jedoch die ebenfalls wichtigen und klar erkennbaren Langzeitelemente. Überhaupt tut sie sich schwer mit der Einbeziehung und genauen Analyse „realhistorischer", soll hier heißen: nichtsprachlicher, Bedingungen, wie etwa der Erfahrung von Krieg, Bürgerkrieg und Revolution.

Als ein Beispiel für den Vorsprung der älteren Forschung kann man Eugen Rosenstock-Huessys Buch „Die Europäischen Revolutionen und der Charakter der Nationen" von 1931 wählen. Rosenstock verfolgt dort die deutsche „Fürstenrevolution" der Reformationszeit, die Englische, Amerikanische, Französische Revolution, die angebliche Deutsche Revolution zwischen 1866 und 1871 und schließlich die Russische Revolution im Hinblick auf seine Hauptthese: Wenn in einer Revolution die alte Ordnung zerbricht, ist die Gewinnung einer neuen Legitimationsbasis eine unabdingbare Aufgabe. Diese Basis wird in der souveränen Nation gefunden. Daher gehen nach Rosenstocks Auffassung der moderne Nationalismus und die moderne Nation aus den Revolutionserfahrungen der jeweiligen Länder hervor. Seither ist diese Nationsbildung in vergleichbaren Krisen anderswo imitierbar und exportierbar, da es sich um generalisierbare Legitimationsprinzipien handelt.

Die neue Forschungsströmung kann Legitimationsprobleme präzis erfassen, da das in den Kategorien der „gedachten Ordnung" einleuchtend geht. Sie ist aber methodisch relativ schwach, wenn es darum geht, den Zerfall der älteren Legitimitätsmuster und die fördernden „außersprachlichen" Bedingungen für den Aufstieg neuer Legitimationsverheißungen zu erfassen.

Bisher hat sie zum Beispiel, läßt man Michael Jeismanns Studie als Ausnahme einmal beiseite,[2] die Ursachen, die charakteristischen Züge, die Folgen von Kriegen für die Nationalstaatsbildung auffällig vernachlässigt. Das mag unter anderem lebensgeschichtlich damit zusammenhängen, daß die neue Strömung von Wissenschaftlern repräsentiert wird, die – mit der Ausnahme Ernest

Gellners – einen Krieg selber nicht erlebt haben. Der Preis für den Primat der Ideen und der Sprache besteht daher aus endogenen Schwachstellen, die nur schwer überwunden werden können.

Wichtige exogene Ursachen findet man in der relativen Stagnation der Kriegsforschung. Es gibt etwa in den USA einen Strom von Büchern über den Bürgerkrieg und den Zweiten Weltkrieg, sehr viel weniger über den Ersten Weltkrieg und den Vietnamkrieg. In Deutschland, Frankreich, England ist ein Trend zur Erfahrungs- und Mentalitätsgeschichte des Ersten Weltkriegs neuerdings deutlich erkennbar. Er ist völlig legitim, da es auf diesem Gebiet einen riesigen Nachholbedarf gibt. Freilich steht der Verursacher und Radikalisierer des Zweiten Weltkrieges eindeutig fest. Das verhindert oft neue Fragen, ändert aber nichts daran, daß die systematische Untersuchung des Verhältnisses von Nationalismus, Nationalstaat und Krieg noch weithin aussteht.

Mit den Lücken der Kriegsforschung hängt auch die fehlende Analyse von Gewalt und ihren vielen Formen zusammen, nachdem Johann Galtungs Verwirrspiel mit der „Strukturellen Gewalt" methodisch in eine öde Sackgasse geführt hat. Eins der zu klärenden Probleme ist zum Beispiel die Entfesselung und Entgrenzung von Gewalt im Bürgerkrieg, etwa in Gestalt der „ethnischen Säuberung", welche in der Sprache der SS bereits seit dem Herbst 1939 „ethnische Flurbereinigung" hieß.

Auch die Kriege des Ancien Régime waren unstreitig brutal. Aber sie wurden nur extrem selten mit Massenheeren geführt, wie sie seit der Zeit Napoleons, des Krimkriegs, des amerikanischen Bürgerkriegs üblich wurden. In der Regel dominierte ein Interessenkalkül, das monarchischen Ehrgeiz, adlige Familienehre, Erbfolgeprobleme zur Grundlage hatte. „Interesse" ist gewiß ein vieldeutiger Begriff, aber man kann ihn an dieser Stelle auf eine relativ dominierende Zweckrationalität eingrenzen.

Die Nation dagegen und ihre vermeintlichen Interessen und Imperative sind in aller Regel amorphe, fluide Konstruktionen. Für sie kann etwa die Reinheit des ethnischen Verbandes, der ja auch immer auf „erfundenen Traditionen" beruht, die Bestätigung einer glorreichen Vergangenheit, der missionarische Auftrag für die Zukunft verbindlich gemacht werden. Es mag mit diesem amorphen Charakter sogenannter nationaler Interessen auch eine spezifische Entgrenzung zusammenhängen, da es bei ihnen immer um Maximalwerte, um Existentielles, um Sein oder Nichtsein zu gehen scheint.

Geht der Krieg aus einem klaren Interessenkalkül hervor, wie etwa der von 1870, werden, nach sehr brutalen Anfangsschlachten, Gefangene durchweg nach den Regeln des Kriegs- und Völkerrechts behandelt. Wird aber wie von 1939 bis 1944 oder neuerdings in den Balkankriegen der Nationalismus rassistisch aufgeladen, ist die Zone bis zur physischen Vernichtung und „Ausmerzung" extrem schmal. Das zeigt sich an dem fließenden Übergang zu den Operationen der „ethnischen Säuberung". Eine rassistisch angeleitete „Säuberung" verläuft zudem oft gerade dann auffällig fanatisch und gnadenlos, wenn einem der sogenannte Gegner besonders nahesteht. Man braucht nur an die Integration der jüdischen Deutschen vor 1933 und an die Mischehen im ehemaligen Jugoslawien zu denken.

Der historische Rückblick auf den Zusammenhang zwischen Revolution und Krieg zum einen, die Entstehung der modernen Nationen und ihrer Nationalstaaten zum anderen zeigt: Fast immer sind die Nationsbildung und die Entstehung von Nationalstaaten mit Revolution und Krieg verbunden. Das verdeutlichen einige Beispiele:

Die Holländische Revolution, der Abfall der Niederlande von Spanien und die allmähliche Herausbildung einer holländischen Identität erfolgten offensichtlich während eines langen, bitteren Krieges gegen das katholische Spanien und wurden danach durch die Suprematiekriege mit England bestätigt.

Die Englische Revolution war zum einen ein Bürger- und Religionskrieg, zum anderen aber auch eingebunden in einen langjährigen Krieg mit dem katholischen Spanien und dann in die Kriege mit Holland zu einer Zeit, als England, wie Charles Wilson argumentiert hat, durchaus noch als Lehrling das große niederländische Vorbild nachahmte.

Die Amerikanische Revolution verkörpert den ersten Emanzipationskampf westlicher Kolonien gegen ihre Metropole. Sie ist aber zugleich auch eine Verfassungsrevolution und zum Teil auch eine soziale Revolution gewesen. Der letzte Gesichtspunkt wird häufig übersehen, aber in absoluten Zahlen sind mehr königstreue „Loyalisten" nach Kanada vertrieben worden, als je royalistische Emigranten aus Frankreich während der Revolutionsjahre geflohen sind, und das, obwohl die englischen Kolonien eine sehr viel kleinere Bevölkerung als der französische Großstaat besaßen. Als „erste neue Nation" sind die Vereinigten Staaten von Anfang an als nationalstaatliche Republik auf der Basis der Volkssouveränität konzipiert worden.

Die Französische Revolution ist mit einem Bürgerkrieg und einer zwanzig Jahre lang währenden Ära zwischenstaatlicher Kriege verbunden. Beide gehören unstreitig zum Fundament des französischen Nationalismus und des französischen Nationalstaates, der aus dem ihn vorbereitenden absolutistischen Herrschaftsverband schließlich hervorging.

Auffällig ist auch die Genese neuer Nationalstaaten aus Kriegen, die zugleich nationale Einigungskriege waren. Die kriegsfreie Genese ist dagegen eine außerordentlich seltene Ausnahme. Im Hinblick auf die Bedeutung des Krieges braucht man nur an die Vereinigten Staaten zu denken, an alle lateinamerikanischen Staaten einschließlich Kubas, an Griechenland, Serbien, Bulgarien, Rumänien, an Italien und Deutschland, an alle 1918/19 entstehenden Nachfolgestaaten der osteuropäischen multinationalen Reiche: an die baltischen Staaten, an Polen, die Tschechoslowakei, Ungarn, Albanien, Jugoslawien, an alle Staaten im Nahen Osten nach dem Zerfall des Osmanischen Reiches, an Israel, Indien, Pakistan, Bangladesch, an fast alle aus der Dekolonisation hervorgegangenen Staaten in Afrika und im Pazifik.

Friedliche Nationalstaatsgründungen sind vergleichsweise selten zu finden, etwa Kanada, die Karibikstaaten, Japan. Ein vorläufiges Fazit muß darum lauten: Ungleich mehr moderne Nationalstaaten sind aus Krieg und Revolution hervorgegangen als aus friedlicher Verselbständigung oder dank der Mutation älterer Herrschaftssysteme.

Warum? In den „klassischen" Revolutionen des Westens ist – im Sinne von „Challenge" und „Response" – der Nationalismus eine „Antwort" auf die „Herausforderung" einer tiefen Legitimationskrise, die im Bürgerkrieg kraß zutage tritt. Wenn der Nationalismus sich eine Nation schafft, ist die Durchsetzung einer neuen Legitimationsbasis oder eines erstmals beanspruchten Legitimationstitels im Horizont der Zeit offenbar häufig nur mit kriegerischen Mitteln möglich, da der Widerstand gegen das Neue hart ist, der Nationalismus aber wegen der beanspruchten Höherrangigkeit seiner Ziele und Werte sogar den Krieg rechtfertigt. Daher drängt sich zunächst der Schluß auf: Die Durchsetzung des Nationalismus und eines Nationalstaats sind nahezu regelmäßig so umstritten, daß Krieg und Gewalt unvermeidbar wirken. Wenn dem so ist, führt das zur schärfstmöglichen Kritik an Nationalismus und Nationalstaat, dessen Organisationsform der nationale Liberalismus anfangs für geradezu prädestiniert gehalten hatte, die monarchisch-aristokratischen Konflikte zu überwinden und in ein System friedlich koexistierender Nationalstaaten zu überführen.

Für das historische Urteil ist die grundsätzliche Frage wichtig, ob dieser Nexus von Nationalismus, Nationalstaat und Krieg aufgebrochen werden kann. Das scheint kein vorrangiges Problem etwa für polnische, algerische, kubanische Historiker zu sein, welche die Genese ihres Landes aus Krieg und Umbruch wie selbstverständlich akzeptieren. Für uns aber stellt es in der Tat ein Problem dar. Kann man auf der Suche nach einer Antwort das historische Urteil an vergleichbaren historischen Prozessen schulen? Hierzu ein Vorschlag.

Blickt man aus der Vogelperspektive auf die europäischen Herrschaftsverbände und Staaten zwischen 1200 und 1900 zurück, sieht man einen durchlaufenden Langzeitprozeß. Zahlreiche autonome Rechtsbesitzer, ob Fürsten oder Adelsherren, Korporationen oder Städte, werden von zentralen Institutionen, zunehmend von staatlichen Instanzen enteignet. Die Monopolisierung der rechtsförmigen Konfliktschlichtung und die Monopolisierung der physischen Gewaltsamkeit – das ist der Kern der neuzeitlichen Staatsbildung – werden für die zentrale Autorität erstritten, die überall homogenisierte Rechtsräume und damit Friedensbezirke schafft, deren Ruhe durch machtvolle Sanktionsmittel zunehmend effektiver gewährleistet wird. Als etwa im Jahre 1900 das BGB im Deutschen Reich in Kraft tritt, gibt es kein Fehderecht mehr, keine Hochgerichtsbarkeit der Adelsherren, kein autonomes Stadtrecht im alten Sinn. Man kann das – mit Georg Jellinek, Max Weber, Otto Brunner – als einen gewaltigen Enteignungs- und politischen Konzentrationsprozeß verstehen, der an die Stelle eines Polyzentrismus konkurrierender Rechts- und Herrschaftsbesitzer einen homogenen Staats- und Rechtsverband setzt.

Dieser Vorgang kann als ein durchaus gerichteter Evolutionsprozeß, als ein positiv beurteilter Modernisierungsprozeß verstanden werden, solange der moderne Staats- und Rechtsapparat nicht in autoritäre oder diktatoriale Hände fällt und mangels autonomer Gegengewichte um so effektiver durchgreifen kann. Wenn dieser Prozeß im Kern annähernd treffend skizziert ist, läßt sich daraus für das Urteil über Nationalismus, Nationalstaat und Krieg etwas lernen.

Das kann man am Beispiel des vorerst letzten, des vierten Balkankrieges erörtern. Hier geht es an vorderster Stelle um die Frage, ob sich die westliche Militärintervention überhaupt normativ begründen läßt. Zwei Argumente stehen für eine positive Antwort zur Verfügung. Zuerst muß das Problem geklärt werden, ob auch dieser Teil des Balkans zu Europa gehört oder gehören soll. Verneint man diese Frage, drängt sich der Rückgriff auf Bismarcks Urteil auf, daß eine unbedachte Intervention auf dem Balkan die „Knochen eines einzigen pommerschen Musketiers" nicht wert sei. Man kann dann als ferner Beobachter nur mehr zynisch konstatieren, daß die aus dem Zerfall Jugoslawiens hervorgehenden Konflikte sich ausbrennen, aber keinesfalls von Europa geschlichtet werden müßten.

Bejaht man dagegen die Frage mit der Begründung, daß aufgrund der Geschichte und des Selbstverständnisses ihrer Bewohner auch diese Region des Balkans zu Europa gehört, kann man auf den europäischen Konzentrations- und Enteignungsprozeß im Rechtswesen zurückgreifen und analog argumentieren, daß auch in unserer Gegenwart ein homogener Rechts- und Friedensraum in ganz Europa geschaffen werden muß. Dieser Prozeß wirkt in der Europäischen Union bereits irreversibel: 60 Prozent der vom Bundestag behandelten Materie handeln inzwischen von der Umsetzung verbindlicher europäischer Normen in das innerstaatliche Recht der Bundesrepublik. Stellen sich der Homogenisierung des europäischen Rechtsraums derartige Hindernisse entgegen, wie sie mit den vier Balkankriegen des Slobodan Miloševic verbunden sind, kann man mit dem Ziel der Herstellung des innereuropäischen Rechtsfriedens eine Intervention zur Beseitigung dieser Hindernisse begründen. Die Form der Intervention kann zunächst offen bleiben. Legitimierbar ist sie jedoch unter diesem Gesichtspunkt – und ohne harte Konflikte ist die Rechtsvereinheitlichung in Europa zwischen 1200 und 1900 allemal nicht verlaufen.

Ein zweiter wichtiger Interventionstitel läßt sich aus der krassen Verletzung der Menschenrechte herleiten, da mehr als zwei Millionen Albaner im Kosovokrieg zum Opfer der „ethnischen Säuberung" werden sollen. Hier taucht gewöhnlich der naheliegende Einwand auf, die Menschenrechte seien ihrer Natur und ihrem Anspruch nach universalistische Werte, die möglichst überall auf der Welt respektiert werden sollen. Wenn zugunsten der Durchsetzung von Menschenrechten militärisch interveniert werde, müsse folgerichtig, heißt es, auch weltweit ihre Beachtung erstritten werden: für die Kurden in der Türkei, für die Papuas im indonesischen Ost-Timor, für die Tibetaner in China, für die Palästinenser in Israel. Das ist, abstrakt gesehen, unwiderlegbar. Doch dient der Maximalismus dieses Postulats häufig nur dazu, eine pragmatisch eingeschränkte Lösung im europäischen „Hinterhof" in Frage zu stellen.

Beharrt man auf der Validität des Interventionsgrundes, stellt sich als nächstes die Frage nach der völkerrechtlichen Begründung des Interventionsvorgangs. Das Völkerrecht beruht seit jeher ganz wesentlich auf dem Interventionsverbot und der rechtlich eingehegten friedlichen Konfliktschlichtung. Statt dessen geht es hier darum, ein Interventionsgebot durch Selbstmandatisierung zu legitimieren, wenn der innere Rechtsfrieden gegen menschenrechtsverletzenden Widerstand durchgesetzt werden soll. (Die unbequeme Nachbarschaft zu Carl Schmitts Vorstellung vom „Großraum mit Interventionsgebot" braucht hier nicht zu irritieren!)

Das bedeutet selbstverständlich die Rückkehr zu Kants Problem: Wie kann man eine übernationale Regierung, eine Weltregierung, mit effektiven Machtmitteln schaffen und ihre Intervention durch höherrangige Friedensziele legitimieren? Jürgen Habermas hat die Gründe angegeben, warum man die Kosovo-Intervention der NATO als Vorwegnahme der pazifizierenden Innenpolitik einer über Menschenrechte wachenden Weltgesellschaft und -regierung rechtfertigen kann. Wenn man auf einen solchen weitläufigen Zukunftsentwurf nicht vorrangig zurückgreifen möchte, weil Historiker gewöhnlich mehr Bodenhaftung bevorzugen, bleiben dennoch zwei Rechtstitel möglich.

Der erste beruht auf einem Mandat des UN-Sicherheitsrats. Diese Auftragsform war für die NATO nicht zu erlangen, da Rußland und China als Ständige Mitglieder mit ihrem Veto drohten – wohlwissend, daß sie selber in Tibet und Sinkiang, in Tschetschenien und überhaupt im Kaukasusgebiet genügend Anlaß zur Intervention gegen die permanente Verletzung von Menschenrechten bieten. Auch in diesem Zusammenhang taucht wieder eine maximalistische Behauptung auf, daß nämlich ohne das Mandat des Sicherheitsrats einer Militärintervention die einzig zuverlässige völkerrechtliche Grundlage fehle. Faktisch ist das Völkerrecht aber nicht so streng hierarchisiert, daß es in einem solchen Konfliktfall nur einen einzigen Rechtstitel in Aussicht stellt. Vielmehr gehören alle NATO-Alliierten zu den Signatarmächten der global verbindlichen Anti-Völkermord-Konvention. Ihre Formulierungen werden von der serbischen Vertreibungspolitik im Bürgerkrieg geradezu idealtypisch genau erfüllt. Denn es geht in dieser Konvention keineswegs nur um die völlige physische Vernichtung. Vielmehr geht es auch um die versuchte Auslöschung der Identität durch eine Mischung von Vertreibung und Tötung, von Zerstörung der Einwohnermeldekarteien und Katasterämter, von Entzug der Ausweispapiere und Verdrängung der Sprache aus dem öffentlichen Leben – um all diese Auslöschungsvorgänge, für die fortab auch die serbische Politik im Kosovo als Beispiel stehen wird. Kurzum: Auch völkerrechtlich ist eine Intervention wegen der anhaltenden, eklatanten Verletzung der Menschenrechte im Rahmen der Normativvorschriften der Völkermord-Konvention legitimierbar, eine Selbstmandatisierung der Vertragsmächte praktisch möglich.

Die normative Begründung der Intervention ist eines, die angemessenen, erfolgversprechenden Mittel zur Erreichung des Zwecks, den inneren Rechtsfrieden und die Respektierung von Menschenrechten durchzusetzen, sind etwas ganz anderes. Denn die Suche nach ihnen führt in die Arena pragmatisch kluger Entscheidungen. Über ihrem Eingang steht die Warnung von Carl v. Clausewitz, daß man mit jeder kriegerischen Aktion, trotz noch so sorgfältiger Vorausplanung, das „Reich der Ungewißheit“ und der nicht vorhersehbaren „Friktionen“ betritt. Obwohl die notfalls gewaltsame Durchsetzung von Menschenrechten hochgradig moralpolitisch aufgeladen ist, unterliegt doch auch hier der Mitteleinsatz einer nüchternen Kosten-Nutzen-Abwägung. Bei diesem Unternehmen stößt man sogleich auf einige gravierende Dilemmata der westlichen Allianz.

In die amerikanische politische Kultur hat sich seit mehr als 200 Jahren die Dämonisierung und Personalisierung des Gegners tief eingeprägt. Das reicht von der puritanischen Verteuflung der Indianer als „Kinder des Satans" über die Verketzerung des britischen Königs Georg, Kaiser Wilhelms II. und seiner Hunnen, Hitlers und seiner neuen Barbaren bis zu Saddam Hussein und jetzt Milošević. Die Folge ist bis heute eine fundamentalistische Perzeption des Konfliktszenarios und seines jeweiligen Hauptschurken. Wegen der disproportionalen Übersteigerung des Bösen bleibt dann als Maximallösung nur die bedingungslose Kapitulation übrig. Dieses Kriegsziel führt jedoch zu einer extremen Beschneidung der politischen Optionen. Die europäischen Verbündeten der NATO-Hauptmacht Amerika haben beim Widerstand gegen diese Konfliktsicht versagt, ja selber, wie etwa auch in Bonn, eine fundamentalistische Sprache des Vergleichs mit Hitler und seiner Vernichtungspolitik gepflegt, obwohl doch in aller Regel mit einem noch so perhorreszierten Gegner über kurz oder lang verhandelt werden muß.

Warum konnte so früh die Entscheidung für die Dominanz des Luftkrieges fallen im naiven Vertrauen darauf, Belgrad binnen kurzem an den Verhandlungstisch bomben zu können? Zwei drastische Gegenbeispiele gegen die Berechtigung einer solchen Erfolgseuphorie mußten jedem Generalstäbler mit einer einigermaßen soliden handwerklichen Ausbildung bewußt sein. Vier Jahre lang ist im Zweiten Weltkrieg der alliierte Luftkrieg gegen Deutschland ohne den gewünschten Effekt geblieben. Im Gegenteil, 1944 hat Albert Speer als Rüstungsminister den größten deutschen Waffenausstoß des 20. Jahrhunderts erzielt. Der „Strategic Bombing Survey" gibt darüber jede wünschenswerte Auskunft. In Vietnam hat die zehnjährige absolute Luftüberlegenheit der Amerikaner den Krieg der Landstreitkräfte dennoch nicht für sie entscheiden können. Beide Erfahrungen können eigentlich nur zu einer gründlichen Desillusionierung hinsichtlich blitzschneller Luftkriegserfolge führen. Und schließlich bleibt die Frage offen, wie lange ein isolierter Luftkrieg international und innenpolitisch als zumutbar erscheint.

Wenn schon der Krieg für das angemessene Interventionsmittel gehalten wird – und dafür spricht nach den drei Balkankriegen Miloševics, nach der forcierten Vertreibung von etwa 200 000 Kosovoalbanern vor Kriegsbeginn, nach dem Scheitern der Verhandlungen in Rambouillet eine Fülle von Überlegungen –, bleibt es doch rätselhaft, warum der Einsatz von Landstreitkräften – im neumodischen Anglizismus: der Bodenkrieg – kategorisch ausgeschlossen wird. Seit 350 Jahren kann man bei Machiavelli nachlesen, daß man als politischer Akteur keine Drohung ohne die Bereitschaft zu ihrer Realisierung aussprechen sollte. Warum also wird die Kriegsdrohung von Anbeginn an mit einer Entwarnung und daher mit einer Stärkung des Gegners verbunden?

Der Hauptgrund liegt auf der Hand: Innenpolitisch erscheint ein Bodenkrieg den Gesellschaften der Alliierten weithin als unzumutbar. Überdies könnten seinetwegen die Koalitionen in Bonn und in Rom sofort zerbrechen. Wenn schon Krieg zu führen ist, ziehen Demokratien das Optimum des opferlosen Einsatzes oder zumindest die Beschränkung des Todesrisikos auf die Piloten der aller Voraussicht nach nicht verlustarmen Eroberung von Territorium vor.

Das prinzipielle Dilemma läßt sich zugespitzt so formulieren: Die Alliierten wollen die Beachtung von Menschenrechten durchsetzen, indem sie zur ultima ratio des modernen Krieges greifen. Sie sind aber nicht bereit, dafür das Leben ihrer eigenen Bürger in Uniform zu opfern. Den Wunsch, solche Opfer zu vermeiden, wird man bereitwillig respektieren, obwohl das Risiko, welches für die Experten des Luftkriegs stillschweigend akzeptiert wird, die konsequente Verweigerungshaltung unübersehbar in Frage stellt. Doch kann man die Fahne der Moralpolitik aus guten Gründen so hoch hängen ohne die moralische Bereitschaft, dieses Ziel notfalls auch mit erheblichen eigenen Opfern erreichen zu wollen? Ist in einem solchen Fall nicht der Primat der Moralpolitik mit einer zutiefst unglaubwürdigen, ja amoralischen Position gekoppelt?

Gibt es außer dem Kampf für die Menschenrechte nicht auch noch andere, zumeist nicht eingestandene Motive, etwa einer durchaus ordinären Interessenpolitik? Zugegeben, es geht nicht um ökonomische Ressourcen wie noch im Golfkrieg, auch nicht um militärstrategische Ziele. Wohl aber geht es offensichtlich um das politische Interesse daran, nach dem Ende des Kalten Krieges die Durchsetzungsfähigkeit der NATO in einem Ernstfall zu testen. Die fünfzig Friedensjahre in Europa haben unstreitig auch und gerade auf dem glaubwürdigen Drohpotential der NATO beruht. Sie ist das erfolgreichste Verteidigungsbündnis der neueren Geschichte. Sucht sie jetzt eine neue Bewährung in „Polizeiaktionen"? Diese interessenpolitische Dimension des vierten Balkankriegs wird hierzulande viel zu wenig diskutiert.

Das Verwunderliche an Entscheidungsprozessen, an denen so viele professionelle Politiker und Militärs beteiligt sind, ist sowohl die Fehlkalkulation der außenpolitischen Risiken eines alliierten Krieges gegen Miloševics Serbien als auch die Ausblendung der nichtintendierten Folgen, die sich, wie Clausewitz wußte, serienweise während eines jeden Krieges einstellen. Hat niemand auf die Gefahr eines neuen Panslawismus in Rußland, wo die orthodoxen Serben seit mindestens anderthalb Jahrhunderten als Brudervolk gelten, aufmerksam gemacht? Hat keiner an die Schwächung der „Westler" in Moskau gedacht, die durch den Krieg einen herben Rückschlag erleiden werden? Oder ist die Arroganz der Macht, die ohne die Berücksichtigung eines solchen politischen Nebenzentrums handeln zu können glaubt, schon zu ausgeprägt? Das könnte ein bitteres Erwachen geben, da die guten Dienste Rußlands sich bei künftigen Friedensverhandlungen als unentbehrlich erweisen werden. Von der Wirkung des Krieges auf die drei neuen NATO-Mitglieder, die sich einen verläßlichen Verteidigungsbeistand erhofft hatten, zwei Wochen nach ihrem Beitritt aber an einem Angriffskrieg beteiligt sind, braucht man kaum eigens zu reden.

Dubios bleibt die Hierarchie der Mittel, vor allem aber das Verhältnis zwischen dem Kriegszweck und den eingesetzten Mitteln. Warum wurde nicht mit einem Ölembargo, auch gegen französische und griechische Lieferungen, begonnen, ehe anschließend die Raffinerien und weitere militärische Schlüsselziele bombardiert wurden? Wichtiger aber ist: Der Krieg sollte die anlaufende „ethnische Säuberung" stoppen und den Kosovo-Albanern helfen. Statt dessen wurde die „Säuberung" immens beschleunigt, und westliche Politiker gaben sich sogar alsbald erstaunt, daß Miloševic diesen für seine Politik nur konsequenten Schritt tatsächlich auch getan hat. Freilich: Wie wollte man die neue Barbarei verhindern, wenn man vorher nicht genügend

Landstreitkräfte für eine direkte Intervention versammelt hatte und sie einzusetzen bereit war?

So steigert der Luftkrieg aus Angst vor eigenen Opfern die Anzahl der toten Zivilisten, so steigt die Umweltbelastung als Folge des Bombardements von Fabriken und Raffinerien, so wird die Infrastruktur des Landes zwar nicht in die Steinzeit, aber in die Zeit vor 1941 zurückgebombt.

Entscheidend ist letztlich, daß die Kriegsziele, erst recht aber die Friedensziele der Allianz ganz und gar unklar oder aber unglaubwürdig, kurzatmig, rundum unrealistisch sind. Kämpft die NATO für ein multiethnisches Serbien, in welches das Kosovo, mit einigen Autonomierechten ausgestattet, wieder zurückkehren soll? Das erweist sich jetzt schon als Chimäre, da die Albaner nach Massenmord und Vertreibung unversöhnlich sein werden, die Serben aber, nicht einmal ein Zehntel der Kosovobevölkerung vor Beginn der blutigen Auseinandersetzungen, die Rache der Mehrheit, insbesondere der UCK, der zurückkehrenden Flüchtlinge und der Überlebenden der Massaker fürchten müssen, also fliehen werden. Kämpft die NATO im Grunde nicht doch schon für ein internationales Kosovo-Protektorat, in dem auf unabsehbare Zeit, mindestens zwanzig Jahre lang, fremde Truppen zur Aufrechterhaltung der öffentlichen Ordnung stationiert werden müssen? Wer will denn die Unabhängigkeit des Kosovo, dessen erdrückende Majorität eben diese Selbständigkeit fordern wird, noch verhindern? Und schließlich: Werden die alliierten Truppen dauerhaft an der serbischen Grenze haltmachen oder auch Serbien besetzen und – Korrektur des Versäumnisses mit Bagdad – den Diktator in Belgrad stürzen?

Eine absehbare Folge des Protektorats und allemal der Unabhängigkeit ist – das gebietet schon der begründete Respekt vor der Kraft des radikalisierten Nationalismus rechtzeitig anzuerkennen – der Trend zu einer großalbanischen Staatsbildung. Das ist früher mit dem Nationalismus und den „Großreich"-Utopien der Deutschen, Italiener, Ungarn, Polen keinen Deut anders gewesen. Wird dieser Trend „implementiert", kommt es nicht nur zu einer Fusion des Kosovo mit Albanien, sondern dann werden auch jene Albaner, die 40 Prozent der Einwohner Mazedoniens (fast alle sind im Norden des Landes ansässig) stellen, von diesem Sog erfaßt. Wer wird einen neuen Balkankrieg führen, um das zu verhindern oder zu unterstützen? Das Anfangsziel der NATO war die Konfliktentschärfung. Tatsächlich aber könnte ein neuer, kleiner, lebensunfähiger Nationalstaat mit Expansionsgelüsten und neuen konfliktträchtigen Krisenherden entstehen.

Auch andere paradoxe Folgen des Krieges sind mühelos vorstellbar. Die „ethnische Säuberung“ soll partout verhindert werden. Folgerichtig müßten in einem von den Alliierten besetzten Kosovo die Minderheitenrechte verfassungsrechtlich verankert und ihre Beachtung Tag für Tag durchgesetzt werden. Die Folge wären Truppen in jedem Ort, jeder Stadt, jeder Region mit albanisch-serbischer Mischsiedlung, um Mord und Totschlag zu verhindern – eine schier unlösbare Aufgabe bei Tag. Und würde nachts nicht trotzdem gemordet? Oder aber: Die Nato ist gegen die „ethnische Säuberung“ angetreten. Doch wird sie die pragmatische Klugheit nicht zu dem Schritt drängen, vor dem Massenmord an den Kosovo-Serben die „Säuberung“ selber in die Hand zu nehmen und die großzügig finanzierte „Umsiedlung“ von 200000 Serben in die Hand zu nehmen, ehe der Rachefeldzug gegen sie beginnt?

Eine erste Zwischenbilanz: Man kann die Intervention mit der Herstellung eines gesamteuropäischen Friedensraums und mit der Verletzung der Völkermord-Konvention hinreichend normativ rechtfertigen. Aber der Streit um die Befolgung der Regeln pragmatischer Klugheit, um die Art der militärischen Intervention, um die Mittel, Ziele und Folgen wird unentwegt anhalten. Voraussehbare Konsequenzen sind jetzt schon: zum einen ein Langzeitprotektorat namens Kosovo mit internationaler Besatzungsarmee, unvermeidbaren Toten, unklaren Zielen. Werden die Gesellschaften der Besatzungsmächte einen solchen Zustand beliebig lang ertragen? Neue Konflikte sind absehbar: um Mazedonien, um Montenegro, eventuell um ein Großalbanien.

Zum anderen: Die kaltblütig inszenierte massenmörderische Verletzung von Menschenrechten sollte in Europa nach seinen Erfahrungen mit der Hitler-Diktatur und den stalinistischen Regimen schlechthin nicht mehr geduldet werden. Wie immer der organisierte Pazifismus – der sich bei seinem Schweigen über die Albanervertreibung, danach bei seinem Anti-NATO-Protest zusammen mit Miloševic-Serben als politikunfähig erwiesen hat – darüber urteilen mag: Die Durchsetzungsfähigkeit der NATO ist heutzutage und in Zukunft als stabilisierendes Politikelement eine wichtige Größe. Wenn dem aber so ist, eröffnet sich eine dürre Alternative: Alliierte Landstreitkräfte kämpfen den Kosovo frei und errichten dort ihr Protektorat. Wenn die Verteidigung von Menschenrechten ein so hohes Ziel ist, müssen die Alliierten auch bereit sein, das Leben ihrer Infanteristen und nicht nur das der Piloten zu riskieren. Militärisch sollte man die Schlagkraft der serbischen Verbände nicht überschätzen, obwohl die NATO-Doktrin, vor ihrer Unterschätzung zu warnen, nur zu verständlich ist. Bisher haben die serbischen Einheiten in vier Kriegen keine einzige direkte militärische Auseinandersetzung gewonnen, sondern sich durch die Ermordung und Folter von Zivilisten, durch planmäßige Vertreibung und Massenvergewaltigung hervorgetan. Die Alliierten besäßen die absolute Luftüberlegenheit, und seit 1944 weiß man, was das selbst für einen kampferfahrenen Gegner bedeutet. Das umstrittene Territorium besitzt die Größe Schleswig-Holsteins, und seine Verteidiger sind nicht die kriegserprobten Partisanenverbände Titos, sondern ihre friedensverwöhnten Enkel. Dennoch: Unkalkulierbar große Verluste gäbe es mit Sicherheit, dazu auf ungewisse Zeit.

Wenn diese erste Option zu abschreckend wirkt, muß die bewährte amerikanische Maxime des „Cut Your Losses" beherzigt werden. An die Stelle tölpelhafter Kurzsichtigkeit, die zur „Diktatur der kleinen Entscheidungen" und daher in jene Sackgasse geführt hat, wo nur noch die „Logik" des Luftkrieges zu gelten scheint, tritt die forcierte Suche nach einer politischen Verhandlungslösung, wie sie dem europäischen Konfliktdenken, das die bedingungslose Kapitulation ohnehin als Fremdkörper empfindet, näher liegt. Ohne die Einbindung Rußlands, das trotz seiner gegenwärtigen Schwächung eine – gleich wie lahme – Großmacht bleibt, wird das schwerlich zu realisieren sein. Vor allem aber wird dann unvermeidbar eine intensive Debatte über die verbleibenden Kriegsziele und die realistisch anvisierbaren Friedensziele zu folgen haben. Über sie darf nicht nur im Arkanbereich der Herrschaftszirkel entschieden werden, vielmehr sollten sie auch von einer engagierten Öffentlichkeit ermittelt werden. Wer hielte diesen zweiten Weg nicht für erstrebenswerter?

Das solchen Konflikten wie im Kosovo zugrundeliegende allgemeinere Problem besteht aus folgendem Dilemma: Wenn der

Nationalismus regelmäßig dazu führt, daß Nationsbildung und Nationalstaatsbildung im Krieg verwirklicht werden; wenn der Nationalismus die Konflikte in multinationalen Staaten oder Regionen und in Nationalstaaten bis hin zum Bürgerkrieg verschärft; wenn die Konfliktträchtigkeit in den Beziehungen zwischen Nationalstaaten häufig bis zum Krieg gesteigert wird; wenn also die „gedachte“ und die realisierte Ordnung der Nation und ihres Staates mit ihren nationalen Legitimationsprinzipien so eng, so häufig, so regelmäßig mit Krieg verbunden sind, dann kann im Rückblick auf die letzten zwei- bis dreihundert Jahre der Nationsbildung und der Nationalstaatsgeschichte die ursprüngliche Entscheidung für diese neue Legitimationsbasis und diesen Staatstypus im Hinblick auf das friedliche Zusammenleben großer und kleiner Herrschaftsverbände nicht mehr überzeugen.

Damit taucht selbstverständlich die Konsequenz auf, daß gegen inzwischen langlebige Traditionen, die in den Dienst des Nationalismus gestellt worden sind, vor allem aber gegen die Erfahrungen einer inzwischen zweihundertjährigen Nationalstaatsgeschichte angegangen werden müßte. Das kann man als eine Parzival-Attitüde auf der Suche nach dem neuen, dem nichtnationalen Gral oder als Don Quichotterie leicht verspotten. Im Grunde führt aber diese Konsequenz sofort auf die Frage nach einer überlegenen und deshalb auf längere Sicht durchsetzungsfähigen Alternative. Aus den vierzigjährigen Erfahrungen der alten Bundesrepublik – eines erfolgreichen Staates ohne Nation, mit einer Bevölkerung, die nur einen Teil der Deutschsprechenden in Mitteleuropa umfaßte – wird man folgern dürfen: Bei stark abgeschwächtem Nationalismus können die Leistungen des Verfassungs- und Rechtsstaats, des Sozialstaats und der wirtschaftlichen Wachstumsmaschine eine neue Legitimationsprogrammatik ergeben. Als Kritik läßt sich allerdings sofort der Einwand vorstellen, daß damit das Unikat der westdeutschen Erfahrung oder der westeuropäischen Entwicklung unvorsichtig verallgemeinert werde. Und zum zweiten hängt hiermit die Frage zusammen, wie belastbar sich die neue Legitimationsprogrammatik im Falle einer langjährigen Dauerkrise, wie etwa derjenigen von 1929 bis 1933, erweisen würde.

Die politische Diskussion in der neuen Bundesrepublik ist zur Zeit deshalb so spannend, weil diese postnationalen Erfahrungen der Westdeutschen auf Anläufe treffen, die auf die Wiederbelebung, auf die Anknüpfung an ein am Bismarckreich orientiertes Nations- und Nationalstaatsverständnis hinauslaufen. Bisher sind alle solche Bemühungen gescheitert. Wolfgang Schäubles Intervention im vorletzten Wahlkampf blieb ohne Resonanz. Politikwissenschaftler wie Hans-Peter Schwarz und Arnulf Baring mit ihrem Plädoyer für die Rückkehr zu einer strikt nationalen Interessenpolitik haben ein sehr schwaches Echo gefunden, folglich schweigen sie jetzt selber. Die neue Rechte à la Zitelmann, Weißmann, Schwilk, v. Schrenck-Notzing, Kraus – sie hat bisher keine Attraktion für ihre nostalgischen Wünsche mobilisieren können.

Darum stimmt bisher der Stand der Debatte eher optimistisch. Hier geht es keineswegs um die Absicht, einen neuen deutschen „Sonderweg“ zu predigen, obwohl der lebensgeschichtliche Erfahrungshintergrund meiner politischen Generation ganz unbestreitbar eine wichtige Rolle spielt. Aber die Grundfrage, um die es geht, bleibt bestehen: Welche verallgemeinerungsfähigen neuen Legitimationsprinzipien können wir argumentativ und historisch plausibel vertreten, wenn wir den fatalen Nexus zwischen Nationalismus, Nationalstaat und Krieg nicht länger zu akzeptieren gewillt sind? Ihn weiter hinzunehmen und auf die einhegende Besserung auf ganz lange Sicht zu hoffen ist, historisch gesehen, inzwischen geradezu irrational. Daher bleibt die dringliche Frage nach einer überlegenen, realisierbaren Option unverändert bestehen. Selbst wenn wir sie nicht im Sinne der vorgeschlagenen Legitimationsprogrammatik als Politiker zu verfechten haben, verschaffen uns solche Alternativüberlegungen doch mehr Distanz und zusätzliche Urteilskriterien, um den Zusammenhang von Nationalismus, Nationalstaat und Krieg in der historischen Analyse noch weit skeptischer als bisher zu beurteilen und um die tiefen Zweifel an den Organisationsprinzipien des Nationalstaats weiter zu nähren.

4. Das Ende des Nationalstaats?

Unser Nationalstaat – dieses Ziel verkörperte in der Zeit seit seiner Entstehung im ausgehenden 18. Jahrhundert eine helle, menschheitsfreundliche Utopie. Was machte sie so attraktiv, daß fast anderthalb Jahrhunderte lang ihre Faszination angehalten hat? Als in den klassischen Revolutionen des Westens: in der Amerikanischen und in der Französischen Revolution, die alte Ordnung und ihre Rechtfertigung durch das Gottesgnadentum der Fürsten und das traditionsgeheiligte Ständewesen zerfielen, gab der Nationalismus eine, wie es schien, adäquate „Antwort" auf die „Herausforderung" der historischen Situation. Sein Ideensystem erhob die souveräne Nation zur neuen Legitimationsgrundlage des wahrhaft modernen Staates, der dort, wo es ihn noch nicht gab, den monolithischen Block der homogenen Nation schaffen sollte. Sie wurde ganz auf der Linie des Vorgangs, den man heute die „Erfindung von Traditionen" nennt, mit einer glorreichen „nationalen" Vergangenheit und der historischen Mission für eine nicht minder verheißungsvolle Zukunft ausgestattet.

Mit der Realgeschichte hatte das nichts zu tun. Aber die schöpferische Kraft des Nationalismus besteht darin, daß er sich seine Nation schafft – nicht umgekehrt. Die Nation wiederum finde, hieß es, ihr angemessenes Gehäuse nur in dem neuen Staatstypus des Nationalstaats, der mit einem doppelten Versprechen in die Welt trat. Zum einen versprach er das friedliche Zusammenleben aller Nationsgenossen, die endlich – ungestört durch monarchischen Ehrgeiz und adlige Ranküne – in der Arena der Wirtschaft ihren privaten Lebenszielen nachgehen konnten. Zum anderen verhieß er die friedliche Koexistenz aller Nationalstaaten, da fortab die Quelle allen Streits, der ewige Kampf der Fürsten um Rang und Einfluß, entfalle.

Nachdem in den 1780er Jahren mit der „First New Nation", der Union der amerikanischen Staaten, und seit den 1790er Jahren mit der Französischen Republik die ersten Nationalstaaten die historische Bühne betraten, ging von ihrer Existenz und ihrem programmatischen Anspruch eine weit ausstrahlende Wirkung aus, die es vorher so in der Geschichte nicht gegeben hat. Innerhalb der Zeitspanne von nur drei Generationen setzte sich die neue nationalstaatliche Ordnung nicht nur in ganz Europa, sondern auch in Lateinamerika durch, ehe sie in der ersten Hälfte des 20. Jahrhunderts sogar in Asien, Afrika und Ozeanien triumphierte. Beweist dieser globale Expansionsvorgang, daß die Nationalbewegungen ihren Anspruch zu Recht erhoben, mit der Nation und ihrem Nationalstaat realitätsangemessene Bauformen nicht nur für ihre Gegenwart, sondern auch für alle Zukunft gefunden zu haben?

Da der Nationalismus sehr früh eine Allianz mit der Demokratie einging, waren einige seiner Leitideen – z. B. die Gesellschaft gleichberechtigter, von allen ständischen Schranken befreiter Nationsgenossen, die Volkssouveränität, sprich: der Konsens der souveränen Nation als Legitimation aller politischen Entscheidungen, der gezügelte, alle Teilnehmer fördernde Wettbewerb der Nationen – den maroden Ordnungsprinzipien der Fürstenherrschaft und ständischen Ungleichheit weit überlegen. Außerdem befriedigte er tiefgelagerte sozialpsychische Bedürfnisse nach der Anerkennung und Geltungsmacht des größeren Herrschaftsverbandes, dem der Einzelne angehört. So gesehen kann der Siegeszug des Nationalismus und des Nationalstaats nicht überraschen. Beide wirkten dahin, multinationale Reiche aufzulösen, staatlich zersplitterte, aber kulturell homogene Regionen zusammenzufügen, asiatischen Großreichen und afrikanischen Kolonialgebieten eine neue Legitimationsgrundlage und Existenzberechtigung zu verschaffen.

Alle politischen und gesellschaftlichen Prozesse müssen sich freilich zu gegebener Zeit einer Kosten-Nutzen-Abwägung stellen. Blickt man auf den Nationalismus und den Nationalstaat, ist die historische Bilanz schlechthin verheerend. Der universalistische Geltungsanspruch des Nationalismus hat sehr konkret dazu geführt, daß nationale Homogenität durch den Nationalstaat mit ungeheuerlicher Rigidität durchgesetzt wurde. Fremdnationale wurden nicht nur diskriminiert, sondern mit staatlichen Zwangsmitteln vertrieben. Die Konsequenz dieses Homogenisierungswahns ist jene mörderische „ethnische Säuberung", die seit dem Ersten Weltkrieg zur millionenfachen Deportation und zum millionenfachen Mord geführt hat und – wie die neuen Balkankriege demonstrieren – noch immer führt. Zugegeben, die verführerische Idee von der homogenen Nation hat sich in wenigen Ländern, wo ältere Herrschaftssysteme ihre Untertanengesellschaften schon vereinheitlicht hatten, zeitweilig als akzeptabel erwiesen, obwohl in Frankreich Korsen und Bretonen diesem Befund ebenso empört widersprechen würden wie in England Schotten, Iren und Waliser. Aber in der Mehrzahl der Staaten mit kulturellen und ethnischen Mischungsgebieten hat sich der homogenisierungsbesessene Nationalstaat als Fiasko erwiesen. Nur zu häufig ist dort, wie Ernest Gellner, der große Nationalismusforscher kühl konstatiert hat, die unvermeidbare Konsequenz der Übertragung eines falschen Ideals die „ethnische Säuberung" gewesen.

Wie Nationalismus und Nationalstaat den inneren Unfrieden verewigt haben, haben sie auch in den internationalen Beziehungen blutige Konflikte zum Dauerproblem gemacht. In zwei totalen Weltkriegen sind hochgerüstete Nationalstaaten, vorangetrieben durch einen radikalisierten Nationalismus, aufeinandergeprallt. In zahlreichen zwischenstaatlichen Kriegen ist das anfängliche Ideal friedlicher Koexistenz ad absurdum geführt worden. Blickt man auf seine Innen- wie auf seine Außenpolitik zurück, hat der Nationalstaat eine blutige Spur in der Geschichte der politischen Neuzeit hinterlassen. Und was man ihm als positive Leistung zuschreibt, ist ein Resultat des modernen Verfassungs-, Rechts- und Sozialstaats, nicht des Nationalstaats an sich.

Wenn die inneren und äußeren Organisationsprinzipien des Nationalstaats auch im „kurzen" 20. Jahrhundert seit 1914 so eklatant versagt haben, gewinnt die Frage nach anderen, überlegenen Organisationsprinzipien erhöhte Dringlichkeit; die Balkankriege lassen keinen Zweifel daran aufkommen. Einer Antwort steht freilich das 200jährige Bleigewicht nationalstaatlicher Traditionen und nationaler Denkformen entgegen. Über Nacht läßt sich diese Last nicht aufheben. Doch die Gegenargumente verdienen jede Aufwertung: Die demokratische Staatsbürgergesellschaft ist Legitimationsquelle genug, sie bedarf nicht der fatalen Erfindung der souveränen Nation. Die Funktionstüchtigkeit des Verfassungs- und Sozialstaats fängt Krisen ab, der „nationalen Gemeinschaft" bedarf es dazu nicht. Der staatsbürgerliche, multikulturelle Staat kann die fatale Chimäre aufgeben, daß moderne Staaten der homogenen Nation als ihres Substrats bedürfen. Diese Debatte verlangt nach einer breiten Öffentlichkeit. Denn schlimmer hätte die Bilanz des Nationalismus und Nationalstaats bisher kaum ausfallen können.

5. Das Ende des deutschen „Sonderwegs"

Der junge Marx nannte Texte, in denen er sich über ein Problem Klarheit verschaffen wollte, Anläufe zu einer „Selbstverständigung". In diesem Sinn kann die seit den 1940er Jahren anhaltende leidenschaftliche Debatte über einen deutschen „Sonderweg" in die Moderne bis hin zum „Zivilisationsbruch" seit 1933 als der Versuch einer intensiven „Selbstverständigung" verstanden werden. Ihr geht es darum, die dunkelsten Probleme der eigenen Vergangenheit einer rationalen, argumentativen Klärung entgegenzuführen. Zugleich ist diese Debatte aber auch in die konstitutiven ideellen Grundlagen der Bundesrepublik eingesenkt worden, die sich von diesem antiwestlichen „Sonderweg" dezidiert abgewandt und an seine Stelle ein emphatisches Bekenntnis zur „Westbindung" gesetzt hat. Diese Doppelnatur von wissenschaftlicher, zugleich jedoch durch und durch politischer Diskussion ist es, die der „Sonderweg"-Problematik bis heute ihre eigentümliche Spannung verleiht.

Worum geht es bei der „Sonderweg"-Kontroverse? Was wollte man und was will sie klären? Was hat sie zu einer so folgenreichen wie produktiven Auseinandersetzung gemacht? Oder ist sie etwa nur die letztlich kurzlebige Erfindung einer Generation, die von ihren Erfahrungen mit dem Nationalsozialismus gepeinigt worden ist, ihren Deutungseinfluß aber allmählich verliert?

Am Anfang steht die Vorstellung von einem positiven deutschen Sonderweg, der von 1871 bis 1945 das Deutsche Reich im Vergleich mit den „westlichen Demokratien" als weit überlegen erscheinen ließ. Denn die leistungsfähige Bürokratie, die effiziente Militärmacht, die starke Monarchie oder Diktatur, die staatliche Sozialpolitik, das Bildungssystem – all das schien die Überlegenheit der deutschen Staats- und Gesellschaftsverfassung zu demonstrieren. Darin trat eine Arroganz zutage, die durch die „Ideen von 1914" und den Verlauf des Ersten Weltkriegs nachhaltig verstärkt wurde, ehe sie die Rassedoktrin des „Dritten Reiches" sogar zu einem welthistorischen Unikat überhöhte.

Die radikale Umwertung in einen negativen „Sonderweg" ging aus den Erfahrungen mit dem Nationalsozialismus hervor. Denn die Schlüsselfrage seit 1933/1945 lautet: Warum hat Deutschland als einziges westliches Industrie- und Kulturland einen Radikalfaschismus in der Gestalt des nationalsozialistischen Regimes mit all seinen mörderischen Konsequenzen des Genozids und Vernichtungskrieges hervorgebracht?

Es war diese Frage, die emigrierte deutsche Historiker und Sozialwissenschaftler seit den frühen 40er Jahren umtrieb, erst recht, als viele von ihnen sich im „Office of Strategic Services", der Frühform der CIA, im Dienst der amerikanischen Kriegführung und Politikberatung mit einheimischen Deutschlandexperten zusammenfanden. In endlosen Diskussionen schälte sich die Denkfigur von einer weithin geglückten Evolution auf dem westlichen Modernisierungspfad heraus, der als normativer Maßstab diente, um den fatal abweichenden deutschen „Sonderweg" pointiert herausarbeiten zu können. Es ist nicht zu leugnen, daß unter den Bedingungen der Zeit die „Normalität" des westlichen Überhangs in die Moderne idealisiert wurde. Doch im Prinzip wurde ein nur komparativ zu lösendes Problem richtig abgesteckt, ohne daß eine starre Teleologie eingeführt worden wäre.

Auf der Suche nach deutschen Sonderbedingungen, die den Nationalsozialismus ermöglicht hatten, lenkte diese kompetente Expertengruppe die Aufmerksamkeit auf ein Bündel von historisch wirkungsmächtigen Faktoren, die zusammengenommen eine verhängnisvolle Konstellation geschaffen hätten: Da gab es seit dem ausgehenden 18. Jahrhundert, vollends dann seit 1914 ein deutsches „Sonderbewußtsein", das auf die Unterscheidung vom „Westen" statt auf die Gemeinsamkeiten axiomatischen Wert legte. Da blieb eine „bürgerliche Revolution" aus, wie sie angeblich die „klassischen" Revolutionsländer England, Nordamerika und Frankreich erlebt hatten. Dadurch wurde der Liberalismus irreparabel geschwächt und in die Kümmerform einer Bewegung gepreßt, die immer nur eine vom Staat gewährte „Libertät" erwartete. Auf der anderen Seite blieben die traditionalen Machteliten im Adel, im Heer, in der Bürokratie so stark und selbstbewußt, daß sie, gewissermaßen über ihre legitime Lebenszeit hinaus, die Parlamentarisierung und Demokratisierung des politischen Lebens blockieren konnten. Während die industrielle und soziale Modernisierung voranschritten, erzeugte die Bremswirkung dieses traditionellen Überhangs ein so gefährliches Spannungsverhältnis, daß unter den neuen Bedingungen des verlorenen Weltkrieges und der Weltwirtschaftskrise seit 1929 der Weg in die autoritäre, dann die diktatoriale Regierungsform als akzeptable Krisenlösung erschien. Wegen der Verformungen der politischen Modernität konnte dann selbst das NS-Regime eine bis 1945 belastbare Loyalitätsbasis gewinnen.

Diese Interpretation eröffnete einen Zugang zur neueren deutschen Geschichte, der eine selbstkritische Auseinandersetzung mit ihr, namentlich seit den 1960er Jahren, außerordentlich gefördert hat. Nicht mehr die perhorreszierten Folgen der Französischen Revolution oder der ominösen „Massengesellschaft", nicht mehr allein der Rassenantisemitismus oder der in die heile preußische Welt importierte Österreicher aus Braunau wurden für den Weg in den Abgrund verantwortlich gemacht. Vielmehr ging es jetzt um ein Geflecht von struktuellen Bedingungen, die – ungeachtet aller Leistungserfolge in der Wirtschaft oder Wissenschaft – eine fehlgesteuerte Gesamtentwicklung bewirkt hatten. An dieser Problematik hat sich eine breitgefächerte Forschung abgearbeitet, um endlich den Voraussetzungen und Durchsetzungsbedingungen des nationalsozialistischen Regimes auf die Spur zu kommen.

Ob die Auseinandersetzung nun von der Zeitgeschichte oder Ideengeschichte, von der Sozialgeschichte oder Verfassungsgeschichte vorangetrieben wurde – immer befand sie sich in einem engen Kommunikationszusammenhang mit wachsenden Segmenten der westdeutschen Öffentlichkeit und des politischen Systems. Denn beiden lag nach Vernichtungskrieg und Holocaust ebenfalls an einer überzeugenden, nach Möglichkeit wissenschaftlich fundierten Klärung der jüngsten deutschen Vergangenheit, um glaubwürdig auf Distanz bleiben zu können. Diesem symbiotischen Verhältnis verdankte die Forschung zum „Sonderweg" viel von ihrer öffentlichen Akzeptanz. Und ihre Ergebnisse flossen deshalb auch in den informellen Grundkonsens der Bundesrepublik ein, nachdem dieser „Sonderweg" unter unsäglichen Opfern 1945 sein Ende gefunden hatte und man im wachen Bewußtsein der eigenen Vorgeschichte die ungeahnte zweite Chance einer neuen Republikgründung in endlich vorbehaltloser Bindung an den Westen nutzen konnte. Betrachtet man dieses Verhältnis von Wissenschaft und Öffentlichkeit aus der Vogelperspektive, wird man vielleicht doch festhalten können, wie selten es in der

Geschichte vorkommt, daß Völker sich ihren eigenen Verbrechen stellen und die ernüchternde historische Analyse eigener Fehlentwicklungen weithin so akzeptieren, wie das in der alten Bundesrepublik auf diese Weise geschehen ist.

Es entspricht durchaus den Pendelschlägen großer Deutungskontroversen, daß sich seit den 1980er Jahren zunehmend, und keineswegs nur in der Bundesrepublik, Kritik an der „Sonderweg"-Interpretation regte. Außer der „schwarzen" Kontinuitätslinie auf 1933 hin gebe es auch, so der grundsätzliche Pluralismuseinwand, hellere Linien, die zur Weimarer und Bonner Republik führten. Der westliche „Normalweg" sei ein Produkt realitätsferner Verklärung. Der Einfluß des Adels und Militärs wurde zurückgestutzt, der Liberalismus und das Bürgertum dagegen, das keiner „Feudalisierung" erlegen, sondern der Hegemon einer gesamtgesellschaftlichen Verbürgerlichung gewesen sei, wurden aufgewertet. Anstelle langlebiger Bedingungen wurde die Krisensituation des deutschen Industriekapitalismus insbesondere seit 1929 für entscheidend erklärt. Entpathologisierung der neuen deutschen Geschichte – das wurde die Parole dieses Revisionismus.

All solche Bemühungen, denen ihr relatives Recht öfters nicht abgesprochen werden kann, liefen im Grunde auf eine Nivellierung der Unterschiede zwischen den westlichen Ländern, auf die Betonung der gemeineuropäischen, ja gemeinwestlichen Erfahrungen hinaus. Sie trugen aber nicht wesentlich zur Klärung der brennenden Ausgangsfrage bei, wo denn jene Unterschiede zu lokalisieren seien, die doch nur in Deutschland den keineswegs gemeinwestlichen Nationalsozialismus ermöglicht hatten. Die Mischung aus vielfältigen Traditionen, vermeintlicher Zweitrangigkeit des Adels und bürgerlicher Hegemonialstellung im Verein mit einer Prise neumarxistischer Kapitalismuskritik ergab ja noch kein überzeugenderes Erklärungsmodell.

Bisher hat sich deshalb eine mittlerweile sorgfältig differenzierte Variante der „Sonderweg"-Interpretation behauptet. 1933 – das bleibt eine national- und universalhistorisch legitimierbare und weiterhin erklärungsbedürftige Zäsur. Überdies geht es an erster Stelle um die Bedeutung von Unterschieden in der Entwicklung der westlichen Länder. Und noch immer bewährt sich die modernisierungstheoretische Denkfigur von einem explosiven

Spannungsverhältnis zwischen traditionalem Erbe und mächtigen sozialökonomischen und politischen Antriebskräften. So sehr manche Vorstellung von deutschen „Eigentümlichkeiten" inzwischen in Frage gestellt worden ist, bleibt doch ein Geflecht von sozialstrukturellen und vor allem politischen Sonderbedingungen bestehen, die freilich ihre dramatische Wirkung erst seit der zweiten Hälfte des 19. Jahrhunderts entfaltet haben.

Der deutsche Nationalstaat wurde vergleichsweise sehr spät durch drei riskante Einigungskriege geschaffen. Die Nationsbildung konnte, genau genommen, erst seit 1871 vorankommen und erzeugte einen aggressiven, expansionistischen Nationalismus. Mit der Niederlage der 48er Revolution und dem Erfolg in den Integrationskriegen zwischen 1864 und 1871 verband sich eine immense Aufwertung des Militärs, die wiederum den neuen durchdringenden Sozialmilitarismus erst ermöglichte, des Adels, der noch einmal fünfzig Jahre seine Führungsposition verteidigen konnte, und der Bürokratie, welche fortab die „Herrschaft im Alltag" (M. Weber) praktizierte. Das Bürgertum dagegen konnte seine Zielutopie von einer „Bürgerlichen Gesellschaft" unter bürgerlicher Herrschaft nicht verwirklichen; es blieb vielmehr im Reich und in den Bundesstaaten von der Regierungsgewalt ausgeschlossen und behielt nur die Domäne der Stadtpolitik.

Der Liberalismus wurde durch den Ausgang der Revolution und den „Verfassungskonflikt", durch seine strukturpolitische Niederlage bei der Festlegung der Reichsverfassung und als Folge der konservativen „Wende" von 1878/79 derart geschwächt, daß er, etatistisch gezähmt, seine politikgestaltende Kraft weithin einbüßte. Nirgendwo sonst in Europa geriet er auch so zwischen die Mühlsteine von demokratischem Wahlrecht, selbständiger Arbeiterbewegung und „Kanzlerdiktatur". Und diese Arbeiterbewegung verlor durch die – vielleicht allzu – frühe Parteigründung die Chance einer sozialliberalen Koalition mit dem Liberalismus, ehe sie sich sowohl unter dem Dach der marxistischen Kampf- und Weltdeutungsideologie als auch unter dem Druck einer feindlichen Umwelt in einem eigenen sozialmoralischen Milieu einigelte – und damit auch isolierte.

Letztlich entscheidend für den deutschen „Sonderweg" wurde aber das politische Herrschaftssystem. Denn nur in Deutschland, als einzigem westlichen Land, setzte sich mit der Reichsgründung zwanzig Jahre lang eine charismatische Herrschaft in der Gestalt des Bismarckregimes durch. Die Sonderstellung der Kanzlerpersönlichkeit hat nicht nur in der formativen Phase eines soeben erst geschaffenen Staates die Grundelemente der Politischen Kultur geprägt und das kulturelle Gedächtnis besetzt. Vielmehr hat sie auch auf lange Sicht eine verhängnisvolle Anfälligkeit für überdimensionierte Führungsfiguren geschaffen: von Ludendorff über den „Ersatzkaiser" Hindenburg bis hin zum neuen Charismatiker, dem „zweiten Bismarck" seit 1933.

All diese Phänomene waren mit wirtschaftlichen und wissenschaftlichen Spitzenleistungen durchaus vereinbar. Sie haben aber die politische Kollektivmentalität verformt und die Chancen liberaler und demokratischer Politik, damit von Problembewältigung in gesellschaftlicher Eigenverantwortung rigoros reduziert, dagegen die plebiszitäre Akklamation und Loyalität gegenüber dem „Führer" strukturell ermöglicht. Die wenigen glücklichen Jahre der Weimarer Republik können das „Sonderweg"-Argument nicht entkräften. Erst der aberwitzige Preis für den „Deutschen Weg" in die Moderne hat ihm jede Attraktivität genommen.

Mit der erfolgreichen Westintegration der Bundesrepublik hat die „Sonderweg"-Debatte etwas von ihrem ursprünglichen Stachel verloren, manche ihrer Kontroversen verblassen. Sobald aber „Bankengold", Zwangsarbeiterentschädigung und „Arisierung" jüdischer Unternehmen die Frage nach dem Verlauf der „deutschen Katastrophe" erneut aufwerfen wie die „Walser-Bubis"-Debatte das Problem des Umgangs mit ihr, bewährt sich die „Sonderweg"-Interpretation als schlüssigste Erklärung des Irrwegs, der zum Nationalsozialismus und seinen Folgen geführt hat. Deshalb ist die Bundesrepublik gut beraten, diese Deutung in ihrem Grundkonsens zu bewahren. Mit der Kontinuität der Westbindung zieht sie die entscheidende Konsequenz.

6. Die Hybris einer Geschichtsphilosophie

Im amerikanischen Slang meint „Hodgepodge" eine wüste Mischung. So hätte auch der Titel von Heinz D. Kittsteiners Diskussionsbeitrag „Die Krisis der Historiker-Zunft" lauten sollen.[1] Gleichzeitig geht es ihm, unerfindlichen Kriterien zufolge, um meinen Essayband, der in der Debatte über eine „neue Kulturgeschichte“ Stellung bezieht, um das Feindbild einer geschichtsphilosophisch kastrierten „Historikerzunft“, überhaupt um ihre angebliche Theorieabstinenz, um das verblichene Erbe der 68er, aber auch um die Kontroverse über die „braune“ Vergangenheit von ehemals prominenten Historikern in der Bundesrepublik – und um einiges mehr. Eine Handvoll Einwände und Klarstellungen nur zu drei Gesichtspunkten.

1. Die in den 1970er Jahren einsetzende internationale Diskussion über eine „neue Kulturgeschichte“ hat vor etwa einem Dutzend Jahren auch die westdeutsche Geschichtswissenschaft erreicht. Seither vergleichsweise moderat geführt, hat sie zum einen das Verdienst, die Mittelalter- und Frühneuzeitforschung spürbar angeregt, aber auch auf einige Defizite jener theoriegeleiteten Sozialgeschichte, die sich ausschließlich mit der Neuzeit beschäftigt, nachdrücklich hingewiesen zu haben (z. B. auf die Verengung der Handlungstheorie trotz der Berufung auf Max Weber, die Vernachlässigung der verhaltenssteuernden „Weltbilder“, der Religion, der Rituale, der Symbole usw.). Zum anderen aber überwiegt noch immer der Trompetenstoß der hochgemut verkündeten Reformpostulate, während die theoretisch reflektierte, methodisch strenge und deshalb überzeugende Ausführung weithin fehlt. Sie kann in der Tat, Kittsteiners Horror zum Trotz, gar nicht streng und insofern „zünftig“ genug angelegt sein. „Professionalisierung“ ist kein Schimpfwort, sondern eine Kompetenzanerkennung. Kittsteiner selber hat sich bisher mit einem schlanken Beitrag an der Debatte beteiligt, der die längst eingemottete, geschichtsphilosophisch drapierte Kulturgeschichte des späten 19. Jahrhunderts noch einmal modisch schick zu präsentieren versucht.[2]

Die Protagonisten der „Neuen Kulturgeschichte“, in der ja zahlreiche denkbar unterschiedliche Strömungen von der Kulturanthropologie über die Diskursanalyse bis zum wissenschaftlichen Feminismus zusammenfließen, pflegen den Fehdehandschuh mit Schwung in den Ring zu werfen. Das ist jedem willkommen, der an dem freien Austausch pointierter Argumente auf dem liberalen Markt der Ideen festhält. Greift ihn aber einer der Angegriffenen auf, indem er sich (auch kritisch, versteht sich) auf einige Themen anhand einiger illustrer Ideenspender (wie Foucault, Bourdieu, Freud, Weber ...) einläßt, ertönt lautes Wehklagen.

Lob will man wohl hören, Streicheleinheiten gern empfangen, doch eher alles andere tun, als in die unumgängliche Kosten-Nutzen-Abwägung selber einzutreten. Pierre Bourdieu und Erik Erikson darf man offenbar preisen, sotto voce Freud auch noch. Daß Max Webers Goldmine, deren Ergiebigkeit für ihre speziellen Interessen den meisten „Kultur"-Adepten offenbar noch immer nicht hinreichend genug bekannt ist, noch einmal gerühmt wird, trifft auf ironische Nachsicht.

Doch wenn ein kryptonormativistischer „Rattenfänger" für die postmoderne Denkverwilderung wie Michel Foucault ins Visier genommen, auf Schwachstellen seiner Gedankenführung abgeklopft und die mehr als dürftige normative und historische Substanz seiner vielgerühmten Anregungen (die etwa im Hinblick auf die Medizin- und Körpergeschichte unübersehbar sind) gerügt wird – dann wallt mächtige Entrüstung auf: Ein weißer Ritter soll er partout bleiben. Anstelle dieser Nostalgie wären triftige Gegenargumente gegen die präzisierten Vorwürfe hochwillkommen. Eine Dosis gequälter Nietzsche-Rettung reicht da kaum aus. Wohl aber müßte man die schütteren oder schlechthin nicht vorhandenen historischen Fundamente Foucaults erneut prüfen, die gleichermaßen unhaltbare „Archäologie" und „Genealogie" seiner Diskursanalyse erneut abklopfen, die düstere Prognose seiner totalitären „Disziplinargesellschaft" ohne den Hauch einer normativ fundierten Gegenutopie erneut in Frage stellen, die Irrwege seiner politischen Theorie erneut ausleuchten (Walzer und Rorty, Habermas und Honneth – alle irrende Sünder einer fehlgeleiteten Kritik?), die Überschätzung seiner Körpergeschichte namentlich im Vergleich mit Bourdieus disziplinierter und produktiver Analyse erneut zurechtrücken. Nichts davon.

2. Kittsteiner moniert die unaufhebbare Standortbedingtheit und Kontextabhängigkeit des Historikers, dem offenbar nur eine vermeintlich überzeitlich gültige Geschichtsphilosophie wahre Dauerhaftig- und Glückseligkeit verschaffen kann. Tatsächlich gibt es aber die Geschichtsphilosophie nur im Singular nicht, statt dessen aber einen Pluralismus von heftig rivalisierenden Geschichtsphilosophien. Kittsteiner privilegiert eine einzige Denkschule: die ihm seit drei Jahrzehnten vertraute von Hegel und Marx, erweitert durch eine Prise Nietzsche und Cassirer, und schon ist das wahre Pantheon beisammen. Jeder theoretisch inter-

essierte Historiker kennt indes die fatale Sackgasse, in die Hegel, Marx und Nietzsche ihre Jünger geführt haben. Kittsteiners Appell, ausgerechnet in der „angemessenen Philosophie" dieser Gallionsfiguren die Theorie gegenwärtiger Geschichtswissenschaft zu verankern, ist schon ein Muster dogmatischer Engführung. Auch ein noch so aufgeklärter Neuhegelianismus oder Neomarxismus bewahrt vor fatalen Fehlern nicht. Über die Halbwertszeit der Götter, die in diesen Systemreichen herrschen, läßt sich beim Stand unseres gegenwärtigen Wissens zwar noch endlos streiten. Letztlich werden dann aber doch Glaubensakte verlangt: zugunsten des „Weltgeistes", des „Volksgeistes", der „ökonomischen Bewegung" (F. Engels). Deshalb hilft dieser Kampf im Vorfeld ihrer eigentlichen Arbeit einer theoretisch aufgeschlossenen Geschichtswissenschaft nicht viel weiter.

Dagegen ist die möglichst genaue Klärung ihrer erkenntnisleitenden Interessen und Fragestellungen unabdingbar. Hier ist der Anschluß an die neukantianische Erkenntnistheorie, auch und gerade in der Fassung Max Webers, noch immer der am meisten versprechende Weg zur Klarheit. Die Rückbindung an die Weberschen „Wertideen" ernst zu nehmen erscheint dann ganz und gar zwingend (welcher Historiker-Narr soll bloß jemals an „Wertfreiheit" geglaubt haben?), der relative Konstruktivismus der Problemkonstruktion und ihre empirische Validierung im Lichte produktiver Fragestellungen ganz und gar überzeugend.

Selbstredend spielt dabei das „Committment" im „politischen Spektrum" explizit oder implizit eine wichtige Rolle. Ein so umstrittener Mann wie Treitschke, der sich nicht umsonst über das Verhältnis von Geschichtswissenschaft und Soziologie habilitiert hatte, ließ an seinem politischen Erkenntnisinteresse keinen Zweifel. Man kann seine Fixierung auf den preußisch-kleindeutschen Nationalstaat vorzüglich kritisieren, aber man weiß bei ihm genau, woran man ist. Überdies gehen politische Progressivität und theoretisch-methodische Innovation keineswegs häufig, geschweige denn regelmäßig Hand in Hand. War der bedeutendste deutsche Historiker in der ersten Hälfte des 20. Jahrhunderts, Otto Hintze, nicht ein erzkonservativer Royalist und dennoch ein brillanter Verfassungshistoriker? Und hat Max Weber nicht in der Phase seines alldeutschen Radikalnationalismus ebenso brillant über Agrar- und Herrschaftssoziologie geschrieben?

Über den Status unterschiedlicher, im Grenzfall diametral entgegengesetzter „Wertideen“, mithin hochbefrachteter normativer Grundüberzeugungen, die manchmal auch geschichtsphilosophisch grundiert sein mögen, läßt sich zwar eine Zeitlang vortrefflich streiten. Doch geschichtsphilosophisch kann man über die Überlegenheit zum Beispiel eines liberalen Aufklärungs-Wertekanons über einen autoritären Etatismus keine Einigung erzielen. Erst recht nicht in der verengten Perspektive von Kittsteiners altdeutscher Geschichtsphilosophie. Die Überzeugungskraft der vorgebrachten Argumente, die Attraktion ihrer normativen Basis muß den historischen Text strukturieren und dann Anhänger anwerben – oder eben nicht, weil manche die Position eines Kontrahenten vorziehen. Die geschichtsphilosophischen „Hintergrundmetaphern“ geben nirgendwo den Ausschlag.

Bisher lautete der geläufige Vorwurf kopfschüttelnder amerikanischer und englischer Historiker, daß die deutsche Sozialgeschichte zu theoriebelastet sei. Jetzt verblüfft Kittsteiners Lamento, daß sie bei weitem noch nicht theoretisch genug angelegt sei, in Sonderheit um das Heil seiner Variante von Geschichtsphilosophie gebracht werde. In den Jahren der Muße für intensive Lektüre, als Kittsteiner seine Habilitationsschrift vorbereitete, hat er ganz offensichtlich nicht die Zeit gefunden, über den Tellerrand seiner geschichtsphilosophischen Interessen einmal hinauszublicken, um wenigstens einige Ergebnisse theoriegeleiteter Geschichtswissenschaft zur Kenntnis zu nehmen, obwohl das in seinem Ambiente ein leichtes gewesen wäre. Wie soll man jemand nennen, der so trutzig an der Klagemauer steht, ohne überhaupt den Gegenstand seiner Vorwürfe zu kennen?

Vorerst steht eins fest: Auch die deutsche Geschichtswissenschaft braucht weiterhin mehr explizite Theorieorientierung, nicht nur in der Sozial- und Wirtschaftsgeschichte, vielmehr auch und gerade in der Politik- und Kulturgeschichte, verbunden mit einer unentwegt lebhaften Debatte über die Qualität und Erklärungskraft der konkurrierenden Theoreme. Eins aber braucht sie gewiß nicht: den Monotheismus einer einzigen Geschichtsphilosophie, ob aus Kittsteiners Domäne oder einer anderen.

Wohl aber läßt sich mit dem Reichtum der theoretischen und methodischen Anregungen eines Max Weber, dem die „geschichtsphilosophischen Zähne“ gezogen worden sind, auf absehbare Zeit noch wuchern. Webers Kulturpessimismus, seine abgrundtiefe Skepsis im Hinblick auf die kapitalistische und bürokratische Entwicklung, namentlich auf ihre zerstörerischen Auswirkungen auf sein Ideal der autonomen, liberalaristokratischen Persönlichkeit, seine – wenn man so will – „grünen" Ängste – all das hat Detlev Peukert längst herausgearbeitet. Was ändern sie jedoch an der Leistungsfähigkeit seiner „Weltbild"-Analysen in der „Religionssoziologie", am heuristischen und theoretischen Wert seines Konzepts der charismatischen Herrschaft, der Professionalisierung, der Sozialökonomik als einer dem neoklassischen Ökonomismus überlegenen Alternative?

Kurzum, man kann den Nexus zwischen philosophischen Annahmen und theoretischen Anregungen ohne tödliche Gefahr auflockern, ja – ganz pragmatisch, zugegeben – sogar völlig sprengen. Was wird dagegen schon Kittsteiners Sirenengesang bewirken, es noch einmal mit „einem ganz anderen Erkenntnismodell" zu versuchen, „das über Hegel und Marx läuft", mithin die Chimäre der Totalitätserfassung noch immer nicht aufgegeben hat? Kittsteiners Plädoyer für eine anachronistische Geschichtsphilosophie in allen Ehren, aber könnte er sich nicht der ganz ordinären Standortgebundenheit auch der Autoren seiner heiligen Texte einmal ganz nüchtern vergewissern? Und wie stellt er sich bloß, ein wenig konkreter, die neue, die schöne Geschichtswissenschaft vor: „Jenseits eines politisch eingeengten Horizonts", in artifizieller Virginität frei mithin von Webers „Wertbeziehungen", ohne Berührungsängste gegenüber einer „erneuerten Geschichtsphilosophie", die offenbar doch nur die antiquierte Hegel-Marxsche sein soll? Wer soll ihm auf dieser Reise in den Illusionentempel der Vergangenheit folgen?

3. Unvermittelt springt Kittsteiner, lauter Krisen auf der Spur, aus dem Irrgarten seines Philosophierens in die Arena einer aktuellen Auseinandersetzung um das Verhältnis einflußreicher Historiker zum Nationalsozialismus. Diskutiert wird es zur Zeit vor allem am Beispiel von Theodor Schieder, Werner Conze und Karl Dietrich Erdmann, von Otto Brunner, Hermann Heimpel und Hermann Aubin; andere werden folgen. Für die Aufgabe, diesen gleich wie engen oder lockeren Nexus zu klären, verfügen Historiker, ungeachtet Kittsteiners apodiktischer Verneinung, durchaus über eine „zureichende" Sprache. Warum die Frage so spät auf-

taucht, wie man das Engagement junger Historiker im Nationalsozialismus und ihr fatales Schweigen nach 1945 „verstehen“ lernen könnte (die moralische Kritik ist ja kinderleicht) – das ist Gegenstand einer lebhaften Debatte und braucht hier nicht noch einmal rekapituliert zu werden.[3]

Die beiden Hauptprobleme schneidet Kittsteiner nicht einmal an. Löst man sich von der Diskussion über die umstrittenen Persönlichkeiten, wird zum einen die generationsspezifische Anfälligkeit von bündischen, konservativen, völkischen, nationalistischen Jungintellektuellen gegenüber den Verheißungen des Nationalsozialismus zum eigentlichen Problem.[4] Zum anderen geht es sowohl um die Verführbarkeit von Intellektuellen durch den rechtsradikalen wie den linksradikalen Totalitarismus als auch um ihre Mitwirkung an seiner Heraufkunft. Strukturell wiederholt sich das Dilemma der Schieder, Conze, Brunner auf der linken Seite des Spektrums mit den Kuczynski, Markov, Engelberg. Auf solche allgemeineren Fragen sollte, ohne jeden Hang zur Apologetik, die Diskussion hinsteuern.

An einer von der Böll-Stiftung der „Grünen“ und der Frankfurter Viadrina im Mai 1999 an der Humboldt-Universität veranstalteten, von Kittsteiner eigens erwähnten Diskussion über eben diese Problematik nahm unser Geschichtsphilosoph als Moderator teil. Er sah die eigentliche Malaise der Neuzeithistoriker darin begründet, daß ihre Bastion dem 68er-Angriff standgehalten habe. Jetzt aber müsse sie, forderte er, endlich fallen. Diese Mischung von tiefsitzender Enttäuschung, diffuser Nostalgie und aktivistischem Pathos wirkt eigentümlich passé. Zugegeben, einige intelligente Neomarxisten hätten damals auch der Historikerzunft gutgetan. Doch anders als in England, Frankreich, Italien, sogar in den USA gab es sie hierzulande nicht. Wohl aber haben einige Historiker vorher und seither von Marxens Denken in systemischen Strukturen und Prozessen, von seiner Gesellschaftskritik, von seinem egalitären Gerechtigkeitsengagement allerhand gelernt. Der Imperativ des alten Engels, den Marxismus ohne Heilsgewißheit als kritische „Methode“ zu handhaben, ist doch zum Beispiel in der Sozial- und Wirtschafsgeschichte viel häufiger berücksichtigt worden, als Kittsteiner, dem dieser Aufstieg vom Allgemeinen zur konkreten Forschung offenbar fremd geblieben ist, noch immer glaubt. Überdies bezeugt das monierte 68er-Defizit der „Zunft“ nicht nur einen festgefügten (inzwischen untergegangenen) politischen Konservativismus, sondern auch eine erquickliche Resistenz gegenüber den damals fluktuierenden Welterlösungsformeln, den anmaßenden Ansprüchen auf die Erfaßbarkeit von „Totalität" und dem Glauben an einen Passepartout zur Universalgeschichte.

Nun gut, was will Kittsteiner heute noch „im Geist von 68" ändern? Auf welches Ziel hin? Zugunsten einer Erweckungsbewegung für seine Geschichtsphilosophie, die in der einsamen „camera pietatis" doch gut aufgehoben ist? Woraus könnte bloß ihre zustimmungsfähige Attraktion bestehen? Hat sich der unverhohlene Theorieeklektizismus der Historiker – von Hegel über Droysen, Dilthey und Weber bis zu Geertz, Gadamer und Bourdieu – aufs Ganze gesehen nicht als außerordentlich förderlich erwiesen, um möglichst realitätsnah Probleme identifizieren, beschreiben und vor allem erklären zu können?

Die Problematik der historischen Synthese, fern von jeder in der Tat „theoretisch illegitimen" Totalitätsutopie, wird nicht durch eine einzige Geschichtsphilosophie gelöst,[5] sondern durch die argumentativ einleuchtende, dem intersubjektiven Diskurs standhaltende Selektion und Verknüpfung der wichtigsten Antriebskräfte in den wichtigsten Dimensionen des historischen Prozesses. Über die bevorzugten Auswahl- und Entscheidungskriterien für das „Wichtigste" wird, vom Gelingen der Darstellung einmal ganz abgesehen, in pluralistischen Gesellschaften glücklicherweise immer ein belebender Streit herrschen, da ihnen das Ruhelager einer verbindlichen, im Kern also dogmatischen Geschichtsphilosophie fehlt. Welche Funktion unterschiedliche geschichtsphilosophische Prämissen für unterschiedliche Unternehmen der Historiker ausüben, kann dann ja usque ad infinitum diskutiert werden, bis die Lichtquelle der großen Probleme weitergewandert ist und ohnehin neue Perspektiven der Interpretation erzwingt. Ob diese Webersche Maxime zur Zeit für die Vorstellung von jener „neuen Kulturgeschichte" am Werke ist, die auf der von Kittsteiner favorisierten Geschichtsphilosophie beruht, scheint doch mehr als zweifelhaft zu sein. Kein an seinen realhistorischen Problemen arbeitender Historiker wird auf die geschichtsphilosophische Erleuchtung warten wollen, vielmehr seinen theoretischen Leitperspektiven folgen und die Ergebnisse in der „Community of Scholars" zur Debatte stellen.

Wie wäre es mit einem konkreten Stück Kittsteinerscher Kulturgeschichte, auf der Höhe des gegenwärtigen Reflexionsniveaus, selbstredend, und geschichtsphilosophisch vom Meister selber inszeniert, damit man endlich einmal, über den postulatorischen Duktus hinaus, in einen Leistungsvergleich eintreten könnte? Müßte soviel Siegesgewißheit nicht eigentlich zur Probe aufs Exempel reizen?

II.

7. Bonn – Berlin – Weimar: Droht unserer Republik das Schicksal von Weimar?

Nein – diese schlichte Wiederholung droht nicht! Bereits die Frage erliegt der Faszination einer historischen Analogie, die in Deutschland eine suggestive Anziehungskraft besitzt. Statt dessen sollte man unbefangener fragen, welche erkennbaren Probleme die Erosion, ja vielleicht die schleichende Verwandlung der dritten deutschen, der Berliner Republik herbeiführen könnten. Die Frage ist dann, ob diese Probleme mit denen von Weimar überhaupt vergleichbar oder so neuartig sind, daß wir sie – wegen der Fixierung auf Weimar – nicht einmal angemessen wahrnehmen.

Vorsichtshalber folge ich als Historiker der Chronologie, blicke aber nicht primär auf die allen vertraute Welt der politischen Institutionen, der mit ihnen verknüpften Politischen Kultur, ihres Erfolgs oder Scheiterns. Vielmehr schlage ich vor, einmal von den Chancen und Grenzen, der Offenheit und Exklusionskraft historischer Lernerfahrungen auszugehen, damit wir andere Gesichtspunkte für die Interpretation und Diskussion gewinnen. Denn nie können Menschen, das ist eine anthropologische Konstante, nicht lernen. Die Frage ist nur, ob sie realitätsnah, verzerrt oder sogar pathologisch lernen.

Die Weimarer Republik ist nicht erkämpft worden. Es gab keine schleichende Parlamentarisierung im Kaiserreich, die im November 1918 endlich an ihr Ziel gelangte. Damals flohen angesichts der Kriegsniederlage und der Revolution innerhalb weniger Tage alle deutschen Fürsten von ihrem Thron. In diesem Vakuum blieb als einzige verfassungspolitische Alternative die Republik: ausgerufen gegen den empörten Widerstand von Friedrich Ebert, dem Vorsitzenden des soeben gebildeten „Rats der Volksbeauftragten", der drei Monate lang eine deutsche sozialistische Regierung mit revolutionärer Legitimation verkörperte. Die in dieser Zeit mächtige Rätebewegung verzichtete, so die Entscheidung ihrer Spitze, des Berliner „Zentralrats", auf einen eigenen Verfassungsentwurf, sie rief nach einer demokratischen Konstituante. Deshalb konnte Hugo Preuss nach dem Überraschungscoup von Eberts Auftrag die neue Verfassung ausarbeiten. Und deshalb erhielt der Linksliberalismus, der vor 1914 eine Klientel von 12 Prozent der Wählerschaft besessen hatte, eine ganz unerwartete Chance zur politischen Mitgestaltung.

Welche Lehren zogen die einflußreichen Berliner Akteure aus den Zuständen im Kaiserreich und seinem Scheitern im Ersten Weltkrieg? Sie optierten alle für die neue Staatsform der Republik mit einem parlamentarischen System, viele auch für einen starken Präsidenten als „Ersatzkaiser", aber sie verzichteten auf jeden Elitenwechsel und auf einschneidende Reformen, zum Beispiel auf einen Umbau der Bürokratie, auf eine Ersetzung der kaiserlichen Armee durch eine republikanische „Volkswehr" wie in Österreich, auf eine Bodenreform in Ostelbien, auf die Überführung der Montanindustrie und der Eisenbahn in Gemeineigentum. Jeder dieser Akteure wußte, daß damit vier Machtpfeiler des kaiserstaatlichen Status Quo in Frage gestellt worden wären, und den Umbau des Reiches in einen demokratischen „Volksstaat" hatte die „konstitutionelle Oppositionspartei" par excellence, die SPD, seit fünf Jahrzehnten gefordert. Hätte die Republik durch solche Reformen, das war die These der scharfen Kontroverse in den 1960/70er Jahren, ein solideres soziales Fundament erhalten, so daß 1933 mit seinen Folgen hätte vermieden werden können?

Weshalb kam es nicht dazu? Weil die Akteure aus ihren bisherigen Lernerfahrungen den Schluß zogen, daß das Risiko, im Grenzfall der drohende Bürgerkrieg, zu groß sei. Diese Lagebeurteilung hing primär mit ihrer politischen Sozialisation im Kaiserreich zusammen. Das Reich diskriminierte große Minderheiten, aber es war keine Brutstätte der Revolution wie das zaristische Rußland. Es galt der Mehrheit der deutschen Wähler bis zum Herbst 1918 als reformierbar, ja als reformfähig. Es erzeugte einen staatsloyalen, monarchietreuen, pragmatischen, konfliktscheuen Politikertypus, der vor jedem Kampf um die Parlamentarisierung des Reiches und die Demokratisierung des preußischen Hegemonialstaats mit seinem Dreiklassenwahlrecht bis zuletzt zurückschreckte – und ohne Kampf ist beides nirgendwo erreicht worden.

Deshalb verstanden sich die entscheidenden Berliner Akteure als Übergangsregime, als Statthalter einer künftigen Demokratie, bis die Nationalversammlung die Entscheidung getroffen hatte. Deshalb blieben sie auf die Verlängerung des „Burgfriedens“ fixiert, sie fürchteten die Gefahr, die von dem blitzartigen Aufstieg des Rätesystems hätte ausgehen können, und sie hielten den Zusammenbruch der Fürstenherrschaft für abgeschlossen.

Vor allem aber litten sie unter dem „Kerenski-Schock“. So kann man die Erfahrung charakterisieren, daß die Bolschewiki die Regierung Alexander Kerenskis ebenso brutal weggefegt hatten wie danach die russische Konstituante im Januar 1919. Ein linker Putschismus könne, hieß es, auch in Deutschland den Bürgerkrieg auslösen. Diese Angst war kein Hirngespinst, da die linken Räte nach Osten blickten, während Freikorps und Einwohnerwehren die Bereitschaft zum militärischen Gegenschlag gegen die Linke verrieten.

Deshalb schlossen die „Decision-Makers“ eine Reihe von folgenschweren Kompromissen: mit der Armee im Ebert-Groener-Pakt, da sie nur ihr die Demobilmachung von dreizehn Millionen Soldaten und Hilfe gegen Putschversuche zutrauten; mit der Bürokratie, um das Chaos des Kriegsendes bei anhaltender alliierter Blockade nicht zu vermehren (das Grundproblem war, wie immer in solchen Situationen, welchen Effektivitätsverlust man durch einen Elitentausch unter extremen Bedingungen hätte in Kauf nehmen müssen); mit dem Adel, dessen Besitz unangetastet blieb, um das flache Land ruhig zu halten und das etablierte Adelssystem in der Verwaltung und im Militär nicht noch mehr in Frage zu stellen; mit den Räten, die zeitweilig als Machtfaktor nicht zu umgehen waren; mit den Bundesstaaten, so daß der Föderalismus trotz Preuss' zentralistischer Vorstellungen erhalten blieb. Der Kompromiß zwischen Kapital und Arbeit wurde in der „Zentralarbeitsgemeinschaft“ gefunden, welche die enge Kooperation gegen die Revolution auf Dauer stellen sollte.

Man kann sagen, daß im Lichte von 1933 und jener konservativen Koalition, die Hitler – wie vorher Mussolini – die Macht übergeben hat, diese aus Angst und Sorge, aus vermutlich zwingenden Lernerfahrungen geborenen Kompromisse auf lange Sicht die Republik unterminiert haben. Abstrakt gab es mehr Spielraum für Reformen, als Ebert und seine Umgebung glaubten. Konsensfähig aber waren sie ganz und gar nicht. Deshalb drohte in der Tat der Bürgerkrieg. Und so wie die Akteure politisch sozialisiert worden waren und aus ihrer Perzeption der Wirklichkeit realitätsangemessen zu lernen glaubten, gab es für sie kaum einen anderen Weg.

Ebenfalls entfiel aber der Weg in ein bolschewistisches System, da die winzige kommunistische Linke keine realistische Alternative verkörperte. Auch ein Rätesystem entfiel als sogenannter „Dritter Weg". Denn komplexe Gesellschaften können von Räten auf Dauer nicht verwaltet und regiert werden; Menschen sind für das Rotationssystem der Räte nicht permanent mobilisierbar; Räte sind nicht, wie für sie beansprucht wurde, überparteilich; Räte können nicht auf eine Bürokratie verzichten und privilegieren hohe Positionsinhaber genauso, wie diese es seit jeher erleben; die Identität von Herrschenden und Beherrschten beruht politiktheoretisch auf einem Harmonieideal, das dem empirischen Interessenpluralismus nicht gerecht werden kann; Räte heben die Gewaltenteilung auf; liberale Freiheitsrechte und demokratische Gleichheitsrechte gehen verloren; und das Machtmonopol der obersten Räte ist ebenso schwer aufzubrechen wie dasjenige einer absolutistischen Autokratie oder modernen Diktatur.

Trotzdem ist es unumgänglich, Weimar auch immer im Lichte seines Scheiterns zu sehen. Zuerst muß man aber anerkennen, daß es ein republikanisches und demokratisches Potential gab, welches eine immer mühsamere relative Stabilisierung bis 1929 ermöglicht hat. Erst unter dem Druck der Weltwirtschaftskrise brachen die Stützpfeiler weg. Wäre diese Krise erst 1939 oder 1949 gekommen, hätte sich die Republik konsolidieren können, denn der Nationalsozialismus wäre nie zur Massenbewegung geworden, sondern eine bayerische Exotenpartei geblieben. Seit 1930 aber besaßen Republikfeinde die Mehrheit im Reichstag (NSDAP, KPD, DNVP, DVP). Seither unterlag die ungeliebte Republik der Belastung durch die Kriegsniederlage, die zudem im Sinn der Dolchstoß- und Kriegsunschuldlegende verzerrt wahrgenommen wurde, durch den Versailler Frieden, die Reparationslasten, die Hyperinflation, vollends durch die Krise seit 1929. Ein Wunder, daß sie bis dahin zehn Jahre überdauert hatte.

Den entscheidenden Stoß versetzte ihr dann der Nationalsozialismus. Worauf beruhte sein Aufstieg? Auf dem Appell, endlich aus der jüngsten Geschichte richtig zu lernen. Deshalb verfocht er die Fusion von Nationalismus und Sozialismus als zwei Schlüsselphänomenen der politischen Moderne. Der radikale Nationalismus war seine Kernideologie mit der größten Mobilisierungskraft. Das war nicht etwa der Antisemitismus, der nur für die Führungsgruppen zentral blieb.

Die NSDAP wurde nicht wegen, sondern überwiegend trotz ihres Antisemitismus gewählt. Sie verfocht die Fusion eines radikalen Antimarxismus, Antiliberalismus und Antirepublikanismus. Ein extremer machtpolitischer Revisionismus machte den Nationalsozialismus für die Konservativen und die Mitte attraktiv. Die außerordentlich geschickte Bedienung aller Interessen verwandelte die NSDAP in eine „Omnibuspartei", die zur ersten, wenn auch autoritären „Volkspartei" in der deutschen Politikgeschichte wurde. Der Nationalsozialismus setzte auf die Dynamik, den Elan einer jungen Bewegung gegen das verrottete System der Alten. Er traf auf eine Elitenfragmentierung, keineswegs auf den Handlungskonsens der Eliten, wie er sich in England und den USA bewährte. Daher optierten einflußreiche Fraktionen der Großagrarier und der Großindustrie, der Militär- und Bürokratieleitung für eine Koalition mit dem Nationalsozialismus, um diese Massenbewegung einzubinden, zu nutzen, zu zähmen. Und die Conditio sine qua non war Hitler als charismatischer Politiker, der in einer existentiellen Krise zum Messias für Millionen aufstieg.

Als nach der Niederlage der NSDAP in den Novemberwahlen 1932 ihr Stern ebenso sank wie derjenige Hitlers, hob ihn eine informelle Allianz aus Vertretern der alten Machteliten in den Sattel, siegesgewiß, ihn dank ihrer Machterfahrung bändigen zu können. Es war eine verblendete Machtübergabe, keineswegs, wie die Braunen behaupteten, eine „Machtergreifung".

Conclusio: Die Entstehung, die Behauptungsversuche und das Scheitern der Weimarer Republik sind an ein Bündel von historisch einzigartigen Bedingungen gebunden: an einen verlorenen Weltkrieg, einen demütigenden Frieden, eine gewaltige Reparationslast, eine Hyperinflation, eine Weltwirtschaftskrise, eine rechtsradikale Massenbewegung unter einem Charismatiker. Das ist eine so extrem eigenartige Konstellation, daß ihre Wiederholung ganz unwahrscheinlich ist.

Die Weimarer Republik ist relativ ausführlich präsentiert worden, weil es hier auf den Unterschied zur Lage der Bundesrepublik ankommt. Nach der Katastrophe eines zweiten Totalen Krieges, der Zertrümmerung des Nationalstaats und der Belastung mit den barbarischen Folgen eines beispiellosen „Zivilisationsbruchs“ stand für die Gründungsväter und -mütter der Bundesrepublik eine absolut dominierende Lernerfahrung im Vordergrund. Das war der Vorsatz, die Wiederkehr des Nationalsozialismus und das erneute Scheitern einer zweiten deutschen Republik zu vermeiden. Das Grundgesetz, das politische System, die Aufwertung der Parteien, die Verfassungsgerichtsbarkeit, die Konzeption der „wehrhaften Demokratie“ – alles war darauf angelegt, das zu verhindern, was die Psychoanalytiker eine „Repeat Performance“ nennen. Wenn Bonn nicht Weimar wurde, lag das auch wesentlich daran, daß es Weimar gegeben hatte und die Gründergeneration sein Schicksal vermeiden wollte.

In der Gründungsphase der Bundesrepublik gab es eine Vielzahl von Belastungen, aber keine Revolution, keine Rätebewegung, keine zur Gegenrevolution bereite Armee, keinen machtbewußten Adel. Die Ausgangskonstellation war mithin von Grund auf anders. Blickt man heute auf die vierzig Jahre der alten Bundesrepublik zurück als des ersten Staates, der den Deutschen gelungen ist, sind die Effekte der Lernbereitschaft und Lernleistung, die aus bittersten Erfahrungen hervorgingen, ganz unbestreitbar.

Entstanden ist ein funktionstüchtiges politisches System mit einem kontinuierlichen Ausbau des Verfassungs-, Rechts- und Sozialstaates, nicht nur durch die Parlamente und Verwaltungen, sondern vor allem auch durch die dichte Textur von Tausenden von Entscheidungen der hohen Bundesgerichte. Gewonnen wurde eine belastbare Legitimationsbasis, die nach dem Fortfall der Nation als Loyalitätspol auf der Leistungsfähigkeit der Politik, der Rechtssicherheit, des Wirtschaftswachstums und des sozialen Netzes beruhte. So bildete sich eine erstaunlich große Problembewältigungskapazität heraus. Als Beispiele seien nur genannt: die Absorption der 68er Apo in kürzester Zeit; die Bewältigung der beiden Ölkrisen; die Isolierung der NPD und der „Republikaner“, die zwar einen greulichen „Narrensaum“ der deutschen Politik bilden, aber nicht systemsprengend zu wirken vermögen.

Trotzdem, in ihrem fünften Jahrzehnt steckt die Bundesrepublik in einer tiefen Krise. Vielerorts drängt sich die Frage auf, ob aus Bonn oder bald aus Berlin nicht doch noch Weimar werden könnte. Ich greife nur vier Elemente der Krisenlage heraus. Sie alle haben mit Weimar oder auch mit den frühen Belastungen der Bundesrepublik nichts gemein.

Die Globalisierung läuft seit gut zweihundert Jahren, hat aber einen ungeahntes Tempo gewonnen, mit dem die Welt zu einem einzigen Aktionsfeld zusammenwächst. Dank der Computer und der Telekommunikation laufen die Entscheidungsprozesse auf den Weltmärkten in Sekundenschnelle ab. Neue Industrieländer steigen auf. Die internationalen Finanzmärkte werden zu Verteilungszentralen, auf denen die „Global Players" den Ton angeben, ohne irgendeiner politischen Kontrolle zu unterliegen. Das ist das eigentliche verfassungs- und völkerrechtliche Problem. Die internationalen Finanzmärkte und die „Players" operieren außerhalb der nationalstaatlichen Arena mit ihren Rechtsvorschriften. Wie können internationale Rechtsregeln entwickelt und vor allem mit Sanktionsgewalt gegen diese Potenzen durchgesetzt, wie können sie politischem Einfluß und zurechenbarer Verantwortung unterworfen werden? Das Problem ist seit Kant vertraut.

Einerseits erzeugt die Anonymität dieser schwer greifbaren Machtfaktoren ein Gefühl der Ohnmacht, das politischen Sprengstoff schaffen kann. Andererseits dient die Globalisierung auch als Tarnwand, hinter der sich vorzüglich um Marktmacht kämpfen läßt. Der derzeitige Boom der Autoindustrie, der Großchemie und des Maschinenbaus dementiert schlagend die Berechtigung der gellenden Rufe, welche die Herren Henkel, Hundt und Westerwelle an der Klagemauer ausstoßen, daß es nur die völlig deregulierte, autonomisierte Marktwirtschaft ermögliche, der Globalisierung in Deutschland standzuhalten.

Das zweite Problem ist ein tiefer Strukturwandel der Wirtschaft, der parallel, aber unabhängig von der Globalisierung verläuft. Zur Debatte steht die relative Ermattung der klassischen Führungssektoren, die lange als Lokomotiven des Wachstums gewirkt haben, während gleichzeitig keine neuen dynamischen Sektoren auftauchen, die das Wachstum der Zukunft – und dann auch noch wegen der Arbeitsplätze: möglichst personalintensiv – tragen könnten. Der Vorsprung des Computerbaus, der Telekommunikation, der Gentechnik, der neuen Dienstleistungsbranchen in den USA, in Japan und anderswo ist kaum aufzuholen.

Überall verdrängen Maschinen die menschliche Arbeitskraft. Die Massenarbeitslosigkeit ist nicht nur akut konjunkturell und durch den Billiglohndruck der Globalisierung verursacht. Vielmehr ist sie auch ein wesentliches Ergebnis dieses tiefen ökonomischen Strukturwandels und seiner sozialen Folgen. Die neokeynesianische Konjunkturpolitik greift offensichtlich nicht mehr, im Grunde herrscht Ratlosigkeit mit schlimmen Folgen. Wann wird die rote Gefahrenmarke erreicht, an der die Hülle von Werten und Normen, von Gewohnheiten und ertragenen Zumutungen nicht mehr Stabilität gewährt, sondern zerreißt, so daß die sozialökonomische Krise voll auf das politische System durchschlägt und seine Legitimationsgrundlage in Frage stellt?

Unvermeidbar kommen die Folgen der Fusion der beiden deutschen Neustaaten von 1949 zu diesem Problem hinzu. Nur kurz zu zwei Problemen: Fachwissenschaftler billigten der ostdeutschen Produktivität in den späten 1980er Jahren maximal dreißig Prozent der westdeutschen zu. Die Bundesregierung hat aber 1990 sechzig Prozent zugrunde gelegt und schon deshalb die Aufbauchancen grandios überschätzt.

Der Finanztransfer hat unlängst die Billionengrenze überschritten. Eine „Schweiß-und-Tränen"-Rede während der Euphorie von 1989/90 wäre nötig gewesen, um die Westdeutschen auf eine Jahrzehnte währende Belastung mit der Angleichung der Lebensverhältnisse einzustimmen. Die Wahrheit wird, weil sie politisch inopportun ist, bis heute verschwiegen, die Finanzpolitik erlebt ein Debakel nach dem anderen. Die „Partei der Besserverdienenden" baut in ihrem neoliberalen Dogmatismus und aus nacktem Wahlkalkül sogar den geringfügigen Solidaritätsbeitrag ab.

Diese drei neuartigen Krisen werden durch die politische Immobilität und Stagnation, die Versteinerung des Besitzstanddenkens und die anhaltende Reformunfähigkeit der Innenpolitik, nicht zuletzt auch durch die Unfähigkeit des Führungspersonals, die sozialen und ökonomischen Probleme begriffsscharf und glaubwürdig zu formulieren (wie das etwa Karl Schiller und Helmut Schmidt konnten) enorm verschärft. Der Mangel an Flexibilität und Veränderungswillen steht auch im Mittelpunkt der ausländischen Kritik.

Eine solche Situation ist die klassische Stunde der Opposition. Sie ist jedoch, Jahr für Jahr, überlegene Alternativen schuldig geblieben. Die Folge: Apathie, Verdruß, Lethargie wachsen an, untergraben die politische Teilnahmebereitschaft und unterminieren die Glaubwürdigkeit des politischen Systems. Das sind die wichtigsten Krisenelemente, die offenbar nur zum Teil von Bonn oder Berlin aus direkt beeinflußt werden können.

Fraglos wird die derzeitige Krise auch aus durchschaubaren Interessen des inneren Machtkampfes dramatisiert. Dem muß man entgegenhalten: Deutschland bleibt eines der reichsten Länder der Erde. Das Realeinkommen und das Bruttosozialprodukt steigen weiter an. Die Wachstumsrate liegt bei mindestens zwei Prozent. Der Exporterfolg basiert auf eben jener Elastizität, die Bonn zur Zeit so offensichtlich abgeht. Kurzum, es gibt noch keinen Anlaß zu pechschwarzem Pessimismus. Dennoch ist die Krise sehr real.

Welche Aufgaben, die mit ihrer Bewältigung verbunden sind, verdienen es, hervorgehoben zu werden? Ich nenne wiederum nur vier.

Die Mentalität der Mehrheit der Deutschen, also der sechzig Millionen Westdeutschen, ist eine erfolgsverwöhnte Mentalität. Sie ist das Ergebnis des ökonomischen Aufstiegs seit der Währungsreform, des dichten Netzes der sozialen Sicherheit, der Akzeptanz des politischen Systems und seiner Leistungsfähigkeit. Geht es jetzt, wahrscheinlich unabwendbar, um tiefgreifende Veränderungen, sperrt sich diese Erfolgsmentalität gegen solche Eingriffe, da sie offenbar schmerzhaft sind. Warum sollte die Erfolgsgeschichte, diese selbstbewußte Überzeugung ist tief verankert, unterbrochen werden und einer Korrektur bedürfen? So verwandelt sich die Selbstsicherheit der Erfolgreichen in eine Bürde, die Umstellung und Innovation verhindert. Es ist, so gesehen, gerade die verblüffende Erfolgsgeschichte der Bundesrepublik, die sich unter dem Anprall neuer Erfahrungen als Belastung erweist. Mit den Effekten einer solchen mentalen Blockade ist sehr viel schwieriger umzugehen als mit Gesetzesnovellen.

Das ist keineswegs ein deutscher Sonderfall. Der amerikanische Erfolgsmythos verhindert den Ausbau des Sozialstaats, die energische Bekämpfung privater und öffentlicher Armut, eine angemessene Umweltpolitik. „Englands Niedergang“ hängt auch unmittelbar mit dem ungeheuer bequemen Erfolgspolster des früheren Weltreiches zusammen. Dennoch: Es geht nicht nur, aber doch vor allem um ein pressierendes deutsches Problem. Alle konkreten Probleme der Sozial-, Steuer-, Gesundheits-, Rüstungspolitik setzen politische Mehrheiten, diese wiederum Einsicht in die Notwendigkeit von Reformen und die erwähnte Mentalitätsveränderung voraus. Sie kann nur durch eine offene und öffentliche Diskussion, die mit sehr langem Atem geführt werden muß, eingeleitet werden, da neue Erfahrungen immer durch den Filter der Mentalität hindurch müssen.

Bei der zweiten Aufgabe handelt es sich um die institutionellen Veränderungen. Ich greife nur den Interventions- und Sozialstaat heraus. Das Grundgesetz industriekapitalistischer Gesellschaften ist der Wechsel von Konjunktur und Krise. Keiner hat es bisher außer Kraft zu setzen vermocht. Überläßt man die Marktwirtschaft allein ihren eigenen Mechanismen, tendiert sie stets zur Selbstbeschädigung bis hin zur Selbstzerstörung. Nur die mächtigste gesellschaftliche Institution, der Staat, kann gegenüber dieser Dynamik die Gegensteuerung übernehmen.

So gesehen ist der moderne Interventionsstaat das Ergebnis mühseliger Lernprozesse mit dem Ergebnis, daß die Pendelausschläge des konjunkturellen Wachstums, die Labilität der Marktverhältnisse, die Disparitäten der innen- und außenwirtschaftlichen Entwicklung nur durch staatliche Eingriffe reguliert, kompensiert, gezähmt werden können. Der Interventionsstaat ist daher nicht ein systemfremder, von den Feinden des Marktes aufgepfropfter Zwangsapparat, sondern der Inbegriff der klugen, lernfähigen Selbstverteidigung, ein mühsam erstrittenes Ergebnis langwieriger Lernprozesse. In historischer Perspektive ist keine überlegene Alternative zu erblicken. Man könnte verfolgen, wie durch die tiefe Krise der 1870er Jahre, die Konjunkturfluktuationen seither, die Kriegswirtschaft, die Nachkriegsprobleme, die neue große Krise seit 1929, die nationalsozialistische Politik, die zweiten Kriegs- und Nachkriegserfahrungen intensive, bittere Lernerfahrungen ausgelöst worden sind, die den perfektionierten Interventions- und Sozialstaat der Gegenwart mit seinen unbestreitbaren Leistungen hervorgebracht haben.

Die Formel von der „Sozialen Marktwirtschaft", jenem fragilen Produkt der Kooperation von Staatsorganen und Unternehmen, von Gewerkschaften und Interessenverbänden, verhüllt leicht, wie sehr sie das Ergebnis pragmatisch kluger staatlicher Stützung und Steuerung ist. Vor allem wird leicht übersehen, daß die Gestaltungsmacht des Parlaments, der Bürokratie, der hohen Bundesgerichte dann, wenn es um die Veränderung der institutionellen Grundlagen geht, im Grenzfall unübersehbar größer ist als der Einfluß von Einzelunternehmen oder ihrer Verbandslobby. Die Interdependenz von Staat und Wirtschaft vorausgesetzt, bleibt kluger, effektiver politischer Herrschaft und der Rechtsprechung ein höheres Maß an relativer Autonomie der Entscheidungen. Die „Soziale Marktwirtschaft" als Summe pragmatisch kluger Kompromisse, die etatistische Gängelung und sozialdarwinistische Kämpfe um Marktmacht gleichermaßen vermeiden sollte, wird heute durch führende Repräsentanten der Unternehmerschaft und durch Politiker des Neoliberalismus prinzipiell in Frage gestellt.

Dazu nur drei Bemerkungen:

Ein Preis für den Interventionsstaat ist stets unvermeidbar: Die bürokratische Regulierungsdichte wächst. Ein hochbürokratisiertes Land wie Deutschland mit jahrhundertealten Traditionen der Staatsverwaltung neigt jedoch zur Maximierung der Regulierung, zur Überreglementierung bis zum Exzeß. Dagegen richtet sich der Ruf nach Deregulierung, oft unter Berufung auf die Reagansche und Thatchersche Politik, die jedoch ein soziales Trümmerfeld hinterlassen haben. Die freie, völlig deregulierte Marktwirtschaft ist eine ahistorische Fiktion. Marktwirtschaft war und ist überall auch staatliche Veranstaltung.

Deshalb muß neben der Debatte über berechtigte Deregulierung neu diskutiert werden über die Staatsfunktionen, über zeitgemäße interventions- und sozialstaatliche Aufgaben. Diese Debatte fehlt bei uns fast ganz. Die Deregulierungsapostel haben zur Zeit die Meinungsführerschaft gewonnen. Diese Vernachlässigung ignoriert die Schlüsselrolle des Staates für den Wirtschaftsprozeß. Die Marktdiskussion heute hat es nicht nur mit einem ökonomischen Problem zu tun, sondern mit einer politisch klugen Entscheidung über die neue Austarierung von Marktrationalität und Staatseinfluß. Dabei führen Etatismusdogmatiker in die hyperregulierte Erstarrung, Marktdogmatiker in eine gesellschaftliche Ruinenlandschaft.

Denn die autonomen Marktkräfte verschärfen, wenn die staatliche Gegensteuerung fehlt, die Soziale Ungleichheit, die Ungleichverteilung von Vermögen und Einkommen, überhaupt von Lebenschancen und Lebensrisiken. Die Sozialstatistik zeigt: zwei Prozent der Haushalte verfügen über 30 Prozent der Vermögen, acht Prozent verfügen über 60 Prozent. Die Hälfte aller Zinsen und Dividenden geht an fünf Prozent aller Haushalte. Das Arbeitseinkommen ist seit 1982 um 15 Prozent, die Wirtschaftsleistung um 32 Prozent, das Unternehmereinkommen aber um 100 Prozent gestiegen. Einer Million Vermögensmillionäre steht in der scharf segmentierten deutschen Gesellschaft das untere Fünftel der Arbeitslosen, Kleinrentner, Sozialhilfeempfänger mit minimalem Einkommen aus öffentlichen Mitteln gegenüber.

Kurzum, tiefer als in den Jahrzehnten vor 1980 tritt eine krasse Soziale Ungleichheit in der Struktur der deutschen Gesellschaft hervor; die ostdeutsche Misere verschärft die Zerklüftung. Dazu muß man festhalten: Die soziale und politische Integration westlicher Industriegesellschaften beruht auch darauf, daß extreme Ungleichheit der Lebenschancen nicht zum Programm erhoben wird, wie schrill die Stimmen der Neoliberalen das auch verlangen mögen. Diese Integration hängt ganz wesentlich davon ab, daß das Fernziel liberal-demokratischer Gemeinwesen, die Gleichheit der Lebenschancen (nicht etwa die Chimäre der realen Gleichheit aller) nicht an den Götzen sozialdarwinistischer Marktgesetze verraten wird.

Auch die elastischen politischen Systeme dieser Gesellschaft haben nur eine begrenzte Problembewältigungskapazität für die Verarbeitung schwerer sozialer Spannungen. Wo die Gefahrengrenze genau verläuft, wissen wir nicht. Aber ihr Überschreiten kann im Nu in ein Minenfeld führen, in dem auch die Legitimationsbasis des Staates zersprengt wird. Die Spuren von 1929/33 schrecken. Wenn wir nicht präventiv für Entspannung sorgen, kann das Krisenmanagement über Nacht versagen. Marktwirtschaft pur hülfe dann gar nicht. Ihre Apostel riefen nur nach staatlichem Schutz.

Mit dem Streit um die neue Austarierung von Markt und Staat sollte auch eine Wertediskussion verbunden sein. Das war in Umbruchsituationen auch in Deutschland früher stets der Fall, z.B. während der Anfänge der „Sozialen Marktwirtschaft“ oder beim Streit um das Godesberger Programm der SPD. Im Vergleich damit verharrt die deutsche öffentliche Meinung noch immer in einem unerschütterlichen Winterschlaf, als ob der Wertehimmel über ihr durch keinen Zweifel in Frage gestellt werde.

In Amerika wird eine solche Wertediskussion von den sogenannten „Kommunitariern“, zwei Dutzend der besten Köpfe in der Politischen Philosophie und den Sozialwissenschaften, geführt, um die Orientierungswerte für den Wiederaufbau eines modernen liberalen und demokratischen Gemeinwesens zu ermitteln. Auch wir brauchen längst eine vergleichbare Diskussion, etwa über das Verhältnis von individueller Eigenverantwortung und öffentlicher Hilfe; über den Fatalismus, mit dem die wachsende Soziale Ungleichheit hingenommen, anstatt daß sie, genuine Aufgabe der Opposition, schärfstens angeprangert wird. Die glitzernden Wortkaskaden über Individualisierung und Pluralisierung der Lebensstile à la Ulrich Beck ignorieren ja souverän die Ergebnisse der empirischen Sozialforschung, nach denen die Strukturen der Sozialen Ungleichheit unglaublich hart geblieben sind und sich zudem immer wieder aufs Neue verhärten. Dem naheliegenden Vorwurf, die Kritik schüre den Sozialneid, läßt sich mit der politischen Sprengkraft Sozialer Ungleichheit und dem normativen Argument der gleichen Lebenschancen begegnen. Wir brauchen eine Debatte über die von der Opposition schmählich vernachlässigte Frage der Vermögensbildung unter Arbeitnehmern und ihrer Teilhabe am Produktivkapital; über die Frage, welchen vernünftigen gesellschaftlichen Zwecken das ständig erhöhte Tempo des Wirtschaftslebens dienen soll; über die Zähmung der Finanzmärkte, die Kontrolle der Multis, überhaupt über die Ausdehnung des politischen und rechtlichen Einflusses auf die „Global Players“. Unstreitig gibt es zahlreiche wichtige Fragen. Schnelle Antworten hat keiner parat. Aber das Fatale hierzulande ist die Passivität der Öffentlichkeit, der allermeisten Politiker und „Meinungsmacher“ – jene Apathie, die eine leidenschaftliche Kontroverse erst gar nicht aufkommen läßt. Glaubt man aber allen Ernstes, die notwendige mentale und institutionelle Umstellung auf das 21. Jahrhundert ohne Wertediskussion, im Blindflug nur den Interessentenwünschen folgend, betreiben zu können?

Mit der Wertediskussion hängt ein letzter Punkt zusammen. Das ist die Frage nach der Gesellschaft, in der wir künftig leben wollen. Es gibt nach den Katastrophen des Nationalsozialismus und des Kommunismus eine verständliche Erschöpfung der politischen Utopien. Sie mündet aber häufig in eine generelle Diskreditierung aller Zukunftsentwürfe. Ohne politische Utopien kommen wir aber nicht aus, da die Menschen über die Grenzen des Alltags hinweg sich an glaubwürdigen Zielen orientieren wollen, sich durch sie motivieren und mobilisieren lassen.

Ein solches Ziel bleibt der Ausbau der „Bürgerlichen Gesellschaft", der „Zivilgesellschaft", wie wir heute sagen. Das ist die erfolgreichste und zugleich humanste Utopie, welche die westlichen Länder in der politischen Neuzeit hervorgebracht haben. Am Ausgang des 18. Jahrhunderts von brillanten Sozialphilosophen entworfen, sah die Zielvision der „Bürgerlichen Gesellschaft" ein republikanisches Gemeinwesen freier und gleichberechtigter Bürger vor, die hinter dem Schutzwall der Verfassung und der Menschenrechte in der Arena des Marktes möglichst ungestört ihrer wirtschaftlichen Tätigkeit nachgehen sollten. Dieser „Bürgerlichen Gesellschaft" haben wir uns in der alten Bundesrepublik dichter angenähert als je zuvor in der deutschen Geschichte. Das ist ihr eigentliches Ruhmesblatt. Die Defizite des ursprünglichen Entwurfs: die Diskriminierung der Frauen, der Besitzlosen, der „Ungebildeten", der fremden Minderheiten – sie sind durch den Ausbau des Sozial- und Verfassungsstaats, durch die formale Gleichberechtigung ehemals Benachteiligter und zahllose Stückwerk-Reformen beseitigt oder doch drastisch vermindert worden.

Trotzdem bleiben genügend ungelöste Aufgaben weiter bestehen. Wir leben in einer schroff segmentierten Gesellschaft. 75 Prozent: den allermeisten Arbeitsplatzbesitzern, den Vermögenden und ihren Familien, geht es vorzüglich. Aber unterhalb einer scharfen Trennungslinie leben 25 Prozent fern von den Verheißungen und realen Lebenschancen einer wohlhabenden „Bürgerlichen Gesellschaft".

Unser Dilemma ist: Krasse Soziale Ungleichheit wird weithin nicht mehr als Stachel empfunden. Der Erfolg hat die Glücklichen eingelullt. Oft sind unsere bequemen Wohnviertel von den Quartieren der „neuen Armut" weit entfernt, so daß wir nicht einmal mehr anschauliche Erfahrungen gewinnen. Meine Prognose lautet daher, daß die Soziale Ungleichheit wegen der Globalisierung, wegen des tiefen ökonomischen Strukturwandels, wegen der rasant ungleichen Vermögensbildung, wegen der Dauerhaftigkeit der Massenarbeitslosigkeit, wegen der Auswirkungen der Deregulierung weiter zunehmen wird. Zu viele werden von den Vorzügen einer modernen „Zivilgesellschaft“ ausgeschlossen bleiben.

Die Gefahr ist daher schlechthin nicht zu übersehen, daß soziale Spannungen imstande sein könnten, den bisherigen Konsens, den Generationenvertrag, die Legitimationsbasis der Bundesrepublik einer riskanten Erosion auszusetzen oder sie sogar zu sprengen. Wir brauchen daher eine im öffentlichen Streit ermittelte Neubestimmung einer zeitgemäßen „Zivilgesellschaft“, die durchaus mit hohen, zunächst utopischen Ansprüchen verbunden sein sollte, damit Energien freigesetzt, die Phantasie bewegt, die Kräfte für erstrebenswerte Fernziele mobilisiert werden, anstatt daß wir in der kurzatmigen Bewältigung des Alltags ersticken. Bei diesem Appell denke ich vor allem an die Wirkung auf jüngere Generationen, die von einer künftigen verteidigenswerten „Zivilgesellschaft“ noch überzeugt werden müssen. So sehr ich daher für einen historischen Pragmatismus aufgrund von historischen Lernerfahrungen plädiere, so sehr scheint er mir der Ergänzung durch Zukunftsziele zu bedürfen. Sie müssen konkretisiert werden, damit sie sich in der öffentlichen Debatte bewähren können und den Menschen die Hoffnung geben, durch ihre Anstrengungen eine „Zivilgesellschaft“ für alle einrichten zu können.

Zugegeben, wir haben es mit akuten Problemen überreichlich zu tun: der Massenarbeitslosigkeit, der Stagnation im Regierungsgetriebe, dem symptomatischen Stimmengewinn der Rechtsradikalen, dem Aufruf zum Verfassungsbruch in der Kritik an Karlsruhe, der explosiven Fremdenfeindlichkeit. Das ist beklemmend genug. Trotzdem scheint mir für die erneute Stabilisierung und Zukunftsfähigkeit der Republik, ob Bonner oder Berliner, eine breite und kontroverse Diskussion wichtiger zu sein. Sie muß über die Blockierung durch unsere Erfolgsmentalität geführt werden, über die Neubestimmung der Staatsfunktionen, namentlich des Sozial- und Interventionsstaats, über unseren Wertekanon, über unsere künftige „Zivilgesellschaft“. Andernfalls ersticken wir unter dem Druck der Tagesprobleme und könnten all jene Chancen verspielen, welche die Bundesrepublik zur Zeit noch immer, wie nur wenige andere Gesellschaften, reichlich besitzt.

Die Wiederholung von Weimar ist unwahrscheinlich. Aber sollte die Berliner Republik vor den erörterten Problemen versagen, könnte uns der neuartige Problemstau schon das Fürchten lehren. Alles sträubt sich dagegen, die gegenwärtige Passivität achselzuckend hinzunehmen. Jeder argumentative Widerstand dagegen ist besser, als Berlin zum Synonym für ein neues Versagen der deutschen Politik werden zu lassen.

8. Diktaturenvergleich, Totalitarismustheorie, DDR-Geschichte

In den letzten Jahren ist deutlich geworden, daß die Erforschung der DDR-Geschichte einer Gefahr ausgesetzt, zugleich aber mit einer besonderen Chance verbunden ist. Die Gefahr besteht in einem Rückzug auf die historistische Position, daß die DDR primär oder sogar ausschließlich aus ihren eigenen Bedingungen heraus verstanden werden müsse, ein eigenständiges „historisches Individuum" im Sinne des Historismus sei, gleich nahe zu Gott oder Clio wie andere Staaten auch. Dieser Rückzug liegt offenbar manchen ostdeutschen Wissenschaftlern nahe, da er nicht nur lebensgeschichtlich entlastet, sondern auch die enorme Anstrengung zur kategorialen Bewältigung der Forschungsprobleme fern hält. Wie oft zuvor dient auch diese Variante des Historismus als Schutzmauer gegen drängende Gegenwartsprobleme.

Die große Chance liegt demgegenüber darin, daß die DDR von Anfang an vergleichend erforscht werden kann. Unleugbar ist das mit beträchtlichen Schwierigkeiten verbunden, da die komparative Analyse zu den höchsten Künsten der Geschichtswissenschaft gehört. Dennoch sprechen die Hauptfunktionen und Leistungschancen des Vergleichs dafür, diese Aufgabe in Angriff zu nehmen.

Zum einen gestattet es nur der Vergleich, durch die Ermittlung von Unterschieden die individuellen, unverwechselbar eigentümlichen Züge eines Phänomens herauszuarbeiten. Zum anderen ermöglicht nur er es, Gemeinsamkeiten und daher auch generalisierbare Charakteristika herauszuarbeiten. Insofern bleibt der Vergleich der einzige methodische Ersatz für das natur- oder sozialwissenschaftliche Experiment, insofern auch in seiner klärenden Wirkung unübertreffbar produktiv. Das sind seit Otto Hintze und Marc Bloch vertraute Gesichtspunkte.

Seltener wird eine dritte Eigenschaft des Vergleichs betont: sein heuristischer Wert. Denn er ermöglicht die experimentelle Übertragung von Fragestellungen, Kategorien, Leitperspektiven, die sich bei der Analyse von Problemen eines Landes bewährt haben, auf diejenigen eines anderen Landes. Dadurch kann die Hypothesenbildung bereichert oder überhaupt erst in Gang gesetzt werden; die strukturierende Fähigkeit von Fragestellungen kann erprobt, die Erklärungskraft von Interpretationen und Theorien genutzt, die Suche nach trennscharfen Periodisierungskriterien gefördert werden. Die Beispiele aus der vergleichenden Imperialismus- und Industrialisierungsforschung, aus der vergleichenden Sozial- und Politikgeschichte demonstrieren durchaus diesen Gewinn, den der Vergleich als Ideen- und Hypothesenspender bedeuten kann.

Bekanntlich gibt es beim Vergleich unterschiedliche Schwierigkeitsgrade. Der synchrone Vergleich, z.B. des italienischen Faschismus und des deutschen Nationalsozialismus in den 1930er Jahren, wirkt noch relativ leicht, obwohl er die Beherrschung zweier Forschungskomplexe verlangt. Der diachrone Vergleich dagegen ist wegen der komparativen Perspektiven auf größere Zeitspannen und wegen der unterschiedlichen Systembedingungen ungleich schwieriger auszuführen. Man braucht nur an einen Vergleich des englischen Chartismus der 1830er und 1840er Jahre mit der deutschen Sozialdemokratie der 1890er Jahre, an die Lage nach dem amerikanischen Bürgerkrieg nach 1865 und in Ostdeutschland nach 1990 zu denken.

Bei der Erforschung der DDR-Geschichte wird es offensichtlich um beides, um den synchronen und um den diachronen Vergleich gehen. Dafür sprechen vor allem drei sachliche Gründe. Die DDR sollte – sie kann nicht nur, sie sollte vielmehr unbedingt – im Vergleich mit drei anderen untergegangenen oder noch existierenden politischen Systemen und Gesellschaftstypen erforscht werden. Bisher gibt es kein einziges durchschlagendes Argument dafür, diesem Dreiervergleich auszuweichen.

Der erste Vergleich drängt sich förmlich auf. Der Staatskommunismus der DDR, das politische Regime der deutschen Bolschewiki – in einer vergleichenden Typologie der Herrschaftsformen eine klassische Satrapie der Sowjetunion –, die von ihnen gewalttätig umgebaute Gesellschaft muß mit der Sowjetunion und anderen kommunistischen Staaten seit 1918 bzw. 1945 verglichen werden. Das Ergebnis ist zur Zeit noch ganz offen. Die Gemeinsamkeiten und die Unterschiede müssen erst einmal mit einleuchtenden Argumenten identifiziert, analysiert und erklärt werden.

Zwei leitende Fragen liegen jedoch auf der Hand: Die DDR gehört zur Regimefamilie der kommunistischen Staaten. Daher muß sie auch in deren Kontext komparativ erörtert werden. Und: Die wichtigsten Diktaturen des 20. Jahrhunderts sind in ihrem Kern totalitär und auch deshalb *a limine* vergleichbar.

Die Totalitarismustheorie ist allerdings inzwischen fast 30 Jahre lang als ein Produkt des Kalten Krieges, als ein ideologisches Kampfmittel diskreditiert worden. Die Unterschiede zwischen Nationalsozialismus und Bolschewismus seien, hieß es, so gravierend, daß sie ein einheitliches Theoriegebäude nicht zuließen. Die Sowjetunion habe keinen Vernichtungskrieg wie das „Dritte Reich" geführt, sei als politisches System im Frieden reproduktionsfähig gewesen, habe durch den Rückgriff auf das Marxsche Erbe im Prinzip die Möglichkeit zu systemimmanenten Reformen besessen – und so weiter. All diese Einwände kann man mit guten Gründen bestreiten. Mir hat jedenfalls der Kern der Totalitarismustheorie, die aus der vergleichenden Analyse der nationalsozialistischen und der kommunistischen Diktatur – vor allem im Kreis emigrierter deutscher Wissenschaftler – hervorgegangen ist, als Hilfsmittel bei der Interpretation moderner Diktaturen stets eingeleuchtet.

Die Aufstiegsphase links- und rechtsradikaler Bewegungen läßt sich unstreitig durch die politische Sozialgeschichte überzeugender erklären. Aber die Regimephase kann sehr wohl mit Hilfe einer undogmatischen, historisch flexiblen Totalitarismustheorie angegangen werden. Berührungsängste sind hier ganz unangebracht, und die Versicherung, daß man noch nach den Charakteristika „moderner Diktaturen" suche, verhindert allzu leicht die nüchterne Prüfung von Kategorien und Denkfiguren, die mit den totalitarismustheoretischen Überlegungen bereits zur Verfügung stehen. Welcher Weg führt denn herum um die Einparteienherrschaft, das Ideologie- und Weltdeutungsmonopol, das Ziel des

„neuen Menschen", den Einsatz von Terror, von Straf- und Todeslagern, um die Kontrolle des Staatsapparats, der Militärmacht, der Geheimpolizei, der zum Teil verstaatlichten Wirtschaft, des Propagandaapparats und der öffentlichen Meinung?

Der unbequemere Vergleich ist fraglos derjenige mit dem Nationalsozialismus. Gegen ihn sträubt sich nicht nur die Antifa-Tradition, sondern ihm begegnen zur Zeit auch nicht wenige westdeutsche Historiker und Sozialwissenschaftler mit voreiliger Skepsis. Zugegeben, die DDR hat keinen Weltanschauungs- und Vernichtungskrieg im Stil des „Rußlandfeldzugs" von 1941 bis 1944 geführt, keinen Genozid praktiziert, und an ihrem Anfang steht ohnehin kein siegreicher Aufstieg wie derjenige des Faschismus seit 1922/23 und des Nationalsozialismus seit 1930/33. Unleugbar war sie ein besetzter Teil des formelle und informelle Herrschaftsformen verbindenden sowjetischen Imperiums, das seit 1945 rund 45 Jahre lang im westlichen Vorfeld Rußlands bestand – eine Satrapie in engster Abhängigkeit in den wichtigsten Entscheidungsbereichen und mit relativer Autonomie auf einigen Handlungsfeldern. Offenbar aber wäre sie in freien Wahlen auch nie konsensfähig gewesen – ohne einen Charismatiker wie Hitler, ohne seine blendenden ökonomischen und politischen Erfolge, wohl aber immer unter dem Konkurrenzdruck des überlegenen zweiten deutschen Staates. Das sind tiefe Unterschiede, die niemand nivellieren wird.

Aber, so beginnt eine lange Reihe von Gegenerwägungen, das Einparteienmonopol in der DDR läßt sich schwer leugnen. Die Kontrolle des Staatsapparats, des Militärs, der Propaganda, der Wirtschaft, die ideologische Definitionsmacht, die Geheimpolizei, der Terror – eignen sie sich etwa nicht für den Vergleich mit anderen totalitären Systemen? Wer hätte denn gegen einen Weltanschauungsfeldzug im Jahre 1968 gegen den „Prager Frühling" und nach 1980 gegen das zerbröselnde polnische Regime effektiv opponieren können – abgesehen von jenen mutigen Studenten, die durchweg inhaftiert wurden? Die physische Ausmerzung von „Klassenfeinden" in der frühen Phase ist unbestreitbar. Strittig ist dagegen das heikle Problem, ob dabei vor allem die Größenordnung zählt. In der Bilanz ist dann freilich das NS-Regime dem Leninismus und Stalinismus deutlich unterlegen. Lager wie Bautzen kann man durchaus mit den Konzentrationslagern von 1933 bis 1939 vergleichen; die sechs großen Vernichtungslager außerhalb des „Reiches“ bilden ohnehin einen Lagertypus für sich. Der Meinungsterror ist in der DDR vermutlich größer gewesen, aber die Nationalsozialisten hatten auch nur zwölf Jahre lang Zeit. In den Wissenschaften ist die ideologische Gängelung ganz offensichtlich rigoroser gewesen als damals.

Kurzum: Gerade dieser Vergleich ist ganz und gar unvermeidbar. Die präzise Gewichtung der Unterschiede und der Gemeinsamkeiten steht freilich noch bevor. Weder genügt es, den tief verinnerlichten „Antifaschismus“ wie eine Monstranz vor sich herzutragen, um diesem Vergleich ausweichen zu können. Noch reicht es hin, den vermeintlich löblichen Kern einer Utopie zu verteidigen. Es geht ja nicht um irgendeine, sondern um diejenige Utopie, deren Verwirklichung unter kommunistischem Vorzeichen zu extrem menschenfeindlichen Systemen und Abermillionen von Opfern geführt hat. Nur in jenem europäischen Normalfall, den die sozialdemokratischen systemimmanenten Reformparteien verkörpern, ist das Erbe des Marxismus in Impulse übersetzt worden, die bewahrenswert sind.

Eine mindestens ebenso hohe Hemmschwelle ist beim Vergleich mit der Bundesrepublik zu überwinden. Ausweichen kann man ihm aber nicht. Hier kommen andere Vergleichsebenen ins Spiel. Eberhard Jäckel genügen in seinem Plädoyer für den Vergleich der „zweifachen Vergangenheit“ der neuen Bundesrepublik die Komplexe der Menschenrechte, der Demokratie und eines wohlverstandenen Sozialismus im Sinne der west- und nordeuropäischen Sozialdemokratie als normative Maßstäbe. Diese Konzeptualisierung der Problematik fällt zu karg aus.

Auf den Menschen- und Grundrechten des westlichen Verfassungs- und Rechtsstaats muß man in der Tat als Vergleichsmaßstab bestehen. Von ihnen her läßt sich eine unübertrefflich scharfe Unterscheidungskraft ableiten. Justiziable Individualrechte, die vor autonomen Gerichtshöfen eingeklagt und verteidigt werden können – das bleibt ein Spitzenprodukt der westlichen politischen Kultur.

Das gilt selbstverständlich auch für die institutionell gesicherte und funktionsfähige Demokratie, welche die einzige freiheitliche Regimeform zu sein scheint, die es gestattet, eigene Fehler relativ schnell und friedlich zu korrigieren. Anstatt aber die Sozialdemokratie in der modernen bürgerlichen Gesellschaft dem pervertierten Staatssozialismus entgegenzusetzen – ein leichtes Spiel, das vielleicht eine Zeitlang unvermeidbar ist –, lohnt es sich weit eher, abstraktere Kategorien dem Vergleich von Systemleistungen zugrunde zu legen.

Dabei geht es darum, die Ausübung wichtiger gesellschaftlicher und politischer Funktionen und die Lösung von Modernisierungsaufgaben zu vergleichen. Hier lassen sich ins Auge fassen: die Legitimierung des politischen Systems durch Wachstumskonstanz, Sozialstaatsleistung und Funktionstüchtigkeit seines *modus operandi*; die Förderung des Wirtschaftswachstums; die ökologische Zähmung der Wirtschaft; die Distribution des Wohlstands; die interventionsstaatliche Regulierung der Konjunkturschwankungen sowie die Verwirklichung und der Ausbau des Rechtsstaates.

In der Sprache der vergleichenden Historischen Modernisierungsforschung kann man im Hinblick auf das politische System drei Funktionsbündel unterscheiden: die Legitimierungsfunktionen, z.B. die Verteilung von Herrschaft, die Loyalitätsbeschaffung, die politische Sozialisation; die Prozeßfunktionen, z.B. die Elitenrekrutierung, die Aggregierung und Artikulation von Interessen, die politische Kommunikation; die Leistungsfunktionen, z.B. die Mobilisierung und Verteilung von Ressourcen, die Aufrechterhaltung der inneren Ordnung, die Gewährleistung stabiler Außenbeziehungen.

Auf der Linie dieser Unterscheidungen läßt sich mancher Vergleich anlegen.

Man kann aber auch den Umgang mit den bekannten Modernisierungskrisen zugrunde legen, um vergleichend zu erörtern, wie diese Modernisierungsaufgaben, gewöhnlich unter krisenhaften Bedingungen, gelöst werden oder ungelöst bleiben: Die Legitimationskrise lenkt auf die Basis traditionaler, rationaler, charismatischer Herrschaft und ihrer zahlreichen Mischformen hin, auf die Schwierigkeit der Loyalitätsbeschaffung und des Defizitausgleichs. Die Partizipationskrise entsteht bei der Regulierung der politischen Teilhabe, der Beteiligung der Bürger am Getriebe des „politischen Massenmarkts“, der zunehmenden Politisierung des Einflusses auf wachsende Staatsfunktionen.

Die Identitätskrise entsteht aus dem Pluralismus konkurrierender politischer, regionaler, konfessioneller usw. Identitäten, die unter den Bedingungen der politischen Neuzeit auf den herrischen Anspruch des Nationalismus mit seinem Ziel treffen, die Vorherrschaft der nationalen Identität durchzusetzen.

Die Integrationskrise ist mit der Stabilisierung verbindlicher Loyalitätsbeziehungen verbunden; sie muß von den Identitätsproblemen, auch vom Nationalismus analytisch getrennt werden.

Die Penetrationskrise ist mit der Durchdringung eines Territoriums vom Zentrum bis an die Peripherie verbunden. Diese Organisationsaufgabe umfaßt nicht nur den bürokratischen Zugriff, sondern z.B. auch die Herstellung gleicher Lebensbedingungen.

Die Distributionskrise entsteht aus dem Streit um die Verteilung materiellen Wohlstands, um die Transferleistungen für Benachteiligte, Alte, Schwache, überhaupt um die Verteilung von Lebenschancen, Lebensrisiken und begehrten Ressourcen.

Zu all diesen Modernisierungsaufgaben gibt es eine große, öfters vergleichend angelegte, qualitativ freilich sehr unterschiedlich überzeugende Literatur, die einen nüchternen Systemvergleich erleichtert.

Dieser Rundblick soll zeigen, welche Konzeptionen vermutlich am meisten versprechen, um die Einzelforschung, die unbestreitbar notwendig ist, in einer künftigen Synthese zu integrieren und vorläufig als theoretischer Fluchtpunkt zu dienen. Das Angebot an Synthesemöglichkeiten ist bekanntlich denkbar knapp bemessen. Dem Historiker vertraute Konzeptionen wie der Aufstieg und die Ausbildung des National- oder des Verfassungsstaats sind zu schmal angelegt. Die Systemtheorie bewegt sich auf einem zu hohen Abstraktionsniveau. Selbst ein noch so aufgeklärter Marxismus hat derart viele Blindstellen, daß er für einen solchen Vergleich von Systemen in der ersten und zweiten Hälfte des 20. Jahrhunderts nicht taugt. Daher bleibt, soweit ich zu sehen vermag, gegenwärtig am ehesten eine kritische, sich der Ambivalenzen des Modernisierungsprozesses bewußte historische Modernisierungsforschung.

Längst lohnt es nicht mehr, den Strohmann der töricht optimistischen amerikanischen Modernisierungstheorien der 1950er und 60er Jahre als gegenwärtigen Zustand dieser Forschungsrichtung auszugeben. Die Selbstkritik angesichts des Scheiterns naiver Theoreme und Projekte hat zu einer Ernüchterung und entschiedenen Historisierung geführt. Im Gefolge der Max Weber-Renaissance ist weithin Weber als der eigentlich lohnende Anreger einer historisch vergleichenden Modernisierungsforschung anerkannt worden. Und wen das Wort „Modernisierung" stört: gemeint ist eine historische Evolutionstheorie in pragmatischer Absicht, eine historisch fundierte Theorie der Moderne.

Diese historische Modernisierungsforschung bevorzugt die Analyse eines Bündels von Basisprozessen, z.B. die Entwicklung des Kapitalismus, insbesondere des Industriekapitalismus; die Bildung von Klassen und damit neuer Muster der Sozialen Ungleichheit; die Entstehung und den Ausbau des bürokratischen Anstaltsstaats, vor allem in der Form des Nationalstaats mit einem demokratischen politischen System; die kulturelle Mobilisierung und Rationalisierung; die „Entzauberung" der Welt: die Verwissenschaftlichung der Produktion und der Lebensführung; die Urbanisierung usw. Zugleich gibt die historische Modernisierungsforschung Entwicklungskriterien an (die Bewegung hin zum Kapitalismus, zur Klassengesellschaft, zum modernen Staat), die idealtypisch-hypothetisch verwendet werden können. Sie macht auch die normativen Implikationen klar, um die in jeder Modernisierungsforschung kein Weg herumführt und die deshalb so explizit wie nur möglich diskussionsfähig gemacht werden müssen.

Sie kann und muß aber auch, wie das Weber selber schon getan hat, die „schwarze" Seite der Modernisierung erfassen: totale Kriege, Massenvernichtungswaffen, totalitäre Systeme, Umweltprobleme. Kurzum, es wäre naiv und kenntnislos, die Modernisierungstheorie auf das Niveau der 1950er und 1960er Jahre festzunageln, als manche ihrer Adepten in Eisenhowers Amerika das Non-plus-ultra der menschlichen Gattungsgeschichte sahen. Noch sieht man keine überlegene Alternative, welche die besseren Argumente für sich geltend machen könnte.

Das wichtigste methodische Problem scheint nun zu sein, daß unsere vertrauten Kategorien – die der westlichen Geschichtswissenschaft, auch die der Modernisierungsforschung – im Hinblick auf die osteuropäischen Gesellschaften, die nach 1945 zum großen Teil staatliche Veranstaltungen waren, gewissermaßen nicht greifen. Im Grunde kann das auch nicht überraschen, da diese Begrifflichkeit an einer bestimmten Realität gewonnen worden ist und es keineswegs um universalistische Kategorien geht. Man spürt das sofort, wenn man in der Sprache und im kategorialen System der Theorien privatwirtschaftlichen Wachstums oder der Ungleichheitsforschung im Sinne der Weberschen Klassenterminologie an die ostdeutschen und osteuropäischen Probleme herangeht. Die Realphänomene werden von den vertrauten Sprachnetzen nicht angemessen eingefangen. Mit Webers Zentralbegriff der „marktbedingten Klassen“ lassen sich etwa die staatlich initiierten und formierten sozialen Formationen der DDR offensichtlich nicht realitätsadäquat erfassen. Anstatt jedoch den gesamten Begriffsapparat deshalb abzulehnen, sollte man die Kategorien paßgerecht machen oder neue erfinden, bis sie imstande sind, diese vergangene Wirklichkeit einzufangen.

Im Rahmen einer solchen modifizierten Modernisierungstheorie kann auch das Ziel der empirischen Einzelforschung anvisiert werden: z.B. eine Gesellschaftsgeschichte der DDR. Mit diesem Begriff ist der Anlauf zu einer Synthese der gesamtgesellschaftlichen Entwicklung innerhalb einer bestimmten Zeitspanne gemeint. Vielleicht ergibt aber auch die intensivierte wissenschaftliche Beschäftigung mit der DDR, daß eine weit konzipierte moderne Politikgeschichte den Grundstrukturen, die sich so sehr vom westlichen Gesellschafts- und Staatstypus unterscheiden, eher gerecht werden kann.

Wie die genaue Strukturierung einer solchen Gesellschafts- oder Politikgeschichte der DDR aussehen könnte, kann nur in einer breiten, undogmatischen Diskussion, wie sie inzwischen angelaufen ist, ermittelt werden. Immer bleibt eine solche Gesellschafts- oder Politikgeschichte ein Experiment. Aber es ist notwendig, damit die Einzelforschung durch die Synthese gebändigt wird. Das sind wir auch den Bedürfnissen unserer Leser und Hörer schuldig, welche die DDR insgesamt, nicht nur den Mikrokosmos ihrer Arbeiterbrigaden und LPGs verstehen wollen.

Es wäre ein Gewinn, wenn solche Konzeptionen einer Gesellschafts- oder einer Politikgeschichte Ostdeutschlands möglichst bald klare Konturen gewännen, damit ein gut Teil der Einzelforschung, ohne jede Gängelung, daraufhin angelegt werden könnte. Denn die empirische Akribie führt nur allzuleicht zur Zerfaserung größerer Zusammenhänge, und der berechtigte Wunsch, eine umfassende, vergleichende Interpretation geboten zu bekommen, würde nicht erfüllt.

Wer daran festhält, daß die Geschichtswissenschaft in hohem Maße durch ihre Standortgebundenheit, ihre Kontextabhängigkeit, ihren Gegenwartsbezug geprägt wird und ihr weiterhin eine aufklärende Funktion zuschreibt, kann mit der Fülle spezialisierter Monographien auf die Dauer nicht zufrieden sein. Vielmehr muß er auf Synthesen hoffen, deren unterschiedliche Ansätze in der Arena des freien Wettbewerbs der Ideen und Konzeptionen konkurrieren, bis die Entscheidung für die überlegene Erklärungs- und Überzeugungskraft fällt. Das ist vorerst ein utopischer Fluchtpunkt, der durch anachronistische Totalitätsvorstellungen vielleicht sogar diskreditiert ist. Dennoch bleibt er ein Ziel, über das man sich nicht früh genug Klarheit verschaffen kann.

9. Der erste Totale Krieg: Deutschland im Weltkrieg von 1914 bis 1918

Das 19. Jahrhundert kannte die Metapher vom „totalen Krieg“ noch nicht. Wohl aber stand ihm der „absolute Krieg“ zur Verfügung, denn mit dieser idealtypischen Zuspitzung hatte der preußische Kriegstheoretiker Carl v. Clausewitz die Kriegsführung Napoleons auf den Begriff zu bringen versucht. Seine Operationen mit Massenheeren und seine strategisch wie taktisch neuartige Kampfesweise verkörperten im Vergleich mit dem gezähmten Kräftemessen der absolutistischen Fürsten eine radikale Innovation, die freilich daran festhielt, die friedliche Welt der Zivilbevölkerung zu respektieren. Die deutsche Kriegstheorie in der zweiten Hälfte des 19. Jahrhunderts beruhte zwar hier und da auf dem Lippenbekenntnis zur Lehre von Clausewitz, bei herausragenden Köpfen wie Helmuth v. Moltke sogar auf ihrer praktischen Anwendung, im allgemeinen aber auf den Erfahrungen des Großmachtkrieges von 1870/71. Der französische Partisanenkrieg, der nach den erfolgreichen Herbstschlachten die deutschen Militärs im Winter 1870/71 zutiefst irritierte, wurde freilich ausgeblendet.

Als General Sheridan, der amerikanische Militärattaché im deutschen Hauptquartier, kaltschnäuzig Geiselerschießungen als probates Abschreckungsmittel empfahl, zuckten die „Halbgötter“ um Moltke zurück. Sheridan dachte bereits in neuen Kategorien, die der amerikanische Bürgerkrieg wenige Jahre zuvor geprägt hatte. In seiner Schlußphase war z.B. eine Nordstaatenarmee unter General Sherman zu ihrem nachmals berüchtigten Marsch durch das Shenandoah-Tal mit dem Tagesbefehl nach Süden aufgebrochen, so konsequent wie nur eben möglich die Maxime der „verbrannten Erde" zu beherzigen, damit sich noch „100 Jahre später keine Krähe" in dem „befriedeten" Gebiet niederzulassen wage. Hier leuchtete das fahle Licht des totalen Krieges als eines gnadenlosen Vernichtungskrieges erstmals auf. Später schien es erst wieder über einigen Kolonialkriegen der imperialistischen Mächte, etwa dem deutschen Krieg gegen die aufständischen Hereros in „Südwestafrika" (1904–1907). Durch ihre Vertreibung in die wasserlose Omaheke-Wüste oder ihre Internierung in trostlosen Gefangenenlagern wurden rund 80 Prozent der Rebellen umgebracht. Denn der Chef der deutschen „Schutztruppe" hatte nicht den schnellen Sieg zum Ziel erklärt, sondern unverblümt die „Vernichtung" des Feindes gefordert.

Seit den 1890er Jahren tauchte bei kritischen Geistern die Prognose eines „Weltkrieges" auf, der sich im Fall eines Konflikts zwischen den Großmächten über viele Jahre hinweg mit ungeahnter Zerstörungskraft entfalten werde. Friedrich Engels und August Bebel, der russische Sachkenner Iwan Bloch und der alte Moltke – sie alle beschworen ihre apokalyptischen Visionen künftigen Unheils. In der Berliner Reichs- und Militärleitung pflegte man dagegen eher romantische Illusionen. Im Spandauer Juliusturm wurde ein Kriegsschatz gehortet, der dann für genau zwei Kriegstage reichen sollte. Zugleich huldigte man, wie das die Machteliten anderer Länder auch taten, dem „Kult der Offensi ve", die innerhalb weniger Wochen einen Sieg versprach. Auf eine langwierige Defensive wurde kein ernsthafter Gedanke verwendet. Als dann während der Julikrise 1914 von der Berliner Politik grünes Licht für den Großkonflikt gegeben wurde, rief Wilhelm II. den abziehenden Truppen zu: „Ehe noch die Blätter fallen, seid Ihr wieder zu Hause". Statt dessen folgte ein vierjähriger Weltkrieg, dessen Zentrum in Europa lag – an der Westfront und an der Ostfront, wie man angesichts der fatalen Konstellation des Zweifrontenkrieges in Deutschland sagte –, seine Ableger aber auch im Nahen Osten, in Afrika, in Ostasien und auf der hohen See besaß. Dieser Krieg nahm seit 1914/16 die Züge eines totalen Krieges an.

Eine Kurzdefinition läuft darauf hinaus, daß im totalen Krieg schlechthin alle Ressourcen in den Dienst der Kriegführung gestellt werden. Der Unterschied zwischen Front und „Heimat" wird folgerichtig aufgehoben. Überall herrscht in Bertrand Russels klassischer Formulierung der Imperativ: „Maximum slaughter at minimum expense". Das Fernziel ist nicht die Besiegung, sondern die Vernichtung des Gegners. In diesem Sinn gilt es, einige Gesichtspunkte zu beachten.

Der Erste Weltkrieg führte zu einer beispiellosen Massenmobilisierung. Im deutschen Kaiserreich etwa wurden 13,2 Mill. Männer, die Hälfte aller Männer zwischen dem 16. und 60. Lebensjahr, zum Wehrdienst eingezogen. Mehr als die Hälfte wurde getötet (2,4 Mill.) oder dauerhaft verwundet (6,3 Mill.).

Die „Heimatfront" wurde einer ungeheuren Belastung ausgesetzt. Der Lebensstandard sank rapide ab. Die endlose Zahl der Todesnachrichten untergrub die Durchhaltemoral. Der Sozialisierung der Verluste stand die krasse Privatisierung der Kriegsgewinne gegenüber.

Der Radikalnationalismus der Vorkriegsjahrzehnte wurde noch einmal gesteigert. Die deutschen „Ideen von 1914" verklärten den autoritären Staat, stigmatisierten die „westlichen Demokratien" und setzten einen missionarischen Überlegenheitswahn den „Ideen von 1789" entgegen. Das arrogante Selbstbewußtsein von einem deutschen „Sonderweg", der dem Modernisierungspfad aller Nachbarn überlegen sei, wurde mit der sozialdarwinistischen Idee eines Vorsprungs beim Kampf ums Überleben und der Weltbeglückungschimäre der global siegreichen deutschen Kulturnation verschmolzen.

Die Anforderungen des Krieges führten zu einer Neuformierung der politischen Machtzentren. Die 3. Oberste Heeresleitung (OHL) unter Paul v. Hindenburg und Erich Ludendorff wurde seit dem August 1916 zu einer Leitungsinstanz aufgewertet, die Züge einer Militärdiktatur besaß, jedenfalls im Machtapparat sehr selten auf einen überlegenen Konkurrenten traf. Die politische Reichsleitung, der Reichstag, der Reichsmonarch – alle wurden abgewertet. Wilhelm II. sank geradezu in die Grauzone eines „Schattenkaisers" (H. Delbrück) hinab. Eine durchsetzungsfähige Zivilleitung mit autoritären Zügen, wie sie unter Lloyd George in England und unter Clemenceau in Frankreich entstand, konnte sich in dem vermeintlich überlegenen politischen System des Kaiserreichs zu keiner Zeit herausbilden.

Der Klassencharakter der Sozialstruktur und des Herrschaftssystems gewann unter der Belastung des Krieges noch schärfere Konturen. Das läßt sich etwa an der Ungleichheit der Lebensmittelversorgung, an den exorbitanten Unternehmergewinnen, an der Unfähigkeit, sie angemessen zu besteuern, besonders an der Radikalisierung des Imperialismus in der Kriegszielpolitik im Westen wie im Osten ablesen.

An der Front erlebten Millionen Männer Tag für Tag eine Grenzsituation zwischen Todesgefahr und Scheinruhe. Tod, Todesangst, Verletzung, Verstümmelung, Vergiftung, kurze Erholungsphasen in der Etappe – dieses Wechselbad wurde ihr Alltag. Die mühsam anerzogene Hemmschwelle gegenüber der Gewalt wurde gesenkt, die Gewöhnung an das Töten mit Orden und Beförderung belohnt. Ein Dutzend Millionen Männer wurde an die Brutalisierung durch den Krieg gewöhnt. Wie sollte ihre Wiedereingliederung in das friedliche Zivilleben gelingen?

Der Krieg selber begann mit dem Scheitern des Schlieffen-Plans. Dieses vermeintliche Siegesrezept des deutschen Generalstabs beruhte darauf, daß der rechte Flügel der deutschen Angriffsarmee, siebenmal so stark wie der linke, durch das neutrale Belgien und Luxemburg hindurch eine Zangenbewegung nach Nordfrankreich ausführen, Paris einkesseln und das französische Heer in einem modernen „Cannae" besiegen sollte. Der Plan beruhte von Anfang an auf lauter Illusionen. Nie war der rechte Flügel stark genug, auch 1914 fehlten sechs Armeekorps. Frankreich wurde als Großmacht völlig unterschätzt, denn eine Niederlage konnte es nicht definitiv niederwerfen. England wurde mit keinem Wort berücksichtigt, obwohl die Verletzung der belgischen Neutralität seine Intervention geradezu erzwingen mußte. Das aber bedeutete nicht nur das Eingreifen eines großen britischen Expeditionskorps, sondern auch der englischen Schlachtflotte, mithin den Dreifrontenkrieg zur See, und überhaupt konnte dann die einzige Weltmacht der damaligen Zeit ihr riesiges Potential in die Waagschale werfen.

Der Schlieffen-Plan war ein reines Hasardspiel. Das war irrational genug, außerdem gab es aber auch keinerlei Kriegsplanung für den Fall seines Versagens, das bis zum 10. September unwiderruflich feststand. Seither folgte im Westen ein ganz unvorhergesehener dreieinhalbjähriger Stellungskrieg. Im Osten spielte sich der Wechsel zwischen einem letztlich erfolglosen Bewegungskrieg und dem lähmenden Grabenkrieg ein. Im April 1915 griff die OHL bereits zum Verzweiflungsmittel des ersten Chloringasangriffs, konnte aber trotzdem nicht den Durchbruch erzwingen. Ein Jahr später verwirklichte Generalstabschef Erich v. Falkenhayn seine neue „Ermattungsstrategie" mit dem Ziel, „Frankreich weißzubluten". Der deutsche Angriff auf das Festungssystem von Verdun wurde zur „Blutmühle". Falkenhayn hatte anfangs mit Verlusten im Verhältnis von 1:3 zugunsten der deutschen Truppen gerechnet und sich auf das sozialdarwinistische Wunschdenken verlassen, daß die morbid verweichlichte französische Nation einer solchen Kraftprobe nicht gewachsen sei. Doch in einer fünfmonatigen „Abnutzungsschlacht" blieb jeder Meter umkämpft. Die französischen Verbände hielten ihre Stellungen. Falkenhayn scheiterte und mußte sein mörderisches Unternehmen im Juli 1916 abbrechen, nachdem der fürchterliche Preis von 282000 toten und verwundeten Deutschen und 317000 Franzosen gezahlt worden war. Verdun wurde zum Symbol eines sinnlosen Abschlachtens, das einen tiefen Bruch in der deutschen Kampfmoral hinterließ.

Die Alliierten wiederholten das Debakel in der Somme-Schlacht nur wenig später. Eine Woche Trommelfeuer, eine Tonne Granaten auf jeden Quadratmeter, ging ihrem Angriff voraus, der einen Bodengewinn von zwei Kilometern auf 50 km Breite ergab. Dafür gab es horrende Verluste: 400000 Engländer und 200000 Franzosen, auf Seiten der deutschen Verteidiger 455000 Tote und Verwundete. Als der Schlagabtausch im November 1916 abgebrochen wurde, hatte eine einzige Schlacht 1.1 Millionen Männer an Verlusten verschlungen.

Dem ungeheuren Blutzoll entsprach die hochgesteigerte ideologische Anstrengung, den Weltkrieg zum Kampf für die „Ideen von 1914" zu überhöhen. Nicht nur im Sommer 1914 hatten prominente Vertreter des deutschen Bildungsbürgertums den Krieg leidenschaftlich begrüßt. Vielmehr engagierten sie sich auch seither für die „deutsche Sache". Zu ihnen gehörte auch Thomas Mann, der deutsche „Kultur" gegen westliche „Zivilisation" obsiegen sah. Denn „Deutschtum, das ist Kultur, Seele, Freiheit,

Kunst und nicht Zivilisation, Gesellschaft, Stimmrecht, Literatur." Bei vielen anderen triumphierte derselbe Auserwähltheitsglaube. Überdies überwinde der Krieg, hieß es, die Klassenspannungen. Die autoritär gelenkte „Volksgemeinschaft" stieg zum politischen Ideal auf, das bis 1945 viele in seinen Bann schlug. Überhaupt verbreiterten die „Ideen von 1914" den Humusboden für den Nationalsozialismus. Der deutsche Radikalnationalismus nahm pathologisch überzogene Züge an und wurde später, tief enttäuscht und verletzt, zur eigentlichen Basis des Mobilisierungserfolgs der Hitler-Bewegung.

Zum totalen Krieg gehörten auch die exorbitanten deutschen Kriegsziele. Ihre Realisierung wurde als schicksalhafte Notwendigkeit hingestellt, damit das Reich von der Grundlage eines gewaltigen kontinentalen Machtblocks aus künftige Großkriege gewinnen könne – immer schon war während des Ersten Weltkriegs der nächste Krieg präsent. Zugleich sollten diese äußeren Erfolge von den inneren Spannungen des Kaiserreichs ablenken, seine politische und soziale Stabilität gewährleisten, seine Legitimationsbasis befestigen. Deshalb entstand ein riesiges Annexions- und Expansionsprogramm mit dem Ziel der deutschen Hegemonie in Europa und der Befähigung zum Kampf um die Weltherrschaft.

Im Westen sollte an erster Stelle Frankreich geschwächt werde. Konkret hieß das: Annexion des Erzbeckens von Briey-Longwy (2,8 Mrd. To. Erz!), der Küste von Dünkirchen bis Boulogne und der Festung Belfort. Belgien sollte zum Vasallenstaat werden, die flandrische Küste abtreten. Treffend umschrieb Reichskanzler v. Bethmann Hollweg seinen künftigen Status als den eines „Tributärstaates", ähnlich demjenigen Ägyptens unter der Kuratel der Westmächte. Luxemburg sollte kurzerhand als neuer Bundesstaat annektiert werden. Im Osten sollte ein „Cordon sanitaire" von Satellitenstaaten entstehen, ein Projekt, das die Zerschlagung des petrinischen Reiches voraussetzte. Nach der „Aussiedlung" eines gut Teils der polnischen und russischen, insbesondere aber der jüdischen Bevölkerung sollten dort deutsche Wehrbauern angesiedelt werden, um einen Damm gegen die „slawische Flut" zu bilden. Ein breiter „polnischer Grenzstreifen" sollte dem Reich direkt angegliedert werden.

Unter dem Euphemismus „Mitteleuropa" verstanden die deutschen Kriegszielplaner eine europäische Wirtschaftsunion unter deutscher Führung, um mit diesem Kräfteaggregat den USA, dem Britischen Empire und Ostasien auf dem Weltmarkt gewachsen zu sein. Last, but not least wurde ein seit den 1880er Jahren ersehntes koloniales Großreich in Mittelafrika, das sich von der Ost- bis zur Westküste erstreckte, anvisiert. In diesen Plänen trat eine beklemmende Mischung von militärischen Ansprüchen, ökonomischen Expansionsgelüsten und innenpolitischen Pazifizierungsabsichten zutage, die sich mit dem antislawischen und antisemitischen Vorhaben einer „ethnischen Flurbereinigung" und „Germanisierung" des Ostens verbanden.

Der Höhepunkt der Kriegszielpolitik wurde allerdings erst mit dem Frieden von Brest-Litwosk im März 1918 erreicht, als die 3. Oberste Heeresleitung (OHL) gegen die Regierung Lenin ihr Maximalprogramm durchsetzen konnte: Die von Rußland abgetrennten Pufferstaaten erstreckten sich jetzt in der Tat von Finnland über die drei baltischen Staaten und eine selbständige Ukraine bis hin nach Georgien. Rußland verlor ein Drittel seiner Bevölkerung, 54 Prozent seiner Industrie, 90 Prozent seiner Kohlelager, ein Drittel seines Eisenbahnnetzes und seines Kulturbodens, seine gesamte Öl- und Baumwollproduktion. In diesem karthagischen Frieden trat die politische Entartung des totalen Krieges unverhüllt zutage.

Gleichzeitig kontrollierte Deutschland weiterhin seine riesige östliche Einflußsphäre, denn deutsche Truppen standen in der Ukraine, auf der Krim, am Kaukasus. Hitlers Fernziel: das deutsche Ostimperium auf den Trümmern der Sowjetunion, knüpfte ganz konkret an die Erfahrungen von 1918 an. Damals war es für seine Generation bereits einmal Wirklichkeit geworden.

Die deutsche Kriegswirtschaft wurde unter dem Diktat der militärischen Erfordernisse aufgebaut. Die Privatwirtschaft versagte im Nu. Deshalb entstanden staatliche oder halbstaatliche Institutionen, die aufs engste mit den Unternehmen und Wirtschaftsverbänden verflochten waren: das Kriegsrohstoffamt etwa im preußischen Kriegsministerium unter der Leitung des AEG-Chefs Walther Rathenau; die rund 20 Kriegsrohstoffgesellschaften als halböffentliche Unternehmen. Ordnungspolitisch bildete sich ein Kriegskorporativismus heraus, in dem staatliche und private Interessen verzahnt waren und die Zusammenarbeit während der Vorkriegszeit noch intensiver fortgesetzt wurde.

Probleme stellten sich der Kriegswirtschaft zuhauf. Sofort herrschte ein empfindlicher Rohstoffmangel. Bisher waren jährlich 700000 Tonnen Chilesalpeter eingeführt worden, die vor allem für die Munitionsherstellung nötig waren. Als der Import wegen der englischen Blockade nicht mehr möglich war, rettete nur Fritz Habers Erfindung der Stickstoffsynthese den Militärapparat vor einer technischen Niederlage bereits im November 1914. Von Anfang bis Ende herrschte Arbeitskräftemangel. Endlos rangen die Unternehmen mit der OHL um ihre Facharbeiter. Frauen und Jugendliche mußten einspringen, und Hunderttausende von deportierten ausländischen Arbeitern wurden zur Zwangsarbeit verpflichtet. Die Kriegsgewinne stiegen in astronomische Höhe. Die 16 wichtigsten Stahl- und Montanbetriebe z.B. steigerten ihren Gewinn bis 1917 um 800 Prozent. Dadurch wurden immense soziale Spannungen erzeugt. Bitter kommentierte Rosa Luxemburg: „Die Dividenden steigen, die Proletarier fallen." Auch dieser Konflikt wurde nicht entschärft, da die innenpolitische Machtkonstellation eine effektive Gewinnkontrolle durch den Staat verhinderte, während sie der vermeintlich korrupten Plutokratie in England gelang. Immerhin verhinderte die deutsche Kriegswirtschaft soeben den ökonomischen Zusammenbruch, doch im Herbst 1918 stand er unmittelbar bevor.

Die Kriegskosten stiegen in eine zuvor unvorstellbare Höhe. 1918 betrugen sie allein monatlich vier Milliarden Mark, insgesamt schließlich 162 Milliarden Mark. Um diese Kosten aufzubringen, besaß das Reich nur zwei Optionen: Steuern oder Anleihen. Eine angemessene Steuererhöhung wurde aus Rücksicht auf die innenpolitische Blockade durch die Konservativen abgelehnt, obwohl sie Geld aus dem Verkehr gezogen, den inflationären Preisdruck gemildert und die Kriegsgewinnler gebremst hätte, mit ihrem Profit Anleihen zu zeichnen und erneut ihr Einkommen zu steigern. Für die politische Moral war wichtig, daß der Verzicht auf Steuern eine eklatante Verletzung der Verteilungsgerechtigkeit bedeutete. Im gesamten Krieg wurden nur 21 Milliarden Mark von allen öffentlichen Körperschaften aufgebracht; in England wurden dagegen allein 80 Prozent aller Kriegsgewinne weggesteuert. Als politische Rechtfertigung diente der Reichsleitung die Fata Morgana, alle Kosten durch die künftigen Reparationen der besiegten Alliierten aufbringen zu können. Nach einem „Siegfrieden" werde Berlin, wiederholte Staatssekretär Helfferich vom Reichsschatzamt immer wieder, seine Rechnung dem Gegner präsentieren.

Bis dahin blieb seine Kriegskasse auf Anleihen auf dem deutschen Kapitalmarkt angewiesen, da der ausländische verschlossen war. Neun Kriegsanleihen erbrachten fast 100 Milliarden Mark, die im Grunde nur durch das Wort der Reichsregierung gedeckt waren. Außerdem wurde durch fleißiges Bedienen der Notenpresse der Geldumlauf von zwei auf 18 Milliarden Mark gesteigert, ohne daß der Kauf von Konsumgütern für eine Abschöpfung sorgen konnte. Im Effekt begann daher die große deutsche Inflation im August 1914, obwohl sie erst in der Nachkriegszeit voll durchbrach und 1923 in der Hyperinflation die deutsche Währung endgültig zerstörte – ein Erbe der kaiserdeutschen Kriegspolitik, das jedoch allein der jungen Republik angelastet wurde.

Die deutsche „Klassengesellschaft im Krieg" (J. Kocka) fand sich enormen Spannungen ausgesetzt. Das Sozialprodukt sank während des Krieges auf 60 Prozent des Standes von 1913. Die Realeinkommen gingen durchschnittlich um 40 Prozent zurück. Der Lebensstandard fiel dramatisch ab. Statt 3400 Kalorien pro Kopf gab es 1917 nur mehr 1000, nicht einmal mehr ein Drittel der Normalmenge. Die regulären Lebensmittelrationen deckten allenfalls 45 Prozent des Bedarfs. Erfindungsreich hergestellte Ersatzlebensmittel konnten keinen Ausgleich schaffen. Folglich blühte der Schwarzmarkt, der die Hälfte des Fleisches, der Eier, des Obstes absorbierte, dazu ein Drittel der Butter, der Milch, des Käses. Seine Prohibitivpreise schlossen wegen ihres zu geringen Einkommens drei Viertel der Bevölkerung als Käufer aus. Auch und gerade der Schwarzmarkt enthüllte, täglich provozierend, den „Klassencharakter" der reichsdeutschen Gesellschaft.

Klassenspezifische Ungleichheit kennzeichnete auch die Unterstützungsgelder für die Familien der Soldaten. Eine Arbeiterfrau mit zwei Kindern, deren Vater vor dem Krieg monatlich 130 Mark heimgebracht hatte, erhielt jetzt ganze 24 Mark, obwohl sie ohne Miete und Kleidung mindestens 60 Mark brauchte. Da es in den Unterklassen keine finanziellen Reserven gab, mußte jede Art von Lohnarbeit angenommen werden. Das staute Bitterkeit auf, die durch den Kontrast mit den Kriegsprofiten ständig gesteigert wurde.

Denn das obere Wirtschaftsbürgertum florierte in der Tat, mauerte aber verbissen gegen die Korrekturwünsche der Freien Gewerkschaften und der Sozialdemokratie. Das Bildungsbürgertum dagegen wurde ökonomisch nachhaltig geschwächt: Das Realeinkommen der höheren Beamtenschaft etwa sank im Schnitt um 60 Prozent. Vehement engagierte es sich für die „Ideen von 1914", für die bizarren Kriegsziele, für den autoritären Staat, der diese verstaatlichte Intelligenz trug. Um so härter traf es dann schließlich die Niederlage, die Flucht aller Fürsten, der Übergang zur Republik. Im Kleinbürgertum verlor der „neue Mittelstand" mehr an Kaufkraft als die Arbeiterschaft. Das Einkommen der Angestellten wurde um ein Viertel, nicht selten um die Hälfte gekürzt. Ihre soziale Distanz zum perhorreszierten Proletariat wurde immer geringer. Im „alten Mittelstand" wurde die Hälfte der Handwerker und Kleinhändler eingezogen, ein Drittel ihrer Betriebe geschlossen. Der vertraute Klageruf, zwischen den beiden Mühlsteinen von Großkapital und Gewerkschaft zerrieben zu werden, erscholl immer schriller.

Auf dem Papier stieg dagegen das Einkommen der Arbeiter in der Kriegsindustrie weiter an. Tatsächlich sanken aber die Reallöhne der Männer um durchschnittlich ein Drittel, diejenigen der Frauen um 26 Prozent. Im allgemeinen erlebte das Proletariat einen Verarmungsprozeß, wie es ihn zuletzt in der Zeit der Frühindustrialisierung gegeben hatte. Da die Männer zum Wehrdienst eingezogen wurden, stieg der Anteil der Frauenarbeit auf ein Drittel. Die Schutzbestimmungen für sie wurden sofort aufgehoben, die täglichen Arbeitszeiten auf 14 bis 17 Stunden ausgedehnt. Der Barlohn jedoch lag im Schnitt bei nur 40 Prozent des Männerlohns. In den Betrieben tauchten erbitterte Parolen auf: „Gleicher Lohn und gleiches Fressen, dann wär der Krieg schon längst vergessen." Währenddessen grassierten Mangelkrankheiten, die Lebensmittelversorgung, ohnehin miserabel genug, brach nach dem „Rübenwinter" 1916/17 fast zusammen.

So sehr der Krieg die Bäuerinnen, Beamten- und Kaufmannsfrauen auch niederdrückte, die Arbeiterfrauen wurden noch extremer belastet. Entgegen der zählebigen Legende hat es keine sprunghafte Zunahme von Industriearbeiterinnen gegeben: Im

Krieg vermehrte sich ihre Zahl um 17 Prozent. Das war erheblich weniger als der Zuwachs in den beiden Vierjahreseinheiten vor 1913 (22 und 22%). In bestimmten Kriegsbetrieben schwoll der Zustrom aber in der Tat an. Im Berliner Maschinenbau z.B. stellten Frauen schließlich mehr als die Hälfte der Beschäftigten, auf ein Drittel kamen sie in der Großchemie, in den Elektrotechnischen Unternehmen und in Rüstungsbetrieben. Dennoch: Warum wurde im Zeichen des totalen Kriegs und des permanenten Arbeitskräftemangels nicht mehr Frauenarbeit erzwungen? England ging da viel rigoroser vor, auch noch einmal im Zweiten Weltkrieg. Viele Frauen fühlten sich durch ihre Kinder gebunden und zogen Heimarbeit vor. Die Entlohnung blieb unattraktiv. Die endlose Arbeitszeit, dazu regelmäßige Nacht- und Sonntagsschichten schreckten ab.

Das taten auch die oft katastrophalen Arbeitsbedingungen: In einer großen Granatenfabrik mußten Frauen die 37 kg schweren Schrapnells zu den Arbeitsmaschinen tragen, acht bis zehn Stunden lang, für drei Mark am Tag; in einer Gießerei mußten sie dieselbe Arbeit mit 80 kg schweren Minen verrichten, ein Drittel war wegen Unterleibsproblemen stets krank geschrieben. Die Ausbildung zur Facharbeiterin wurde durchweg verweigert. Nicht selten wurden die Frauen als Lohndrücker von den Männern im Betrieb mißachtet. Vor allem aber: Zwangsmaßnahmen wurden nie ernsthaft in Betracht gezogen, um die Stimmung an der „Heimatfront" nicht zu gefährden und die Empörung der Frontsoldaten zu vermeiden; an diesen Imperativ hat sich sogar noch die NS-Diktatur im Zweiten Weltkrieg gehalten. Als die 3. OHL forderte, im „Hilfsdienstgesetz" von 1916 alle arbeitsfähigen Frauen in die Rüstungsindustrie zu verpflichten, scheiterte das Ansinnen nicht nur am unnachgiebigen Protest des Reichstags, sondern auch an der Einsicht der Reichsbehörden, denen die Mißstimmung nur zu vertraut war.

Denn die Lage der Frauen an der „Heimatfront" war ohnehin düster. Unterernährung und stundenlanges „Schlangestehen", um rationierte Lebensmittel zu kaufen, hatten sie geschwächt. Anämie und selbst Amenorrhöe griffen um sich. Die Anzahl der Abtreibungen stieg rapide an. Die Kindersterblichkeit nahm um 30 Prozent zu; die überlebenden Kinder blieben einige Zentimeter kleiner und wogen erheblich weniger, als das ihrem Alter entsprochen hätte. Die Heiratsquote ging um 80 Prozent zurück, die Fertilität sank um 85 Prozent. Kein Wunder, daß die Generalkommandos, die Herrscher in den rd. 24 Militärbezirken des Reiches, seit dem Winter 1916/17 eine zunehmende Verbitterung gerade auch der Frauen in ihren Stimmungsberichten festhielten.

Auf Abermillionen Frauen lastete währenddessen die Sorge um das Schicksal ihrer Männer und Geliebten, ihrer Väter und Brüder an der Front. Für die zwei Millionen Witwen war das bitterste Kriegsergebnis unwiderruflich eingetreten. Für viele Vertraute der 27 Millionen Verwundeten – jährlich wurden sechs bis sieben Millionen durch die Lazarette geschleust – blieb auch ein Schock zurück, denn zehn Prozent wurden nicht mehr „kriegsverwendungsfähig" geschrieben. Der Dank des Vaterlandes, hieß die Propagandaformel, sei den Kriegern gewiß. Doch erreicht hat er sie nie. Die Amtskirchen versuchten, den Trauernden Halt zu geben. Gleichzeitig aber verherrlichten sie den „Opfertod fürs Vaterland". Karl Barth, schon damals ein bekannter protestantischer Theologe, prangerte als einer von wenigen die Mischung von „Vaterlandsliebe, Kriegslust und christlichem Glauben" an, denn daraus sei eine „germanische Kampftheologie" hervorgegangen, welche die christliche Liebesbotschaft verdrängt habe.

Unter der drückenden Last dieser Notlage wuchs an der „Heimatfront", insbesondere in den größeren Städten, die Protestbereitschaft. Die Hemmschwelle vor dem Übergang zur öffentlichen Kritik sank. Seit 1916/17 gab es erste Demonstrationen und Proteststreiks, Lebensmittelkrawalle und Plünderungen, noch ehe die Phase der Massenstreiks im April 1917 begann. Ohne die Unterstützung und Mitwirkung von Hunderttausenden zutiefst verletzter und empörter Frauen sind sie kaum vorstellbar.

Die Fronterfahrung sah anders aus. Von den 15,6 Millionen einberufungsfähigen Männern wurden gut 13 Millionen eingezogen. Durchweg standen fünf Millionen im Feldheer, zwei Millionen in der Etappe. Monatlich verloren die Einheiten drei Prozent ihres Bestandes durch Tod und Verwundung. Jährlich wurden 466000 Getötete registriert. Millionen erlebten den Stellungskrieg: Trommelkrieg und Feuerwalze, Eroberung und Verlust winziger Geländestreifen, Verstümmelung und Gasangriff, Schlamm und Ratten im Grabensystem, Hunger und Kälte – „sie leben wie die Maulwürfe", stöhnte Falkenhayn.

Die Klassenlinien zogen sich auch durch die Schützengräben hindurch und dementierten den Euphemismus von der „Schützengrabengemeinschaft". Offiziere besaßen die festeren, größeren, bequemeren Bunker, sie behielten ihre „Burschen" und wurden mit warmem Essen und Alkoholika versorgt. Ein Leutnant erhielt 340, ein „gemeiner Muschkote" dagegen ganze 15 Mark Sold. In der Etappe gab es das Bordell für die Mannschaften und getrennt davon, wie es die feine Etikette verlangte, den „Offizierspuff" für die Vorgesetzten. Dinosaurierartige Massenheere, Klassenunterschiede und staatlich legitimierte Massenabschlachtung – das war das Gesicht des totalen Krieges an der Front.

Auf der See wurde er durch den U-Boot-Krieg eröffnet. Wegen der Stagnation des Stellungskriegs und des Scheiterns vor Verdun wurde im Frühjahr 1916 der deutsche U-Boot-Krieg verschärft, erst recht nach dem Verlust der Skagerrak-Schlacht zwischen der deutschen und englischen Schlachtflotte. Das Ziel der 3. OHL und der Seekriegsleitung war der „uneingeschränkte" U-Boot-Krieg gegen alle alliierten Lieferschiffe, auch wenn Neutrale die Konterbande nach Europa schafften. England sollte derart zur Kapitulation gezwungen werden, dann, hieß es siegesgewiß, falle auch Frankreich. Diese Radikalisierung des Seekriegs implizierte den zweiten großen Fehler nach dem Schlieffen-Plan. Wegen eines ungewissen Gewinns sollten erdrückende Nachteile in Kauf genommen werden, deren größter die drohende amerikanische Kriegserklärung war. Am 9. Januar 1917 wurde der uneingeschränkte U-Boot-Krieg freigegeben. HAPAG-Chef Albert Ballin sprach von einem „Sprung ins Dunkle", und Staatssekretär Wilhelm Solf kommentierte bitter: „Der Verstand hat vor der Macht seine Fahne heruntergeholt."

Alsbald brachen die USA ihre diplomatischen Beziehungen zum Kaiserreich ab, am 6. April erklärten sie den Krieg, nachdem Hunderte von amerikanischen Staatsbürgern von torpedierten Schiffen in die Tiefe gerissen worden waren. 40 einsatzfähige U-Boote (von insgesamt 105 Tauchbooten) trieben zunächst die Versenkungsquote auf 800000 Bruttoregistertonnen hoch. Für England entstand die einzige ernsthafte Krisenlage des Krieges. Admiral Jellicoe urteilte später, daß die Kriegsentscheidung wochenlang „auf des Messers Schneide" gestanden habe. Bis zum Sommer fielen die Erfolgsmeldungen jedoch immer spärlicher aus. Schwerbewaffnete Geleitzüge, U-Boot-Jäger und Wasserbomben zerstörten 76 U-Boote. Der in Berlin herrschende Aberglaube, Englands Dampfertonnage von 20 Millionen BRT relativ zügig vernichten zu können, hatte ignoriert, daß London faktisch die Welttonnage von 40 Millionen BRT zur Verfügung stand; überdies übertraf der Neubau im Nu die Verlustquote.

Fatal aber war die Entscheidung für den bedingungslosen U-Boot-Krieg vor allem deshalb, weil Amerika, die aufsteigende Weltmacht des 20. Jahrhunderts, auf die Seite der Entente trat. Seine riesige Handelsflotte, seine Schlachtflotte (immerhin schon die zweitgrößte der Welt), sein Expeditionskorps und seine schier unendlichen Ressourcen kamen seither den Alliierten zugute. Die Entscheidung für den U-Boot-Krieg war um so törichter, als seit dem Februar 1917 klar war, daß Rußland wegen seiner Revolution in absehbarer Zeit aus dem Krieg ausscheren mußte. Das aber bedeutete das Ende des Zweifrontenkriegs und verbesserte die Erfolgschancen an der Westfront. Hatte Winston Churchill nicht recht, als er in seiner berühmten Geschichte des Weltkriegs urteilte, daß sich einige Tage Geduld für die Reichsleitung enorm gelohnt hätten? So aber wurde mit der amerikanischen Intervention die Niederlage im totalen Krieg besiegelt.

Nachdem die junge Sowjetunion aus der Allianz mit den Westmächten ausgeschieden war, drang in Berlin noch einmal der Glaube an den „Siegfrieden" vor. Rußland war im Diktatfrieden von Brest-Litowsk zertrümmert, als potentieller Gegner ausgeschaltet worden. Der Triumph des deutschen Ostimperialismus band jedoch 50 Felddivisionen mit 1,5 Millionen Soldaten weiterhin an den Osten, obwohl Ende März 1918 die letzte deutsche Offensive im Westen begann. Dort standen 192 deutsche Divisionen 189 alliierten gegenüber. Zu einer numerischen Überlegenheit reichte das noch nicht aus. Der englische Feldmarschall Haig blieb der Überzeugung, daß schon weitere sechs deutsche Divisionen Ende März/Anfang April den Ausschlag gegeben hätten. 30 bis 40 Divisionen wären aber dank des vorzüglichen Eisenbahnnetzes mühelos aus dem Osten in den Westen transportierbar gewesen (sie hätten auch die aberwitzigen deutschen Verluste: 300000 Mann in den ersten zwei Wochen, eine halbe Million am Ende der Frühjahrsoffensive) etwas ausgleichen können.

Aber nein: Das Kontinentalimperium im Osten behielt den Vorrang, Krim und Rostow wurden erobert, Transkaukasien wurde erreicht, doch ein denkbarer Sieg im Westen, unmittelbar vor dem Einsatz der großen amerikanischen Verbände, wurde endgültig verspielt. Offenbar regierte in der OHL und der Reichsleitung die Verblendung, das Ostimperium und den Sieg im Westen, damit den totalen Krieg überhaupt, gewinnen zu können. Unstreitig war jedoch die Überlegenheit im Westen das militärische Gebot der Stunde. Als der Traum vom Ostreich anderthalb Millionen Soldaten band, ging beides verloren.

Außer den Millionen von Toten und Invaliden, außer dem Leid und der Trauer von Millionen von Frauen und Kindern forderte der totale Krieg einen vielfältigen Preis.

Die Front erodierte nach vierjährigem Kampf. An der Westfront dehnte sich 1918 ein latenter Soldatenstreik aus. Eine Million Soldaten marschierte unter irgendeinem Vorwand zurück in die Etappe, möglichst bis in die Heimat. Zehn Prozent des Ostheeres verschwanden, als Einheiten allmählich nach Westen verlegt wurden. Befehlsverweigerung, Verfall der Kampfmoral, totale Erschöpfung regierten seit dem Frühsommer 1918. Die „Truppe ist am Ende", konstatierte eine Geheimkonferenz der OHL.

Aus der SPD, bis dahin der größten sozialistischen Partei der Welt, scherte 1917 die „Unabhängige Sozialdemokratische Partei" wegen ihres Protests gegen den Krieg aus. Auf ihrem linken Flügel bildete sich mit der Spartakusgruppe die Keimzelle der kommunistischen Sekte, die seit 1930 zur Massenpartei werden sollte. In der „Deutschen Vaterlandspartei" meldete im selben Jahr der neue Rechtsradikalismus seine extremen Kriegsziele an und fand dafür mehr Anhänger, als die Vorkriegs-SPD Mitglieder besessen hatte (1,2 Mill.). Eine beachtliche Anzahl früher NS-Größen, darunter der Gründer der NSDAP, fand sich dort erstmals zusammen. Demonstrationen, Hungerkrawalle und Massenstreiks verrieten, daß in den letzten anderthalb Jahren die Sehnen und Gelenke der reichsdeutschen Gesellschaft zu zerreißen drohten.

Die Revolution war nicht nur der Preis für die militärische Niederlage; sie verkörperte auch nicht nur das Aufbegehren gegen das Vorhaben, trotz der Niederlage im Westen weiterzukämpfen und die Schlachtflotte auf eine Todesfahrt gegen den weit überlegenen englischen Gegner zu schicken. Vielmehr entsprang sie auch einem Problemstau, der sich seit vielen Jahren im Kaiserreich gebildet hatte und im November 1918 sein Ventil suchte. Nicht zuletzt wollte die Revolution das neue parlamentarische Regime gegen die erkennbare Gegenrevolution der alten Gewalten verteidigen.

Als folgenreichstes Problem erwies sich, wie die Deutschen mit ihren Verlusten und ihrer Erinnerung an den Krieg umgingen. Trotz des unleugbaren Debakels verweigerte die Mehrheit die Anerkennung der Realität. Statt dessen gab sie sich einem leidenschaftlichen Protest gegen die Niederlage, gegen das „Versailler System“, gegen die „Versklavung“ durch die Reparationsauflagen hin. Daß die ungeliebte Republik eine antirepublikanische Wählermehrheit besaß, enthüllte bereits 1925 die Wahl Hindenburgs, jener gescheiterten Symbolfigur, zum Reichspräsidenten. Auf dem Boden dieses radikalen Revisionismus fand sich eine Neue Rechte zusammen, die der besiegten und zutiefst verletzten Nation im Zeichen des Radikalnationalismus neue Stärke und einen neuen, erfolgreicheren Kampf um Hegemonie versprach. Sechs Jahre nach der Machtübergabe an die Hitler-Bewegung begann in einem neuen Weltkrieg der zweite Anlauf, der auch die Ergebnisse des Ersten Weltkriegs endgültig korrigieren sollte: durch ein „rassereines“ germanisches Kontinentalreich vom Atlantik bis zum Ural.

So gesehen ist die schrecklichste Folge des von der Berliner Politik ausgelösten Ersten Weltkriegs, der zum totalen Krieg entartete, die noch einmal gesteigerte Wiederholungsaktion 20 Jahre später. Erst 1945 ist der deutsche Vulkan in Mitteleuropa erstickt worden – doch um welch einen aberwitzigen Preis in zwei totalen Kriegen, deren zweiter den bitteren Ausgang des ersten mit unvorstellbarer Gewalttätigkeit in einen endgültigen Triumph verwandeln wollte.

10. Die europäischen Revolutionen von 1848/49

Die beiden ersten Jubiläumsjahre, in denen die deutschen Historiker auf die Revolution von 1848/49 zurückblicken konnten, standen unter keinem guten Stern. Ein halbes Jahrhundert danach, 1898, blieb die Revolution fast unbeachtet; jedenfalls ist damals kein Buch, das heute noch nennenswert wäre, erschienen. Der Konsens, daß die Bismarcksche Reichsgründung auf gloriose Weise die Anstrengungen der „Achtundvierziger" obsolet gemacht habe, erstickte jede wissenschaftliche Neugier. Und von den wenigen Veröffentlichungen, die 100 Jahre später, 1948, unter den denkbar ungünstigsten Umständen der unmittelbaren Nachkriegszeit erschienen, bleibt offenbar nur Rudolf Stadelmanns „Soziale und politische Geschichte der Revolution" als eine frische und gerechtere Deutung bestehen.

Jetzt aber, 150 Jahre nach der Revolution, ist die Lage offenbar von Grund auf verändert. Von der sprichwörtlichen Bücherflut kann zwar noch keine Rede sein, doch eine Vielzahl von instruktiven Darstellungen und aufschlußreichen Sammelbänden wirft von allen Seiten neues Licht auf das Revolutionsjahr. Nach den in den 1970er und 80er Jahren erschienenen Pionierstudien von Dieter Langewiesche und Wolfram Siemann, von Heinrich Best, Jonathan Sperber, Wolfgang Schwentker, Joachim Paschen, Jörg Brederlow, Friedrich Wilhelm Graf, Sylvia Paletschek, Lothar Dittmer und Jürgen Bergmann wird zwar die Serie der empirischen Monographien weiter fortgesetzt, etwa mit Rüdiger Hachtmanns Berlin-Buch oder Manfred Gailus' „Straßenpolitik". Offenbar ist aber, nicht nur wegen des Gedenkjahres oder auf Drängen der Verleger, vor allem die Zeit der Synthese und des Perspektivenwechsels gekommen.

Als herausragendes Beispiel für diesen Anlauf zu einer bilanzierenden Neuinterpretation kann der voluminöse (immerhin 1300 Seiten umfassende) Band „Europa 1848" gelten, der von Dieter Dowe, Heinz-Gerhard Haupt und Dieter Langewiesche so umsichtig vorbereitet und herausgegeben worden ist, daß er alle Aussicht hat, in den kommenden Jahren als „Handbuch" der Revolutionsforschung zu fungieren. Wie das die Anthologie von Dieter Langewiesche „Demokratiebewegung und Revolution 1847–1849" gleichfalls tut, stellt es die europäische Revolutionsgeschichte in den Mittelpunkt.[1]

Was ist das Neue, das Weiterführende an dieser Zwischenbilanz heute? Einen entscheidenden Schritt nach vorn bedeutet die Überwindung des deutschen, wenn man so will: des germanozentrischen Provinzialismus durch die folgerichtige Öffnung hin zu einer vergleichenden europäischen Geschichte. Das ist zum einen ein Reflex der politischen Innovation, daß Europa seit 40 Jahren zusammenwächst. Die bei den beiden Projekten kooperierenden 50 Historiker und Historikerinnen werden diesen veränderten Kontext vermutlich bereitwillig bejahen, denn sage und schreibe 49 sind Kinder dieser „goldenen Jahre" Westeuropas, ein einziger stammt aus Prag. Selbstverständlich argumentieren diese Autoren im lebensgeschichtlichen Kontext der politischen Renaissance Europas. Doch nur ein enges wissenssoziologisches Urteil würde sich schon damit zufriedengeben, diese geradezu banale Standortabhängigkeit der Geschichtswissenschaft im Zeitalter der Europäischen Union zu konstatieren.

Darüber hinaus gibt es zum anderen auch längst eine Fülle von wissenschaftsimmanenten Impulsen, die darauf hindrängen, die nationalgeschichtliche Enge zu überwinden und einen weiteren Erkenntnishorizont für den Vergleich historischer Phänomene zu gewinnen, damit endlich die Unterschiede, Ähnlichkeiten und Gemeinsamkeiten präziser bestimmt werden können.

Daher ist es der große Gewinn der beiden Sammelbände, daß sie sich dem grenzübergreifenden Phänomen der ersten europäischen Revolution öffnen. Konsequent wird etwa in den fünf Hauptabteilungen des „Handbuchs" (1. Ursachen, Zentren und Verlauf; 2. Stadt und Land; 3. Revolutionäre Politik und Politik in der Revolution; 4. Gesellschaft im Umbau; 5. Folgen) der europäische Schauplatz Schritt für Schritt ausgemessen. Auf diese Weise kommen die Entstehungs- und die Verlaufsgeschichte, die Schwerpunktbildung und die Reaktionsmuster, die übergreifenden Gemeinsamkeiten und Unterschiede in den rund anderthalb Dutzend von der Revolution erschütterten Staaten mit eindrucksvoller Tiefenschärfe zur Geltung. Und auf diese Weise auch wandert der Blick nicht nur nach Preußen oder Baden, sondern von Italien, Frankreich, Belgien, Holland, den drei skandinavischen Ländern über die deutschen Staaten, Österreich und Ungarn bis in die Walachei. Zugleich wird erklärt, warum die Schweiz nach dem Sonderbundskrieg von 1847 und England nach dem pragmatisch klugen Entschärfen der chartistischen Verfassungsbewegung 1848 nicht noch einmal in die rote Gefahrenzone gerieten.

Der zweite Vorzug dieser Synthese besteht darin, daß der Pluralismus der Revolutionen klarer als zuvor hervortritt: in den einzelnen Ländern und auf der europäischen Bühne. Es geht nicht nur um die alte Einbahnstraße von den „März-Unruhen“ zur Frankfurter Nationalversammlung und ihrem Scheitern. Vielmehr tritt eine Vielzahl von Bürgerkriegs- und Protestphänomenen hervor: in den Haupt- und Kleinstädten, auf dem flachen Land, in explosiven Regionen neben „Zonen der Stille“, auf der Straße, im Rathaus, im Parlament, beim Barrikadenkampf, auf Volksversammlungen und Vereinstagungen. Oft rückt die Erfahrungs- und Perzeptionsgeschichte dieses komplexen Protestverhaltens in den Mittelpunkt.[2] Der plakative Begriff „der“ Revolution wird endlich einer realitätsnäheren Differenzierung unterworfen.

Überhaupt wird Gerechtigkeit großgeschrieben. Wie das der neueren Forschung entspricht, gewinnt die „Agrarrevolution“, wie der konservative Publizist Hermann Wagener das Aufbegehren auf dem Lande damals treffend nannte, einen hohen Stellenwert. Sie erschütterte nicht nur die politischen und gesellschaftlichen Systeme, in denen noch immer rund 75 Prozent der Bevölkerung auf dem Lande lebten, sondern sie besaß darüber hinaus auch eine geradezu strategische Bedeutung für den Revolutionsverlauf, denn in allen klassischen Revolutionen der politischen Neuzeit – von der Englischen und Amerikanischen über die Französische bis zur Russischen und Chinesischen Revolution – hing der Erfolg entscheidend von der Revolutionierung der ländlichen Gesellschaft ab. Als die deutsche Agrarrevolution bis zum Sommer 1848 von den liberalen März-Regierungen und lernfähigen Konservativen abgefangen wurde, indem sie die wesentlichen Reformforderungen erfüllten, fehlte der informellen Allianz der Revolutionskräfte ein unverzichtbarer Tragpfeiler für die Brücke zum Erfolg.

Aufgewertet wird auch die Rolle des Militärs. Wie sich erneut zeigt, lohnt es sich, die Schwächen der Revolutionsbewegung von der Stärke der Gegenrevolution analytisch zu trennen. Dann wird erst recht klar, das zeigt Langewiesche erneut, wie wichtig während der Belastungsprobe des Bürgerkriegs die Loyalität und Einsatzfähigkeit der Streitkräfte bei der Niederwerfung der Revolution waren – zuerst in Paris, dann in Prag, Wien, Berlin, Baden, Oberitalien, Ungarn …

Nachdrücklich angeregt wird auch der innerdeutsche Vergleich, der sein eigenes Recht neben dem europäischen Vergleich besitzt. Endlich wird die Privilegierung Preußens und Südwestdeutschlands überwunden, indem die Revolution in Sachsen, Hessen, Schleswig, in kleinräumigen Regionen und im überschaubaren lokalen Kontext, kurzum: auf ganz unterschiedlichen Ebenen in dem polyzentrischen System des Deutschen Bundes anerkannt wird.

In anderen Bereichen hält das „Handbuch“ den Ertrag der jüngeren Forschung fest: die immense Mobilisierungskraft des politisierten Vereinswesens (der „Centralmärzverein“ als Unterstützungsorganisation der Revolution zählte im Herbst 1848 fast eine Million Mitglieder!), die frühe Parteienbildung, die Proliferation der politischen Presse, den Bodengewinn für die Frauenemanzipation, die „erste Internationale“ der gegenrevolutionären Monarchen usw. All diese Resultate kann man dort in kompetenter Komprimierung gewissermaßen abrufen.

Zur Debatte gestellt wird auch die komparative Überprüfung eines Erklärungsmodells, das die gemeineuropäischen Ursachen des fast synchronen Revolutionsausbruchs genauer erfassen will. Die beiden Wirtschaftshistoriker Helge Berger und Mark Spoerer haben (in Langewiesches Sammelband) die Auswirkungen der außerordentlich schmerzhaften europäischen Agrar- und Gewerbekrisen zwischen 1845 und 1847/48 untersucht, ihren Befund statistisch abgesichert und zu einer These zugespitzt: In all den Ländern, die von dieser letzten großen „Krise alten Typs“ (von den Agrarpreisen und noch nicht vom industriellen Konjunkturrhythmus bestimmt) heimgesucht wurden, kam es zur Revolution, zugleich kam es nur in ihnen dazu, denn krisenfreie Länder erlebten den Bürgerkrieg nicht. Damit knüpfen die Autoren zwar an vertraute Deutungen von Karl Marx bis zu dem Göttinger Agrarhistoriker Wilhelm Abel an. Sie unterstreichen aber empirisch glaubwürdiger das Gewicht der ökonomischen Kausalfaktoren. Ihre Bedeutung wird keiner leugnen, aber zwischen Wirtschaftsabschwung und Revolution fehlt bei ihnen das Zwischenglied der politischen Legitimationskrise. Denn daß dem alten Regime nach zwei bitteren Jahren, in denen es auf Hungerkrawalle mit Dragonern reagierte, keine Bewältigung der pressierenden Probleme mehr zugetraut wurde, sein Vertrauenskredit mithin verbraucht war, das gab den Ausschlag dafür, zum aktiven Protest überzugehen. Die auf einer pointierten Gewichtung beruhende These über die gemeineuropäischen Revolutionsursachen verdient jedenfalls eine sorgfältig vergleichende Erörterung.

Und die Folgen? Überall ist die 48er Revolution in Europa gescheitert, sofern man sie an den Maximalzielen der Revolutionsbewegungen mißt. Ein deutscher National- und Verfassungsstaat kam nicht zustande, der Aderlaß der Verfolgung und 48er Auswanderung war schlimm. Aber direkt oder indirekt hat die Revolution doch auch viel erreicht, indem sie in den Herrschaftsallianzen Furcht auslöste oder zur pragmatischen Klugheit von Kompromissen anhielt. Man denke nur an den Fundus der Reichsverfassung, die Gesellschafts- und Agrarreformen, die Strafrechtsnovellen, die Aufhebung der Patrimonialgerichtsbarkeit, den Schub sozialpolitischer Gesetze, die wirtschaftspolitischen Konzessionen. Diese positiven Ergebnisse im Gedächtnis zu halten und die Revolution nicht als rundum gescheitert zu stigmatisieren – auch an dieser Traditionskritik und Revision des historischen Urteils wirkt das „Handbuch“ überzeugend mit.

III.

11. Deutschlands Wirtschaft und Gesellschaft im 20. Jahrhundert

Das „kurze 20. Jahrhundert" – davon sprechen neuerdings viele Historiker und Journalisten. Sie verstehen darunter, da die Einteilung der Geschichte nach exakten Kalenderjahren wenig taugt, die Epoche zwischen dem Ausbruch des Ersten Weltkriegs, in dem das alte Europa unterging, und dem Zerfall des sowjetischen Imperiums im Jahre 1991, weil dadurch eine von Grund auf veränderte weltpolitische Konstellation geschaffen wurde. Die Weichen für die Entwicklung der deutschen Wirtschaft und Gesellschaft in diesem „kurzen 20. Jahrhundert" waren freilich zum großen Teil vorher gestellt worden.

Unstreitig den tiefsten Einschnitt markiert der Durchbruch der Industriellen Revolution in den entwicklungsfähigen deutschen Staaten während der drei Jahrzehnte vom Beginn der 1840er bis zum Anfang der 1870er Jahre. Damals wurde jener gewaltige Transformationsprozeß unwiderruflich eingeleitet, der in einer verblüffend kurzen Zeitspanne aus einer traditionalen Agrargesellschaft – in der rund drei Viertel der Menschen noch auf dem „platten Land" und von der Landwirtschaft lebten, während die Städte mit ihrer Gewerbewirtschaft kleine Inseln bildeten – eine moderne Industriegesellschaft unter der Dominanz des Produktionskapitalismus machte und im Verlauf des Urbanisierungsprozesses immer mehr Menschen in gewerblich hochentwickelten Städten zusammenführte. In einer anderen Begriffssprache gesagt: Der jahrtausendealte Primat des primären Sektors, der Agrarwirtschaft, wich innerhalb von nur vier Jahrzehnten dem Primat der Industriewirtschaft, des sekundären Sektors, in dessen Schlepptau zugleich der tertiäre Sektor der Dienstleistungen vordrang.

Während in England, dem klassischen Pionierland der Industriellen Revolution, die vehemente Expansion der Textilindustrie, mithin einer Konsumgüterproduktion, den ausschlaggebenden Impuls für das beschleunigte Industrialisierungstempo verkörperte, war es in den deutschen Staaten die „Verkehrsrevolution“ des Eisenbahnbaus, der die ausschlaggebende Initialzündung auslöste. Die Dynamik dieses Führungssektors zog durch Rückkopplungseffekte die Eisen- und Stahlproduktion, den Steinkohlenbergbau und den Maschinenbau mit sich nach vorn. Von diesem Verbundsystem neuer Leitsektoren ging jene Motorik aus, welche die neuartige industrielle Wachstumsmaschine anwarf und mit zusehends beschleunigtem Tempo einige Jahrzehnte lang in Gang hielt.

Mit der Expansion dieser Produktionsgüterindustrien war folgerichtig eine immense Kapitalinvestition verbunden, die sich besonders dramatisch an den jährlich Hunderten von Millionen Talern ablesen läßt, die seit den frühen 1840er Jahren vom Eisenbahnbau angezogen wurden. Dieses Kapital wurde überwiegend von Aktiengesellschaften, die wie große Saugpumpen arbeiteten, mit Hilfe von kleinen, gestückelten Aktien und auf dem Umschlagplatz der Börse aus den wohlhabenden Gesellschaftsklassen im Deutschen Bund herausgelockt, da offenbar bisher nur attraktive Anlagechancen gefehlt hatten. Nichts ist mehr geeignet, die zählebige Legende von der deutschen Kapitalarmut schlagend zu dementieren.

Stellt man diesen neuartigen Wachstumsprozeß in einer Grafik dar, ergibt sich nach dem eher gemächlichen Anstieg des Wachstumstrends seit etwa 1842 der steile Knick nach oben, der bis zum Einbruch der Weltwirtschaftskrise von 1873 anhielt. Bis zu diesem Zeitpunkt hatte sich bereits eine breit gefächerte industrielle Infrastruktur herausgebildet. Das Eisenbahnnetz hatte seinen Endausbau erreicht (erst hundert Jahre später begann mit der Verlegung der IC-Trassen eine neue Bauphase). Der entscheidende Energieträger, die Kohle, wurde in den großen Bergbaurevieren an der Ruhr, im Saargebiet und in Oberschlesien in hinreichender Menge gewonnen.

Für die Kapitalversorgung hatte sich das System der großen deutschen Universalbanken, welche die Aufgaben der Industrieinvestition mit denjenigen der Depositenkasse verbanden, herausgebildet. Die großen „D-Banken“ (die Deutsche, die Dresdner, die Disconto und die Darmstädter Bank) beherrschten bereits den Kapitalmarkt: Sie garantierten mit ihren mobilen Finanzmitteln, daß dem Industriemotor der Treibstoff nicht ausging.

Auf die Depression seit 1873 – nach einer Phase der hektischen Gründung zahlloser Unternehmen umgangssprachlich die „Gründerkrise" genannt – folgten zwar zwei Jahrzehnte heftiger Wachstumsstörungen einschließlich dreier gravierender Depressionen (1873–1879, 1882–1886, 1890–1895), so daß sich aus der Perspektive der betroffenen Zeitgenossen der Eindruck einer langlebigen „Großen Depression" aufdrängte. Tatsächlich aber handelte es sich, ohne daß die schmerzhafte Zäsur der Depressionen bestritten werden kann, unter dem Druck eines systemgerechten – da aus dem Konkurrenzkampf verbilligt produzierender Unternehmen resultierenden – Preisfalls um eine „Große Deflation" mit konsumentenfreundlichen Ergebnissen, insbesondere dem säkularen Vorgang ansteigender Reallöhne der Arbeiterschaft seit den späten 1880er Jahren. Und, wichtiger noch, es stellte sich heraus: Das Industriesystem war inzwischen trotz der akuten Erschütterungen so tief verankert, daß es auch durch 20 Jahre verlangsamten und gestörten Wachstums nicht mehr grundsätzlich in Frage gestellt werden konnte. Insofern handelte es sich bei der „Großen Deflation" von 1873 bis 1895 um eine Bewährungsprobe, die es eindrucksvoll bestanden hat.

Die Schwierigkeiten jener Jahre hingen auch damit zusammen, daß die klassischen Führungssektoren der deutschen Industriellen Revolution in ihrer Dynamik etwas erlahmten. In einer strukturellen Umbauphase mußten sich erst neue Leitsektoren herausbilden, die als Antriebskräfte für eine neue Konjunkturbewegung fungieren konnten. Als neue Lokomotiven des Wachstums erwiesen sich bis in die Mitte der 1890er Jahre klar erkennbar die Großchemie, die Elektrotechnik, der Motorenbau und überhaupt ein verfeinerter Maschinenbau. Sie haben seither die Wachstumsdynamik bis weit hinein in die Bundesrepublik maßgeblich in Gang gehalten. Jedenfalls beruhte die wirtschaftliche Erfolgsgeschichte des wilhelminischen Kaiserreichs, das in den beiden Vorkriegsjahrzehnten auf der Weltrangliste der Industrienationen bis auf den zweiten Platz vorstieß, auf den Wachstumskräften seiner Leitsektoren. Mit seiner chemischen und elektrotechnischen Industrie gewann es sogar die Vorherrschaft auf dem Weltmarkt, im Maschinenexport lag es an zweiter Stelle.

Der glänzende Aufstieg der Industrie wurde auch dadurch nachhaltig unterstrichen, daß sie seit den späten 1880er Jahren im

Hinblick auf Wertschöpfung, Kapitalbildung, Anteil am Sozialprodukt, Beschäftigtenzahl und Exportleistung irreversibel den Vorrang vor der Landwirtschaft errang. Überdies geriet die deutsche Agrarwirtschaft seit den späten 1870er Jahren unter den Druck einer Weltagrarkrise, in der sich der Vorstoß der Massenproduktion aus überlegenen Neulandgebieten auf den Weltagrarmarkt widerspiegelte. Seither schützte das Deutsche Reich seine Landwirtschaft gegen die weit überlegene Konkurrenz durch immer tiefer einschneidende protektionistische Maßnahmen, namentlich in Gestalt von konsumentenfeindlichen Schutzzöllen, ohne doch die strukturelle Ursache der Krise, die Leistungsfähigkeit überlegener Rivalen, beseitigen zu können. Im Prinzip hält diese Konstellation einer permanenten strukturellen Agrarkrise bis in unsere unmittelbare Gegenwart an und verlangt inzwischen den horrenden Preis eines grotesk übersteigerten Subventionssystems zugunsten des winzigen, wachstumsunfähigen primären Sektors.

Mit dem fundamentalen Umbau der Wirtschaftsstruktur hing auch aufs engste ein Umbau der Sozialstruktur zusammen. Der Markt wurde mit dem Aufstieg der modernen Marktwirtschaft zum zentralen Organisationsprinzip der Gesellschaft überhaupt – nicht nur ihrer wirtschaftlichen Aktivität, sondern auch ihres sozialen Gefüges. Denn neben den klassischen Märkten für Waren, Boden und Kapital bildete sich der komplizierteste aller Märkte: der Arbeitsmarkt, als Verteilungszentrale heraus. Auf ihm bieten Menschen ihre Leistungsqualifikationen an – von der Muskelkraft bis zum hochtrainierten Expertenwissen des promovierten Chemikers –, die dann zu einem marktgängigen Preis abgerufen werden. Mit dem Vordringen der Marktwirtschaft entsteht daher auch die neuzeitliche Marktgesellschaft. Ihre ausschlaggebenden sozialen Formationen hat Max Weber mit dem glücklichen Begriff der „marktbedingten Klassen" charakterisiert. In der Tat verdrängten mit der Ausdehnung der industriellen Marktwirtschaft die neuen Erwerbs-, Besitz- und Berufsklassen die älteren sozialen Großverbände aus der Zeit der ständisch organisierten Gesellschaft.

Auch das moderne System der Sozialen Ungleichheit hatte sich deshalb in der reichsdeutschen Marktgesellschaft bis 1914 mit scharfen Konturen herausgebildet. Den Erwerbsklassen des oberen Wirtschaftsbürgertums, die höchstens sechs Prozent der Reichsbevölkerung umfaßten, standen die mittel- und kleinbürgerlichen Erwerbsklassen im Umfang von etwa zwölf Prozent gegenüber. Die Berufsklassen des Bildungsbürgertums umfaßten nicht einmal ein Prozent der 60 Millionen Reichsdeutschen von 1914, so daß alle bürgerlichen Sozialklassen zusammengenommen allenfalls ein knappes Fünftel aller deutschen Staatsbürger ausmachten. Rund 72 Prozent der Bevölkerung gehörten dagegen den proletarischen Erwerbsklassen an. Auch unter den zehn Prozent der ländlichen Bevölkerung bildeten die Groß- und Mittelbauern seit der Frühen Neuzeit nur eine kleine Minderheit, während die Mehrheit vom Landproletariat – bis 1914 die größte aller Arbeiterklassen im Kaiserreich! – gestellt wurde.

Nach einer 20jährigen Hochkonjunktur, den „goldenen Jahren" der Weltwirtschaft vor 1914, fuhr in diese ökonomisch dynamische Marktgesellschaft, die allmählich auch die Unterklassen am wachsenden Sozialprodukt partizipieren ließ, gleichwohl aber durch schroffe Klassenantagonismen weiter gekennzeichnet blieb, der „große Weltenbrand" des ersten totalen Krieges, von 1914 bis 1918, mit ungeahnter Zerstörungskraft hinein.

Wie reagierten Wirtschaft und Gesellschaft auf den Ersten Weltkrieg? Die Industrie wurde nach Kräften auf die Bedürfnisse der Kriegswirtschaft hin ausgerichtet. Dabei erwiesen sich sofort strukturelle Schwächen der Privatwirtschaft als fatal, so daß sie durch staatliche Planung wettgemacht werden sollten. Auf diese Weise entstand ein Netzwerk von Institutionen, in denen Bürokraten und Interessenrepräsentanten eng zusammenarbeiteten: die Kriegsgesellschaften für die Industrie, die Kriegsrohstoffabteilung im Preußischen Kriegsministerium, das Kriegsernährungsamt usw. In diesem Kriegskorporativismus wurde ein System verfeinert und ausgedehnt, das sich bereits vor 1914 zu hoher Blüte entwickelt hatte. Dieser Umstand spricht dafür, daß es ziemlich realitätsnah operierte, deshalb auch ausbau- und überlebensfähig war. Außerhalb der verfassungsrechtlich abgegrenzten, gewalteteiligen Machtzentren hatte sich das Dreieck eines Kooperationssystems entwickelt, in dem Staatsbeamte, Interessenvertreter und Parteipolitiker im Vorfeld der formalen Entscheidungsprozesse die eigentlichen Weichen stellten oder aber diese blockierten. Den Parlamenten blieb dann meist nur mehr die Aufgabe der

Ratifizierung von Entschlüssen dieser gleichsam privaten, jedenfalls nicht öffentlich-rechtlichen Organe. Dieses Zusammenspiel wichtiger Machtfaktoren hat man als Korporativismus bezeichnet. Alle berechtigte Kritik an den angemaßten Entscheidungskompetenzen, an der fehlenden Verantwortlichkeit, an der Degradierung des Parlaments zur Akklamationsmaschine hat diesen informellen Herrschaftsverbund bis heute nicht auflösen können.

An das enge Zusammenspiel im Korporativismus vor 1914 konnte der Kriegskorporativismus als problemadäquates Organisationsmuster mühelos anknüpfen. In der Tat entwickelte sich eine so enge Verfilzung der Interessen, daß weder die Parlamente noch die Rechnungshöfe und Obersten Gerichte eine Chance zur effektiven Kontrolle besaßen. Vermutlich ist die Effizienzsteigerung aber immerhin so beträchtlich gewesen, daß das im Vergleich mit den Alliierten hinsichtlich aller Ressourcen benachteiligte Reich den Krieg überhaupt bis 1918 durchstehen konnte.

Die deutsche Gesellschaft zerfiel seit dem Sommer im Grunde in zwei extrem scharf getrennte Teile. An der Front außerhalb der Reichsgrenzen standen 13 Millionen Männer als Soldaten, von denen 2,4 Millionen getötet und 6,3 Millionen verwundet wurden. Im Grauen der Materialschlachten, der Giftgasangriffe, des erstarrten Grabenkrieges begegnete diesen Soldaten die Gestalt des modernen totalen Kriegs, die mit den nostalgisch verklärten kurzen Feldzügen zwischen 1864 und 1871 nichts, aber auch gar nichts mehr zu tun hatte. Die Brutalisierung des Krieges, in dem der tägliche Mord mit Orden und Beförderung honoriert wurde, warf das drückende Problem auf, wie sich diese Kriegsgeneration in ein friedliches Leben überhaupt wieder einordnen könne.

Gut vier Jahre nach dem Beginn des Weltkriegs brach die deutsche Westfront, nachdem die Russische Revolution 1917/18 zum Ausscheiden des Zarenreichs aus dem Ring der Alliierten und noch einmal zu utopischen deutschen Siegeshoffnungen geführt hatte, innerhalb weniger Wochen zusammen. Das erzwang das deutsche Ersuchen um den Waffenstillstand, der im Grunde die Kriegsniederlage bereits besiegelte. Nicht nur mit den Erfahrungen eines Totalen Kriegs, sondern auch mit der schweren Bürde, ihn verloren zu haben, kehrte das Millionenheer in die Heimat zurück.

An der sogenannten Heimatfront erlebte die städtische Arbeiterschaft während des Krieges einen Pauperisierungsprozeß, dessen Schrecken an die Zeit der Frühindustrialisierung erinnern. Das Sozialprodukt der reichsdeutschen Gesellschaft sank von 1914 bis 1918 um 60 Prozent. Die Reallöhne wurden durchschnittlich um mehr als ein Drittel gekappt. Die Kalorienversorgung sackte auf ein Drittel der Friedensmenge. Währenddessen blühte der Schwarzmarkt mit einem reichlichen Angebot aller erwünschten Waren, die allerdings zu horrenden Preisen angeboten wurden, so daß er für die große Mehrheit der Städter unzugänglich blieb. Sein plutokratischer Charakter vertiefte die schmerzhaften Trennungslinien im System der Sozialen Ungleichheit, da die außerordentlichen Lebensbedingungen tagtäglich an die Klassenbarrieren erinnerten.

Währenddessen stiegen die Gewinne der Rüstungsunternehmen in bizarre Höhen, oft um 800 Prozent, wurden aber erst spät und auch dann nur minimal besteuert, da die Reichsregierung den „sozialen Frieden", sprich: die Unterstützung des innenpolitischen Machtkartells aus Großindustrie und Großlandwirtschaft, nicht gefährden wollte. Die Rüstungsprofite wurden daher zu einem heiß umstrittenen Anlaß weiterer Polarisierung. Dennoch beharrte die Regierung weiter darauf, den Krieg mit Hilfe von Anleihen zu finanzieren, um nach seinem siegreichen Ausgang die Schuldenlast dem Gegner ganz so aufbürden zu können, wie das 1871 geschehen war. Nach der Niederlage mußte die Republik die schier unvorstellbare Schuldenlast von 160 Milliarden Mark übernehmen. Da man sich zur Kriegsfinanzierung seit dem Sommer 1914 der Notenpresse bedient und so die Inflationsspirale in Gang gesetzt hatte, platzte die Illusion der Schuldenabwälzung erst endgültig in der Hyperinflation von 1923, mit der die Deutschen noch einmal rückwirkend für den von Berlin maßgeblich ausgelösten Krieg bezahlen mußten.

Der Krieg und sein Ausgang haben zu tiefgreifenden Belastungen der deutschen Wirtschaft und Gesellschaft geführt. Die Territorialabtrennungen im Osten und Westen umfaßten 13 Prozent des früheren Reichsgebiets mit zehn Prozent (6,5 Mill.) der Reichsbevölkerung. Dahinter verbargen sich herbe ökonomische Verlustziffern, denn durch den Versailler Friedensvertrag verlor die junge deutsche Republik 80 Prozent ihrer Eisenerz- und 26 Prozent ihrer Steinkohlenlager, 20 Prozent ihrer Eisen- und Stahlproduktion, 40 Prozent ihrer Hochöfen, insgesamt 15 Prozent der industriellen Produktion von 1913. Zugleich schrumpfte die landwirtschaftliche Nutzfläche um 15 Prozent. Das Auslandseigentum und die große Handelsflotte wurden enteignet.

War die reichsdeutsche Gesellschaft vor 1914 mit ihren außerordentlich geburtenstarken Jahrgängen eine junge, optimistische, dynamische Gesellschaft gewesen, führten die einschneidenden Kriegsverluste im Verein mit den Heirats- und Geburteneinschränkungen dazu, daß 1925 anstelle der unter den Bedingungen von 1913 zu erwartenden 74,5 Mill. Einwohner tatsächlich nur 63,2 Mill. gezählt wurden. Dieser Rückgang vertiefte den kriegsbedingten Pessimismus. Er hatte ohnehin zur geläufigen Klage über den bevorstehenden „Volkstod" geführt und bildete die Grundlage für die Eugenik-Bewegung, welche durch bewußte „Menschenzüchtung" und „Ausmerzung" kranken Lebens das biologische Fundament der Republik verbessern wollte.

Trotz der enormen Belastung, die mit der Demobilmachung und dem Übergang zur Friedenswirtschaft verbunden war, gelang es verblüffend schnell, den Wachstumsmotor wieder anzuwerfen. Während die siegreichen westlichen Staaten mit einer schmerzhaften Nachkriegsdepression zu kämpfen hatten, erleichterte die deutsche Inflation sowohl die Aktivierung der Industrie als auch die Anhebung der Reallöhne, um nach der Revolution von 1918 das Unruhepotential in der Arbeiterschaft erfolgreich zu dämpfen. Auf diese Weise überwand die Wirtschaft die Komplikationen der ersten Friedensjahre, doch dann holte sie die Nemesis der ungezügelten Inflation ein, als diese 1923 in die galoppierende Hyperinflation überging, die einen Tageslohn in einen Milliardenbetrag verwandelte.

Zwar gelang es im Grunde relativ schnell, dieses Chaos durch eine neue, die Bürger überzeugende Währung zu bannen, aber die Verlustbilanz nahm sich für manche soziale Klasse verheerend aus. Am wenigsten litt das obere Wirtschaftsbürgertum, das rechtzeitig in Sachwerte investiert hatte. Mancher Angehörige der Großbourgeoisie erwies sich geradezu, wie etwa Hugo Stinnes mit seinen imperialen Konzernbildungen, als überaus erfolgreicher Inflationsgewinnler. Von den Schockmonaten der Hyperinflation abgesehen, als die tägliche Verunsicherung jede Vorausplanung unmöglich machte, schnitt auch das Realeinkommen der Arbeiterschaft ziemlich vorteilhaft ab. Die Bauern behielten nicht nur ihren Grundbesitz, sondern konnten sich jetzt in Windeseile von allen Schulden befreien. Hart wurden dagegen die bürgerlichen Mittelklassen getroffen. Sie hatten einen guten Teil ihres Vermögens und ihrer Ersparnisse in den inzwischen wertlosen Kriegsanleihen (in Höhe von fast hundert Milliarden Mark) angelegt. Und jetzt zerstörte die Hyperinflation ihre letzten Reserven. Nur einem Teil des „alten Mittelstandes" der Handwerker und Kleinhändler blieb der ebenfalls entschuldete Hausbesitz als Polster.

Da jedoch die „Meinungsmacher" der deutschen Öffentlichkeit – Journalisten, Schriftsteller, Historiker – in aller Regel aus dem schwer geschädigten Bürgertum hervorgingen, hat die Inflationserfahrung und Inflationsangst der mittel- und bildungsbürgerlichen Klassen die Erinnerung an den drastischen Währungsverfall bestimmt.

Mit der Stabilisierung der neuen Reichsmark 1924 begann die rund vierjährige Hochkonjunkturphase der „goldenen Jahre" der Weimarer Republik. In dieser kurzlebigen Trendperiode gelang im allgemeinen wieder der Anschluß der industriellen Wachstumsziffern an das Vorkriegsniveau, ja sie übertrafen nicht selten die Ergebnisse jener Friedensjahre. 1928 war die deutsche Industrie auch wieder in eine Spitzenposition auf dem Weltmarkt eingerückt. Zehn Jahre nach dem Kriegsende bedeutete das eine erstaunliche Regenerationsleistung, an die 1918 selbst kühne Optimisten nicht zu denken gewagt hatten.

In diese auch politisch und sozial entlastende Aufwärtsbewegung brach die Weltwirtschaftskrise seit 1929 hinein – der schmerzhafteste Absturz aus der Höhe der Prosperität, den der westliche Kapitalismus bisher erlebt hat. Die deutsche Republik gehörte zu jenen Industriestaaten, die am heftigsten getroffen wurden. Vom „schwarzen Freitag" im Oktober 1929, dem symbolträchtigen Tag des New Yorker Börsenzusammenbruchs, bis Anfang 1933 richtete der Tornado dieser Depression beispiellose Schäden an. Wählt man das Konjunkturjahr 1928/29 als Basis für einen Leistungsindex (= 100), fielen das deutsche Sozialprodukt bis Ende 1932 auf 63 Prozent, die Industrieproduktion auf 58 Prozent (die Investitionsgüterproduktion sogar auf 46%), der Privatkonsum auf 63 Prozent, Löhne und Gehälter auf 62 Prozent, die Aktienkurse sogar um 60 Prozent. Hinter diesen Zahlen verbirgt sich ein dramatischer Einbruch der wirtschaftlichen Aktivität und des Lebensstandards.

Am schlimmsten aber wirkte sich die Arbeitslosigkeit aus. Kombiniert man die offizielle Statistik mit der zuverlässig geschätzten Anzahl der „unsichtbaren", der nicht gemeldeten Arbeitslosen, kommt man für 1932 auf etwas mehr als acht Millionen Arbeitslose. Das waren 37 Prozent aller Erwerbstätigen. Jeder dritte war mithin arbeitslos. Im Durchschnitt gab es in jeder Familie mindestens einen Arbeitslosen. Die sorgfältige Bestandsaufnahme der Freien Gewerkschaften ermittelte für diesen Tiefpunkt der globalen Depression sogar, daß 44 Prozent ihrer Mitglieder arbeitslos waren, während 22 Prozent nur mehr Kurzarbeit leisteten, so daß insgesamt nur 34 Prozent einer regulären Arbeit nachgingen.

Der Weimarer Sozialstaat war den vernichtenden Auswirkungen dieser Krise nicht gewachsen. Die unmittelbar vorher eingeführte Arbeitslosenversicherung konnte den ganz unerwarteten Anprall von Millionen Erwerbslosen nicht annähernd bewältigen. Wie in der Vergangenheit mußten die Kommunen ein Sicherheitsnetz aufspannen, das indes viel zu weitmaschig ausfiel, als daß es die Massenarbeitslosigkeit hätte bewältigen können. Der sozialökonomische Einbruch verlangte mithin nach politischer Gegensteuerung. Die amtierende Regierung des Zentrumskanzlers Brüning verließ sich auf eine deflationäre, altertümliche Sparpolitik, anstatt den zahlreichen guten Ratschlägen zu folgen, die auf eine antizyklische, das Wachstum durch staatliche Ausgaben ankurbelnde Wirtschaftspolitik hinausliefen. Das Hauptmotiv für Brünings fatale Fehlentscheidung war sein außenpolitisches Ziel, den Alliierten durch den Krisenzustand des Landes zu demonstrieren, daß Deutschland zur Zahlung der Reparationen außerstande sei und ihrer Annullierung bedürfe. Der entsetzliche Preis, der für diesen kurzsichtigen Nationalismus gezahlt werden mußte, trat im Aufstieg des Nationalsozialismus zutage.

Diese radikalnationalistische Massenbewegung unter der Leitung ihres charismatischen „Führers" Adolf Hitler hatte sich nur deshalb aus einer peripheren bayerischen Exotenpartei zu einer millionenstarken autoritären „Volkspartei" entwickeln können, weil die Weltwirtschaftskrise sie mit ihrer ungeheuren Schubkraft begünstigte. Ihr vehementer Protest gegen das „Versailler System" der Nachkriegsordnung, gegen die „Reparationsknechtschaft", die Abrüstung, die „Kriegsschuldlüge" verband sich nun mit einem leidenschaftlichen Aufbegehren gegen die soziale Notlage. Gewiß gelang es der NSDAP nie, die Majorität der deutschen Wähler zu gewinnen. Aber nach ihren atemberaubenden Wahlsiegen 1930 und 1932, durch die sie auch zur stärksten Fraktion im Reichstag wurde, war gemäß den Spielregeln der parlamentarischen Demokratie kaum mehr an dieser Mehrheitspartei vorbeizukommen. Als die Intrigen der Clique um den Reichspräsidenten Hindenburg zur Installation Hitlers als Reichskanzler führten, sollte er zwar durch erfahrene Rechtspolitiker „gezähmt" werden, aber dieses Konzept scheiterte in kürzester Zeit. Dadurch wurde die Bahn frei zum Ausbau der charismatischen Führerherrschaft in der totalen Diktatur des „Dritten Reiches".

Mit diesem Absturz in eine zwölfjährige Barbarei ist allgemein die Frage verbunden, ob die Entwicklung von Wirtschaft und Gesellschaft genauso wie die des politischen Systems im Zeichen der Diskontinuität steht oder ob nicht doch Kontinuität hinter dem Wirbel der politisch-militärischen Ereignisgeschichte vorherrscht. Insgesamt muß das Urteil auf die Anerkennung eines Mischungsverhältnisses hinauslaufen. So setzte sich etwa die Industrialisierung des Landes mit dem längst vorherrschenden Trend zur Konzentration wirtschaftlicher Macht in den Großunternehmen weiter fort. Die Großbanken behielten ihre Schlüsselrolle. Die neuen Führungssektoren expandierten usw. Aber unverkennbar führte die Kriegspolitik des Regimes auch zu einer Schwerpunktverlagerung in die Rüstungsindustrie, wo Innovationen, etwa im Flugzeug- und Motorenbau, am schnellsten in industrielle Massenfertigung umgesetzt wurden. Dorthin wanderte auch die Masse der Neuinvestitionen. Und wiederum beruhten die gesamte Kriegsvorbereitung und dann die Kriegführung auf der Aufblähung des Papiergeldvolumens, mithin auf der Auslösung einer zweiten gewaltigen Inflation, für die 1948 der Preis einer zweiten, tiefeinschneidenden Währungsreform entrichtet werden mußte. Auch die mit einem verklärenden Nimbus umgebenen Leistungen des Regimes wie der Autobahnbau und die Volkswagenproduktion standen von Anfang bis Ende ganz im Dienst der Kriegspolitik.

Eine vergleichbare Melange gibt es im Hinblick auf die Sozialordnung. An der Größenordnung der sozialen Formationen des

Bürgertums, der Arbeiterschaft, der Landbevölkerung änderte sich nichts Auffälliges. Die Expansion der Angestelltenschaft hielt ebenso an wie die relative Stagnation der Industriearbeiterschaft. Aber zwei Faktoren wirkten sich zugunsten von folgenreichen Veränderungen aus.

Zum einen verstand sich der Nationalsozialismus bekanntlich auch als soziale Reformbewegung, welche die Verkrustungen des wilhelminischen und Weimarer Systems aufbrechen wollte, um sie durch eine Leistungsgesellschaft zu ersetzen. Tatsächlich eröffneten sich auch neue Aufstiegschancen – in der expandierenden Staatsverwaltung, in den zahlreichen Parteiorganisationen, in der Wirtschaft –, so daß soziale Mobilität von Hunderttausenden erfahren wurde. Und nicht nur das: Die Leistungsorientierung, die von Anbeginn an das gesellschaftliche Großklima und die Sozialmentalität der Bundesrepublik so maßgeblich bestimmt hat, stammte keineswegs nur aus liberalen, meritokratischen Überzeugungen. Vielmehr nährte sie sich unübersehbar auch aus den Lebenserfahrungen und Zielvorstellungen in der leistungsorientierten nationalsozialistischen „Volksgemeinschaft".

Zum anderen wollte der Nationalsozialismus, wie entschieden man diese Intention auch immer bestritten hat, die Sozialstruktur seines Reiches revolutionieren: An die Stelle der traditionalen Macht- und Funktionseliten sollte die neue, politisch und rassisch qualifizierte Elite des Regimes treten, und die deutsche „Herrenrasse" sollte über das neue Subproletariat „minderwertiger Rassen" herrschen. Obwohl das „Dritte Reich" mit diesen Zielen scheiterte, gab es doch eine erhebliche Neurekrutierung der Eliten – man braucht etwa nur an Speers „junge Leute", die erfolgreichen Wirtschaftsmanager der Kriegsökonomie, aber auch des „Wirtschaftswunders" zu denken oder an das zügig aufgebaute Wirtschaftsimperium der SS. Wirkungen auf die Loyalität gegenüber dem Regime gingen auch von dem Umstand aus, daß noch der letzte ungelernte Arbeiter, sofern er „arischer" Deutscher war, der Selbsteinschätzung nach über jedem der zehn Millionen ausländischen Zwangsarbeiter in den Kriegsjahren stand.

Die Verlustbilanz des Anlaufs, ein „Tausendjähriges" großgermanisches Reich zu errichten, war beispiellos. Selbst wenn man an dieser Stelle nicht die Abermillionen an Toten und Verwundeten aufzählt, die Hitlers Deutsche Europa, Rußland und Amerika in ihrem zweiten totalen Krieg auferlegt haben, bleiben doch daheim neun Millionen, der Verlust nahezu eines Viertels des alten Staatsgebiets und eine deprimierende Zerstörung des eigenen Landes zu verzeichnen.

Allerdings: Auch das Vernichtungswerk der Kriegseinwirkungen hat die deutsche industriewirtschaftliche Produktionskapazität „nur“ um 24 Prozent reduziert. Das war ein im Ersten Weltkrieg noch ganz unvorstellbares Ausmaß. Aber für eine hochindustrialisierte Gesellschaft, die sogar wegen der Rüstungs- und Kriegsanstrengungen eine rasante Modernisierung mancher Sektoren erlebt hatte, erwies sich der Verlust von einem Viertel ihres Potentials als kein tödlicher Einschnitt. Als aufgrund der industriellen Reparationsleistungen ein weiterer Teil der modernen Produktionsanlagen außer Landes gebracht wurde, sahen freilich für viele Zeitgenossen Zerstörung und Demontage fatal bedrohlich aus.

Tatsächlich aber ergab sich, wenn man nur die ökonomischen Bedingungen auf mittlere Sicht nüchtern beurteilt, eine paradoxe Begünstigung des Besiegten des Zweiten Weltkriegs. Denn als im Zeichen des „Kalten Kriegs“, insbesondere des Koreakriegs, die westdeutsche Wirtschaft und Politik wieder in die westliche Defensive eingebunden wurden, folgte dem auch eine Neuausstattung mit der modernsten industriellen Ausrüstung. Diese positive Kompensation der Kriegs- und Nachkriegsverluste hat nicht wenig zur Ankurbelung der Hochkonjunktur und zur Rückkehr des deutschen Exports auf den Weltmarkt beigetragen.

Für die rapide Entwicklung der westdeutschen Industriewirtschaft gab dieser Modernisierungsschub freilich genausowenig den Ausschlag, wie das die Finanzmittel des Marshall-Plans taten, die andere Länder in ungleich größerem Umfang erreichten, im Grunde quantitativ immer begrenzt blieben, aber in einem strategisch wichtigen Augenblick doch eine den Optimismus des Wiederaufbaus verstärkende Kapitalspritze bedeuteten. Entscheidend waren vielmehr andere Bedingungen. Zum einen ließ sich das unzerstörte Produktionspotential alsbald wieder nutzen. Unternehmer, Ingenieure, Manager, Facharbeiter gab es zuhauf. Das Arbeitskräftepotential, das bald nicht mehr ausreichte, wurde durch den Zustrom vom mehr als zwölf Millionen Vertriebenen und Flüchtlingen aus den deutschen Ostgebieten, der Sowjetischen

Besatzungszone und der DDR mit häufig sachkundigen, jedenfalls vorbehaltlos arbeitswilligen Arbeitskräften aufgefüllt.

Die Teilung Deutschlands hatte den nichtintendierten Effekt, daß mit der Bundesrepublik ein Neustaat entstand, dessen Wirtschaftsstruktur ungleich homogener war als die des untergegangenen Reiches: Die rückständigen Agrargebiete Ostdeutschlands und der abgetrennten ehemaligen Ostprovinzen konnten nicht mehr als Bremsklotz wirken. Mit dem Untergang des ostelbischen Landadels entfiel eine industrialisierungsfeindliche mächtige Agrarlobby, die der Weimarer Republik bis in ihren Todeskampf hinein noch restriktive Bedingungen auferlegt hatte. Desgleichen entfiel die einflußreiche „Pressure Group" des Militärs, die früher ihre eigenen wirtschaftspolitischen Ziele verfolgt hatte. Ohne solche Belastungen konnte sich in der Bundesrepublik eine Wirtschafts- und Marktgesellschaft unter uneingeschränkter industrieller Vorherrschaft entfalten.

Für sie wurde von Alfred Müller-Armack, dem Staatssekretär des erfolgreichen Wirtschaftsministers Ludwig Erhard, das Schlagwort von der „Sozialen Marktwirtschaft" erfunden. Unter Marktwirtschaft wurde hier eine möglichst weit liberalisierte, von staatlichen Planungsansprüchen befreite Verkehrswirtschaft verstanden, die durch den Sozialstaat zu verbesserter Verteilungsgerechtigkeit angehalten werden sollte. Als Postulat kam diese Zielvorstellung, wie sich herausstellte, wichtigen zeitgenössischen Hoffnungen und Erwartungen entgegen. Sie überschätzte freilich die wohltätigen Wirkungen der Marktmechanismen, die stets dann, wenn sie sich ungehindert auswirken können, Soziale Ungleichheit vertiefen. Demgemäß unterschätzte sie die schwierigen Aufgaben des Sozialstaats, der die ökonomischen Disparitäten auszugleichen bestrebt ist und weit eher aufgrund der gesellschaftspolitischen Ideale der Sozialdemokratie und der christlichen Soziallehre ausgebaut wurde.

Zugleich trug diese politische Kunstformel auch dazu bei, hinter dem Abstraktum der „Sozialen Marktwirtschaft" die konkreten Struktur- und Machtverhältnisse der Industriewirtschaft zu verhüllen. Denn tatsächlich bildete sich ein dualistisches System von zwei ungleichen Lagern heraus. Im Kern bestimmte die Riege der Großunternehmen, der Industriekonzerne und Banken das Entwicklungstempo, die Wachstumschancen, die Wettbewerbsfähigkeit des Landes. Ihre Interessen wurden dank ihrer effizienten Lobby im System des neuen Korporativismus sorgfältig gepflegt.

Um diesen Kern legte sich ein breiter Kreis herum, eine Peripherie von mittelgroßen und kleinen Unternehmen. Sie waren zum Teil selbständige Akteure, die erhebliche innovative Impulse entfalteten, aber nie in eine strategische Vetoposition gegenüber den Großunternehmen gelangten. Zum größeren Teil bestanden sie aus Zulieferanten, die auf Gedeih und Verderb mit den wachstumsintensiven Führungssektoren, etwa des Automobil- und Maschinenbaus, in einem Unterordnungsverhältnis verbunden waren.

Und schließlich hat der Euphemismus von der „Sozialen Marktwirtschaft" verborgen, in welch hohem Maße die westdeutsche Industriewirtschaft von der überaus aktiven Interventionstätigkeit des modernen Wohlfahrtsstaates abhängig war und ist. Jenseits der Schlagworte handelte es sich um einen staatlich regulierten Produktionskapitalismus, dessen Defizite schier zahllose staatliche Rechtsvorschriften und Maßnahmen auszugleichen suchten, um den Konjunkturverlauf auf dem erhofften Wachstumspfad möglichst glatt zu gestalten. Das ist nichts Anrüchiges, sondern eine Ausdehnung der Staatsfunktionen, welche die meisten westlichen Staaten gemeinsam erlebten. Es geht dabei auch keineswegs, wie die vulgärliberale Dogmatik der Neoliberalen weismachen will, um störende, von der fremden Gewalt des Staates oktroyierte Eingriffe. Vielmehr ist der moderne Interventionsstaat auch in Deutschland das Ergebnis schmerzhafter Lernprozesse, die auf die Disparitäten des ökonomischen Wachstums, auf die einer Marktgesellschaft inhärenten sozialen Spannungen und die damit notwendigerweise verbundenen politischen Stabilitätsrisiken reagieren. Insofern ist er ein Ergebnis jener klugen Selbstverteidigung, mit der die Marktgesellschaft in Gestalt ihrer mächtigsten Organisation, des Staates, auf Krisenphänomene einigermaßen realistisch und effektiv zu reagieren gelernt hat.

Diese grundsätzlichen Konstellationen und strukturellen Züge des bundesrepublikanischen Wirtschaftssystems waren keineswegs von Anfang an zu erkennen. Sie schälten sich jedoch bis in die 1960er Jahre klar heraus. Dieser Vorgang wurde unstreitig dadurch befördert, daß die Katastrophenerfahrung in den 1930er und 40er Jahren die traditionellen Klassenspannungen abgemildert hatte, so daß zum einen das Unternehmerlager ziemlich bald auf seinen arroganten Klassenkampf von oben, die Gewerkschaften und die SPD zum anderen auf orthodoxe Prinzipienpolitik von unten verzichteten. Statt dessen griff eine relativ pragmatische Kooperationspolitik Platz, die durch das schnell ansteigende Niveau des Lebensstandards auf der Grundlage kontinuierlich steigender Realeinkommen nachhaltig unterstützt wurde. Auf diese Weise konnte Schritt für Schritt mehr Verteilungsgerechtigkeit verwirklicht werden, ohne daß die prinzipielle Privilegierung des Produktionsfaktors Kapital im Verhältnis zum benachteiligten Produktionsfaktor Arbeit beseitigt worden wäre. Diese Asymmetrie läßt sich bis heute an der eklatant ungleichen Vermögensverteilung und dem faktischen Ausschluß der Lohnabhängigen vom Mitbesitz des Produktivkapitals überdeutlich ablesen.

Die westlich dominierte Weltwirtschaft hat seit dem Ende der 1940er Jahre anstelle der befürchteten Nachkriegsdepression eine ungeahnt lange Hochkonjunkturphase bis zum Einbruch der beiden Ölkrisen zu Beginn der 1970er Jahre erlebt. Eingebettet in diese Prosperitätsperiode vollzog sich jener wirtschaftliche Aufschwung in der Bundesrepublik, der gemeinhin als „Wirtschaftswunder" bezeichnet wird. Er ist kein deutsches Unikat, besitzt vielmehr in anderen Ländern (etwa in Norditalien und später in Spanien) sein Pendant, hat aber nach dem Einschnitt des totalen Kriegs und der für viele noch schlimmeren vier Nachkriegsjahre in Westdeutschland besonders nachhaltig mentalitätsprägend gewirkt.

Die Dynamik dieses „Wirtschaftswunders" beruhte auf einem dank Krieg und Demontage umfassend modernisierten Produktionsapparat, auf dem System des „Fordismus", der durchrationalisierten Massenproduktion, und auf der Leistungsfähigkeit der Führungssektoren. In einer ersten Übergangsphase erwies sich der alte schwerindustrielle Kern, namentlich im Ruhrgebiet und im Saarrevier, noch einmal als wichtiger Impulsspender. Das hing nicht zuletzt mit dem immensen, konjunkturfördernden Bauboom zusammen, der die zerstörten Städte erfaßte und auf die Montanindustrie einen kräftigen Nachfragesog ausübte.

Schon bald schoben sich jedoch die Leitsektoren der zweiten Generation: die Chemische, die Elektrotechnische und die verfeinerte Maschinenbauindustrie wieder nach vorn. Vor allem aber erwies sich seit 1949 der Automobilbau als wahrer Zyklusanführer, der auf dem Binnenmarkt eine im Prinzip lückenlos motorisierte Gesellschaft schaffen wollte, erfolgreich auf den Weltmarkt vorstieß und dank seiner ungeahnten Entwicklungskapazität Hunderttausende von Zuliefererfirmen in einen anhaltenden Aufschwung mit hineinriß.

Die auch international bewunderte oder konsterniert verfolgte wirtschaftliche Erfolgsgeschichte der Bundesrepublik verlangte, wie seit den ausgehenden 1970er Jahren allmählich deutlich wurde, einen hohen Preis. Nach den „goldenen Jahren" der Weltwirtschaft zwischen 1949 und 1975 setzte ein Rhythmuswechsel der internationalen Ökonomie ein, der in eine konjunkturelle Trendperiode mit erheblichen Wachstumsstörungen, Turbulenzen, ja Depressionen überleitete. Diese Veränderung des konjunkturellen Großklimas setzte die Wirtschaft der Bundesrepublik unter einen anhaltenden Anpassungsdruck, auf den sie, aufs Ganze gesehen, nicht optimal reagierte, vielleicht auch nicht reagieren konnte. Denn die konjunkturelle Problematik verband sich erneut mit der offensichtlichen Notwendigkeit eines strukturellen Umbaus, dessen Zielrichtung aber nicht klar zu ermitteln war – und ist.

Seit den 1840er Jahren hatte ein solcher Umbau im Gehäuse der traditionellen Agrargesellschaft zur Industriellen Revolution des Eisenbahnbaus und der schwerindustriellen Führungssektoren geführt. Seit den 1890er Jahren tauchten die Führungssektoren der zweiten Generation in Gestalt der Großchemie, der Elektrotechnik, des neuen Maschinen- und Motorenbaus auf. Seit den 1950er Jahren gesellte sich der Kraftfahrzeugbau mit beispielloser Vehemenz zu den industriellen Tempomachern hinzu. Wie der internationale Vergleich jedoch lehrt, verpaßte die Bundesrepublik, zunächst getragen, aber auch geblendet von der Woge ihres Erfolgs, den resoluten Übergang zu neuen Wachstumssektoren, wie etwa dem Computerbau, der Elektronikindustrie, den neuen Dienstleistungsaufgaben. Verlockende Alternativen zu diesen Entwicklungsträgern sind bisher noch nicht aufgetaucht, so daß der inzwischen immer deutlicher erkennbare Zugzwang zur strukturellen Fortentwicklung eigentümlich orientierungslos bleibt, zumal sich der Vorsprung der Vereinigten Staaten und einiger asiatischer Länder beim Ausbau der genannten neuen Leitsektoren immer deutlicher vergrößert hat.

Der schmerzhafteste Preis, der gegenwärtig für diese belastende Überschneidung von konjunktureller Ungewißheit und strukturellen Umbauzwängen gezahlt werden muß, besteht aus einer Massenarbeitslosigkeit, die sich relativ stabil zwischen vier und fünf Millionen Erwerbslosen bewegt und nur noch durch die Rekordarbeitslosigkeit von 1930 bis 1933 übertroffen wird.

Damit wird der deutsche Sozialstaat, der jahrzehntelang auf die wachsenden finanziellen Ressourcen einer optimistisch gestimmten Wachstumsgesellschaft zurückgreifen konnte und nur von der Großzügigkeit der politischen Präferenzentscheidungen abhing, in eine Dauerkrise gestürzt.

Diese Krise wirkt sich auch in anderen westlichen Ländern außerordentlich nachteilig aus. In der Bundesrepublik, auch in der um die verblichene DDR erweiterten Bundesrepublik könnte sie jedoch eine besonders bedrohliche Natur annehmen. Denn die Legitimationsbasis der Bundesrepublik beruht nicht wie in den USA auf der Unabhängigkeitserklärung der ersten auf dem Prinzip der Volkssouveränität errichteten Republik, nicht wie in England auf der stabilisierenden Fusion von traditionaler monarchischer und parlamentarischer Herrschaft, nicht wie in Frankreich auf dem Rückgriff auf die von der Revolution geschaffene Nation. Vielmehr bildete sich in der Bundesrepublik, da die Nation nach den Exzessen des nationalsozialistischen Radikalnationalismus ihre legitimationsspendende Kraft verloren hatte, eine neue Legitimationsprogrammatik heraus. Sie beruht auf der Leistungsfähigkeit der Wirtschaftsgesellschaft, des Sozialstaats, des Verfassungs- und Rechtsstaats. Ihre Funktionstüchtigkeit hat über die Jahrzehnte hinweg der neuen Republik ein belastbares Fundament geschaffen. Büßt freilich einer der Eckpfeiler dieses „magischen Dreiecks" seine Legitimationswirkung ein, stellen sich über kurz oder lang gravierende Belastungen ein.

In eben dieser Situation befindet sich seit einiger Zeit die Bundesrepublik, der es an problemabfedernden Wachstumserfolgen mangelt, so daß auch die Finanzierung eines hochkomplexen und teuren Sozialstaats immer schwieriger wird. Während der Verfassungs- und Rechtsstaat sich weiterhin bewährt, verlieren – namentlich in den jüngeren Generationen ohne die Aufschwungerfahrung zwischen 1948 und 1975 – die Wachstumsgesellschaft und der Sozialstaat in einem schleichenden Erosionsprozeß ein

Stück weit ihre legitimationsspendende Kraft. Dem kann nur mit klaren politischen Zielbestimmungen und Entscheidungen begegnet werden, die in einer von der langen Hochkonjunktur verwöhnten Gesellschaft naturgemäß nicht leicht getroffen werden können. Infolgedessen wird der Druck dieser fundamentalen Herausforderung weiter wachsen.

Mit dem ungewöhnlich langen Konjunkturaufschwung in der Bundesrepublik, mit ihren anspruchsvollen Wohlstandserwartungen ergab sich eine tiefgestaffelte Nachfrage nach verwertbarer Energie. Sie wurde zunächst durch den Steinkohlenbergbau und die zum guten Teil auf Kohleverwertung beruhende Elektrizitätswirtschaft befriedigt. Großunternehmen wie das maßgeblich von Hugo Stinnes begründete „Rheinisch-Westfälische Elektrizitätswerk" wuchsen zu gigantischen Versorgungsunternehmen mit einem regionalen Monopolcharakter heran. Angesichts der beschränkten Energieträgerbasis schloß sich die Bundesrepublik – auch darauf bedacht, an der Spitze des technologischen Fortschritts zu marschieren – dem internationalen Trend zum Aufbau von Atomkraftwerken an, die mittlerweile ein Drittel der deutschen Stromversorgung übernommen haben.

Die Atomenergie hat den Konsens, der in der Bundesrepublik bisher die Wirtschaftspolitik getragen hatte, zerrissen. Insbesondere die „Grünen" fanden im Widerstand gegen die Atompolitik eine Grundlage ihrer Parteibildung. Die Auseinandersetzungen über die Vertretbarkeit von Atomstrom werden seit fast zwei Jahrzehnten in einer teils hochideologisierten, teils durchaus verantwortungsethisch fundierten Diskussion vorangetrieben. Im Hinblick auf die politische Willensbildung sieht es zur Zeit so aus, als ob sich das Gegenargument, man dürfe weder die Gegenwart noch auf unabsehbare Zeit künftige Generationen mit den Risiken der Atommeiler und der strahlenden Abfallprodukte belasten, als durchsetzungsfähig erweisen könnte, zumal in den jüngeren politischen Generationen der Wachstumsfetischismus der frühen Bundesrepublik einer unverhohlenen Skepsis gewichen ist, die freilich das Problem der Massenarbeitslosigkeit, welche ohne breite Energiebasis nicht reduziert werden kann, eigentümlich einäugig verdrängt.

Alle hier geschilderten Entwicklungen hat die DDR nicht miterlebt und mitgetragen, da in diesem sowjetischen Satellitenstaat die Satrapen samt ihrer Partei es vorgezogen haben, ganz und gar von der Substanz zu leben, so daß keine wettbewerbsfähige Industrie entstehen konnte und das vorhandene „Humankapital" der Facharbeiterschaft und des industriellen Expertentums vergeudet wurde. Während in anderen Großreichen der Geschichte zumindest zahlreiche kulturelle Einflüsse auf die abhängigen Gebiete noch auf lange Zeit eingewirkt haben, wird von einem 40jährigen sowjetrussischen Einfluß offenbar außer der schmackhaften Soljanka-Suppe nichts übrig bleiben. Umwelt- und Menschenzerstörung – das bleibt das Fazit des Staatskommunismus in Ostdeutschland, wo sein „Erbe" erst seit der Fusion der beiden deutschen Staaten im Jahre 1990 nachhaltig und kostspielig korrigiert werden kann. Dadurch kommen zu den konjunkturellen und strukturellen Belastungen noch jene Billionen hinzu, die notwendig sind, um die zielstrebige Ruinierung Ostdeutschlands allmählich auszugleichen und die vom Grundgesetz geforderte tendenzielle Gleichheit der Lebenschancen auch dort zu gewährleisten.

Beim Übergang in das dritte Millennium christlicher Zeitrechnung steht daher die wirtschaftliche Verfassung der Bundesrepublik in vielfacher Hinsicht auf dem Prüfstand. Ohne einen tragfähigen neuen Konsens über die Zielrichtung der künftigen Entwicklung wird sich der derzeitige Zustand nicht überwinden lassen.

Die Gesellschaft der Bundesrepublik hat sich in den ersten 50 Jahren ihres Bestehens erheblich verändert. Der entscheidende sozialstrukturelle Vorgang ist der „Fahrstuhleffekt", der alle nach oben getragen hat. Unterschiede zwischen den großen Erwerbs- und Berufsklassen bestehen zwar fort. Im Hinblick auf die Vermögensausstattung sind sie durch die ganz ungenügend korrigierten Ergebnisse der westdeutschen Marktwirtschaft sogar kraß vergrößert worden. Sieht man vom schmalen Saum der „Asozialen" und Obdachlosen ab, haben sich jedoch fast alle Angehörigen dieser Gesellschaft im Hinblick auf Einkommen, soziale Sicherheit und Ausweitung der Lebenschancen nach oben bewegt. Das ist ein rundum positiv zu bewertender Aufstieg von säkularer Bedeutung. Vergleichbare Phänomene hat es vorher weder in Deutschland noch in anderen westlichen Staaten gegeben.

Diese gesamtgesellschaftliche Aufstiegsdynamik hat die altmarxistische Vorstellung von einer zunehmenden Polarisierung der gesellschaftlichen Klassen: hier die kleine kapitalbesitzende Bourgeoisieelite, dort die proletarische Masse, deren historische Mission die Überwindung dieses Antagonismus durch die Revolution sei, auf unabsehbare Zeit korrigiert.

Darüber hinaus hat sie nicht nur das Denken in Klassenbegriffen, die wegen ihrer vermeintlich marxistischen Konnotationen in der deutschen politischen Semantik verpönt bleiben, von Grund auf in Frage gestellt, sondern überhaupt eine realitätsnahe Sozialanalyse erschwert. Die Rede von der „nivellierten Mittelstandsgesellschaft" Schelskyscher Prägung wurde für bare Münze gehalten. Anstelle von Klassenlagen entdeckten Scharen von naiven Soziologen, die ohne historische Tiefendimension arbeiteten, die Glückseligkeit individueller Lebensstile, die jede glaubwürdige Klassenzugehörigkeit aufgelöst hätten. Der eine vermaß die Terra incognita der neuen „Erlebnisgesellschaft", der andere beschrieb mit glitzernden Wortkaskaden die „Risikogesellschaft". Solche Diagnosen besaßen die Plausibilität des gehobenen Feuilletons, waren aber gleichermaßen von der realistischen Analyse der empirischen Sozialforschung wie von der Interpretation der kritischen Sozialgeschichte meilenweit entfernt. Das galt auch für das spätliberale Ideal der meritokratischen „Leistungsgesellschaft" oder die Entdeckung der „Klassengesellschaft im Schmelztiegel".

Tatsächlich haben die moderne Sozialgeschichte und die empirische Sozialstrukturforschung die entmutigende Persistenz des harten Gefüges der Sozialen Ungleichheit in der Bundesrepublik überzeugend nachgewiesen. Zugegeben, der „Fahrstuhleffekt" hat das Wohlstandsniveau angehoben und damit einen Pluralismus bunter Lebensstile ermöglicht, die durch die Mentalität der „postmaterialistischen" Generationen abgestützt werden. Aufs Ganze gesehen hängt aber der Zugang zu vermehrten Lebenschancen – oder der Ausschluß von ihnen – weiterhin von der Zugehörigkeit zu unterschiedlichen „marktbedingten Klassen" ab. Trotz aller Korrekturanstrengungen ist es für die Kinder der bildungs- und wirtschaftsbürgerlichen Familien selbstverständlich geblieben, daß sie den Weg in das Gymnasium und in die Universität einschlagen, ehe sie später ihre sozialen Netzwerke, ihr soziales und kulturelles Kapital nutzen. Währenddessen ist der intragenerationelle Aufstieg aus den verschiedenen Arbeiterklassen, ungeachtet der Hilfsangebote im Rahmen der Bildungsreform, weiterhin außerordentlich schwierig. Und die klassische Negativfigur der katholischen Landarbeitertochter kommt weiterhin nur im Ausnahmefall in den Genuß der proklamierten Aufstiegsmobilität. Die Funktionseliten in Politik, Wirtschaft und Gesellschaft ergänzen sich weiterhin durch ein hohes Maß an Selbstrekrutierung. Die ständische Abschottung des alten Bildungsbürgertums oder der Bergassessoren ist verschwunden. Aber unverändert besitzt Soziale Ungleichheit ihre harten, schwer veränderbaren Strukturen, die freilich durch das angehobene Wohlstandsniveau oft wohltätig verhüllt werden.

Außerdem hat die undogmatische Gesellschaftsanalyse seit jeher gewußt, daß soziale Klassen mit einem eigenen Klassenbewußtsein, das die Artikulation und organisierte Verfechtung von Interessen anleitet, ein historischer Grenzfall sind, der nicht allzuoft auftritt. Gemeinsame latente Interessen auch von „marktbedingten Klassen" werden keineswegs notwendig in manifeste Interessen mit der Folge offen ausgetragener Konflikte übersetzt. Vielmehr gehört dazu eine spezifische gesellschaftliche und vor allem politische Konstellation, die solche Konflikte begünstigt und dadurch die zeitweilig verbindliche Sozialmentalität großer Klassenverbände schafft.

Eine solche Konstellation, die ein militantes Klassenbewußtsein erzeugt, ist aber offenbar seit den Wohlstandsschüben der 1950er/60er Jahre und der Erosion der traditionellen Klassenmilieus nicht mehr gegeben. Klassenlagen sind, wie so oft, keineswegs mehr von Anfang an politisch aufgeladen. Diese „neue Unübersichtlichkeit" verurteilt alle Anläufe der „Alten" und „Neuen Linken", zu einer orthodoxen marxistischen Klassenkampfpolitik zurückzukehren, zum evidenten Scheitern. Irgendwann wird sich das auch bis zur ostdeutschen Protestpartei und DDR-Nostalgie-Pflegevereinigung durchsprechen.

Die Abwesenheit einer schnell diagnostizierbaren Klassenmentalität ändert aber nichts daran, daß die Lage der „marktbedingten Klassen" in einer modernen Marktgesellschaft wie derjenigen der Bundesrepublik weiterhin in hohem Maße die Verfügung über Lebenschancen – oder ihre Verweigerung – bestimmt. Je nach günstiger oder nachteiliger Marktlage müssen die Wirtschaftssubjekte ihre Leistungskapazität anbieten und dann den marktkonformen Preis akzeptieren. Besteht keine Marktnachfrage, nützt alle geschulte Leistungskapazität nichts, wie das zur Zeit wieder Millionen von Arbeitern und Angestellten, aber auch Abertausende von künftigen Lehrern, Juristen und Medizinern erfahren.

Als Distributionszentrale für Lebenschancen hat der Arbeitsmarkt in der deutschen Marktgesellschaft seine Bedeutung als überragend wichtige Organisation behalten. Zu Recht hat man daher diejenigen Wirtschaftssubjekte, die vom Markt gewissermaßen ausgespien werden, sei's auf kurze oder sei's auf lange Sicht, in Versorgungsklassen zusammengefaßt, die von den ausgleichenden Transferzahlungen des Sozialstaats abhängig sind. Die naturwüchsige Kraft der Marktwirtschaft und der ihr gehorchenden Marktgesellschaft tendieren, wenn man sie nur ihrer Eigengesetzlichkeit überläßt, unverändert zur Perpetuierung scharf ausgeprägter Sozialer Ungleichheit. Die demokratisch verfaßten Gesellschaften des Westens besitzen zwar ein hohes Maß an Flexibilität, um die aus dieser Ungleichheit hervorgehenden Spannungen zu bewältigen. Ihre wohlbegründeten Gleichheitsideale und ihre politischen Stabilitätsinteressen lassen jedoch ein anhaltend gefährliches Maß an Sozialer Ungleichheit nicht zu.

Niemand kennt genau die Gefahrenzone, in der die mühsame Spannungsmeisterung in einen offenen Konflikt umschlägt. Es bleibt die unverzichtbare Aufgabe des modernen Sozialstaats, wie immer er problemangemessen umgebaut werden muß, sich diesen Spannungen, die aus dem Schoß der Marktgesellschaft unablässig hervorgehen, rechtzeitig zu stellen und sie politisch klug abzufangen. In den Augen der Bürger hängt davon die Legitimation des Staates in einem sehr grundsätzlichen Sinne weiterhin ab.

12. Kann man aus der Geschichte des Industriekapitalismus lernen?

Der Ausgangspunkt ist eine simple Prämisse, die aber den Vorzug hat, unwiderlegbar zu sein. Sie lautet: Menschen können nie nicht lernen. Das ist eine anthropologische Konstante. Die Frage ist immer nur: Wie realitätsnah, wie verzerrt, wie pathologisch wird gelernt. Ich möchte solche Lernerfahrungen am Beispiel von sechs Problemen erörtern.

Der Aufstieg des Industriekapitalismus während der letzten 200 Jahre beweist erneut, welch eine ingeniöse soziale Erfindung der Markt ist. Seine Leistungsfähigkeit bei der Koordination von Angebot und Nachfrage, von Informationen und Handlungsimpulsen, bei der Stimulierung und Disziplinierung der Wirtschaftssubjekte ist bisher durch keine Alternative übertroffen worden.

Ist der Markt, vor allem der moderne Arbeitsmarkt, als Schlüsselinstitution zur Verteilung von Lebenschancen einmal fest verankert, wird er so mächtig, daß aus der Wirtschaft eine Marktwirtschaft, aus der Gesellschaft eine Marktgesellschaft wird. Das läßt sich leicht konstatieren, faßt aber einen immens folgenreichen Transformationsprozeß knapp zusammen.

Nirgendwo ist die Entfaltung der industriellen Marktwirtschaft ein naturwüchsiger Prozeß gewesen, dessen Hauptakteure, Unternehmer, Arbeiter, Angestellte, dem Sog von Gewinnkalkül, technologischen Innovationen und Marktchancen folgen. Überall konnte vielmehr die neue Wirtschaftsverfassung nur mit Hilfe der mächtigsten gesellschaftlichen Organisation, des modernen Staates, durchgesetzt werden. Keiner hat das in der Frühzeit genauer gesehen als Adam Smith, der in seinem „Wohlstand der Nationen" ein Programm für staatliche Marktbildung und Wirtschaftsförderung entworfen hat. Er wußte nur zu genau, daß gegen die Blockaden der älteren Wirtschaftsformen der freie Fluß der Kapital- und Warenströme, die Vertragssicherheit, die Erzeugung von „Humankapital" durch das Bildungssystem usw. nur durch massive Staatsintervention durchgesetzt werden konnte. Smith war ein dezidierter Prophet des Interventionismus, ohne den, entgegen aller vulgär-liberalen Ignoranz, funktionstüchtige Märkte nicht entstehen können.

Die Tatsache, daß der moderne Staat den Industriekapitalismus und seine Marktgesellschaft durch Gesetze und Aktionen maßgeblich mit heraufgeführt hat – teils wirtschaftlichen Interessen, teils eigenen Herrschaftsinteressen folgend –, wird für Deutschland selten bestritten, gilt aber oft als Sonderfall seines Etatismus. Nichts könnte tiefer in die Irre führen. Denn derselbe Vorgang spielte sich in allen europäischen Industriestaaten ab.

Eine endlose Serie von Parlamentsentscheidungen und Präzedenzurteilen füllt die englische Gesetzessammlung. Auf dem Höhepunkt der sogenannten Freihandelsära mit angeblich freier

Marktwirtschaft hat der englische Staat das Risiko des gesamten indischen Eisenbahnbaus übernommen. Und nirgendwo haben Zentralregierung und Bundesstaaten – entgegen der Legende vom „free enterprise" – so massiv den Interventionismus kultiviert wie in den Vereinigten Staaten. Kein noch so etatistischer preußischer Beamter hätte an ein derartiges Füllhorn von Subventionen wie die jährlichen „Harbor and River Bills", die exzessiven Schutzzölle, die gigantischen Landgeschenke für die transkontinentalen Eisenbahngesellschaften, die Milliarden für die Luftfahrt auch nur denken können – Interventionen, die dort bis heute gang und gäbe sind.

Überall, das zeigt der historische Rückblick, ist die Marktwirtschaft auch eine staatlich geschaffene und aufrechterhaltene Veranstaltung. Die freie, völlig deregulierte Marktwirtschaft ist eine ahistorische Fiktion – und zudem, dazu gleich mehr, nicht einmal eine schöne Utopie aus Chicago. Das gilt selbstverständlich auch für die deutsche „Soziale Marktwirtschaft", jenes kunstvolle, sehr fragile Produkt einer Kooperation von Staatsorganen und Unternehmen, von Gewerkschaften und Interessenverbänden, fraglos das Ergebnis bitteren Lernens in den vorhergegangenen Jahrzehnten. Ob man nun vom Korporativismus oder von einem symbiotischen Verhältnis von Staat und Wirtschaft spricht – die Gestaltungsmacht der Bürokratie, des Parlaments, der hohen Bundesgerichte ist, wenn es um die Veränderung der institutionellen Grundlagen geht, im Grenzfall unübersehbar größer als der Einfluß von Einzelunternehmen oder Unternehmerverbänden. Denn effektive politische Herrschaft kann das ausschlaggebende Maß an relativer Autonomie der Entscheidungen in Anspruch nehmen; man denke nur an die Verdichtung des „Sozialen Netzes", die Aufwertung der D-Mark oder den Währungsanschluß der verblichenen DDR. Auch der gegenwärtige Ruf nach mehr Deregulierung, mehr Marktfreiheit verlangt staatliche Gesetze und Garantieleistungen für die eigene Klientel.

Abgesehen von der historischen Konstruktionsarbeit des Staates beim Auf- und Ausbau der Marktwirtschaft und -gesellschaft ist seine Schlüsselrolle auch noch aus einem weiteren Grunde offenbar unvermeidbar. Denn überläßt man den Markt, dessen größtes Handicap es ist, daß er nur eine extrem begrenzte Voraussicht in die weitere Zukunft zuläßt, allein seinen eigenen Kräften, den Marktmechanismen, tendiert er auf längere Sicht zur Selbstgefährdung bis hin zur Selbstzerstörung.

Das Grundgesetz industriekapitalistischer Gesellschaften ist seit jeher und bis heute der Wechsel von Konjunktur und Krise. Keiner hat diese Fluktuationen bisher außer Kraft setzen können, obwohl wir die innere Bewegungsdynamik historisch kennen. Auch in den glücklichen Zeiten der erfolgreichen neokeynesianischen Konjunkturpolitik hat man ihre Wirkungen nur abzumildern vermocht. Wegen der Wachstumsschwankungen bedarf es, wie die Geschichte lehrt, offenbar einer Institution, die im Konfliktfall noch durchsetzungsfähiger ist als die Marktdynamik. Das ist der Staat, dem in westlichen Industrieländern seit rund 120 Jahren zahllose Aufgaben der Konjunkturregulierung und Gegensteuerung zugewachsen sind. So gesehen, ist der seit den 1870er Jahren entstehende Interventionsstaat das Ergebnis eines mühseligen Lernprozesses, daß nämlich die Pendelausschläge der Konjunktur, die Labilität der Marktverhältnisse, die Disparitäten der inneren und internationalen Entwicklungen nur durch staatliche Eingriffe reguliert, kompensiert, eventuell gezähmt werden können. Das gilt, mutatis mutandis, in allen westlichen Ländern.

Der Interventionsstaat ist daher – dies den Neoliberalen, welche der Illusion von der Allmacht des Marktes anhängen, ins Stammbuch – nicht ein systemfremder, von den Feinden des Marktes aufgepfropfter Zwangsapparat, nein, er ist der Inbegriff kluger Selbstverteidigung, ein immer wieder verbessertes, mühsam erkämpftes Ergebnis langwieriger Lernprozesse, in denen wir zur Zeit wieder mittendrin stecken. Historisch sehe ich keine überlegene Alternative, keine mit einem elastischen Marktsystem eher kompatible Lösung. Nach so langer historischer Erfahrung an die Überlegenheit autonomer Marktgesetze zu glauben ist ein reiner Köhlerglaube.

Nirgendwo gibt es den Interventionismus mit einer feststehenden Programmatik und einem gleichbleibenden Instrumentarium. Vielmehr müssen die Kräfte, Konstellationen und Eingriffe immer wieder neu austariert werden. Die „Soziale Marktwirtschaft" beruhte z.B. auf einer langen Reihe pragmatisch kluger Kompromisse, die sowohl etatistische Gängelung als auch darwinistische Kämpfe um Marktmacht vermieden; auf rechtlicher Abstützung durch die obersten Bundesgerichte; auf dem Ausbau des Sozialstaats; auf einer durch bittere Erfahrungen vor 1949 allmählich erworbenen Mentalität des Pragmatismus.

Dieser Konsens wird heute, hinter der Tarnwand der Globalisierung und Standortdebatte, von Politikern und Repräsentanten der Unternehmerschaft prinzipiell in Frage gestellt. Diese Ausbeutung vermuteter Machtchancen ist historisch nichts Neues. Dazu nur zwei Bemerkungen.

1. Der Preis für den Interventionsstaat ist unvermeidbar die hohe bürokratische Regulierungsdichte. Ein hochbürokratisiertes Land wie Deutschland mit jahrhundertealten Traditionen eines mächtigen Staatsapparats neigt jedoch stets zur Maximierung der Regulierung, zur Überreglementierung bis zum Exzeß. Gegen dieses Übermaß richtet sich, auch zu Recht, die Forderung nach Deregulierung. Ihr Ausmaß ist der eigentliche Streitpunkt. Dabei geht es nicht etwa primär um ein ökonomisches Problem, sondern um eine politisch kluge Entscheidung über die Verbindung von Marktrationalität und Staatseinfluß.

2. Der gegenwärtige Boom der Autoindustrie, der Großchemie, des Maschinenbaus dementiert die gellenden Schreie an der Klagemauer, daß die Konjunktur nur nach der Freisetzung einer möglichst autonomen Marktwirtschaft wiederkehre. Das geheime oder sogar offene Vorbild waren jahrelang die Reagansche und Thatchersche Politik, die ein solches soziales Trümmerfeld hinterlassen haben, daß ihr dennoch zu folgen hieße, die Lunte an den inneren Frieden der Bundesrepublik zu legen.

Gesucht ist vielmehr ein neues Mischungsverhältnis von Marktkräften und Staatseinfluß. Eine Wunderformel gibt es dafür nicht, wohl aber die historische Einsicht, daß Etatismusdogmatiker in die Erstarrung, Marktdogmatiker in eine Ruinenlandschaft führen.

Das tun die freiwaltenden Marktkräfte auch noch in anderer Hinsicht. Fehlt die staatliche Gegensteuerung, verschärfen sie zunehmend die Ungleichverteilung des Vermögens und der Einkommen, der Lebenschancen und Lebensrisiken.

Die Sozialstatistik zeigt, daß dreißig Prozent der Vermögen bei einem Prozent der Haushalte liegen, sechzig Prozent bei acht Prozent der Haushalte. Die Hälfte aller Zinsen und Dividenden geht an fünf Prozent aller Haushalte. Seit 1980 ist das Arbeitseinkommen um 15 Prozent, die Wirtschaftsleistung um 32 Prozent gestiegen, die Unternehmereinkommen aber haben sich seither verdoppelt. Einer Million Vermögensmillionäre steht in der scharf segmentierten deutschen Gesellschaft das untere Fünftel der Arbeitslosen, Kleinstrentner, Sozialhilfeempfänger, Obdachlosen usw. mit minimalen Transfereinkommen gegenüber.

Kurzum, krasser als in den Jahrzehnten vor 1982 tritt die soziale Ungleichheit in der Struktur der deutschen Gesellschaft hervor. Wo liegt die Gefahrengrenze, jenseits derer die Hülle von Werten und Normen, von Gewohnheiten und akzeptierten Zumutungen zerreißt? Keiner weiß das genau.

Aber die soziale Integration westlicher Industriegesellschaften beruht auch darauf, daß extreme Ungleichheit der Einkommen und Vermögen, auch der Macht und des Prestiges nicht zum Programm erhoben wird. Noch immer beruht die soziale Stellung des einzelnen weithin auf dem Zufall der Geburt, da ihm durch seine Familie Sprachkompetenz, Denkformen, privilegierende oder benachteiligende Ausbildung vermittelt werden. Diesem Zufall kann nur, wie die Geschichte zeigt, durch eine bewußte Politik der Annäherung an Chancengleichheit (nicht an die Chimäre der realen Gleichheit aller) sein Stachel genommen werden. Soziale Integration hängt wesentlich davon ab, daß das Fernziel, Gleichheit der Lebenschancen, nicht an den Götzen sozialdarwinistischer Marktmechanismen verraten wird.

Überdies haben auch die elastischen politischen Systeme dieser Gesellschaften immer nur eine begrenzte Fähigkeit, schwere soziale Spannungen zu verarbeiten. Im Jargon: Ihre Problembewältigungskapazität stößt angesichts tiefer sozialer Zerklüftung auf Grenzen. Noch einmal: Ihr Verlauf ist unbekannt. Ihr Überschreiten kann aber im Nu in ein Minenfeld führen, in dem die Legitimationsbasis des Staates gesprengt wird. Die Spuren von 1918 und 1929/33 schrecken.

Die Konsequenz ist simpel. Wir müssen präventiv dafür sorgen, daß gefährliche Spannungen nicht aufkommen oder daß sie sich nicht über längere Zeit hinweg halten können, weil das Krisenmanagement über Nacht versagen könnte. Marktwirtschaft pur hölfe dann gar nichts, und ihre Apostel würden nach staatlichem Schutz rufen.

Mit dem Streit um die kluge neue Austarierung von Markt und Staat sollte, das lehrt die historische Erfahrung, auch eine Wertediskussion verbunden sein. Das ist auch in Deutschland in Umbruchsituationen regelmäßig der Fall gewesen, z.B. beim Streit der Historischen Schule der Nationalökonomie gegen die klassische Wirtschaftstheorie; beim Streit der alten Sozialdemokratie gegen die Auswüchse des besitzindividualistischen Privatkapitalismus; beim Streit um die Ordnungspolitik in der Weimarer Republik; beim Streit um die Anfänge der „Sozialen Marktwirtschaft".

Im Vergleich damit verharrt die deutsche öffentliche Meinung in einem unerschütterlichen Winterschlaf, als ob der Wertehimmel über ihr durch keinen Zweifel in Frage gestellt werde. In Amerika dagegen wird diese Wertediskussion seit zwanzig Jahren von den sogenannten „Kommunitariern" geführt. Das ist der Spitzname für ein Dutzend der besten Köpfe in der Politischen Philosophie und den Sozialwissenschaften. Sie wollen erneut die Aufgabe eines modernen, liberalen und demokratischen Gemeinwesens, das Gemeinwohl als Leitvorstellung, die Zähmung des amerikanischen Kapitalismus und die Reform der Städte und die dafür erforderlichen Orientierungswerte bestimmen, welche das teilweise desintegrierte und extrem pluralisierte Land wieder besser integrieren sollen. Mancher deutsche Intellektuelle hat über diese intensive Debatte so herablassend geurteilt, als verlaufe sie auf einem anderen Stern. Tatsächlich aber brauchen auch wir längst eine vergleichbare Diskussion.

Wir brauchen sie über das Verhältnis von individueller Eigenverantwortung und öffentlicher Hilfe. Wir brauchen sie über den Fatalismus, mit dem eine wachsende Soziale Ungleichheit letztlich hingenommen, anstatt daß sie – genuine Aufgabe der Opposition – schärfstens angeprangert wird; die glitzernden Wortkaskaden über Individualisierung und Pluralismus der Lebensstile à la Ulrich Beck ignorieren ja souverän die Ergebnisse der nüchternen Sozialforschung, wie unglaublich hart die Strukturen Sozialer Ungleichheit geblieben sind. Wir brauchen sie über die von der Opposition schmählich vernachlässigte Frage der Vermögensbildung unter Arbeitnehmern und ihre Teilhabe am Produktivkapital. Wir brauchen sie über die Frage, welchen gesellschaftlichen Zielen das ständig erhöhte Tempo des Wirtschaftslebens dienen soll. Wir brauchen sie über den Charakter der allseitig beschworenen „Sozialen Marktwirtschaft" und die zeitgemäße Mischung von Markt- und Staatseinfluß. Wir brauchen sie über die Zähmung der Finanzmärkte, die Kontrolle der Multis, überhaupt über die Ausdehnung politischen Einflusses auf die „Global Players“ und so fort.

Unstreitig gibt es zahlreiche wichtige Fragen. Schnelle Lösungen der Probleme hat keiner parat. Aber das Fatale hierzulande ist die Passivität der öffentlichen Meinung, der allermeisten Politiker und der Meinungsmacher, eine Apathie, die eine leidenschaftliche Kontroverse gar nicht erst aufkommen läßt. Da können die einen noch so beschwörend ihre Kassandrarufe ausstoßen, da mögen die anderen die pragmatische Vernunft beschwören, da kann die „Zeit“ ihr Diskussionsforum öffnen – noch ist keine Bewegung in die deutsche Debatte gekommen.

Glaubt man aber allen Ernstes, die notwendige mentale und institutionelle Umstellung auf das 21. Jahrhundert ohne Wertediskussion betreiben zu können? Die höchste Hürde ist vermutlich die verwöhnte Erfolgsmentalität der Westdeutschen, denen nach vierzig Jahren beispiellosen Aufstiegs die Flexibilität abgeht, die Bedingungen und Erfordernisse des institutionellen Umbaus in einer selbstkritischen Diskussion endlich zu klären. Vielleicht hat die Marktgesellschaft alte Werte aufgezehrt, ohne selber neue generieren zu können, denn Besitz und Konsumdemonstration genügen als Ersatz offenbar ganz und gar nicht.

Mit der Wertediskussion hängt der letzte Punkt eng zusammen. Das ist die Frage nach der Gesellschaft, in der wir künftig leben wollen. Diese Frage begleitet, auch das ist eine historische Lernerfahrung, den Aufstieg der industriellen Welt, ob erwartungsfroh oder pessimistisch, von Anfang an.

Es gibt nach den Katastrophen des Nationalsozialismus und des Kommunismus eine verständliche Erschöpfung der politischen Utopien. Sie mündet häufig in eine generelle Diskreditierung aller utopischen Gedanken. Ohne sie kommen wir aber – unabhängig von der Lehre der großen Konfessionen – nicht aus, da die Menschen über die Grenzen des Alltags hinweg sich an glaubwürdigen Zielen orientieren, sich durch sie motivieren und mobilisieren lassen wollen. Ein solches Ziel bleibt der Ausbau der „bürgerlichen Gesellschaft“, der „Zivilgesellschaft“, wie man heute gern sagt. Das ist die erfolgreichste und überdies humanste Utopie der westlichen Länder in der politischen Neuzeit.

Am Ausgang des 18. Jahrhunderts von brillanten Sozialphilosophen entworfen, sah die Zielvision der „bürgerlichen Gesellschaft“

ein republikanisches Gemeinwesen freier und gleichberechtigter Bürger vor, die, gestützt auf Grundrechte und Verfassung, in der Arena des Marktes möglichst ungezwungen ihrer wirtschaftlichen Tätigkeit nachgehen sollten. Dieser „bürgerlichen Gesellschaft“ haben wir uns in der Bundesrepublik dichter angenähert als je zuvor in der deutschen Geschichte. Das ist ihr eigentliches Ruhmesblatt. Die Defizite des ursprünglichen Entwurfs: die Diskriminierung der Frauen, der Besitzlosen, der „Ungebildeten“, der fremden Minderheiten, sind durch den Ausbau des Sozial- und Verfassungsstaats und die formale Gleichberechtigung ehemals Benachteiligter beseitigt oder doch drastisch verringert worden.

Trotzdem bleiben genug ungelöste Aufgaben weiter bestehen. Der arrogante Stolz des „Wir haben alles geschafft“ wäre ganz und gar unangebracht. Wir leben z.B. in einer schroff segmentierten Gesellschaft. 75 Prozent, den allermeisten Arbeitsplatzbesitzern, den Vermögenden und ihren Familien, geht es vorzüglich. Aber unterhalb einer scharfen Trennungslinie leben 25 Prozent fern von den Verheißungen und realen Chancen einer wohlhabenden „bürgerlichen Gesellschaft“. Unser Dilemma ist: Krasse soziale Ungleichheit wird nicht mehr als Stachel empfunden. Der Erfolg hat die Glücklichen eingelullt. Oft sind unsere bequemen Wohnviertel von den Quartieren der „neuen Armut“ getrennt, so daß wir nicht einmal mehr anschauliche Erfahrungen gewinnen.

Meine Prognose lautet, daß die Soziale Ungleichheit wegen der Globalisierung, des unabhängig davon verlaufenden tiefen ökonomischen Strukturwandels, der Dauerhaftigkeit der Massenarbeitslosigkeit, der ungleichen Vermögensbildung zunehmen wird. Zu viele werden von den Vorzügen der modernen „bürgerlichen Gesellschaft“ ausgeschlossen bleiben.

Die Gefahr ist daher schlechthin nicht zu übersehen, daß soziale Spannungen imstande sein könnten, den Konsens und die Legitimationsgrundlage der Bundesrepublik zu sprengen oder doch einer riskanten Erosion auszusetzen. Wir brauchen daher, etwa im Rahmen der Wertediskussion, die Neubestimmung einer zeitgemäßen „Zivilgesellschaft“, die durchaus mit hohen, zunächst utopischen Ansprüchen verbunden sein sollte, damit Energien freigesetzt, die Phantasie bewegt, Kräfte für erstrebenswerte Fernziele mobilisiert werden, anstatt daß wir in der kurzatmigen Bewältigung des Alltags ersticken.

So sehr ich für einen realistischen Pragmatismus aufgrund von historischen Lernerfahrungen plädiere, so sehr scheint er mir der Ergänzung durch Zukunftsvorstellungen zu bedürfen. Sie müssen freilich konkretisierbar sein, damit sie den Menschen die Hoffnung geben, durch ihre eigenen Anstrengungen eine „Zivilgesellschaft" für alle einrichten zu können.

An erster Stelle geht es heute darum, das Gefühl für die Notwendigkeit einer möglichst breiten, kontroversen Diskussion über die erörterten Probleme, auch über unseren Wertekanon und den Charakter unserer künftigen Gesellschaft zu schärfen, damit wir nicht unversehens dem gewaltigen Druck der profanen täglichen Probleme erliegen. Denn dann könnten wir jene Chancen verspielen, welche die Bundesrepublik – wie zur Zeit nur wenige Gesellschaften – noch immer so reichlich besitzt, anstatt sie endlich zu nutzen.

13. Das Bürgertum – Phönix aus der Asche

Mit dem Übergang in das dritte Millenium christlicher Zeitrechnung kann das Bürgertum seine Tausendjahrfeier begehen. Denn im Verlauf einer ersten Urbanisierungswelle hat es sich auch im Bereich des später deutschsprachigen Mitteleuropa seit dem 11. Jahrhundert herausgebildet. Seine Entstehungsgeschichte hängt mit dem Aufstieg der okzidentalen Stadt zusammen, die in universalgeschichtlicher Perspektive eine einzigartige, in keinem anderen Kulturkreis des Globus vorkommende Schöpfung darstellt. Sie verkörperte keinen asiatischen Herrschaftssitz und keinen abgekapselten Stadtstaat wie in der Antike. Vielmehr bildete sie eine autonome Gebietskörperschaft in einem durchweg noch feudalrechtlich organisierten Umfeld, sie wurde von Bürgerkooperationen selbständig verwaltet, besaß einen eigenen Markt, eine eigene Warenproduktion, eine eigene Gerichtsbarkeit und die Fähigkeit zur militärischen Selbstverteidigung. In dieser Stadt stiegen anstelle des Adels zum ersten Mal Bürger, vor allem Kaufleute und Handwerker, zur herrschenden Elite auf und verteidigten nach manchen Mutationen diesen Vorrang bis heute.

Die mitteleuropäischen Städte gingen durchweg aus Kaufmannssiedlungen hervor, die sich entweder zu einer selbständigen

Schwurgenossenschaft vereinigten oder um einen Adelssitz herumlagerten. In jedem Fall stammte ihre auffällige Dynamik aus dem Aufblühen des Fernhandels mit seinen neuartigen Handelsströmen, aus den Expansionswellen des europäischen Bevölkerungswachstums und aus den Ausdehnungsmöglichkeiten der vorherrschenden Agrargesellschaft. Um 1800 waren aus dem Urbanisierungsprozeß rund 3000 Städte im Alten Reich hervorgegangen, in denen rund ein Viertel seiner deutschsprachigen Bevölkerung lebte.

Über die Größe darf man sich keiner Illusion hingeben: Nur zwei Städte, Wien und Berlin, besaßen mehr als 100000 Einwohner, ein Dutzend mehr als 10000, knapp 20 lagen zwischen 2000 und 10000, aber mehr als 2800 Städte kamen nicht einmal auf 1000 Einwohner, die zum guten Teil von der Landwirtschaft im städtischen Umfeld lebten.

In all diesen Städten, besonders deutlich in den großen urbanen Gemeinwesen, hatte sich eine identische Sozialstruktur des frühen Bürgertums herausgebildet. Eine hauchdünne Oberschicht von einem bis maximal fünf Prozent der Einwohnerschaft bestand aus vermögenden Kaufleuten und Handwerkern, den Honoratioren und Patriziern, denen im Zuge der Adelsimitation öfters der Übergang in einen neuen Stadtadel gelang. Sie bildeten die politische und sozialkulturelle Oligarchie, die „herrschende Klasse" der Stadt. Darunter bewegten sich mittel- und kleinbürgerliche Schichten im Umfang von zehn bis höchstens 30 Prozent der Stadtbevölkerung: einigermaßen auskömmlich lebende Handwerker, Krämer, Spediteure, Wirte usw. Die große Mehrheit bestand jedoch überall gut 900 Jahre lang aus den Unterschichten, denen alle Stadtbürgerrechte – z.B. das aktive und passive Wahlrecht, der Anspruch auf Versorgung im städtischen Hospital und mit städtischem Brenn- und Bauholz – rigoros verweigert wurden. Alle Städte hingen von der Präsenz dieser „Reservearmee" aus Tagelöhnern, Dienstboten und Gesindeleuten ab, konnten sie aber im Prinzip innerhalb weniger Stunden ausweisen. Wenn man vom städtischen Bürgertum in Mitteleuropa spricht, geht es daher konkret jeweils nur um eine Minderheit von jenen zehn bis 30 Prozent vollberechtigter Stadtbürger, die den wirtschaftlichen und politischen Kern der Gemeinde bildeten, umgeben von mindestens zwei Dritteln der Einwohnerschaft, die aus rechtlosen Unterschichten bestanden.

Zu diesem Stadtbürgertum trat seit der „Fürstenrevolution" des Reformationszeitalters, aus der die bunte Vielzahl selbständiger deutscher Territorialstaaten hervorging, allmählich eine weitere bürgerliche Sozialformation. Das waren die an den neuen Landesuniversitäten geschulten Juristen und Theologen, die im Zuge des Staatsbildungsprozesses von der Fürstenherrschaft als „Staatsdiener" benötigt wurden und überwiegend als Bürger unter eigenem Recht, als „Staatsbürger", auch in den Städten wohnten. Aus diesen „gebildeten Ständen" ging seit dem späten 18. Jahrhundert das „Bildungsbürgertum" hervor. Das war ein Ensemble von staatlichen Funktionseliten in der Verwaltung und Justiz, im Schul- und Wissenschaftsbetrieb, nicht zuletzt im protestantischen Pfarramt. Diese „verstaatlichte Intelligenz" war, ehe sie in ihre Beamtenstellen einrückte, an den Universitäten geschult und unter dem Einfluß des Neuhumanismus zum Träger der neuen Bildungsidee geworden. Ihr zufolge sollte an die Stelle des Aufklärungskonzeptes der strikten Erziehung die Selbstbildung des Verstandes und Gemüts durch den einzelnen treten. Im Vergleich mit anderen westlichen Staaten entstand mit dem deutschen Bildungsbürgertum eine einzigartige Modernisierungselite mit dem eigentümlichen Sozialprofil der „Akademiker" und der Sozialmentalität der „Gebildeten". Da sie im Höheren Dienst der Bürokratie an einer Vielzahl politischer Entscheidungen beteiligt war, dazu in der Öffentlichkeit und Wissenschaft zu den modernen „Meinungsmachern" gehörte, übte sie unverkennbar einen bedeutenden politischen Einfluß aus, auf dem ihr Selbstbewußtsein zum guten Teil beruhte, obwohl sie die eigentlichen Spitzenpositionen im Herrschaftsapparat gewöhnlich Aristokraten überlassen mußte.

Ungefähr gleichzeitig mit dem Bildungsbürgertum tauchte eine zweite neue Bürgerformation auf. Das war die unternehmerische Bourgeoisie, die sich mit dem Ausbau der neuzeitlichen Marktwirtschaft ganz auf die neuartigen Industrieunternehmen, Banken und Verkehrsbetriebe hin orientierte. Sie ging nur zum Teil aus den alten wirtschaftsbürgerlichen Familien des traditionalen Stadtbürgertums hervor, obwohl hier manche Kontinuität unübersehbar ist, wenn etwa jüngere Söhne aus solchen Familien, ausgestattet mit dem Startkapital und dem sozialen Netzwerk ihres Herkunftmilieus, in die neue Arena der produktionskapitalistischen Welt aufbrachen. Interessanter sind die Aufsteiger, die aus einem meistens „unterbürgerlichen“ Milieu außerhalb des alten Stadtbürgertums nach oben drängten: Söhne von Zwirndrehern und Seifensiedern, von Volksschullehrern und Pfarrern. Ehrgeizig, begabt, Fanatiker des Leistungsprinzips nutzten diese Repräsentanten der Marktwirtschaft die Chancen der Aufstiegsmobilität entschlossen aus und sicherten sie oft durch eine zielbewußte Strategie der Einheirat in die Familien des prestigeträchtigen Stadtbürgertums oder der Höheren Bürokratie ab. Seit dem Ausgang des 18. Jahrhunderts existierten daher in den Gesellschaften der deutschen Staaten und Städte stets drei klar unterscheidbare bürgerliche Formationen nebeneinander, obwohl diese „Bürgertümer“ durch manche Heirats- und Verkehrskreise, durch gemeinsame „Weltbilder“ miteinander verbunden waren.

Unter diesen altständischen Stadtbürgern, den Berufsklassen des Bildungbürgertums und den kleinen Erwerbsklassen der Bourgeoisie fand jene politische Utopie am meisten Resonanz, die im späten 18. Jahrhundert im Anschluß an die schottischen und englischen Aufklärer von deutschen Sozialtheoretikern unter dem Stichwort der „Bürgerlichen Gesellschaft“ entworfen worden war. Darunter wurde ein Gemeinwesen aus gleichberechtigten Bürgern verstanden, die unter dem Schutz einer schriftlichen Verfassung lebten, auf dem Forum eines gewählten Parlaments in freier Diskussion das Gemeinwohl ermittelten, ehe sie es in Gesetzesform gossen, und in der Arena einer möglichst ungehinderten Marktwirtschaft ihrem Privaterwerb nachgingen. Das Fernziel dieser Utopie war die bürgerliche Republik. Auf dem Wege dorthin waren aber Kompromisse mit der Fürstenherrschaft, deren Übergriffen der Schutzwall der Verfassung entgegenstand, durchaus möglich. Freilich schloß diese Utopie ursprünglich Frauen und Minderheiten, wie z. B. die Juden, von der aktiven Mitwirkung im Gemeinwesen und seiner öffentlichen Sphäre aus. Mit der Zielvorstellung von einer zu realisierenden und dabei verbesserungsfähigen „Bürgerlichen Gesellschaft“ gewannen die bürgerlichen Zeitgenossen seit dem späten 18. Jahrhundert ein Programm für ihr politisches Handeln. Zugleich gewinnt man damit aber auch einen generalisierbaren Bewertungsmaßstab für die gesellschaftliche und politische Verfassung der konkreten Bürgergesellschaft. Ohne die Zielvision der „Bürgerlichen Gesellschaft“ wäre etwa der deutsche Liberalismus schlechthin undenkbar.

Im Verlauf der Reformen, die in den meisten deutschen Staaten zwischen 1800 und 1815 durchgeführt wurden, um den Druck der Französischen Revolution und der napoleonischen Politik abzufangen, sind überall die überlieferten Autonomierechte des alten Stadtbürgertums in Frage gestellt und schließlich aufgehoben worden. Durchgesetzt wurde die Rechtsfigur des allgemeinen „Staatsbürgers", der nicht mehr seiner Stadtgemeinde oder auf dem Lande einem Adelsherrn, sondern dem direkten Zugriff des Staates und seiner Verwaltung unterstand. Zwar wurde von vielen Städten das „Heimatrecht", das ihnen die Zuwahl neuer Vollbürger weiter sichern sollte, erbittert verteidigt. Aber bis 1870 wurde diese Bastion von der Bürokratie im Auftrag des einzelstaatlichen Gesetzgebers geschleift. Dadurch entstand anstelle der alten Stadtbürgerschaft die neue Einwohnergemeinde, eine Gebietskörperschaft aus gleichberechtigten Staatsbürgern. Die Gesetzgebung des neugegründeten Deutschen Reiches von 1867/71 hat diesen Rechtszustand unverzüglich besiegelt.

Wie sah seither die Sozialstruktur des städtischen Bürgertums aus? Unverändert hielt sich an der Spitze eine Honoratiorenelite, die – ein bis sechs Prozent der Einwohner umfassend – aus vermögenden Wirtschaftsbürgern, neureichen Aufsteigern, hohen Beamten und erfolgreichen Freiberuflern, insbesondere Rechtsanwälten und Ärzten, bestand. Die mittel- und kleinbürgerlichen Erwerbsklassen machten, je nach Stadt, zehn bis 25 Prozent aus. Den Sockel der Sozialpyramide bildeten weiterhin proletarische Unterklassen, die mindestens 70, manchmal aber sogar 90 Prozent der Stadtbevölkerung umfaßten.

Zwar galt für die Wahlen zum Reichstag das allgemeine Wahlrecht für großjährige Männer, aber in den deutschen Städten bestanden bis 1918 verschiedenartige Formen des Klassenwahlrechts. Das berüchtigte preußische Dreiklassenwahlrecht wurde durch die mehr als doppelt so große Anzahl von Klassen im hamburgischen und sächsischen Wahlrecht noch übertroffen. Zugrunde lag überall das plutokratische Prinzip, die Zugehörigkeit zu einer Wahlklasse an das Steueraufkommen zu binden. Auf diese Weise konnte Krupp in Essen alle Stadtverordneten, die der ersten Klasse zustanden, allein ernennen, während in den Berliner Wahlbezirken in der dritten Klasse 100000 Stimmen für einen Verordneten nötig waren. Im Grunde hielt daher die scharfe Diskriminierung der Unterschichten in den bürgerlichen Städten unter neuen Vorzeichen weiter an, und die Stadtverordneten, die von den beiden schmal zugeschnittenen obersten Wahlklassen bestimmt wurden, welche die etwa sechs Prozent des Großbürgertums und der oberen Mittelklassen erfaßten, gaben bis 1918 den Ton an.

Wendet man sich von der genuinen Heimat des Bürgertums, den Städten, zum Anteil des Bürgertums an der Gesamtgesellschaft des Kaiserreichs, ergeben sich ebenfalls ernüchternde Größenverhältnisse. Die Großbourgoisie umfaßte ein Prozent, das gesamte obere Wirtschaftsbürgertum nicht mehr als fünf bis sechs Prozent, das Bildungsbürgertum nicht einmal ein Prozent der Reichsbevölkerung. Der Doppelkern des verhaltens- und mentalitätsprägenden oberen Bürgertums übertraf daher nur knapp sechs Prozent aller Reichsdeutschen. Das Mittel- und Kleinbürgertum schwankte zwischen 12 und 15 Prozent, so daß alle bürgerlichen Formationen in der reichsdeutschen Klassengesellschaft zusammengenommen auf höchstens ein Fünftel der Bevölkerung (von etwa 60 Millionen vor 1914) kamen.

Das rückt zum einen das unbedachte Gerede von der bürgerlichen Gesellschaft ganz konkret zurecht, denn die erdrückende Mehrheit wurde von den 70 Prozent des städtischen Proletariats und den zehn Prozent der ländlichen Bevölkerung gestellt, in welcher die Groß -und Mittelbauern seit jeher nur eine kleine Minderheit oberhalb der Landarbeiterschaft darstellten. Zum anderen bleibt es ein erstaunliches Phänomen, wie diese numerisch derart kleinen bürgerlichen Erwerbs- und Berufsklassen ihren Wertehimmel, ihren Verhaltenskanon, ihr Arbeitsethos, ihren Lebensstil der Mehrheit aufprägen konnten.

An einem entscheidenden Punkt scheiterte das Bürgertum jedoch: Es konnte zwar sein Projekt, eine „Bürgerliche Gesellschaft" zu verwirklichen, Schritt für Schritt und schließlich weithin durchsetzen. Man braucht nur auf die rechtliche Absicherung der modernen kapitalistischen Marktwirtschaft, den Ausbau des Verfassungs- und Rechtsstaats, des Rechtswesens überhaupt und allemal der Schul- und Wissenschaftsdomäne zu blicken, um seines erstaunlichen Erfolges gewahr zu werden. Die Zentrale der politischen Herrschaft konnte es jedoch nicht erobern. Nicht nur blieb es auf den Kompromiß mit der Monarchie und dem

Adelssystem fixiert, sondern es wurde im Reich und in allen seinen Einzelstaaten im Vorhof der Macht gefangen gehalten. Die Monarchen, nicht aber die Parlamentsmehrheiten, ernannten die Reichskanzler und Ministerpräsidenten, und die Herrschaftsbezirke des Militärs, der Bürokratie und des Hofs blieben abgeschottete Autonomiebereiche, die sich dem politischen Zugriff des Bürgertums nicht öffneten. Auch die Parlamentarisierung in den allerletzten Schlußtagen des Kaiserreichs wurde nicht etwa erkämpft, sondern von der Obersten Heeresleitung unter Ludendorff und Hindenburg im Zuge der letzten preußischen „Revolution von oben" im Oktober 1918 durchgesetzt, um die Schuld der unabwendbaren Niederlage den Linksparteien aufbürden zu können.

Aufs Ganze gesehen wurde daher die erste Republik von 1919 namentlich vom Bürgertum als Ergebnis dieser Kriegsniederlage wahrgenommen. Das Wirtschaftsbürgertum hatte sich längst an effektive Interessenverfechtung im autoritären System des Kaiserreichs gewöhnt. Und das Bildungsbürgertum, in seinem Kern noch immer die verstaatlichte Intelligenz des höheren Staatsdienstes, war ohnehin in engster Symbiose mit dem Fürstenstaat aufgestiegen und tat sich, voller Animosität, ja Haß, außerordentlich schwer mit der unvermeidbaren Umstellung auf den neuen, den ungeliebten, den republikanischen Staat.

Die Größenverhältnisse der verschiedenen „Bürgertümer" blieben weiterhin dieselben: An der Spitze hielt sich mit fünf bis zehn Prozent der Bevölkerung das obere Wirtschaftsbürgertum, in dem eine riesige Distanz die schwerreiche Großbourgoisie von anderen Bürgerlichen trennte. Das Bildungsbürgertum stagnierte bei knapp einem Prozent, und der Umfang der mittel- und kleinbürgerlichen Erwerbsklassen schwankte um 15 Prozent. In ihm herrschte ja stets eine lebhafte Aufstiegs-, aber auch Abstiegsdynamik, die namentlich in der Zeit der „Großen Depression" der Weltwirtschaft seit 1929 zum Absinken von Kleinbürgern in das Proletariat führte.

In den Bereichen, in denen die Utopie der „Bürgerlichen Gesellschaft" schon weithin durchgesetzt worden war, wurde der Ausbau weiter fortgesetzt. Das bleibt ein Ruhmesblatt der Weimarer Republik. Endlich erhielten die Frauen das Stimmrecht im Zentralstaat, in allen Einzelstaaten und in den Kommunen, ohne daß damit die politischen Kräfteverhältnisse verändert worden wären. Die Mängel der freien Marktwirtschaft wurden im Anschluß an die etatistische Sozialpolitik seit der Bismarckzeit weiter korrigiert. Die Leistungen des Weimarer Wohlfahrtsstaats wurden für lange Jahre nicht mehr übertroffen.

Aber politisch scheiterte das republikanische Experiment nicht zuletzt an jenem Widerstand des Bürgertums, der bis zum neuen Rechtsradikalismus der Hitler-Bewegung gesteigert wurde. Abgesehen von den relativ wenigen aufrechten bürgerlichen Liberalen fand das Bildungsbürgertum aus seiner anfänglichen Opposition nicht heraus. Seine traditionelle Staatsnähe hatte nur dem monarchisch-autoritären Staat gegolten. Auf die Republik in all ihren Nöten wollte es diese Sonderbeziehung nicht übertragen. Da es in der höheren Bürokratie und in der Öffentlichkeit unverändert einen weitreichenden Einfluß ausübte, wirkte sich sein antirepublikanischer Konsens fatal aus. Das läßt sich besonders prägnant an der Grundsatzopposition fast aller Universitätsprofessoren verfolgen. Sie rieten keineswegs zu einem realistischen Kompromiß mit der neuen Staatsordnung im Sinne der aus Monarchisten zu „Vernunftrepublikanern" gewordenen winzigen Minderheit unter ihnen. Vielmehr redeten sie der Rückkehr zur autoritären Politik ebenso das Wort wie einem extremen Nationalismus und radikalen Revisionismus, der das „Versailler System" notfalls mit Waffengewalt umstürzen sollte. Der bildungsbürgerliche Nachwuchs an den Universitäten erlag der Stimmungsmache. Längst vor dem bedrückenden Wahlsieg der NSDAP im Sommer 1932 hatte der „Nationalsozialistische Studentenbund" die Mehrheit bei den AStA-Wahlen an allen deutschen Hochschulen gewonnen.

Das Wirtschaftsbürgertum, namentlich die „strategische Clique" in den Großunternehmen, hat zwar nicht, wie es eine zählebige Legende lange Zeit weismachen wollte, den Aufstieg der NSDAP finanziert. Die Wahlfonds der Großindustrie wurden nach dem Gießkannenprinzip verteilt, blieben unerheblich und ergänzten nur den ausschlaggebenden Mittelzufluß aus der Selbstfinanzierung der Parteikosten mit Hilfe einer Besteuerung der Mitglieder. Dennoch trug das obere Wirtschaftsbürgertum maßgeblich zum Untergang der Republik bei, weil es fast alle republikfeindlichen Bestrebungen unterstützte und schließlich in einem autoritären politischen System die beste Lösung für die Probleme der Wirtschaftskrise sah. Hitler als der „große Trommler“ sollte dafür die Massenunterstützung mobilisieren, von den erfahreneren Rechtspolitikern aber „gezähmt“ werden.

Eben dieses Zähmungskonzept scheiterte kläglich, als binnen kurzem die charismatische Führerherrschaft in einer totalitären Diktatur durchgesetzt wurde. Von Widerstand dagegen findet man im Bürgertum kaum eine Spur. Im Wirtschaftsbürgertum wurde der „neue Aufbruch“ verklärt. Nur wenige Bürgerliche leisteten riskante Opposition. Vergessen waren im Nu die Ideale der „Bürgerlichen Gesellschaft“. Die „Volksgemeinschaft“ im großgermanischen Rassereich des Nationalsozialismus verkörperte geradezu den vollständigen Verrat dieser nobelsten Utopie, die das westliche Bürgertum bisher hervorgebracht hat.

Mit dem Untergang des „Dritten Reiches“ schienen das Bürgertum, aber auch die Zielvision einer „Bürgerlichen Gesellschaft“ rundum diskreditiert, ja zerstört. Es gehört daher zu den faszinierenden Momenten der westdeutschen Nachkriegsgeschichte, daß beide die historisch überaus seltene Chance eines zweiten Anlaufs erhielten. In sozialhistorischer Perspektive ist die Kontinuität das Bestechende. Wie Phönix, der Wundervogel der antiken Sage stieg das Bürgertum aus der Asche wieder empor. Das obere Wirtschaftsbürgertum blieb, wenn man einmal von seinen Kriegsverlusten absieht, aufs Ganze gesehen bestehen. Die alten Unternehmernamen überdauerten die Zäsur von 1945/48, als ob der Mahlstrom des zweiten totalen Krieges dieser privilegierten Erwerbsklasse nichts hätte anhaben können. Neu hinzu kamen die jungen Aufsteiger, die etwa als Speers „junge Leute“ vor allem in der Kriegswirtschaft die Kommandobrücken der Großunternehmen erklommen hatten und sich in der Hochkonjunkturphase der 1950er und 60er Jahre behaupteten.

Von eben dieser ganz unerwarteten Konjunkturbewegung des „Wirtschaftswunders“ wurden auch die kraftvoll in die Breite wachsenden wirtschaftsbürgerlichen Mittelklassen hochgetragen, die in der Arena der westdeutschen Wachstumsgesellschaft ein sich ständig ausdehnendes Betätigungsfeld gewannen. Wahrscheinlich haben in dieser Expansionsphase zwischen Währungsreform und erster Ölkrise – also in der Epoche einer beispiellosen Prosperität der westlich dominierten Weltwirtschaft – die mittel- und kleinbürgerlichen Klassen auch in der Bundesrepublik so stark wie nie zuvor an Umfang gewonnen. Diese dynamische Ausweitung im Mittelbereich der Sozialstruktur hat der Soziologe Helmut Schelsky frühzeitig mit dem optimistischen Schlagwort der „nivellierten Mittelstandsgesellschaft" charakterisiert, das eine zustimmende Resonanz fand. Sieht man einmal von dem anachronistischen Begriff des „Standes" ab, der sich freilich in der deutschen politischen Sprache bis heute zählebig hält, kam dieser Begriff der vertrauten Neigung entgegen, zur bürgerlichen Mitte zu gehören. Zugleich knüpfte er gewissermaßen unterschwellig an die von den Nationalsozialisten vielbeschworene sozialromantische Vorstellung von der deutschen „Volksgemeinschaft" an, die sich in die angeblich allen zugängliche „Mittelstandsgesellschaft" verwandelte.

Auch im verbeamteten oder freiberuflichen ehemaligen Bildungsbürgertum hielt sich über 1945 hinaus eine erstaunliche Kontinuität. Zwar war die ältere Form des neuhumanistischen, geistesaristokratischen Bildungsbürgertums im Hexenkessel der ersten Hälfte des 20. Jahrhunderts zerstört worden. Aber die soziale Matrix bildungsbürgerlicher Familien mit ihrer Fixierung auf die akademische Ausbildung und das Prestige des „Gebildeten" blieb bestehen, so daß aus ihr ein Großteil der akademischen Intelligenz der Bundesrepublik, dank der Bildungsreform allmählich durch Aufsteiger ergänzt, hervorging.

Zu dieser gesellschaftlichen Kontinuität kam dann hinzu, daß bürgerliche Verfassungsvorstellungen das Grundgesetz der Bundesrepublik und den Ausbau des Rechtsstaats dominierten. Bürgerliche Leistungs- und Verhaltensvorstellungen prägten in zunehmendem Maße die westdeutsche Gesellschaft. Selbst der deutsche Liberalismus, der in der Weimarer Republik endgültig und kläglich untergegangen zu sein schien, erlebte eine Renaissance. Endlich konnte das Projekt der „Bürgerlichen Gesellschaft" rundum verwirklicht werden, denn der moderne Sozialstaat bemühte sich, die wirtschaftlichen und gesellschaftlichen Schwachstellen effektiv auszubessern. Die formelle Gleichberechtigung der Frauen wurde in weitere Lebenssphären hinein ausgedehnt. Minderheiten wurden rechtsstaatlich abgesichert. Nach den Katastrophen zweier Weltkriege, die das Deutsche Reich ausgelöst und wider alle Vernunft bis zum Ende durchgekämpft hatte, mithin um einen geradezu ungeheuerlichen Preis, wurden endlich günstige Voraussetzungen für eine „Bürgerliche Gesellschaft“ geschaffen, akzeptiert und politisch genutzt. Das ist die eigentliche Leistung der Bundesrepublik. Dagegen blieben die Ostdeutschen in ihrem sowjetischen Satellitenstaat von dieser Entwicklung und den damit verbundenen Lernprozessen ausgeschlossen, so daß sie diese seit 1989 unter enormem Druck nachholen müssen.

Darüber hinaus ist die „Bürgerliche Gesellschaft“ oder die „Zivilgesellschaft“, wie sie in der modischen Sprache unserer Tage heißt, durch den Zerfall der Sowjetunion und den Zwang zum inneren Aufbau der demokratisch-parlamentarisch verfaßten Nachfolgestaaten und der befreiten osteuropäischen Staaten in einem unvorhersehbaren Maße auf die Tagesordnung gesetzt worden. In ihrer Verbindung von Verfassungsstaat, liberaler, aber sozialstaatlich gezügelter Marktwirtschaft und gesellschaftlicher Autonomie verkörpert sie geradezu den beherrschenden Wunschtraum zwischen Oder und Ural.

Zwei Dilemmata stehen jedoch seiner schnellen Verwirklichung entgegen. Zum einen fehlt diesen Staaten weithin ein selbstbewußtes, handlungsfähiges Bürgertum, das nach dem Zerstörungswerk der Bolschewiki nur langsam entstehen kann. Zum zweiten verhindert die Überschneidung zahlreicher Krisenfelder schnelle Erfolge und schwächt die Attraktion dieser „Zivilgesellschaft“, die vielerorts nur als exzessiver Turbokapitalismus erfahren wird.

Aus dieser Lage drängen sich zwei Folgerungen auf. Einmal sind in der neuen Bundesrepublik noch längst nicht alle Ziele einer zeitgemäß erweiterten und sicher abgefederten Zivilgesellschaft erreicht. Zu hochmütiger Passivität im Sinne des „Wir haben es geschafft“ besteht keinerlei Anlaß. Und zweitens ist es die Hauptaufgabe der in der Europäischen Union bereits vereinten Staaten, den vielfach belasteten Staaten Ost- und Südosteuropas auf ihrem Weg zur Zivilgesellschaft zu helfen. Insofern sind auch im internationalen Maßstab die Aufgaben eines politisch verantwortungsbewußten deutschen Bürgertums genausowenig an ihr Ende gelangt wie der Aufbau von Zivilgesellschaften östlich der EU.

14. Soziale Stratifikation und Stratifikationstheorien

Alle historisch bekannten Gesellschaften werden durch unterschiedliche, manchmal auch identische Systeme der sozialen Ungleichheit geprägt: Immer weist ihre Sozialstruktur oder Stratifikation – ein seit der Jahrhundertwende aus der Geologie in die Sozialwissenschaft vordringender Schichtungsbegriff – eine hierarchische Ordnung auf. Insofern ist das Stratifikationsgefüge von Gesellschaften eine anthropologische Konstante. Ihre spezifischen Merkmale und Unterschiede variieren freilich ganz so wie die vielfältigen Versuche, sie angemessen zu beschreiben, vor allem aber überzeugend zu erklären.[1]

Klassische Texte der Hochkulturen des Nahen Ostens enthalten Informationen und Deutungen der jeweils vorherrschenden Sozialstruktur. Das gilt für die Quellenüberlieferung aus der israelitischen, griechischen und römischen Antike wie später des europäischen Mittelalters, das einem Dreierschema mit der funktionalistischen Unterscheidung der Personenverbände in die Stände der Adligen, Bauern und Bürger (zeitweilig auch noch des Standes der Priester) anhing. Allgemein wurde die Sozialstruktur dieser Herrschaftseinheiten und Kulturkreise als eine von den Gottheiten eingerichtete und daher sakrosankte Ordnung verstanden. Das gilt für das indische Kastensystem genauso wie für die chinesische Sozialordnung, und es trifft auch noch auf die religiöse Legitimierung der mittelalterlichen Ständelehre zu.

Zugleich hatte sich aber im Christentum ein Potential von prinzipieller und universalhistorisch bedeutsamer Sprengkraft entwickelt. Denn die christliche Leitidee von der Gleichheit der Seelen aller Gläubigen vor Gott bedurfte „nur" der entschiedenen Säkularisierung, um als Rechtfertigung für eine egalitäre Ordnung auf Erden zu dienen. Eben dazu ist es in einem langwierigen Mutationsprozeß mit revolutionären Folgen, die zuerst nur im Westen auftraten, gekommen. Nach den frühen Utopien mit ihren Gleichheitsvisionen ist die Zielvorstellung von der irdischen Gleichheit aller Gläubigen durch den „linken" Flügel der Englischen Revolution seit den 1640er Jahren, durch die puritanischen „Levellers and Diggers" (etwa in den berühmten „Putney Debates"), kraftvoll und folgenreich vertreten worden. Seither ist sie als effektiver Stachel säkularisierter Gleichheitsvorstellungen nicht mehr verschwunden.

Seit der schottischen Aufklärung, wie sie etwa von Adam Smith, Adam Ferguson und John Millar repräsentiert wird, wurde die Sozialstruktur nicht nur zum Gegenstand genauer empirischer Beschreibung. Vielmehr ging es von Anfang an anstelle der Hinnahme religiöser Legitimierung um eine überzeugende Erklärung ihrer diesseitigen strukturellen Ursachen. Dieses auffällige Neuinteresse nährte sich aus drei Wurzeln: 1. Der Zerfall der traditionalen schottischen Clanverfassung, der sich nach der Vereinigung der beiden Inselkönigreiche unter dem Anprall von Modernisierungseinflüssen aus dem höher entwickelten England beschleunigte, schärfte den Blick für die kontextgebundene historische Natur der sozialen Ordnung. 2. Die Gleichheitsideen wirkten seit der Puritanischen Revolution als latentes ideelles Ferment weiter. 3. Die moralphilosophische Zielvision von einer Naturgeschichte der Menschheit als einem gerichteten progressiven Evolutionsprozeß lenkte die Aufmerksamkeit auf die Vergänglichkeit der überlieferten Sozialordnung, aber auch auf die erstrebenswerte Zukunft einer sich neu differenzierenden Gesellschaft.

Frühzeitig ist schon bei den großen Schotten, dann auch in der Sozialtheorie der englischen und französischen Politischen Ökonomie eine gravierende Vorentscheidung gefallen, die für Smith und Ferguson ebenso grundlegend war wie später für Karl Marx und Lorenz v. Stein, ja eigentlich fast alle soziologischen „Klassiker" seither. Die Hierarchie der sozialen Ungleichheit wurde von ihnen allen in engster Verbindung mit der historischen Natur des jeweils dominierenden Wirtschaftssystems konzeptualisiert. Daran haben Max Weber, Émile Durkheim und Vilfredo Pareto ebenso festgehalten wie bedeutende Sozialwissenschaftler in der zweiten Hälfte des 20. Jahrhunderts, etwa Talcott Parsons und Pierre Bourdieu, ja selbst die abstrakte Systemtheorie von Niklas Luhmann und die Sozialphilosophie von Jürgen Habermas haben auf diesen Nexus nicht verzichtet.

Im historischen Kontext des ausgehenden 18. Jahrhunderts stand für die schottischen und englischen Sozialtheoretiker der Zerfall der überkommenen Ständeordnung unter dem Druck der voranschreitenden kapitalistischen Marktwirtschaft als Schlüsselerfahrung im Vordergrund. Für die neu entstehenden sozialen Formationen begann sich seither die Klassensprache einzubürgern, die der beispiellosen Veränderung mit einer neuen, eigenen Begrifflichkeit Rechnung tragen wollte. Dieser Entscheidung lag die, wie es schien, realistische Einsicht in den unauflöslichen Zusammenhang zwischen Wirtschafts- und Sozialverfassung zugrunde, die wie eine Art von historischem Zwillingsphänomen wirkte. Genaugenommen wurde damit aber – im Gegensatz zur christlichen Idee von einer göttlich sanktionierten Sozialordnung auf Erden – die durch und durch weltliche Übermacht einer neuartigen wirtschaftlichen Entwicklung insgeheim anerkannt, deren Dynamik die eigentliche ungleichheitsgenerierende Kraft zugeschrieben wurde. Denn Marktmacht, nicht mehr Adelsrang oder berufsständische Position bestimmten jetzt, dieser Sicht zufolge, die Distribution des Sozialprodukts und die gesellschaftliche Position. Darauf hätten sich Smith und Ferguson mit David Ricardo und William Steuart sofort einigen können. Hier bestand auch Konsens mit der Wirtschafts- und Gesellschaftslehre der französischen Physiokraten um François Quesnay, die – wie auch die politischen Intellektuellen der amerikanischen „Gründungsväter"-Generation – ebenfalls in der wirtschaftlichen Entwicklung den Motor der gesellschaftlichen Veränderung erblickten.

Auch in den deutschen Staaten haben sozialtheoretisch interessierte zeitgenössische Beobachter bemerkenswert früh und scharfsichtig die aus der englischen und französischen Diskussion stammende Klassensprache seit dem ausgehenden 18. Jahrhundert übernommen, um zwei irritierende neue Phänomene mit dieser modernen Begrifflichkeit einzukreisen. Zum einen ging es ihnen um die ringsum sichtbare Entstehung eines besitzlosen Landarbeiterproletariats, dessen Wachstum mit dem Vordringen des Agrarkapitalismus und der Kommerzialisierung der Landwirtschaft, namentlich im ostelbischen Deutschland, den Zusammenhang zwischen marktwirtschaftlicher und sozialstruktureller Veränderung demonstrierte. Zum anderen ging es ihnen um die Entstehung einer gewerblichen, schließlich frühindustriellen, oft städtischen Lohnarbeiterschaft, die im Umkreis der Verlage, Manufakturen und Fabriken ebenso unübersehbar rasch expandierte, während allerorts, in der Stadt und auf dem Land, die spätständische Ordnung erodierte.

Die Aufmerksamkeit richtete sich zunächst auf die Besorgnis auslösende neue Sozialfigur des „eigentumslosen Proletairs“, der zur Fristung seines kärglichen Lebens seine Arbeitskraft in einem nur formell freien Kontrakt verkaufen mußte. Im nächsten Durchgang rückte dann sein Gegenpol, der marktwirtschaftlich operierende bürgerliche Unternehmer – der „reiche Bourgeois“ oder „Fabrikaristokrat“ – als Angehöriger einer überlegenen Klasse mit in den Vordergrund. Man kann aus der Lektüre des jungen Hegel, der sowohl mit der schottischen Aufklärung als auch mit der zeitgenössischen deutschen und französischen Debatte aufs engste vertraut war, genau ablesen, wie aufgeschlossene Intellektuelle sich damals den sozialen Folgen der bürgerlich-kapitalistischen Marktwirtschaft zu stellen bereit waren. Dabei überwog in der Regel eine überaus skeptische Distanz, die angesichts der harschen Züge der heraufziehenden neuen Zeit nicht zu überraschen vermag, die aber in anderer Form in der sozialkritisch-frühsozialistischen Debatte in Frankreich, welche sogleich rezipiert wurde, ebenfalls auftrat.

Insofern gab es im späten Vormärz, in den 1840er Jahren, über die Veränderungen in der Sozialhierarchie eine gemeineuropäische Diskussion, in der einige grundsätzliche sozialtheoretische Entscheidungen bereits gefallen, neue analytische Begriffe frühzeitig in Umlauf gesetzt worden waren. Es ist dieser real- und begriffsgeschichtliche Kontext vor der 48er Revolution, in dem der junge Linkshegelianer Karl Marx und der junge Rechtshegelianer Lorenz v. Stein ihre Theorien der sozialen Ungleichheit im Rahmen einer philosophisch fundamentierten Gesellschaftsanalyse entfalteten. Ohne Zweifel hat die Marxsche Klassenlehre, die auch als zentraler Bestandteil seiner politischen Theorie, seiner Zeitdiagnose und seiner Utopie einer künftigen Gesellschaft fungiert, eine welthistorische Bedeutung gewonnen. Ihre Wirkung geht daher über den üblichen Einflußbereich wissenschaftlicher Theorien weit hinaus.

Eine Skizze der Marxschen Klassentheorie wird nicht nur dadurch erschwert, daß Marx ein wahres Sammelsurium von vier Dutzend vielfältig nuancierten und schillernden, da häufig nicht präzisierten Klassenbegriffen verwendet hat. Vielmehr wird die Theorie auch dadurch belastet, daß sie mit seinem Ausbeutungsaxiom, seiner Entfremdungslehre und seiner säkularisierten Geschichtstheologie befrachtet ist. Außerdem verficht Marx zum einen einen Klassenbegriff, der universalhistorische Gültigkeit beansprucht, zum anderen aber einen auf den entwickelten Kapitalismus, vor allem den Industriekapitalismus zugeschnittenen engeren Klassenbegriff. Dennoch lassen sich einige Grundzüge seiner Konzeption klarstellen.

Marx geht von der allgemeinen anthropologischen Prämisse aus, daß der Produktionsprozeß „im Stoffwechsel mit der Natur", der die Befriedigung menschlicher Bedürfnisse und die Sicherung der Existenz ermöglicht, den Kern des gesellschaftlichen Lebens konstituiert. In der europäischen Geschichte wird dieser Produktionsprozeß zunehmend, davon ist Marx ebenso fasziniert wie später auch Max Weber, vom Siegeszug des westlichen Bürgertums bestimmt. Mit ihm entsteht eine neue soziale Formation, die wirtschaftliche Autonomie auf der Basis privater Eigentumsrechte gewinnt, die politische Selbstverwaltung in den Bürgerstädten ausübt, den Nah- und Fernhandel, die gewerbliche Produktion und die Kommerzialisierung der Landwirtschaft kontrolliert und im Verlauf der „ursprünglichen Akkumulation" investitionsgeeignetes Kapital ansammelt, das hier aus Fernhandelsprofiten, dort aus der Enteignung englischer Bauern oder aus dem Ausbeutungsgewinn in der seit dem 16. Jahrhundert erschlossenen überseeischen Welt stammt, der das Schwungrad der wirtschaftlichen Entwicklung mächtig vorantreibt. Marx datiert daher auch den Beginn seiner „Kapitalistischen Ära" auf etwa 1500. Seither setzt sich nach seiner Auffassung das auf der Kapitalverwertung durch bürgerliche Unternehmer beruhende Wirtschafts- und Gesellschaftssystem des „Kapitalismus" durch, das er von Anfang an aufgrund seiner historisch beispiellosen Kapazität für eine global durchsetzungsfähige Systeminnovation definiert hat. In den 350 Jahren bis zur Epoche des jungen Marx gelingt es dem Bürgertum, im Zeichen dieses Kapitalismus den Feudalismus zu überwinden, den Weltmarkt zu erschließen und erstmals eine wahrhaft globale Weltgeschichte zu initiieren. Das geradezu enthusiastische Hohelied auf die universalhistorische Leistung des Bürgertums erklingt 1848 im „Kommunistischen Manifest".

Durch welche institutionelle Regelung, fragt Marx, gelingt es dem kapitalistisch wirtschaftenden Bürgertum, gewinnträchtige Werte zu schaffen und für sie auf dem Markt so günstige Preise zu erzielen, daß der finanzielle Akkumulationsprozeß nicht nur auf Dauer gestellt wird, sondern in immer größere Dimensionen hineinwächst? Marx hat sich im Rahmen seiner Arbeitswertlehre um eine Erklärung bemüht, diese Theorie aber völlig überlastet, denn sie soll außer der Wertschöpfung im engeren Sinn, der langfristigen Wirtschaftsentwicklung durch die Größe und Verwendung des „Mehrprodukts", dem Wachstumsprozeß als „erweiterter Reproduktion" und der Preisbildung auch noch die Ausbeutung und die Entfremdung des Menschen schlechthin erklären. Deshalb sieht Marx in ihr den „Ausgangspunkt der Physiologie des bürgerlichen Systems", „seinen inneren Zusammenhang und Lebensprozeß".

Eingestandenermaßen schloß er sich unmittelbar an David Ricardo an, dessen „Principles" für ihn den höchstentwickelten Stand der „bürgerlichen" Politischen Ökonomie repräsentierten. Deshalb entsteht auch bei Marx der Wert z.B. eines gewerblichen Produkts aus der ingeniösen Arbeitsfähigkeit des Menschen, der dem Rohstoff durch seine Fertigkeiten und Kenntnisse einen neuen Wert hinzufügt. Wenn der bearbeitete Gegenstand zu einem marktgerechten Preis veräußert wird, stecken in diesem Preis die Kosten des Rohstoffs und der Werkzeuge, vor allem aber der von menschlicher Hand hinzugefügte „Mehrwert". Von ihm wird dem Arbeiter jedoch nur ein Bruchteil zur Sicherung seines Existenzminimums ausgezahlt. Den weit überwiegenden Teil usurpiert dagegen der Unternehmer in einem klassischen Enteignungsvorgang, um sein Investitionskapital, dessen Verwertungszwängen er so unentrinnbar unterliegt, daß er letztlich nur als „Charaktermaske" in einem übermächtigen anonymen Prozeß fungiert, stetig zu vermehren. Die Marxsche Arbeitswertlehre beschreibt daher einen ununterbrochen anhaltenden Ausbeutungsprozeß. Dadurch wird ein unüberbrückbarer Gegensatz zwischen dem kapitalistischen Unternehmer als Produktionsmittelbesitzer und Profiteur dieser Ausbeutung auf der einen Seite und dem eigentumslosen, aber allen „Mehrwert" schaffenden Proletarier auf der anderen Seite konstituiert, der unwiderruflich um die Früchte seiner Leistung betrogen wird. Schon deshalb stehen sich Kapitalisten und Proletarier, durch den Besitz an – oder den Ausschluß von – Produktionsmitteln jeweils in Klassen zusammengeführt, in einem prinzipiellen, in die Struktur der Gesellschaft tief eingesenkten Antagonismus gegenüber. Diese Klassen gewinnen, indem sie das statistische Ensemble einer Klasse „an sich" hinter sich lassen, im Konflikt ein Klassenbewußtsein von ihren strukturell identischen Interessen und verwandeln sich in handlungsfähige Akteure mit einem klaren Bewußtsein ihrer historischen Aufgabe, in Klassen „für sich".

Marx' Überlegungen bauen auf Giambattista Vicos profunder Einsicht auf, daß Menschen nicht in der Natur, sondern in einer von ihnen selbst geschaffenen Kulturwelt leben; deshalb kann sie auch vom menschlichen Geist erfaßt werden, der zudem über wahr und falsch zu entscheiden vermag. Das wurde schon in der Mitte der 1840er Jahre die wissenssoziologische Grundlage von Marx' Theorie, die es ihm ermöglichte, auch ein wahres von einem falschen Bewußtsein zu unterscheiden. Wenn Klassen mit dem „richtigen" Klassenbewußtsein agieren, verschärft eine solche Konstruktion den säkularen Klassenkampf bis zum Extrem der revolutionären Spannungslösung.

Und nicht nur das: Außer der Ausbeutung sorgt dieses asymmetrische Verhältnis auch für die „Entfremdung". Gewinnt die Ricardo-Marxsche Arbeitswertlehre zeitweilig ihre Überzeugungskraft aus der anschaulichen Beobachtung kunstfertiger handwerklicher Tätigkeit, beruht das Entfremdungsdogma auf der Idealisierung einer vorkapitalistischen Gesellschaftsverfassung, die es dem wirtschaftenden Menschen angeblich gestattet, sich mit dem Arbeitsvorgang und dem schöpferischen Ergebnis seiner Arbeit vorbehaltlos zu identifizieren, so daß er, dem fingierten wahren Wesen des Menschen gemäß, in autonomer Lebenskontrolle und dabei in harmonischer Übereinstimmung mit sich, seiner soziokulturellen Umwelt und der Natur leben kann. Die Kritik an der vermeintlichen Vergewaltigung der wahren menschlichen Natur durch entfremdete Arbeit fiel wegen ihres fundamentalistischen Charakters besonders wuchtig aus. Marx dachte hier ganz in den Kategorien des gemeineuropäischen Neuhumanismus, der eine ungebrochene menschliche Existenz allein im Leben des freien Vollbürgers der griechischen Polis verwirklicht sah – der menschlichen Natur eben noch nicht entfremdet, so daß diese Stilisierung des antiken Bürgerlebens als normativer Maßstab für die Verfallsgeschichte entfremdeter Arbeit unter dem Kapitalismus dienen konnte.

Die gesamte Verlustbilanz, die beim Siegeszug des Kapitalismus entsteht, wird Marx zufolge allein dem Proletariat aufgebürdet, das exemplarisch alle „sozialen Kosten“ zu tragen hat, die im Verlauf eines prinzipiell progressiven Evolutionsprozesses entstehen. Diesem Hauptleidtragenden des Kapitalismus weist Marx nun, indem er offensichtlich an das eschatologisch-chiliastische Erbe der jüdisch-christlichen Tradition mit seinen Denkfiguren anknüpft, kompensatorisch eine Erlösungsaufgabe zu. Denn der unpersönliche Geschichtsprozeß zugunsten des Kapitalismus kann durch die zielbewußte politische Intervention in einer letzten fundamentalen Krise durch die Revolution des organisierten Proletariats umgelenkt werden in die neue Heilsordnung der „kommunistischen Gesellschaft“ der Gleichen, Freien und Gerechten. Über diese Zukunftsgesellschaft hat Marx sich nur spärlich und zurückhaltend geäußert, dann aber stets in der Vision einer Renaissance nichtentfremdeten Lebens in der antiken Polis – die eigentümlich anachronistische, nostalgische Utopie vollendeter Moderne im Horizont eines neuhumanistisch geprägten deutschen Bildungsbürgers!

Die Kritik an Marx hat längst grundlegende Annahmen seiner Klassentheorie ausgehebelt. Die Arbeitswert- und damit Mehrwertlehre wurde durch die Preistheorie der Wiener Nationalökonomie ad acta gelegt. Indem alle Produktionsfaktoren einschließlich der menschlichen Arbeitskraft als käufliche Ware mit eindeutig fixierten Preisen behandelt werden, kann eine nüchterne Preiskalkulation den je nach Marktlage wechselnden Gewinnaufschlag und Verkaufspreis ermitteln, ohne auf einen mystifizierenden Mehrwert (der erst recht bei maschineller Fabrikproduktion nicht einmal tendenziell zu errechnen ist) und seine Beschlagnahmung rekurrieren zu müssen. Der alte Engels hat auf eine einnehmend undogmatische Weise die Schlüssigkeit der modernen Preistheorie noch bereitwillig anerkannt.

Der Entfremdungslehre liegt ein humanistisches, hochgradig normativ besetztes Ideal autonomer menschlicher Existenz zugrunde. Tatsächlich aber ist die menschliche Natur so plastisch, daß sie extrem unterschiedlichen Arbeitsbelastungen – ob in der vorkapitalistischen oder der kapitalistischen Zeit – gewachsen ist oder gegen die Überforderung durch antike Sklavenarbeit oder moderne Fließbandmonotonie wegen der Verletzung kulturspezifischer Belastungsstandards aufbegehrt. Eines ahistorischen Maßstabs nichtentfremdeten Lebens, das – ein kurioser Lösungsvorschlag – durch die Aufhebung des privaten Produktionsmittelbesitzes wieder gewährleistet werden soll, bedarf es für eine schlüssige Kritik an den Zumutungen des Arbeitsprozesses keineswegs.

Und die historische Mission des Proletariats als eines kollektiven Erlösers und Promotors eines säkularisierten Paradieses ist durch die Geschichte seit Marx radikal dementiert worden. Diese Kritik schließt indes zum einen die Anerkennung nicht aus, daß die marxistisch inspirierte organisierte Arbeiterbewegung in den westlichen Industriestaaten gravierende Defizite der kapitalistischen Wirtschaft, Gesellschaft und Politik zu korrigieren, auch den modernen Sozialstaat heraufzuführen geholfen hat, sobald sie sich aus einer zivilreligiösen Kampfbewegung in den europäischen Normaltypus der reformorientierten „Sozialdemokratie" verwandelt hatte. Zum anderen hat der Glaube an die Marxsche Theorie welthistorische Folgen gezeitigt, da er zum Experiment eines gewaltsam etablierten diktatorialen Staatskommunismus führte, der nach barbarischen „Kosten" fast überall gescheitert ist.

In zahllosen Varianten haben trotzdem die Begriffswelt und die Interpretation der Marxschen Klassentheorie den Sprach- und Gedankenhaushalt des 19. und 20. Jahrhunderts bestimmt, wann und wo immer es um die Analyse und Bekämpfung sozialer Ungleichheit ging. In der Regel setzte sich eine ökonomistische Deutung der Klassenentstehung und der Klassengegensätze durch, in dem die besitzende Kapitalistenklasse und das eigentumslose Proletariat einander gegenübergestellt wurden. (In dem Fragment eines Kapitels über Klassen im „Kapital" erkannte Marx bereitwillig die rentenbeziehenden Grundeigentümer als dritte Hauptklasse an, hat diese Entscheidung aber weder in theoretische Überlegungen noch in empirische Studien umgesetzt.) Zu Recht hat die Kritik darauf insistiert, daß es sich dabei um ein asymmetrisches Herrschaftsverhältnis handelt, das von weit mehr Dimensionen geprägt ist als nur durch die ökonomische Lage. Der Besitz und der Ausschluß von den Produktionsmitteln beruhen in erster Linie auf drastisch ungleich verteilten, herrschaftlich sanktionierten Verfügungsrechten, die zugleich über fast alle Lebenschancen entscheiden.

Im Vergleich mit dem erdrückenden Einfluß und dem Bekanntheitsgrad von Marx scheint es sich bei seinem deutschen Zeitgenossen Lorenz v. Stein, rund 35 Jahre lang Ökonomieprofessor an der Universität Wien, nur um eine exotische Randfigur zu handeln. Das täte seiner intellektuellen Statur jedoch Unrecht. Stein hat nach einem längeren Frankreichaufenthalt, während dessen er die sozialtheoretische Debatte insbesondere der Frühsozialisten aufgeschlossen rezipierte, in seinem weit ausgreifenden, umfangreichen Werk auch eine elastische Klassentheorie entwikkelt. Wie seine Vorgänger band er sie an den Siegeszug des neuzeitlichen Kapitalismus, dessen Wirtschaftssystem die neuartige Klassenungleichheit hervorbringe.

Zum einen erweist sich Steins Begrifflichkeit als weitaus flexibler als Marxens. Seine Begriffe, etwa die der besitzenden, erwerbenden, eigentumslosen Klassen, die Berufsklassen und die (auf der Homogenisierung von positionsnahen Klassen beruhenden) Gesellschaftsklassen, ermöglichen eine realitätsnahe Analyse; sie antizipieren auch – 50 Jahre früher – manche von Webers Kategorien. Zum anderen erkennt Stein zwar durchaus einen fundamentalen Gegensatz zwischen privilegierten und strukturell benachteiligten Klassen an, ist überhaupt sehr konfliktbewußt, billigt aber keinem der Akteure eine nur geschichtsphilosophisch begründbare historische Mission zu, geschweige denn den Sieg in einem endzeitlichen Armageddon des Klassenkampfes. Vielmehr plädiert Stein wegen der Härte der Antagonismen programmatisch dafür, die mächtigste menschliche Institution, den Staat, als aktiv ausgleichenden Schiedsrichter einzuschalten, um den inneren Frieden und Wohlstandsausgleich zu gewährleisten. Dadurch wurde er zu einem frühen Theoretiker des modernen Sozial- und Interventionsstaats, dem bisher eine Zähmung der sozialen Konflikte gelungen ist.

Man hat Steins Sozialstaatslehre, in seinen Worten: das Postulat eines „sozialen Königtums", auf den Einfluß der Hegelschen Staatsmetaphysik und die Tradition der bürokratischen „Revolution von oben" in Preußen zurückgeführt. Fraglos bewegte sich Stein auch in diesem Kontexthorizont, der seinen Sprach- und Ideenhaushalt eingrenzte. Aber er war zugleich auch ein freier, überaus nüchterner und weit denkender Kopf, der mangels überlegener Optionen und voller Skepsis gegenüber Endzeitutopien mit großer Überzeugungskraft der pragmatischen staatlichen Reformpolitik das Wort redete. Erst 100 Jahre später ist der gedankliche Reichtum seines weitläufigen Werks von der Sozialstaatsdiskussion und Sozialanalyse entdeckt, anerkannt und ausgewertet worden.

In den 50 Jahren zwischen Marx und Weber ist die Stratifikationsanalyse theoretisch kaum weitergekommen. In England legte die Evolutionstheorie Herbert Spencers, die aus den funktionalen Differenzierungszwängen komplexer moderner Gesellschaften auch die sozialen Unterschiede hervorgehen sah, allenfalls zum Teil die gedanklichen Grundlagen für die amerikanische funktionalistische Soziologie nach dem Zweiten Weltkrieg; Systemkritiker wie John A. Hobson und einige Mitglieder der „Fabian Society" folgten im Grunde einem um seine Geschichtstheologie kastrierten Marx. In Frankreich hielt sich bis Durkheim eine ökonomistische Klassentheorie in der Tradition der verschiedenen Spielarten des Frühsozialismus. In Deutschland besaßen Gustav Schmoller und Werner Sombart, prominente Köpfe der Jüngeren Historischen Schule der Nationalökonomie, einen scharfen Blick für soziale Ungleichheit, legten aber ihren Analysen faktisch immer ein quasi Marxsches, nur um die politischen und prognostischen Implikationen seiner Theorie gekapptes Modell zugrunde, das ausschlaggebend auf der ungleichen Distribution von Vermögensbesitz und Einkommen beruhte. In der adelsfreien, hochmobilen Gesellschaft der Vereinigten Staaten regte sich noch nicht das dringende Bedürfnis nach einer genuin amerikanischen Schichtungstheorie, obwohl in dieser Marktgesellschaft katexochen scharf divergierende Besitz- und Erwerbsklassen überaus deutliche Konturen gewannen.

Die überragende Figur auch in der Entwicklung der neueren Stratifikationstheorien ist Max Weber, dessen Beiträge zwischen 1890 und 1920 entstanden. Weber verstand sich sehr bewußt als bürgerlicher Anti-Marx, zollte aber auch als dezidiertes „Mitglied der bürgerlichen Klassen" dem großen Vorgänger seinen Respekt mit dem ganz undogmatischen Urteil, daß sich die Stellung eines jeden Gelehrten nach seinem Verhältnis zu Marx bemessen lasse. Über die damals (erst zum Teil) gedruckten Schriften von Marx und Engels und über die internationale marxistische Literatur besaß er, wie die Werke-Edition zeigt, einen souveränen Überblick.

Hatte Marx behauptet, er stelle Hegel mit seinem Vorrang der Ideenwelt vom Kopf auf die materiellen Füße, setzte Weber dem Historischen Materialismus Marxens zwar polemisch-pragmatisch den Primat der großen religiösen „Weltbilder" entgegen, die auch das ökonomische Handeln und den Aufbau ökonomischer Institutionen anleiteten. Theoretisch und empirisch ging er aber als Anhänger der konstruktivistischen neukantianischen Erkenntnistheorie von einer doppelten Konstituierung der „Wirklichkeit" aus. Zum einen wird sie durch überindividuelle, anonyme wirtschaftliche, soziale, demographische, politische, kulturelle Prozesse geschaffen. Zum anderen wird ihre Erfassung aber ebenfalls stets durch den Sprachhorizont, die standortabhängige Perzeption, die „Weltbilder" der Individuen und großen Personenverbände strukturiert. Insbesondere Webers universalhistorisch vergleichende Religionssoziologie demonstriert auf eine eindrucksvolle Weise, wieweit er selber diesem hohen Anspruch, die „Doppelnatur" vergangener Realität komplex zu erfassen, gerecht geworden ist.

Eines der Hauptthemen in Webers labyrinthischem Werk ist die Herausbildung des nur im Westen entstehenden Kapitalismus. Deshalb gehört die Erfassung der Sozialstrukturen des okzidentalen Kulturkreises ebenfalls zu seinen wichtigen Interessenfeldern. Allerdings ist sein Werk ein Torso geblieben, und eine geschlossene Abhandlung oder gar eine Monographie zur Klassentheorie fehlt bekanntlich, so daß seine Überlegungen aus dem Gesamtwerk herausdestilliert werden müssen. Das Unternehmen lohnt sich jedoch, da Webers Stratifikationstheorie systematisch und historisch so viele unübersehbare Vorzüge besitzt, daß sie – zumal sie wegen der Elastizität ihrer theoretischen Prämissen ergänzungsfähig ist – bis heute den meisten konkurrierenden Theorien überlegen bleibt.

Im Gegensatz zum Marxschen Primat des Produktionsprozesses geht Weber von der Basisannahme aus, daß menschliche Gesellschaften immer durch das Zusammenwirken von Herrschaft, Wirtschaft und Kultur konstituiert werden. Den Primat einer dieser „Achsen" gibt es bei ihm nicht, der historische Prozeß wird gewöhnlich durch alle drei geprägt, freilich in variierender Mischung und mit unterschiedlich starkem Einfluß. Erst die empirische Forschung kann nachweisen, welche Achse zu einer bestimmten Zeit in einer historischen Konstellation vielleicht doch die Prävalenz besitzt. Weber zeigt eine ausgeprägte Neigung, Herrschaft – für ihn eine anthropologische Universalie – als die tendenziell dominierende, den anderen vorgeordnete Potenz anzusehen. Unmißverständlich heißt es etwa in „Wirtschaft und Gesellschaft": „Phänomene der Machtverteilung sind ... die Klassen." In seiner historischen Analyse wird jedoch diese Präferenz so diszipliniert, daß kein Monismus aufkommt.

Herrschaft beruht bei Weber stets auf unterschiedlichen Legitimationsprinzipien, unterschiedlichen Machtressourcen und unterschiedlichen Weisen der Appropriation von Herrschaftsmitteln und -rechten. Herrschaft kann keineswegs primär aus ökonomischer Überlegenheit hergeleitet werden. Vielmehr ist umgekehrt Herrschaft kraft Besitz von Produktionsmitteln nur ein Sonderfall der Verfügungsgewalt über herrschaftlich nutzbare Kapazitäten. Traditionale, charismatische, patrimoniale, rationale Herrschaftssysteme beruhen in der Regel auf einer anderen Basis, wie Herrschaft als sozial normierte Macht überhaupt in Gestalt zahlreicher verschiedenartiger Durchsetzungschancen von Individuen und Institutionen auftritt.

Wirtschaft als ein Ensemble unterschiedlicher ökonomischer Lagen ist auch im Hinblick auf die Strukturen sozialer Ungleichheit fundamental wichtig, denn Klassen beruhen für Weber ebenfalls zunächst einmal auf dem Besitz oder Ausschluß von wirtschaftlich nutzbaren Gütern, Leistungsfunktionen, Erwerbsmitteln und Rechtstiteln. Daher kann Weber „positiv" und „negativ privilegierte" Besitz- und Erwerbsklassen unterscheiden.

Kulturelle Prägekräfte werden von Weber im Hinblick auf die Stratifikationsordnung vor allem in dreierlei Gestalt berücksichtigt: 1. Im Vordergrund steht der Einfluß der verhaltens- und handlungsleitenden religiösen „Weltbilder", welche die herrschaftliche Organisation, die ökonomische Ressourcennutzung, die Prestigeränge beeinflussen, ja festlegen und legitimieren. 2. Das Verständnis der gesamtgesellschaftlichen Hierarchie ist in dem Sinne kulturell geprägt, daß sie als gottgewollte „natürliche" Ordnung, als irdisches Spielfeld von Gottheiten und magisch-animistischen Kräften oder aber als ein von Menschen – etwa wegen ihrer eklatanten Ungerechtigkeit – veränderbares, da historisch kontingentes Gefüge verstanden wird. 3. Spezifische „soziale Ehre", ihr Prestige oder Status wird Individuen, Herrschaftsverbänden, Berufsständen, Klassen aufgrund normativer, gewöhnlich religiöser Vorentscheidungen oder aber aufgrund anderer soziokultureller Bewertungskriterien zuerkannt.

Jedes System der sozialen Ungleichheit kann, Weber zufolge, als ein historisches Strukturgefüge analysiert werden, das durch die ungleiche Verteilung von Macht- und Herrschaftschancen, durch ungleiche ökonomische Lagen, durch ungleiches Prestige und unterschiedliche Muster der Weltdeutung charakterisiert ist. Ähnlich wie Marx verfügt auch Weber über zwei Klassenbegriffe.

Es gibt zum einen einen universalisierten Klassenbegriff, der auf den drei Ungleichheitsdimensionen, offenkundig aber primär auf der ökonomischen Lage beruht. Auf solche Weise können babylonische Kaufleute, römische Patrizier, fränkische Ritter, englische Industriearbeiter jeweils in Klassen zusammengefaßt werden. Dieser allgemeine Klassenbegriff besitzt spezifische Vorzüge, etwa für den transnationalen, interkulturellen Vergleich, für historische Längsschnittanalysen. Er besitzt aber auch spezifische Grenzen, z.B. die Verwischung historisch markanter Unterschiede, den wechselnden Begriffsinhalt.

Historisch unvergleichlich präziser ist zum anderen der an die Funktionsmechanik kapitalistischer Märkte gebundene Begriff der „marktbedingten Klassen". Sie beruhen auf der ungleichen Güter- und Leistungsverwertung auf Märkten, mithin auf einer immens variablen Angebotskapazität, die auch über Marktmacht oder -ohnmacht entscheidet. Die Klassenlage wird hier im Kern zur Marktlage. Dieser Begriff besitzt eine geringere zeitliche Reichweite, aber die größere Trennschärfe und die genauere historische Tiefendimension. Klassenkonflikte treten häufig auf, aber der Klassenkampf von Kollektivakteuren mit einem ausgebildeten Klassenbewußtsein ist ein historisch seltener Grenzfall.

In beiden Fällen faßt Weber mit dem Begriff der „sozialen Klassen" im historischen Verlauf integrierte, durch gemeinsame Lebenslagen, Interessen und regelmäßige intergenerationelle Kohäsion verbundene große Sozialformationen zusammen. Auf diese Weise können aus dem bunten Pluralismus der Besitz-, Erwerbs- und Berufsklassen hervorgehende größere, im Grenzfall auch handlungsfähige Einheiten berücksichtigt werden.

Weber hat sich keineswegs auf der Linie der geläufigen historischen Unterscheidung zwischen mittelalterlichen Ständen und modernen Klassen dafür entschieden, nur die Entwicklung der Klassengeschichte als das große Thema der Ungleichheitsanalyse anzusehen. Vielmehr ging er von der prinzipiellen theoretischen Annahme aus, daß die Sozialstruktur von Herrschaftsverbänden immer durch ein Mischungsverhältnis von „Klassenlage" und „ständischer Lage" gekennzeichnet ist. In der politischen Neuzeit des Westens bezieht sich Klassenlage in der Regel auf marktbedingte Klassen mit ihren von „Besitz oder Leistungsqualifikation abhängigen Versorgungs- und Erwerbschancen" mit allen „daraus folgenden allgemein typischen Lebensbedingungen". Die „ständische Lage" dagegen, die durchaus aus der historischen Erfahrung mit privilegierten Ständen des europäischen Mittelalters hergeleitet wird, ist vor allem durch „Unterschiede in der Art der Lebensführung" und die damit zusammenhängende „positive oder negative soziale Ehre" charakterisiert. Sie steht in einem typischen Zusammenhang mit dem Abstammungs- und Berufsprestige, mit dem „rechtlich gesicherten Monopol ... auf Herrenrechte, Einkommens- und Erwerbschancen", mit rituell stereotypierten Konventionen wie dem exklusiv regulierten Konnubium und Kommerzium, so daß als Stand, in gleich welcher historischen Epoche, eine unter diesen Bedingungen „vergesellschaftete Menschengruppe" gilt. Weber geht gelegentlich sogar so weit, die „ständische Lage" oder das Prestigegefälle „die soziale Ordnung" schlechthin zu nennen.

In der Geschichte treten Klassenlagen und ständische Lagen gewöhnlich gleichzeitig, wenn auch mit unterschiedlicher Intensität auf. In Zeiten eines rapiden ökonomisch-technologischen Umbruchs etwa drängt sich, so hat auch Friedrich Engels argumentiert, die Klassenlage in den Vordergrund, während in Zeiten saturierter Stabilität die Prominenz ständischer Charakteristika in der Stratifikationsordnung zu beobachten ist. Webers Überlegungen gestatten es daher, den wechselnden Rang ständischer Elemente nicht nur in der Ständegesellschaft der Vormoderne, sondern von den ersten Hochkulturen bis zur Gegenwart herauszuarbeiten. Weber selber galt in seiner Gegenwart das neuhumanistisch geprägte deutsche Bildungsbürgertum, in dem durchaus marktabhängige Erwerbsklassen dominierten, als typische ständisch vergesellschaftete Formation. Die analytische Anerkennung dieser Zwillingsnatur der sozialen Ungleichheit verschafft der

Weberschen Theorie von vornherein eine ungleich größere Spannweite und Differenzierungsfähigkeit als der Marxschen Theorie, selbst wenn sie von aufgeklärten Neomarxisten elastisch gehandhabt wird.

Überdies besitzt Webers Stratifikationstheorie einen evolutionstheoretischen Grundzug – als explizit angegebenes Richtungskriterium moderner Sozialentwicklung im Zeitalter des Kapitalismus gilt ihm der „Fortschritt" zur „klassengegliederten Gesellschaft". Sie ist jedoch nicht in das Prokrustesbett der Marxschen Teleologie gespannt, kennt weder einen säkularisierten Erlöser in Gestalt des organisierten Proletariats noch eine politische Utopie mit Endzeitprophezeiungen. Vielmehr respektiert Weber die große, gleichwohl nicht beliebige Bandbreite gerichteter Evolutionsprozesse, die aber kontingent durch technische Umwälzungen oder Charismatiker verändert werden können. Die Zukunft bleibt deshalb trotz aller einengenden Bedingungskonstellationen relativ offen.

Ungeachtet ihrer Meriten hat sich die Webersche Trias der Ungleichheit von Herrschaftschancen, ökonomischer Lage und sozialer Ehre in der empirischen, namentlich in der komparativen Forschung als eine doch noch zu enge und darum erweiterungsbedürftige Konzeption erwiesen. Drei weitere Ungleichheitsdimensionen sind daraufhin zunehmend berücksichtigt worden: Die Unterschiede des Geschlechts, des Alters und der ethnischen Zugehörigkeit wirken in hohem Maße auf das Strukturgefüge der sozialen Ungleichheit ein. Die anfängliche Neigung, sie als physiologische Qualitäten anzusehen, ihnen als vorgegebenen quasibiologischen Bedingungen einen eigenen Geltungsbereich zuzuweisen, ist der Einsicht gewichen, daß Geschlecht und Alter auch, im gesellschaftlichen Kontext sogar oft vorrangig, soziale Konstrukte sind, und ethnische Verbände sind ebenfalls keine essentialistischen Einheiten, sondern beruhen weithin auf der sozialen Erfindung kultureller Traditionen. Die dreifache Ergänzung der Weberschen Konstanten hat das Interpretationsthema weiter differenziert, umfassender, elastischer gemacht.

Noch entschiedener als Weber hat Émile Durkheim, ein weiterer Gründungsklassiker der Soziologie, eine Gegenposition zu Marx bezogen, da nach seiner Auffassung alle Gesellschaften durch ihr Wertesystem nicht etwa nur integriert, sondern geradezu konstituiert werden. Damit wurde ein neuer Primat postuliert, der sich von Marx' Historischem Materialismus und den drei Achsen Webers scharf abhob, aber in dichter Nähe zum Vorrang der Ideenwelt im deutschen Historismus stand. Durkheims Grundproblem ist die Gewährleistung von gesellschaftlicher Ordnung, um einen aus dem individuellen Egoismus hervorgehenden Hobbesschen Krieg aller gegen alle zu vermeiden. Ordnung wird aber, das ist der Kern seiner Überlegungen, geschaffen und aufrechterhalten nur durch den normativen Konsens, der im „kollektiven Bewußtsein" verankert ist, eine historisch variable Größe, die ursprünglich aus der Matrix der Religion hervorgeht.

Schichtspezifische Wertsysteme tragen nach Durkheim auch zur Integration der einzelnen sozialen Formationen bei, und diese Systeme müssen wiederum untereinander kompatibel sein, um die gesamtgesellschaftliche Kohäsion gegen die desintegrierende Arbeitsteilung auf Dauer zu gewährleisten. Stellt der für alle Individuen geltende Leistungsimperativ den schichtspezifischen Wertekanon in Frage, kann das im Grenzfall zur Orientierungslosigkeit, zur Anomie, führen. Im allgemeinen steht dem aber Durkheims Wertekodex entgegen, denn er ist eng an die Funktions- und Rollendifferenzierung innerhalb einer Gesellschaft gebunden. Er legitimiert in der Regel ihre wichtigen und diskriminiert ihre unwichtigen Funktionen. Soziale Ungleichheit ist daher, so gesehen, notwendig, um der Hierarchie der extrem unterschiedlichen gesellschaftlichen Funktionserfordernisse gerecht zu werden, indem die kompetenten Rollenträger auf sie hingelenkt werden. Angesehener Status heftet sich zwangsläufig an gesellschaftlich privilegierte Funktionen, und da Status eine knappe, darum heiß begehrte Ressource ist, wird er zum wichtigsten sozialen Unterscheidungsmerkmal. Das Stratifikationssystem als Statushierarchie fungiert mithin als Funktionsanreiz für die Akzeptanz der gesellschaftlichen Rollenverteilung.

Durkheim gilt zu Recht als der Vater jener Theoriefamilie, welche die Stratifikationsordnung streng funktionalistisch interpretiert. Die selbstadaptive Gewährleistung der Funktionsfähigkeit der Gesellschaft in einem ausbalancierten, stets zum Gleichgewichtszustand tendierenden System – das ist ihre regulative Idee. Dem Imperativ der Erhaltung gesellschaftsstabilisierender Strukturen entsprechend müssen unverzichtbare Funktionen angemessen wahrgenommen werden, und in diesem System prästabilisierter

Harmonie geschieht das auch durchweg dank dem wohltätigen Prozeß der Systemerhaltung. Talcott Parsons, seine „Schüler" Robert K. Merton und Kingsley Davis haben zusammen mit anderen Adepten im Ambiente der relativ konfliktarmen amerikanischen Dauerkonjunktur während der beiden ersten Nachkriegsjahrzehnte diese auf Konsens und normativer Selbststeuerungskapazität anstatt auf Konflikt und heterogener Leistungsfähigkeit beruhende strukturfunktionalistische Deutung der sozialen Ungleichheit verfochten. Sie gewann zeitweilig eine erhebliche akademische Resonanz, weil sie der fortschrittsgläubigen, sozialharmonischen Mentalität ihrer Anhänger weit entgegenkam.

Aufgrund der Auswirkungen einer überzeugenden Kritik, die diesem Funktionalismus zu Recht die Tendenz vorwarf, die harten Konsequenzen der Macht- und Herrschaftsverteilung, die Barrieren der ökonomischen Klassenlagen und ethnisch-kulturellen Divergenzen, die relative Autonomie der „Weltbilder" und Normensysteme, den Einfluß von Geschlecht, Alter und ethnischer Zugehörigkeit unterschätzt oder gar ignoriert zu haben, ließ ihr Einfluß aber ebenso nach wie aufgrund der seit den späten 60er Jahren veränderten gesellschaftlichen Konstellation in den Vereinigten Staaten selber. Von dem hochgemuten Anspruch der Theoriekombination des Strukturfunktionalismus ist inzwischen nicht mehr viel übrig geblieben, von seinen empirischen Studien nur eine Reihe von Arbeiten zur sozialen Mobilität, wo die Aufstiegsdynamik (die ebenfalls stets präsente Abstiegsdynamik wurde fast regelmäßig ignoriert) auf mysteriöse Weise zugunsten der Funktionserfüllung tätig war.

Und dennoch: Befreit man den Strukturfunktionalismus von seinen übermäßig hochgeschraubten Ansprüchen und historisiert man konsequent seine universalisierten Denkfiguren und den Untersuchungsgegenstand, kann auch die Stratifikationsanalyse von ihm noch immer manches lernen, zumal er dazu zwingt, die eigenen theoretischen Prämissen zu überprüfen, die Bedeutung verhaltensleitender Wertsysteme, ganz à la Weber und Durkheim, ernst zu nehmen und nach den Ursachen der keineswegs selbstverständlichen Kohäsionskraft von Gesellschaften zu fragen. Daher wirkt es nicht nur voreilig, sondern als ein Ausdruck unfundierter Arroganz, wenn dem Strukturfunktionalismus nur mehr ein klägliches Begräbnis attestiert wird.

Definitiv einen Zugewinn hat inzwischen auch die neuere Debatte über eine Historische Kulturwissenschaft gebracht, allgemeiner gesagt: über die Aufwertung von „Kultur" durch den „linguistic turn", den erkenntnistheoretischen Relativen Konstruktivismus und andere Spielarten der „postmodernen" oder „poststrukturalistischen" Theoriediskussion. In einer wissenschaftsgeschichtlichen Perspektive besitzt dieser Zugewinn jedoch nur wenige neuartige Züge. Denn im Kern handelt es sich zum einen um die Wiederanknüpfung an die Sprachphilosophie des Historismus, erweitert freilich um die strukturalistische Sprachtheorie Ferdinand de Saussures und seiner späten Anhänger, zum anderen um die Renaissance der neukantianischen Erkenntnistheorie um 1900. (Über die bizarren Exzesse des Radikalen Konstruktivismus, demzufolge die ganze Welt nur mehr ein Text sein soll, und über die Realitätsferne des ahistorischen Theorie imperialismus einiger postmoderner Literaturwissenschaftler und Philosophen kann man stillschweigend hinweggehen.)

Die Erweiterung der erkenntnisleitenden Interessen und damit auch der theoretischen Forschungsperspektiven besteht daher nicht aus einem eindeutigen Fortschritt, sondern aus der – manchen Debatteteilnehmern offenbar unbekannten – Rückkehr zu einer Grundeinsicht der neukantianischen, daher auch der Weberschen Erkenntnistheorie, daß nämlich zur doppelten Konstituierung von Wirklichkeit außer der Wirkung der realhistorischen Prozesse auch immer die Dimension gehört, wie der Sprachhaushalt und die Ideenwelt, die Realitätsperzeption und die „Weltbilder" der historischen Akteure diese Wirklichkeit mitbestimmen. Diese Einsicht, auf welche die Hermeneutik des Historismus, die Verstehende Soziologie Webers, das Znaniecki-Axiom der amerikanischen Sozialwissenschaft einen solchen Wert gelegt haben, ist im Verlauf der empirischen Forschungsarbeit von Soziologen und Historikern, die sich auf die „Realien" konzentriert hatten, häufig verloren gegangen, so daß sie heute wieder innovativ wirkt – und das faktisch auch sein kann. Sogar bei der Wiederentdeckung Webers seit den 1950er Jahren kam öfters nur ein handlungstheoretisch „halbierter" Weber zur Geltung.

Insofern hat die „kulturalistische" Strömung zu einer bereits vor 100 Jahren als notwendig erkannten Vervollständigung des theoretischen Ansatzes auch in der Stratifikationsanalyse geführt.

Inzwischen ist erneut klargeworden, in welchem Maße die Interpretation der realhistorischen Prozesse von dem Begriffsinstrumentarium der Zeitgenossen, von ihrer Wahrnehmung, von der Deutungsmacht ihrer dabei ins Spiel kommenden „Weltbilder" abhängt. So kann etwa eine moderne marktbedingte Klassengesellschaft in Marxschen oder Weberschen Klassenbegriffen, in sozialpartnerschaftlichen gradualistischen Schichtungsbegriffen, in sozialromantischen Ständebegriffen oder in der Sprache der mobilitätsoffenen „nivellierten Mittelstandsgesellschaft" ganz unterschiedlich analysiert und gedeutet werden. Und allgemein akzeptable Interpretationen, gleich welcher Art, vermögen dann wiederum das Handeln von Individuen oder Verbänden verbindlich anzuleiten.

Kurzum: Die Ungleichheitsforschung kann aus einem sprachanalytisch, begriffs- und ideengeschichtlich erweiterten Kategoriensystem nur Gewinn ziehen, sofern es diszipliniert verwendet wird und seinerseits nicht einen illusionsverhafteten Monopolanspruch geltend macht. Das gilt namentlich für die unverzichtbare empirische Sozialforschung und die Sozialgeschichte, die an der Konstanz und dem Wandel der realhistorischen Strukturen und Prozesse interessiert bleiben, ohne die andere Seite der Doppelnatur von „Wirklichkeit", den Spracheinfluß und die Perzeptionsstrukturierung, immer hinreichend mit einzubeziehen.

Zu den neueren Strömungen in der Stratifikationsforschung gehört auch die Lebensstil-Analyse. Unabhängig von ihr, gelegentlich aber auch mit ihr verbunden, ist zudem der Anspruch angemeldet worden, einen neuartigen Gesellschaftstypus ausgemacht zu haben, die „Risikogesellschaft" etwa oder die „Erlebnisgesellschaft", der sich vom bisherigen Forschungsgegenstand, der modernen Markt- und Klassengesellschaft, angeblich strukturell unterscheidet.

Die Lebensstil-Forschung geht von der Prämisse einer vermeintlich unwiderstehlichen Pluralisierung und Individualisierung aller Modi der Lebensführung in den westlichen Industriestaaten aus. Dadurch würden überkommene Klassengrenzen nicht nur verwischt, sondern geradezu aufgehoben. Denn der Lebensstil ist zwar an Generationen gebunden, gilt aber als ein klassenübergreifendes Phänomen. Jeder kann sich – angesichts des deutlich angehobenen durchschnittlichen Wohlstandsniveaus dieser

Länder – je nach der generationellen Präferenz modische Kleidung, modische Wohnungseinrichtung, modische Popmusik, modische Ferienorte gönnen. Vor dieser Gemeinsamkeit der friedlich koexistierenden Lebensstile verschwinden angeblich die Unterschiede der sozialen und beruflichen Herkunft, der Prägung durch sozialmoralische Milieus und soziale Klassen.

Tatsächlich ist die bunte aufgelockerte Vielfalt des Lebensstils und die einem verwirrenden Angebot folgende hektische Jagd nach „Erlebnissen" in den hochentwickelten westlichen Gesellschaften ebenso unübersehbar wie umgekehrt der ebenso modische Uniformierungstrend; diese Vielfalt wirkt auch auf die Selbsteinschätzung und soziale Verortung ihrer Mitglieder ein. Aber sie ist ebenso unwiderlegbar an die materiellen und mentalen Ressourcen der marktbedingten Klassen gebunden, die weiterhin harte Grenzen des Lebensstils markieren: die neueste Jeansmode für fast jedermann, Armani, Rolex und Ferrari jedoch für kleine Eliten, deren aufwendiger „demonstrativer Konsum" sie nicht als die Ärmsten der Armen ausweist. Die nüchterne empirische Sozialstrukturforschung zeigt eindeutig, daß die bunten Tupfer unterschiedlicher Lebensstile die harten Strukturen sozialer Ungleichheit nur unwesentlich beeinflussen: Kraß ungleiche Einkommen, ungleiche Machtchancen, ungleiche Bildungswege, ungleiche Prestigezuschreibungen bleiben weiter bestehen und strukturieren die soziale Alltagswelt. Die faszinierende Frage Pierre Bourdieus dagegen, ob Klassenkonflikte um Macht und Herrschaft nicht mit zunehmender Häufigkeit als Wettbewerb um den überlegenen Lebensstil von „Distinktionsklassen" ausgetragen werden, ist, abgesehen von Bourdieus empirischer Antwort für Frankreich, von der internationalen Ungleichheitsforschung noch nicht konsequent und vergleichend aufgegriffen worden. Die Lebensstil-Forschung demonstriert überdies, welchen Preis diese Soziologie zahlen muß, wenn sie auf den bewährten konzeptionellen Nexus zwischen Wirtschafts- und Sozialverfassung verzichtet und statt dessen den kaleidoskopartigen Wechsel von Oberflächenphänomenen für einen Strukturwandel hält.

Noch weniger erklärungskräftig ist ein Konzept wie die „Risikogesellschaft", obwohl es mit glitzernden Wortkaskaden verteidigt worden ist. Denn es fingiert die existenzprägende Durchsetzungskraft allgegenwärtiger Gefahren, die z.B. aus der Umweltausbeutung, der Luft- und Wasservergiftung, dem Massenverkehr, dem Rüstungswettlauf, den tödlichen Massenkrankheiten industrieller Gesellschaften hervorgehen. Angeblich jedermann ist diesen Risiken ausgesetzt, alle sind Opfer einer Entwicklung, welche die düstere Kehrseite des januskӧpfigen industriellen Fortschritts enthüllt.

Unstreitig haben die industriellen Gesellschaften ihr eigenes, schwer zu zähmendes Gefahrenpotential aufgebaut, das häufig Klassengrenzen nicht respektiert. Insofern ist eine Kritik berechtigt, die auf den nichtintendierten verhängnisvollen Folgen der industriegesellschaftlichen Entwicklung insistiert. Nicht ignoriert werden kann jedoch, daß es bei näherem Hinsehen zum einen doch gravierende, durchaus klassenspezifische Unterschiede gibt, was das Ausmaß der Betroffenheit angeht („wer arm ist, muß früh sterben"). Zum anderen gibt es klassenunterschiedliche Ressourcen, um die Risiken einzudämmen, zu vermindern oder ganz zu vermeiden. Der Grad des Gefahreneffekts und die Verteidigungschancen – sie verweisen alsbald wieder auf eine unterschiedliche klassenspezifische Brechung des allgemeinen Risikoanpralls. Der Charakter der Stratifikationsordnung wird daher, um das mindeste zu sagen, durch Begriffe wie „Risikogesellschaft", die im Stil des gehobenen Feuilletons durchaus zeitgenössische Ängste und Dilemmata treffen und deshalb ein Echo finden, nicht von ferne getroffen.

An anderen Problemen sind bisher Großtheorien wie etwa die Systemtheorie Luhmanns gescheitert. Zum einen bewegt sie sich auf einem so hohen Abstraktionsniveau, daß es bisher nicht möglich gewesen ist, sie auf die tiefer liegende Ebene einer theoretisch angeleiteten empirischen Forschung zu transferieren. Außerdem ist der von Luhmann unterstellte Evolutionstrend von der sogenannten „Stratifikation" vormoderner Verbände zur sogenannten „Differenzierung" moderner Gesellschaften eine Fehlkonstruktion, die von der Sozialgeschichte dementiert wird. Zum anderen operiert Luhmann mit selbstreferentiellen Akteuren und der Autopoiesis der Sozialsysteme, so daß er vor allem anderen darauf hinlenkt, wie jeweils „Wirklichkeit" entworfen und verstanden wird. Die kausal-funktionale Frage nach dem Warum, nach den Ursachen und restriktiven Bedingungen, wird dagegen ausgeblendet. Während Juristen mit der Systemtheorie Luhmanns offenbar wissenschaftlich produktiv arbeiten können, erweist sie sich für die Ungleichheitsforschung als stumpfes Instrument mit der Ausnahme freilich jener Anregungen, die auch von ihr, die kulturwissenschaftlichen Impulse verstärkend, zugunsten einer Analyse der jeweiligen Selbstbeschreibung von Gesellschaften ausgegangen sind. Im Grunde bleibt Luhmann, wie auch sein Kontrahent Habermas, ein philosophischer Sozialtheoretiker, der vielleicht, wie das in der Wissenschaftsgeschichte öfters vorkommt, nach einer längeren Inkubationsphase die empirische Forschung doch einmal zu stimulieren und anzuleiten vermag.

Zwei weitere theoretische Ansätze, für die zumindest der Anspruch, eine sozialwissenschaftliche Großtheorie auch für die Stratifikationsforschung darzustellen, mit Nachdruck erhoben worden ist, haben sich für die Ungleichheitsanalyse bisher eher als eine Ergänzung, keineswegs aber als die erhoffte Umwälzung erwiesen.

Die Geschlechtergeschichte ist, obwohl die bipolare Welt der beiden Geschlechter nach ihrer symmetrischen Analyse verlangt, ziemlich lange auf Frauengeschichte eingeengt worden. Das ist wegen der politischen Emanzipationsziele namentlich der feministischen Sozial- und Geschichtswissenschaften, aber auch wegen des immensen Nachholbedarfs verständlich. Es hat jedoch zu einer Verzerrung der Proportionen und des Urteils geführt, häufig etwa im Sinne einer universalhistorischen Leidensgeschichte. Darunter hat die nüchterne soziologische und historische Analyse der geschlechtsspezifischen Dimensionen sozialer Ungleichheit erheblich gelitten. Auch ist der uralte Streit, ob man den Einfluß der Veranlagung oder des Sozialmilieus höher zu veranschlagen habe, in der postmodernen Debatte über den Vorrang der sozialen Geschlechtskonstruktion (die besonders Judith Butler auf eine neue Höhe dogmatischer Verabsolutierung getrieben hat) oder des genetischen Erbes fortgesetzt worden. Das ist weder der erkenntnistheoretischen Konstruktionsarbeit noch der empirischen Erforschung weiblicher Ungleichheitslagen sonderlich zugute gekommen.

Inzwischen hat sich jedoch eine Korrektur mancher Einseitigkeit angebahnt, obwohl auf der anderen Seite auch die ideologische Extremisierung noch anhält. So gewinnt etwa die Auffassung an Boden, daß die Welt der Geschlechter einer Ellipse mit zwei

Brennpunkten gleicht, mithin auf Dauer nur als Frauengeschichte und zugleich als Männergeschichte analysiert werden sollte. Wenn das, wie in neueren Studien, theoretisch und empirisch gleichermaßen umsichtig geschieht, brechen sogleich tradierte Stereotypen der älteren feministischen Interpretation – stabile weibliche und männliche Geschlechtscharaktere, öffentliche = männliche und private = weibliche Sphäre usw. – so eklatant zusammen, daß sie durch eine realitätsnähere Deutung ersetzt werden müssen. Nötig ist aber außer der etablierten Frauengeschichte vor allem eine ebenso kritische Männergeschichte, da erst dann die naive Selbstverständlichkeit der männlichen Perspektive aufgelöst und die geschlechtsspezifische Prägung vieler Ungleichheitsdimensionen ausgewogen und glaubwürdig erfaßt werden kann. Vorerst bleibt sie im Vorfeld analytischer Stringenz, einem bunten Kaleidoskop von Beschreibungen und Interpretationen der Umstände gleichend, wie soziale Ungleichheit von Frauen erfahren und durch ihre geschlechtsspezifischen Positionszuweisungen geprägt worden ist.

Zeichnet sich bei der Geschlechtergeschichte die Ausleuchtung lange vernachlässigter Dimensionen schon klar ab, ist im Hinblick auf die rasch expandierenden „postkolonialen" Theorien das Bild ungleich diffuser. Die klugen Köpfe der älteren Stratifikationstheorien waren sich des Umstandes bewußt, daß ihre Kategorien und Ergebnisse nur auf ethnisch homogene Gesellschaften zutrafen. In ethnisch heterogenen Verbänden dagegen intervenieren neue Variablen wie die folgenreiche ethnisch-kulturelle Zugehörigkeit mit ihren andersartigen Kristallisationen der Ungleichheit. Eben dort knüpfen nun die „postkolonialen" Theoretiker an, die überwiegend aus Ländern oder Regionen stammen, wo die Überlagerung, die Durchdringung, die Fusion, die diffuse polyvalente Mischung unterschiedlicher Kulturen im Gefolge der Hegemonie des westlichen Imperialismus die Alltagswelt noch immer nachhaltig prägen. Ein Ergebnis dieses Einflusses ist die Heterogenität der soziokulturellen Identitätsbildung, ja ein Pluralismus von Identitäten in ein und demselben Individuum – daher rühren dann auch die Komplikationen der sozialen Verortung. Das ist zwar prinzipiell nichts Neues, da die neuere Identitätstheorie, durchaus analog zur älteren soziologischen Rollentheorie, generell von der Koexistenz mehrerer Identitäten ausgeht. (Man ist Katholik,

Rheinländer, Preuße zugleich, und je nach dem sozialen oder politischen Kontext wird eine dieser Identitäten akzentuiert.) Aber in der „postkolonialen" Debatte gewinnt der teils schmerzhaft empfundene, teils apodiktisch bejahte Identitätenpluralismus einen fundamentalistischen Zug, dem die relativierende Historisierung der eigenen Position durchweg abgeht. Wird sie zudem in einem abstrus theoretisierenden, menschenfeindlich formulierten Duktus verfochten (wie etwa von einem ihrer Hauptapostel, Homi K. Bhabba), gewinnt sie zwar nicht an rationaler Überzeugungskraft, klinkt sich aber in die „postmoderne" Diskussion mit ihrer Verflüssigung jeder Wertposition, jeder stabilen Identität, jeder normativen Standfestigkeit kongenial ein.

Obwohl die „postkolonialen" Theorien allesamt mit dem Anspruch auftreten, die „conditio humana" der modernen Welt des 20., erst recht des 21. Jahrhunderts wegen der Unausweichlichkeit multikultureller Gesellschaften adäquat zu erfassen, ist die Ungleichheitsforschung von ihnen noch nicht nachhaltig angeregt worden. Hier und da mag eine exotische theoretische Perspektive für die Analyse ethnisch-kulturell heterogener Gesellschaften dramatisiert worden sein. Doch die gewaltige Kluft zwischen theoretischem Postulat und empirischer Sozialanalyse ist noch längst nicht überbrückt worden. Wegen der extremen Theorieüberfrachtung kann auch nicht ausgeschlossen werden, daß das auf absehbare Zeit überhaupt nicht gelingt. Das wäre indes mit erkennbaren Kosten verbunden, da die Erforschung der Stratifikationsordnung in multiethnischen Gesellschaften neue konzeptuelle Anregungen durchaus gebrauchen kann, um sich zu einer erklärungskräftigen Wirklichkeitswissenschaft weiterzuentwikkeln.

Demgegenüber ist seit geraumer Zeit eine aktuelle theoretische, methodische und empirische Herausforderung für die moderne Stratifikationsforschung, vielleicht sogar ihr attraktivstes neues Modell, mit dem Werk Pierre Bourdieus verbunden, der im Westen, vielleicht sogar weltweit, als einer der anregendsten Köpfe der gegenwärtigen Sozialwissenschaft gilt. Erkenntnistheoretisch bewegt sich Bourdieu auf der Höhe des gegenwärtigen Reflexionsniveaus, da er frühzeitig von der „Doppelnatur" der sowohl realhistorischen als auch sozial konstruierten Wirklichkeit ausgegangen ist. Methodisch hat er sich nie auf einen ökonomistisch und kulturalistisch verkürzten Klassenbegriff gestützt. Vielmehr hat er sich stets an den „Kristallisationen“ der großen Ungleichheit generierenden Potenzen orientiert, mithin an der Ungleichheit der Machtchancen, der Wirtschaftslage, des Prestiges, des Alters, des Geschlechts, der ethnisch-kulturellen Verbände. Im Zentrum steht bei ihm die Klassenstruktur moderner Gesellschaften – paradigmatisch durch Frankreich vertreten – als eine durch Kontinuität und Konflikt, weit weniger durch Diskontinuität und Konsens bestimmte Macht- und Privilegienhierarchie, an der Bourdieu vor allem die Prägekraft und Phänomenologie der „feinen Unterschiede“ interessieren. Sein Ziel ist nicht eine Gesellschaftstheorie, sondern eine theoretisch wie methodisch möglichst zuverlässig abgesicherte empirische Analyse mit überzeugender Erklärungskraft.

Bourdieu ist es gelungen, vier sozialwissenschaftliche Traditionen, die von Weber, Marx, Durkheim und Levi-Strauss verkörpert werden, in seinem Werk zusammenzuführen. Von Weber hat Bourdieu übernommen: die Handlungstheorie und den Konstruktivismus der gesellschaftlichen „Doppelnatur“; die Leitperspektive von der sozialen Funktion symbolischer Güter und Praktiken; den Zusammenhang von Lebensführung und „sozialer Ehre“ als eines systematischen Nexus zwischen materiellen Lebensbedingungen und Lebensstil; Legitimation und Charisma als Zusammenhang von symbolischer Macht und ökonomischem, sozialem und kulturellem Kapital. Die Funktion von Webers „Weltbildern“ als „Weichenstellern“ für die „Dynamik der materiellen und ideellen Interessen“ wird übersetzt in die Ökonomie symbolischer Güter, in die Akkumulation symbolischen Kapitals, in den Kampf um symbolischen Profit. Wenn ein ENA-Absolvent überhaupt auf den Schultern von Riesen stehen mag, steht Bourdieu auf Webers Schultern.

Ganz undogmatisch hat Bourdieu auch Marx rezipiert. Mit Hilfe des Denkens von Weber und Durkheim möchte er Marx' Systemdenken zu einer umfassenden Theorie der materiellen, kulturellen und symbolischen Dimensionen des gesellschaftlichen Lebens erweitern. Anstatt aber die Kultur von der materiellen Ökonomie zu trennen, insistiert Bourdieu auf der Einheit des materiellen und kulturellen Lebens. Gesellschaft erscheint ihm (analog den Weberschen Wertsphären) als die Summe homologer, relativ autonomer Felder, wobei das Feld der symbolischen Reproduktion denselben Analyseregeln unterliegt wie das der materiellen Ökonomie. Bourdieu verficht, wie er das selber charakterisiert, einen in Webers Religionssoziologie bereits befolgten „aufgeklärten Materialismus", denn alle Praxis ist interessengeleitet und kann insofern als ökonomische Praxis untersucht und gedeutet werden. Jeder Ökonomismus ist ihm verhaßt, er beharrt jedoch auf klassenspezifischen Unterschieden der Nutzung und Bedeutung sowohl der materiellen als auch der symbolischen Güter und Praktiken, auf der klassenspezifischen Natur von Interessen, Investitionen und Gewinnsorten, auf der klassenspezifisch ungleichen Verteilung von Lebenschancen. Eben darauf beruht die Ungleichheit der materiellen und symbolischen Machtverteilung auf allen gesellschaftlichen Feldern.

Von Durkheim hat Bourdieu die Soziologie der symbolischen Formen (als „sozialer Tatsachen") übernommen. Insofern geht es ihm stets um die Genese von Denkmustern und Perzeptionsweisen, um die Korrespondenz zwischen sozialen und symbolischen Strukturen. Die kognitiven Strukturen der Akteure werden, kurz gesagt, als verinnerlichte soziale Strukturen begriffen. An kollektiven Repräsentationen interessieren Bourdieu die sozialen und kognitiven Funktionen im Hinblick auf die Machtverteilung, während sie bei Durkheim vom Imperativ der sozialen Integration dominiert werden. Ohne den Glauben an diesen Konsenszwang hat Bourdieu die Wissenssoziologie der Ungleichheit weitergetrieben.

Von Levi-Strauss, seinem akademischen Lehrer, hat Bourdieu das Erbe eines mächtigen Strukturalismus übernommen, der das Denken in den Systemvorstellungen von Marx und Weber noch verstärkt hat. In der Tradition jener Kulturanthropologie, welche die Bedeutung der „sozialkulturellen Persönlichkeit" zu präzisieren suchte, hat er dann sein Habituskonzept entwickelt. Durch sie wurde seine Aufmerksamkeit auch darauf gelenkt, wie Werte, Normen, Symbole die soziale Praxis gestalten. Durch sie wurde seine Sensibilität gegenüber dem Problem geschärft, wie die komplizierte materielle und kulturelle Einheit der sozialen Welt erfaßt werden könnte. In der Ethnologie hat Bourdieu einen andauernd aktiven Kategorien- und Ideenspender für seine Ungleichheitsforschung gefunden.

Sie hat Bourdieu theoretisch und vor allem empirisch in immer neuen Anläufen in einem inzwischen weitverästelten, umfangreichen Werk vorangetrieben. Klasse bleibt für ihn, wie für Marx und Weber, die analytische Zentralkategorie. Aber im Vergleich mit ihnen wird Bourdieus Theorie erweitert um die Dimension des kulturellen Kapitals, der symbolischen Macht und des Habitus, da Klassen nach seiner Auffassung nicht nur auf dem Unterschied der materiellen Lebensbedingungen, sondern ganz wesentlich auch auf dem ungleichen Zugang zu den Kapitalsorten und Machtressourcen sowie auf ihrem spezifischen Habitus beruhen.

Das weite Spektrum der materiellen Lebensbedingungen von sozialen Klassen wird empirisch ermittelt. Aber für die Machtanalyse differenziert Bourdieu den summarischen Begriff des Kapitals in vier Sorten: 1. Das ökonomische Kapital entspricht dem traditionellen Kapitalbegriff von Ricardo und Marx. 2. Das soziale Kapital meint das Netzwerk und jene zahlreichen Ressourcen, die der Familienverband zu nutzen gestattet – oder aber nicht besitzt. 3. Das kulturelle Kapital umfaßt Bildung, Wissen, Geschmack. Es tritt objektiviert z.B. in Bildern, Teppichen, Büchern zutage; internalisiert etwa im ästhetischen Urteil; institutionalisiert z.B. in akademischen Titeln. Alle drei Kapitalsorten beeinflussen in der Regel im Verbund die soziale Machthierarchie. 4. Das symbolische Kapital ist ein (gewöhnlich auf den drei erstgenannten Kapitalsorten beruhender) Vorschuß auf legitime soziale Wertschätzung. Es steigert den Anspruch auf „Deference", auf Respekterweisung, und legitimiert damit Herrschaftsausübung. Alle Kapitalsorten sind in Bourdieus System nicht nur wechselseitig konvertierbar. Vielmehr gestatten sie es auch, klassenspezifische Machtpotentiale – oder den Ausschluß von ihnen – differenziert zu bestimmen.

Mit dem Habitusbegriff ersetzt Bourdieu nicht nur das marxistische „Klassenbewußtsein", sondern vor allem auch den Begriff der „sozialkulturellen Persönlichkeit", mit dem die amerikanische Kulturanthropologie bis dahin operiert hatte, um jene innere Leitungsinstanz des Individuums zu charakterisieren, die durch die Internalisierung gesellschaftlicher Werte, Normen und Handlungsanweisungen aufgebaut wird. Insofern bildet der Bourdieusche Habitus ein Scharnier zwischen Gesellschaft, Klassenlage, sozialer Praxis einerseits, kultureller Sinndeutung, Symbolkonstruktion und „Weltbild“ andererseits. Er verkörpert die Summe aller verinnerlichten Dispositionen, welche die Perzeption der Umwelt, das Denken, das Verhalten, die Emotionen, die Körpersprache usw. steuern; er bildet, in Bourdieus vielzitierter Definition, eine „Handlungs-, Wahrnehmungs- und Denkmatrix“, die sowohl mental als aber auch durch die körperliche „Einverleibung“ – analog zu Foucaults „Einkörperung“ – aufgebaut wird. Gesellschaftliche Erwartungen werden während des Sozialisationsprozesses in das Innere, in den Habitus der Individuen hineinverlagert, und durch den Habitus wird wiederum die gesellschaftliche Konsistenz aufrechterhalten. Daher besitzt er, in Bourdieus Formulierung, eine „strukturierte und eine strukturierende“ Kapazität, die zudem stets geschlechtsspezifisch geprägt ist. Der Habitus garantiert zwar primär die gesellschaftliche Kontinuität, er bleibt aber flexibel und kann durch die Erfahrung von Krisen und Umwälzungen umgebaut werden. Da der Habitus stets klassenspezifisch modelliert wird, trägt er zur inneren, zur habitualisierten Kohärenz sozialer Klassen bei. Mit ihm hat Bourdieu ein analytisches Instrument aus den Anregungen der Kulturanthropologie und der Sozialisationsforschung gewonnen, dessen Differenzierungsfähigkeit über den Nutzen des altertümlichen, sei es „richtigen“ oder „falschen“, „Klassenbewußtseins“ weit hinaus führt.

In der methodischen Vorbereitung seiner empirischen Analysen nutzt Bourdieu Webers Vorstellung, daß gesellschaftliche Prestigehierarchien häufig nicht auf ökonomischem Vorrang beruhen, sich vielmehr aus der Fusion von Erwerbsklassenlage und ständischer Lage ergeben. Moderne „Distinktionsklassen“, so werden in Bourdieus vereinheitlichender Klassenterminologie die älteren Statusgruppen umdefiniert, legitimieren ihre Privilegien durch die Kultivierung ihrer Sonderstellung und sozialen Ehre. Eben diese Anstrengung lenkt Bourdieu auf die sorgfältige Untersuchung der „feinen Unterschiede“ zwischen den Distinktionsklassen hin, die sich durch ihr kulturelles Kapital und ihre sublimierte symbolische Macht behaupten und rechtfertigen. Während für Weber der Nachweis im Vordergrund steht, daß Macht und eventuell ständische Lage die modernen Klassen und das Ausmaß ihrer Lebenschancen konstituieren, fragt Bourdieu viel intensiver danach, wie Macht und Herrschaft überhaupt erzeugt (oder verweigert) und wie sie durch soziale Praktiken, die sowohl auf den materiellen wie den ideellen Existenzbedingungen als auch auf den im Habitus gebündelten Dispositionen beruhen, erhalten werden.

Bei seiner Mischung von Klassikertradition und Kulturanthropologie, von empirischer Sozialforschung und Hermeneutik kann daher Bourdieus Stratifikationsanalyse auf vier unterscheidbaren analytischen Ebenen operieren: 1. Klassenspezifische Differenzen des Konsums und des Freizeitverhaltens werden als Unterschiede des Lebensstils und des Modus der Lebensführung untersucht. 2. Die sozialpsychische Kohärenz der Klassen wird durch die Eigenarten und Funktionsmechanismen des Klassenhabitus erklärt. 3. Die Unterschiede der materiellen Lebensbedingungen bemessen sich je nach der Distanz zum „Reich der ökonomischen Bedürfnisse“. 4. Soziale Distanzen ergeben sich auch aus der Verfügung über die verschiedenen Kapitalsorten oder aus dem Ausschluß von ihnen.

Aus dieser unverwechselbaren Kombination von Ethnologie und klassischer Sozialtheorie, von Hermeneutik und empirischer Soziologie ergibt sich in Bourdieus Werk eine realitätsnahe Erfassung von „sozialer Wirklichkeit“, ohne daß er der Versuchung der Totalitätsutopie oder dem Sog einer allumfassenden Gesellschaftstheorie erliegt.

15. Modernisierung und Modernisierungstheorien

Der westliche Modernisierungsprozeß wurde erst mit der Aufklärung zu einem vieldiskutierten Problem.[1] Er wurde es zu einer Zeit, als sowohl die christliche Vorstellung von einer göttlichen Heilsgeschichte als auch die ältere geschichtsphilosophische Konzeption von einer Vielzahl nebeneinander ablaufender „Geschichten“ dem neuen Sammelbegriff „der Geschichte“ wichen, die im Aufklärungsdenken einen gerichteten Fortschrittsprozeß verkörperte. In ihm lebte in säkularisierter Form die christliche Vorstellung von einem göttlich privilegierten Leitbild, das der Westen für die heidnische Welt verkörpere, weiter fort. Diese chiliastische Utopie des gesellschaftlichen Fortschritts warf sogleich die Frage auf, wie sich der historische Prozeß im Westen, der sich von den inzwischen genauer bekannten nichtwestlichen Kulturkreisen offenbar sehr deutlich unterschied, seit grauer Vorzeit auf die Höhe des gegenwärtigen Zeitalters bewegt hatte. Der Inhalt dieses Fortschritts wurde zunächst als Zivilisierung, Europäisierung, Verwestlichung diskutiert. Gemeint war damit aber stets eine rundum positiv besetzte Umschreibung von westlicher Modernisierung – ein Schlüsselbegriff, der freilich erst in der zweiten Hälfte des 19. Jahrhunderts aufkam.

Die ersten Erklärungsversuche, die den Charakter dieser Modernisierung zu verstehen suchten, fanden ihren Ausdruck in den sogenannten Stufentheorien. Einflußreiche protestantische Theologen, die Magdeburger Centurien, hatten im 16. Jahrhundert die Geschichte in die drei Epochen der Antike, des dunklen, da katholischen Mittelalters und der hellen, da evangelischen Neuzeit erstaunlich folgenreich eingeteilt, denn das Schema lebt bis heute in Lehrplänen und in der historischen Periodisierung zählebig weiter. Seit dem späten 18. Jahrhundert unternahmen es dann ganz analog mehrere Generationen von Sozialphilosophen, Historikern und frühen Sozialwissenschaftlern, den westlichen Entwicklungsprozeß, dem ein progressiver Trend zum Anstieg auf ein immer höheres Plateau explizit und implizit unterstellt wurde, zu periodisieren, indem sie ihn in zeitliche Stadien von unterschiedlicher Dauer zerlegten.

Es lohnt nicht, die Vielzahl dieser überholten Anstrengungen im einzelnen zu charakterisieren. Je nach dem Herkunftsland der Theoretiker und dem wissenschaftlichen Kontext wurden mehrere Stufen unterschieden. Die wichtigsten von ihnen waren: das vorgeschichtliche Stadium der Jäger und Sammler; das Stadium der Seßhaftigkeit mit regelmäßigem Ackerbau, Stadtbildung und früher Territorialherrschaft; das Stadium des Feudalismus als eines mittelalterlichen Wirtschafts- und Herrschaftssystems auf der Basis persönlicher Loyalitätspflichten, die mangels effektiver zentraler Kommunikationsmittel eine dezentralisierte Machtausübung über große Gebiete ermöglichen sollten; das Stadium der frühen Stadt- und Gewerbewirtschaft bei gleichzeitiger Verbesserung der Agrarwirtschaft; das Stadium der Expansion der zunehmend kommerziell orientierten Wirtschaft im Zeitalter des Merkantilismus; das Stadium der europäischen Territorialstaaten im Zeitalter des Absolutismus, wie kontinentaleuropäische Theoretiker es verstanden; das Stadium der vollen Entfaltung des Handels-, Agrar- und Gewerbekapitalismus bis hin zum frühen industriellen Produktionskapitalismus in der ersten Hälfte des 19. Jahrhunderts.

Von Voltaire, Adam Smith und Adam Ferguson über Friedrich List bis hin zur Älteren Historischen Schule der deutschen Nationalökonomie von Wilhelm Roscher, Karl Knies und Bruno Hildebrand läßt sich die lebhafte Konjunktur dieser Stufentheorien verfolgen. Sie riß im späten 19. Jahrhundert ab, wurde aber nach einem genau 100jährigen Tiefschlaf von Walt W. Rostow in seinen „Stadien wirtschaftlichen Wachstums" in Gestalt eines kurzlebigen Strohfeuers verblüffenderweise noch einmal wiederbelebt.

Die Entscheidungskriterien für das Urteil darüber, welche Phänomene zu welcher Stufe der Entwicklung gehörten und ihren spezifischen Charakter ausmachten, wurden sehr locker gehandhabt – englische Theoretiker beurteilten die Stufe des Merkantilismus durchaus anders als französische und deutsche Theoretiker die gleichzeitig angesetzte Stufe des absolutistischen Flächenstaats mit seiner kameralistischen Wirtschaftspolitik. Ausnahmslos alle Stufenpolitiker scheiterten aber an dem entscheidenden Problem dieser Geschichtskonstruktion, nämlich überzeugend darzutun, welche Art von Dynamik die Entwicklung jeweils auf das Niveau der nächsthöheren Stufe hochtrieb. Das war nicht nur ein Ergebnis der damals noch sehr begrenzten empirischen Kenntnisse, die über einen so extrem langen Zeitraum erst spärlich zur Verfügung standen. Vielmehr fehlte an erster Stelle die theoretische Präzisierung, welchen eigentümlichen Antriebskräften die einmalige Leistung dieser historischen Hydraulik glaubwürdig zugeschrieben werden konnte.

Dagegen blieb die dogmatische geschichtsphilosophische Prämisse unangefochten bestehen, daß ein kontinuierlicher, durch Kriege und Katastrophen nur zeitweilig unterbrochener progressiver Aufstieg die Stufenfolge dieses westlichen Modernisierungsprozesses charakterisiere. Er erschien in um so hellerem Licht, als er mit der vermeintlichen Stagnation und Rückständigkeit aller nichtwestlichen Kulturkreise, über die mit zunehmender Kontaktdichte das Urteil immer abschätziger ausfiel, selbstbewußt, ja arrogant kontrastiert wurde.

In diese schon seit 100 Jahren anhaltende Diskussion über die Evolutionsgeschichte des Westens schaltete sich seit den 1840er Jahren Karl Marx ein. Mindestens so selbstsicher wie seine Vorgänger entwarf er eine von Grund auf optimistische, fortschrittsgläubige, eurozentrische Modernisierungstheorie eigener Art, die er in den folgenden 40 Jahren in rastlosen Studien weiter ausbaute. Trotz aller theoretischen und empirischen Defizite handelt es sich um eine der historisch folgenreichsten westlichen Modernisierungstheorien überhaupt. Deshalb muß man ihre Grundzüge verstehen und ernst nehmen, anstatt den Banalitäten des Vulgärmarxismus oder den Denkblockaden einer oberflächlichen Kritik zu folgen.

Marx' Lehre hat in den rund 150 Jahren nach ihrer ersten Formulierung weltweit eine ebenso erstaunliche wie zerstörerische Wirkung entfaltet. Obwohl sie von ihren gläubigen Anhängern nicht als eine durch und durch westliche Modernisierungslehre verstanden worden ist und bis heute nicht so verstanden wird, gehört die Marxsche Theorie ideen- und wissenschaftsgeschichtlich ohne Zweifel in den großen Traditionszusammenhang all jener evolutionstheoretischen Anstrengungen, die darauf abzielten, den beispiellosen Aufstieg der westlichen Welt mit Hilfe einer sowohl geschichtsphilosophisch als auch historisch-empirisch fundamentierten Modernisierungstheorie in seiner spezifischen Antriebsmotorik zu erfassen. Darüber hinaus wollte Marx ihn durch zielstrebig organisierte politische Intervention beschleunigt an sein letztlich wieder heilsgeschichtlich konstruiertes Ziel bringen.

Für die Zeit bis zum Spätmittelalter bot Marx nur eine ziemlich krude Abfolge von Entwicklungsstufen von der Sklavenhaltergesellschaft bis zum Feudalismus an, denn sein eigentliches Interesse, das der siegreichen Durchsetzung zuerst des Kapitalismus, dann vor allem des Industriekapitalismus galt, setzte erst mit dem konventionell konzipierten Beginn der Frühen Neuzeit ein: mit 1500 als dem eigentlichen „Beginn der kapitalistischen Ära". Auf der seither folgenden Entwicklungsstufe, die gut 300 Jahre andauerte, sah er nach einer relativ kurzen Inkubationsphase ein Bündel von dynamischen Prozessen und innovativen Strukturen am Werk, die schließlich den Aufstieg auf das Niveau des vermeintlich voll entwickelten, genuin westlichen Kapitalismus bewirkten.

Er verkörperte den von Marx unzweideutig bevorzugten Entwicklungspfad in die Moderne, denn, wie es in riskanter verallgemeinernder Dogmatik im Vorwort zum ersten Band des „Kapitals" heißt, „das industriell entwickeltere Land zeigt dem minder entwickelten nur das Bild der eigenen Zukunft".

Wenn man die Ergebnisse, zu denen Marx von seinem genetische und strukturelle Perspektiven verbindenden Ansatz aus gelangt ist, etwas systematisiert und zugleich den Jargon des Marxismus vermeidet, gehören zu den hochgradig eigentümlichen Bedingungen für den Siegeszug des europäischen Kapitalismus vor allem die bürgerlichen Städte mit autonomen sozialökonomischen und politischen Korporationen zur Organisierung des Wirtschaftslebens und der Selbstverwaltung; die Institutionalisierung von privaten Eigentumsrechten; die individualistische Grundeinstellung gegenüber Eigentum und Produktion; die Kommerzialisierung der Landwirtschaft bis hin zu einer „Agrarrevolution" als unabdingbarer Voraussetzung der „Industriellen Revolution"; die Rationalisierung des menschlichen Verhaltens und der natürlichen Umwelt unter der Dominanz einer monotheistischen Religionslehre. Das aber hieß auf längere Sicht: Säkularisierung der Welt durch ein Bürgertum, das durch seine Aktivität bewies, was ein rationales Arbeitshandeln erreichen kann, um sich die Welt untertan zu machen. Das enthusiastische Hohelied auf diese welthistorische Leistung des europäischen Bürgertums, den Kapitalismus durchgesetzt zu haben, wird bereits im „Kommunistischen Manifest" vom Frühjahr 1848 angestimmt. Gerühmt werden die Universalisierung der wirtschaftlichen und politischen Beziehungen und die Ausdehnung universalistischer, leistungsorientierter Normen. Im Zeichen der dadurch geprägten, allmählich entstehenden globalen Marktwirtschaft schafft das Bürgertum erstmals die Grundlagen einer wahren Weltgeschichte.

Der Aufschwung der westlichen Kerngebiete des Kapitalismus verdankt ein Moment seiner Schwungkraft der Ausbeutung der überseeischen Welt, deren Reichtümer seit dem Zeitalter der Entdeckungen zum guten Teil nach Europa gelenkt werden und dort – ein wesentlicher Bestandteil der sogenannten „ursprünglichen Akkumulation" des Kapitals – als kontinuierlich zufließender Treibstoff das Tempo der europäischen Wachstumsmaschine beschleunigten.

Ein Gewinn ist die neuartige Sozialstruktur von Klassen, die auf unterschiedlichen Leistungsfähigkeiten anstatt auf zugeschriebenem Status beruhen und durch hohe soziale und räumliche Mobilität, eine Voraussetzung für die Funktionstüchtigkeit moderner Arbeitsmärkte, gekennzeichnet sind.

Der Charakter der Gesellschaft wird dadurch bestimmt, wie ihre soziopolitische Verfassung, die Marx die „Produktionsverhältnisse" nennt, jene Spannungszustände verarbeiten kann, welche durch die voranstoßende Dynamik der „Produktivkräfte" immer wieder aufs Neue erzeugt werden. „Produktivkräfte" – das ist freilich bei Marx ein so diffuser Begriff, daß er Arbeitskräfte, Technologien, Produktionsorganisationen, bürgerliche Unternehmer, wissenschaftliche Qualifikationen, ja selbst ganze revolutionäre Klassen umfassen kann. Diese motorischen Produktivkräfte stellen den geronnenen Status quo der Produktionsverhältnisse unablässig in Frage und treiben schließlich durch ihre Dynamik die Geschichte voran. Nicht nur hat Marx in einer schwerwiegenden Vorentscheidung, die sich über die relative Autonomie politischer Herrschaft hinwegsetzte, die politischen Regimeformen an den Entwicklungsstand der Produktivkräfte gekoppelt, während die Produktionsverhältnisse das von diesen Kräften abhängige gesellschaftliche Evolutionsniveau verkörpern. Vielmehr thematisiert er auch die entscheidenden Entwicklungskrisen, die aus ihrem Spannungsverhältnis resultieren, als Revolutionen, die zu den mit einem progressiven Auftrag ausgezeichneten Lokomotiven der Weltgeschichte avancieren. Denn indem sich die revolutionäre Krise entlädt und einen neuen historischen Aggregatzustand herbeiführt, hebt sie die Evolution auf ein höheres Entwicklungsniveau.

Mit diesen Denkfiguren und mit der Privilegierung solcher lokomotorischer, vor allem revolutionärer Prozesse glaubte Marx, das zentrale Problem der bisherigen Evolutionstheorien gelöst zu haben, wie nämlich die Geschichte der westlichen Gesellschaften mit innerer Folgerichtigkeit den Aufstieg auf stets höhere Stufen des Fortschritts vollzogen habe und weiter vollziehe. Wo diese Voraussetzungen fehlten, wie etwa in Asien, konnte nach Marx' unzweideutiger Auffassung kein autonomer Kapitalismus entstehen, daher auch kein welthistorischer Fortschritt einsetzen. Deshalb mußte der Kapitalismus dorthin exportiert werden. Das war für Marx, trotz der blutigen Gewalt dieser Expansionsgeschichte, die innere Räson des westlichen Imperialismus.

In Marx' Geschichtstheologie, die auch von einem machtvollen Impuls gegen ungerechte Ungleichheit und zugunsten egalitärer Gerechtigkeit zehrt, wurde dem neuzeitlichen Proletariat eine eschatologische Schlüsselrolle zugesprochen. Als Hauptleidtragender des Siegeszugs des Kapitalismus besaß es in dieser säkularisierten Variante des christlichen Chiliasmus und der hegelianischen Idee von der historischen Mission der Völker die providentielle Aufgabe, die künftige kommunistische Gesellschaft der Freien und Gerechten durch zielbewußte Politik und schließlich durch einen letzten revolutionären Akt herbeizuführen.

Über diesen Endzustand der vollendeten Modernisierung hat Marx sich nur sehr selten geäußert. Wenn er aber seine Chimäre der „Kommunistischen Gesellschaft" beschrieb, tat er das ganz mit einem Rückgriff auf den Denk- und Sprachhaushalt des deutschen Neuhumanismus, der ihn seit dem Elternhaus, dem Trierer Gymnasium und den Universitätsjahren geprägt hatte. Analog zum Leben des freien Vollbürgers in der antiken griechischen Polis sollte sich auch die Existenz in der künftigen kommunistischen Gesellschaft gestalten – der nostalgische, ganz und gar anachronistische Wunschtraum eines deutschen Bildungsbürgers von der erreichten Moderne!

In den 100 Jahren nach Marx' Tod hat der Neomarxismus, aufs Ganze gesehen, die intellektuelle Spannweite seines Inspirators nicht erhalten können. Statt dessen hat er einzelne Elemente dogmatisiert und wichtige andere völlig vernachlässigt. Die Orthodoxie des Staatskommunismus erwies sich als vollends außerstande, das Marxsche Erbe theoretisch weiterzuentwickeln. (Auf das Scheitern des letzten neomarxistischen Versuchs, die westliche Modernisierung im Rahmen von Immanuel Wallersteins „Weltsystem"-Lehre zu erfassen und zu erklären, wird unten eingegangen.)

In der zweiten Hälfte des 19. Jahrhunderts ist die Debatte über die Ursachen und den Charakter der westlichen Modernisierung von unterschiedlichen Positionen aus weitergeführt worden. In England gewann etwa ein Sozialtheoretiker wie Herbert Spencer mit seiner auf Differenzierungsgewinnen basierenden Evolutionslehre einen erheblichen Einfluß, der sich noch auf Talcott Parsons kategoriale Begriffe ausgewirkt hat. Der britische Rechtshistoriker Henry Sumner Maine präzisierte mit dem Wandel vom „Status zum Kontrakt" eine kritische Schwelle des Übergangs zur Moderne. Der Wirtschafts- und Sozialwissenschaftler Gustav Schmoller, das Oberhaupt der Jüngeren Historischen Schule der Nationalökonomie im Deutschen Kaiserreich, beeinflußte mit einer historisch verfeinerten Stufentheorie die Evolutionsdebatte. Und auch Werner Sombart hat seiner voluminösen Entstehungsgeschichte des Kapitalismus ein relativ undogmatisches Schema zugrunde gelegt. Größere theoretische Klarheit, geschweige denn Einigkeit über die Ursachen jener Dynamik, welche den Entwicklungstrend des Westens stetig höher lenkte, konnten sie alle, einschließlich ihrer Befürworter und Kontrahenten, freilich nicht erzielen.

Der entscheidende Schritt nach vorn gelang erst Max Weber in den drei Jahrzehnten zwischen 1890 und 1920. Weber verstand sich als dezidiert bürgerlicher Anti-Marx, gestand aber seine Hochachtung vor dem intellektuellen Rang dieses Kontrahenten mit dem respektvollen Urteil ein, daß man fortab die Stellung eines Gelehrten an seinem Verhältnis zu Marx ablesen könne. Es kann, so gesehen, nicht verwundern, daß Weber mit Marx' historischer Analyse der neuartigen Bewegungskräfte, die den okzidentalen Kapitalismus ermöglicht hätten, erstaunlich weitgehend übereinstimmte, wenn er auch Marx' Katalog nicht nur für erweiterungs- und präzisierungsbedürftig hielt, sondern durch einen prinzipiell andersartigen Ansatz überwinden wollte.

Mit seiner Grundauffassung von der doppelten Konstituierung von Wirklichkeit: zum einen durch realhistorische Potenzen und Konstellationen, zum anderen durch Sprache, Realitätsdeutung und „Weltbilder", unterschied er sich grundlegend von dem eindimensionalen Historischen Materialismus Marxscher Prägung, und zwar so grundlegend, daß er nicht nur zum klassischen Antipoden, sondern zum Vorbild und Ideenspender künftiger Modernisierungstheorien bis heute avancieren konnte.

Weber hat mithin dem zentralen Glaubensartikel des Marxismus, daß – wie Friedrich Engels es formulierte – die „ökonomische Bewegung in letzter Instanz" stets den Ausschlag gebe, keineswegs mit analoger Einseitigkeit die normative Überzeugung entgegengesetzt, daß die religiösen „Weltbilder" in aller Regel

„als Weichensteller die Bahn" bestimmten, „in denen die Dynamik der Interessen das Handeln fortbewegte". Gewiß hat er in der polemischen Auseinandersetzung gelegentlich auch das getan, aber theoretisch und methodisch besteht seine entscheidende Leistung darin, in den wichtigsten Texten, in diesem Fall in den drei Bänden seiner global vergleichenden Religionssoziologie, mit eindringlicher Überzeugungskraft immer wieder die doppelte Konstituierung von Realität empirisch und interpretatorisch demonstriert zu haben. Eben deshalb besitzt sein Werk noch immer eine solche Anschlußfähigkeit für neuere gesellschaftsanalytische Interessen wie etwa diejenigen von Pierre Bourdieu.

Weber verfolgte zum einen das methodisch-theoretische Interesse, einen möglichst umfassend konzipierten Idealtypus der okzidentalen Modernisierung (keineswegs von Modernisierung überhaupt!) zu entwickeln. Zum anderen blieb sein historisch-soziologisches Interesse darauf gerichtet, durch den universalhistorischen Vergleich die empirische Konstellationsanalyse dieser westlichen Modernisierung (noch einmal: nicht jeder irgendwo partiell erfolgenden oder nachholenden Modernisierung!) voranzutreiben. In den Texten letzter Hand aus dem Jahre 1920, in der brillanten „Vorbemerkung" zum ersten Band der Religionssoziologie und den wirtschaftshistorischen Vorlesungen an der Universität München hat er in komprimierter Form die Bilanz eines intensiven Gelehrtenlebens mit all seinen Überlegungen über die einzigartige Evolutionsdynamik des Westens gezogen.

„Welche Verkettung von Umständen hat dazu geführt", lautete seine Ausgangsfrage, „daß gerade auf dem Boden des Okzidents, und nur hier, Kulturerscheinungen auftreten, welche doch ... in einer Entwicklungsrichtung von universeller Bedeutung und Gültigkeit lagen". Die allgemeinste und zugleich hochspezifische Voraussetzung bildet, Weber zufolge, der einzigartige, alle Realitätsdimensionen durchziehende und prägende Rationalismus der okzidentalen Kultur. Dieser Grundzug sei wiederum abhängig von „der Fähigkeit und Disposition der Menschen zu bestimmten Arten praktisch-rationaler Lebensführung". Ihre „wichtigsten formenden Elemente" seien „die magischen und religiösen Mächte und die im Glauben an sie verankerten ethischen Pflichtvorstellungen". Deshalb arbeitete Weber die unterschiedlichen, aber jeweils das Realitätsverständnis und seine Denkfiguren formenden, daher auch verhaltensleitenden religiösen „Weltbilder“ heraus. Obwohl Weber aus theoretischen Gründen keine strenge Hierarchie der westlichen Modernisierungsursachen entwickelte, wird man doch mit dem Einfluß des religiösen „Weltbildes“ beginnen können: mit dem Sonderfall des jüdisch-christlichen Monotheismus. Dank seiner strengen Architektonik, dem transzendenten Gott auf der einen Seite und seiner irdischen Gemeinde auf der anderen Seite, die sich in seinem Auftrag die Welt untertan machen soll, führt es zu der „Entzauberung“ der diesseitigen Welt. Gemeint ist damit die Verdrängung nicht nur aller konkurrierenden religiösen Kulte, aller magischen und animistischen Gottheitsvorstellungen, sondern vor allem auch die Durchsetzung eines zunehmend säkularisierten Weltverständnisses, das auf die rationale Erschließung und Bewältigung schlechthin aller Probleme baut.

Indem Paulus, das eigentliche „welthistorische Individuum“ (Ernst Troeltsch) des Urchristentums, den Zugang zu der winzigen innerisraelitischen Reformsekte des Wandercharismatikers von Nazareth für die Unbeschnittenen, mithin für die Menschen aller anderen Kulturen, öffnete, wurden tendenziell auch die Schranken zwischen Binnenmoral und Außenmoral, damit zugleich zwischen Binnenwirtschaft und Außenwirtschaft aufgehoben – auch das eine Weichenstellung, ohne welche die Expansion des christlichen Okzidents kaum möglich gewesen wäre.

Als nicht minder folgenreich erwies sich die Trennung von Staat und Kirche, die beide unter heftigen Konflikten ihre eigenen autonomen Sphären entwickelten, so daß die erstickende Staatsdespotie ebenso wie die monolithische Theokratie vermieden wurde. Überhaupt führten die Freiräume für die politischen Herrschaftsinstitutionen, die Kirchen, die ständischen Selbstverwaltungsorgane, die Korporationen zu einem parzellierten Rechts- und Machtsystem. Daraus ging ein fragiler, häufig gefährdeter, aber die unterschiedlichen Kräfte austarierender „pluralistischer“ Balancezustand hervor, unter dessen Schutzdach sich in relativer Autonomie neue Entwicklungen anbahnen und durchsetzen konnten – die Grundlage des gesellschaftlichen und politischen Liberalismus im Westen.

Obwohl ein florierender Handels- und Gewerbekapitalismus etwa in den katholischen oberitalienischen Städten entstand, maß

Weber dem Protestantismus, insbesondere der Rigidität seiner calvinistischen Variante, eine extrem hohe Bedeutung für die innerweltlich-asketische Verhaltenssteuerung bei, die der Entfaltung des modernen Kapitalismus zugute kam. Allerdings ist der Protestantismus selber schon das Produkt von Modernisierungsschüben, die zu seiner relativ zügigen Bejahung des städtischen und gewerbekapitalistischen Lebens, der Wissenschaft und Technik führten. Demgegenüber mündete der Blockadeversuch der Gegenreformation dort, wo er erfolgreich war, vier Jahrhunderte lang in die Innovationsfeindlichkeit und Einschränkung des katholischen Milieus auf eine traditional geprägte, überwiegend ländliche und kleinstädtische Umwelt.

Der Rationalismus des Westens äußerte sich auch in seiner Kunst: Von der Notenschrift, dem rationalen Tonintervall, der Spitzbogenarchitektur und der Perspektivik der Malerei bis hin zur massenhaft gedruckten Literatur und dem Pressewesen zeigt sich der rationale Duktus.

Als Ausfluß der rationalen Dispositionen entwickelte sich nur im Westen die Wissenschaft als systematisch geordneter, empirisch streng abgesicherter Wissensgewinn. Besonders die Naturwissenschaften traten frühzeitig wegen der „Chancen, die sich an ihre wirtschaftliche Verwertbarkeit als Prämien knüpfen", in ein symbiotisches Verhältnis zur Technik, sprich zu innovativen, in Produktionsprozessen verwendbaren Technologien.

Nur hier entstand aus römischem und germanischem Erbe ein rationales Recht, das im Stande war, den „Rechtsapparat wie eine technisch rationale Maschine funktionieren" zu lassen. Seinen Kern bildeten zuverlässig geschützte private Eigentumsrechte, deren Bedeutung nach dem Urteil des Juristen Weber schlechterdings nicht überschätzt werden könne.

Nur im Westen ist auch der Staat ein rationales Kunstprodukt im Sinne einer dauerhaften „politischen Anstalt mit rational gesatzter Verfassung, rational gesatztem Recht und einer an rational gesatzten Regeln und Gesetzen orientierten Verwaltung durch Fachbeamte". Wenn der Kapitalismus „des berechenbaren Rechts und der Verwaltung nach formalen Regeln bedarf", stellt beides mit verläßlicher Sicherheit nur der westliche Staat, der sein Herrschaftssystem auch als homogenen Rechtsbezirk ausbaut und sich „das Monopol der physischen Gewaltsamkeit" sichert. Während des inneren Staatsbildungsprozesses wird der Feudalismus überwunden, das Privatrecht gesichert, die Despotie, aufs Ganze gesehen, vermieden, der Staatsapparat institutionell fest verankert.

In der staatlichen Bürokratie, die dabei in den Mittelpunkt rückt, sieht Weber ein weiteres westliches Unikat, zu dem er nirgendwo sonst eine analog einflußreiche Verwaltungsinstitution findet. Sie entwickelt sich im Verlauf des neuzeitlichen Staatsbildungsprozesses zum „Eckpfeiler" nicht nur „des modernen Staates", sondern auch „der modernen Wirtschaft des Okzidents". Nur dort findet sich die „absolut unentrinnbare Gebanntheit unserer ganzen Existenz in das Gehäuse einer fest geschulten Beamtenorganisation", nur dort dominiert „der juristisch geschulte staatliche Beamte als Träger der wichtigsten Alltagsfunktionen des sozialen Lebens". Weber ist von der organisationstechnischen Überlegenheit der westlichen Bürokratie als Herrschaftsinstrument und Herrschaftsträger so überzeugt, daß er ihr auch in universalhistorischer Perspektive eine unwiderstehliche Durchsetzungskraft zubilligt.

Zugleich sind die allmählich entstehenden europäischen Staaten seit dem ausgehenden 15. Jahrhundert in ein welthistorisch einzigartiges, da ein monolithisches Großreich vermeidendes Staatensystem eingebunden, in dem eine unabhängige, die spätere ökonomische Konkurrenz modellartig vorwegnehmende Rivalität aller Mitglieder herrscht, die diese zur pausenlosen Anspannung aller Kräfte anhält. Unter solchen extremen Wettbewerbsbedingungen tritt der Staat in ein symbiotisches Verhältnis zum Kapitalismus, der staatliche Ressourcen ebenso stärkt, wie der Staatsapparat dem Kapitalismus zuverlässige Rahmenbedingungen und Unterstützung gewährleistet. Weder hat sich der Kapitalismus den Staat als gefügigen Agenten geschaffen, noch der Staat sich den Kapitalismus als Helfer hochgezüchtet. Aber in wechselseitiger, dialektischer Verschränkung treibt einer jeweils den Aufstieg des anderen voran.

Von besonders folgenreicher Bedeutung ist die „Eigenart der Sozialordnung des Okzidents". Dabei steht an erster Stelle der Aufstieg „des abendländischen Bürgertums", das nur dort in selbständigen Stadtgemeinden das wirtschaftliche und politische Leben ordnet und dauerhaft – ein einzigartiges Phänomen im Konkurrenzkampf der Eliten – den Adel als Machtoligarchie verdrängt. Nur hier arbeitet sich auch der Sozialtypus des „Bourgeois" als eines marktwirtschaftlich und später produktionskapitalistisch orientierten Unternehmers empor. Nur hier entsteht die Rechtsfigur des „Staatsbürgers". Nur hier setzen sich Erwerbs- und Berufsklassen durch, die auf der Güter- und Leistungsverwertung auf Märkten, aber auch auf hoher sozialer und geographischer Mobilität beruhen.

Diesem Bürgertum gelingt die epochale Leistung, eine „nirgends sonst auf der Erde entwickelte, allein an den Chancen des Marktes orientierte", dauerhafte, „rationale Betriebsorganisation" zu schaffen, in deren Arbeits- und Herrschaftsverband, auch dank der „Trennung von Haushalt und Betrieb", formell freie Lohnarbeit, maschinelle Ausrüstung und Produktionsablauf kombiniert und durch „rationale Buchführung" kontrolliert werden.

Damit entsteht die Schlüsselorganisation für die „schicksalvollste Macht unseres modernen Lebens", denn der Kapitalismus bestimmt „heute", auch hier teilte Weber völlig Marx' Urteil, „den Lebensstil aller einzelnen, die in dieses Triebwerk hineingeboren werden, mit überwältigendem Zwang", der letztlich in ein „stahlhartes Gehäuse" führe. Mit dieser Unternehmensform wird auch die institutionelle Voraussetzung für ein weiteres Unikat geschaffen, das „Proletariat als Klasse". Denn aus den ständischen Sozialverbänden mit zugeschriebenem Status gehen „marktbedingte Erwerbsklassen" aufgrund ungleicher Leistungsverwertung hervor. Die Definition der Arbeitsfähigkeit als käuflicher Ware ermöglicht die vollständig exakte Kapitalkalkulation beim Einsatz der Produktionsfaktoren. Und die kollektive Interessenvertretung des Proletariats steht im Zeichen eines im Grunde auf Gesellschaftsreform ausgerichteten „rationalen Sozialismus", für dessen „social engineering" Weber wiederum anderswo kein Pendant findet.

Weber ist nie der Illusion vom Primat einer einzigen Modernisierungskraft erlegen, sei es des religiösen „Weltbildes" oder des Kapitalismus. Vielmehr geht es ihm immer um die Gesamtkonfiguration westlicher Eigenarten mit historisch wechselnden Impulszentren. Im Einzelfall kann daher die Dynamik von den Langzeitfolgen wissenschaftlicher Innovationen, von neuen Technologien oder von sozialen Formationen wie dem Bürgertum ausgehen. Das ausschlaggebende Kräfteparallelogramm läßt sich nur empirisch klären. Und selbstverständlich besitzt Weber auch und gerade im Hinblick auf die westliche Modernisierungsgeschichte manchmal die Möglichkeit, auf einen Charismatiker und seine „charismatische Gemeinschaft" – außer technisch-industriellen Evolutionsschüben in seinen Augen die einzig wahrhaft revolutionäre Potenz – als Bewegungskraft, die den Status quo durchbricht und auf ein neues Entwicklungsniveau führt, zurückzugreifen, um gesellschaftliche Dynamik erklären zu können. So unübersehbar Webers Interpretation der okzidentalen Modernisierung auch von europäischem Leistungsstolz und dem Selbstbewußtsein eines „Mitglieds der bürgerlichen Klassen" getragen ist, hat ihn sein eigenes pessimistisches Weltbild davor bewahrt, diese Evolution des Westens als linear ansteigende Fortschrittsgeschichte zu verstehen. Vielmehr betont er nicht nur die hemmenden, verzögernden und häufig siegreichen Gegenkräfte, sondern immer wieder auch die „sozialen Kosten" – etwa jene Verlustbilanz, die seiner liberalaristokratischen Grundanschauung gemäß aus der Zerstörung der tragenden sozialen Grundlagen des autonomen Persönlichkeitstypus resultierte.

Obwohl Weber einen weiten analytischen Rahmen aufgespannt hat, innerhalb dessen die Prozesse der westlichen Modernisierung genauer erforscht und interpretiert werden können, haben die Geschichtswissenschaft und die Soziologie rund vier Jahrzehnte lang nicht auf ihn zurückgegriffen – auch das ein Ergebnis seiner eigentümlich verspäteten Rezeption. Als dann, namentlich unter dem Einfluß von Talcott Parsons, etwas später auch von Reinhard Bendix, eine wahre Weber-Renaissance einsetzte, lenkte sie erst mit erheblicher Verzögerung den Blick auf das Interpretationspotential, das er auch für die Modernisierungsanalyse besitzt.

Statt dessen schossen seit den 1950er Jahren vor allem in der amerikanischen Sozial- und Wirtschaftswissenschaft jene Modernisierungstheorien empor, die den Begriff (den Weber nur sehr streng und zielbewußt gebraucht hatte!) erst wirklich populär, aber auch zu einer Kautschukformel gemacht haben. In der Vorstellung vieler Sozialwissenschaftler sind daher Modernisierung und Modernisierungstheorie mit jener Phase einer amerikanischen Theoriehegemonie verbunden. Und als die pointierte Kritik an zahlreichen naiven Annahmen dieser Strömung sich immer mehr auswirkte, wurden auch ihre eklatanten Defizite und Grenzen für so allgemeine Charakteristika gehalten, daß sie als Eigenarten jedweder Modernisierungstheorie galten. Diese modische Skepsis konnte sich auch deshalb ausbreiten, weil der historische Traditionszusammenhang, in dem die Modernisierungstheorien seit dem 18. Jahrhundert entwickelt worden waren, ebenso in Vergessenheit geraten war wie das Erbe Webers.

In der Theoriefamilie der neueren Modernisierungslehren, deren Hochzeit von den frühen 1950er Jahren bis etwa zur Mitte der 1970er Jahre andauerte, kann man grosso modo drei idealtypische Varianten unterscheiden: erstens die von Ökonomen entwickelten Theorien der ökonomischen Modernisierung; zweitens die meistens von Soziologen, Kulturanthropologen und Politikwissenschaftlern entwickelten Theorien einer gesamtgesellschaftlichen, mithin einer umfassenden sozialen, politischen, wirtschaftlichen, kulturellen Modernisierung; drittens die speziell politikwissenschaftlichen Theorien der „Politischen Entwicklung".

Modernisierung im Sinne des neuzeitlichen wirtschaftlichen, speziell dann des industriekapitalistischen Wachstums hat die Wirtschaftswissenschaft seit dem Merkantilismus und Kameralismus, vor allem aber explizit seit den Tagen der schottischen und englischen Politischen Ökonomie geradezu als eines ihrer Schlüsselprobleme beschäftigt. Insofern gibt die Theoriegeschichte der Ökonomie spätestens von der Klassik bis hin zur gegenwärtigen Neoklassik auch Auskunft über die intellektuellen Anstrengungen, die darauf gerichtet waren, die eigentümliche Wirtschaftsdynamik des Westens in den vermeintlich wichtigsten, den ökonomischen Dimensionen analytisch zu erfassen und möglichst schlüssig zu erklären. Alle diese Wachstumstheorien gehen, im Sinne der wissenschaftlichen Arbeitsteilung und Spezialisierung, von der Isolierung und dann dem Zusammenspiel einiger Faktoren aus, die als „ökonomische" Elemente definiert werden (etwa als Produktionsfaktoren wie Kapital, Boden, Arbeit). Der lokomotorische Prozeß des Wachstums wird dann – je nach dem Theorieschwerpunkt, gewöhnlich aber in engster Anlehnung an die als vorbildliche Theorie geltenden Denkfiguren der klassischen Physik seit Newton – auf unterschiedliche, doch jeweils dynamikgenerierende Potenzen wie etwa den Nachfragesog von Binnen- und Außenmärkten, die innovatorische Leistung von Unternehmen, die Expertise des „Humankapitals", die ominöse

Größe des „technischen Fortschritts" zurückgeführt. Die oft viel wichtigeren sozialen, politischen und kulturellen Einflüsse werden in der Regel, gemäß der Clausula rebus sic stantibus, in den Kranz der nicht näher zu untersuchenden Rahmenbedingungen verbannt.

Zum prominentesten Ökonomen, der seine Wachstumstheorie bewußt innerhalb der amerikanischen Modernisierungstheorien seit den 50er Jahren ansiedelte, aber mit dem Anspruch auf nicht weniger als universalhistorische Gültigkeit verband, wurde Walt W. Rostow. Mit seinen „Stadien des wirtschaftlichen Wachstums", die 1960 hochgemut als „Antikommunistisches Manifest" angekündigt wurden, knüpfte er noch einmal an die Tradition der wissenschaftlich längst verabschiedeten Stufentheorien an, gewann aber im optimistischen Meinungsklima der Pax Americana der Nachkriegszeit, offenbar aber auch wegen der bestrickenden Schlichtheit seiner Konzeption zeitweilig eine erstaunliche Resonanz. Im Kern unterschied Rostow, kurzatmiger als seine Vorgänger im 19. Jahrhundert, drei wesentliche Stufen: 1. die langwierige Phase der Ausbildung der strategischen „Vorbedingungen" für den Erfolg des industriekapitalistischen Wachstums (z.B. Kapitalakkumulation, Unternehmereliten, Kommunikationsmittel, Ressourcenerschließung); 2. die Phase des „Take-off" in den Prozeß des „selbstgeregelten", „selbsttragenden" dauerhaften Wachstums. Mit diesem glücklichen Ausdruck für den Start moderner Flugkörper meinte Rostow im Grunde die altehrwürdige Industrielle Revolution, deren Bedingungskonstellation er freilich an manchen Stellen klug präzisierte (die Dynamik der Führungssektoren, die dank ihrer Rück-, Seiten-, Vorwärts-Koppelungseffekte die Wirtschaft in langlebige Wachstumsphasen hineinziehen; die Höhe der Nettoinvestitionsrate, die gemäß dem W. A. Lewis-Axiom höher als 10% p.a. liegen müsse); 3. die Phase des künftigen Paradieses ewigen Wohlstands in der in Amerika bereits heraufziehenden Massenkonsumgesellschaft mit der Fähigkeit zur Meisterung aller sozialen und politischen Spannungen.

Rostow folgte in seiner ökonomischen Modernisierungstheorie einem mechanistischen Verständnis des wirtschaftlichen Wachstumsprozesses. Das entscheidende politische Problem stellte für ihn während der weltwirtschaftlichen Hochkonjunkturphase zwischen 1949 und 1975 nicht die Konjunkturstabilität der westlichen Industrieländer dar, sondern die Initiierung industriewirtschaftlichen Wachstums in den sogenannten „unterentwickelten Ländern". In ihnen konnten, so die optimistische Vision seiner Geschichtsdidaktik, mit Kapitalspritzen, Expertenausleihe und Ressourcenmobilisierung die unabdingbaren „Vorbedingungen" für ein dynamisches Wachstum geschaffen werden, damit der „Take-off" mit seinem Wachstumsautomatismus in Gang kam. Diese euphorischen Wunschvorstellungen sind desillusionierend schnell am sperrigen Widerstand der sozialen und politischen Verhältnisse, an den kulturellen und mentalen Blockaden in den allermeisten nichtwestlichen Ländern gescheitert. An die Stelle der Marxschen, aber auch der Rostowschen Maxime, daß alle Welt nach dem Verlaufsschema des westlichen Vorbilds industrialisieren müsse, trat die realistischere Einsicht in ungleich variationsreichere, schwierigere und längerwährende Entwicklungsprozesse. Diese Kritik an seiner politischen Intervention ändert freilich nichts an dem Urteil, daß Rostow in seinen seriösen empirischen Studien ein brillanter Konjunkturhistoriker ist, dessen Erklärungsmodell für den fluktuierenden Wachstumsverlauf in den westlichen Industrieländern (insofern für ihre ökonomische Modernisierung) gerade für Historiker realitätsnah wirkt.

Ein vergleichbares politisches und wissenschaftliches Echo, wie Rostow es fand, haben andere Ökonomen mit ihren Entwicklungstheorien seither nicht mehr auslösen können. Doch drei zeitweilig ungewöhnlich einflußreiche amerikanische Wissenschaftler müssen an dieser Stelle erwähnt werden. Der Ökonom und Wirtschaftshistoriker Alexander Gerschenkron hat seine grundsätzliche Denkfigur des produktiven Spannungsverhältnisses zwischen den „Pionierländern" und den „Nachzüglern", die ihre „relative Rückständigkeit" möglichst schnell überwinden wollen, an der europäischen Industrialisierungsgeschichte exemplifiziert. Die nachholende Modernisierung der „Spätankömmlinge" traf zwar auf dieselben strukturellen Probleme, die vorher dem Spitzenreiter begegnet waren, aber sie antworteten auf diese Herausforderung mit einer variablen, auf historischen Lernprozessen und landesspezifischen Bedingungen beruhenden Substitution oder strukturell analogen Lösung (an die Stelle privater Investoren traten die Großbanken oder Finanzministerien, an die Stelle von Privatunternehmern staatliche Planungsorgane). Dadurch wurden die Verlaufskonstellationen der industriellen Modernisierung Europas überzeugender als zuvor präzisiert.

Etwas später wandte sich der Ökonom Douglas C. North zunehmend dem wirtschaftshistorisch fundierten „Neuen Institutionalismus" zu, der Schmoller, Menger, Marshall und Weber 80 Jahre zuvor völlig vertraut gewesen wäre. Von allen Institutionen, die wirtschaftliches Wachstum ermöglichen und auf Dauer gewährleisten, erschienen ihm die privaten Eigentumsrechte, eine Errungenschaft allein des europäischen Rechts, als wichtigste Bedingung der Möglichkeit eines dynamisch wachsenden Kapitalismus. Um sie herum ordnete er andere „soziale Erfindungen" in Gestalt ingeniöser institutioneller Regelungen an, um den „Aufstieg des Westens" erklären zu können. Griff Rostow auf die Stufentheorien, Gerschenkron auf die intensive „Rückständigkeits"-Debatte der russischen Intelligenzia zurück, entdeckte North mit den privaten Eigentumsrechten aufs neue jene Schlüsselrolle rechtlich sanktionierter Herrschaftsbefugnisse, die für die rechtshistorisch geschulte Generation Webers noch eine Selbstverständlichkeit gewesen war.

Eine lebhafte Diskussion löste auch der Politikwissenschaftler und Historiker Barrington Moore mit seiner synthetischen Studie über die „Ursprünge von Diktatur und Demokratie" im Verlauf der Modernisierung aus. Dort bemühte er sich anhand der englischen, amerikanischen, japanischen, zum Teil auch der deutschen Geschichte um den Nachweis, daß die erfolgreiche oder gescheiterte politische Zähmung des Landadels, überhaupt des Agrarsektors über die politische Verfassung der Moderne entschieden habe. Die Argumentation stellte zwar die altmarxistische Auffassung von der allein ausschlaggebenden Wirkung des Industriekapitalismus überzeugend in Frage. Auch faszinierte die komparative Perspektive. Doch das Explanans für die politische Modernisierung war zu eng angelegt, um längere Zeit überzeugen zu können. Durch die theoretische und empirisch abstruse Verengung des Moorschen Ansatzes in Theda Skocpols „Staat und Revolution" wurde diese Interpretation endgültig diskreditiert. Im Vergleich mit Weber und Marx blieb überhaupt der Argumentationskorridor von Gerschenkron, North und Moore letztlich zu schmal.

Die meisten der neuen amerikanischen Modernisierungstheorien hielten zwar auch das wirtschaftliche Wachstum für einen folgenreichen – und daher mehr oder minder ausführlich behandelten – Basisprozeß der Modernisierung. Sie waren jedoch an der gesamtgesellschaftlichen Transformation von „traditionalen" Verbänden in moderne Industrieländer interessiert. Sie vereinte der Glaube an ein neues überlegenes Paradigma zur Gewinnung und Interpretation von Wissen, zur Organisation mithin von Forschungsaufgaben und zur Deutung ihrer Resultate, letztlich auch durchweg zur Anleitung politischen Handelns in den Entwicklungsländern. Ihren entscheidenden Impuls gewannen sie nicht aus der historischen Neugier, wie sich die Genese der westlichen Moderne erklären lasse, sondern aus dem politischen Kontext der Nachkriegszeit, denn wissenschaftlich zuverlässiges Entscheidungs- und Herrschaftswissen sollte dabei behilflich sein, möglichst schnell möglichst alle Entwicklungsländer im westlichen Sinn zu modernisieren und damit gegen einen expansiven Kommunismus zu immunisieren. Damit aber tauchte ein methodisch-theoretisches Dilemma auf. Anstatt die Anstrengung darauf zu konzentrieren, einen theoretisch verfeinerten, empirisch gesättigten Idealtypus von westlicher Modernisierung zu entwickeln, der dann als Meßinstrument und Maßstab – wie das der normativen Orientierung am europäisch-amerikanischen Westen ohnehin entsprach – dienen konnte, um genuine oder strukturell äquivalente Modernisierungskräfte und Modernisierungsbarrieren auch in der „Dritten Welt" zu erfassen, wurde häufig viel zu voreilig das Ziel verfolgt, eine extrem generalisierende, ja universalhistorisch gültige Vorstellung von Modernisierung zu gewinnen. Überall, vor allem in den Entwicklungsländern wurden, analog dem amerikanischen Befund, als modern definierte Kräfte und Prozesse identifiziert, um so zügig wie nur eben möglich in der Politikberatung über aussichtsreiche Pfade der westlichen Entwicklungspolitik aufklären zu können. Das Ergebnis fiel überwiegend enttäuschend aus, da weder die westliche Modernisierungsgeschichte präziser als zuvor konzeptualisiert und erforscht noch die Entwicklungschancen indigener Modernisierungskräfte in den Entwicklungsländern in ihrem historischen Kontext unvoreingenommen erfaßt, geschweige denn funktionale Äquivalente zu westlichen Modernisierungspotentialen gesucht wurden.

Insofern stellten die meisten Modernisierungstheorien der 1950er und 60er Jahre – wissenssoziologisch oder ideologiekritisch gesehen – eine Reaktion von amerikanischen akademischen Funktionseliten auf die Weltmachtrolle der USA nach 1945, die Bipolarität des „Kalten Krieges“ und den Einflußkampf um die „Dritte Welt“ dar, ehe die kombinierte Tiefenwirkung von verlorenem Vietnamkrieg, Bürgerrechtsproblematik, Städteverfall und neuer Armut in den 1970er Jahren die Attraktivität dieser Theorien, deren inhärente Defizite gleichzeitig immer deutlicher zutage traten, dauerhaft schwächte. Bis zu dieser Ernüchterung galten jedoch die Vereinigten Staaten, wie Großbritannien für die Evolutionstheorien des „langen 19. Jahrhunderts“, auch als normatives Modell, dem eine universell verbindliche Modernität zugeschrieben wurde. Sie wurde abgeleitet aus der vielfach bewährten Union von demokratischer Kultur und wirtschaftlicher Leistungsfähigkeit im republikanischen Verfassungsstaat. Ethnozentrische Vorurteile, die Mentalität des amerikanischen Exzeptionalismus und die Tradition einer neuen, um einen antitotalitären Konsens erweiterten „Manifest Destiny“ taten das ihre, um Amerika, nicht etwa den Okzident Webers, als Inkarnation einer für alle erstrebenswerten Modernität erscheinen zu lassen. Derartig normativ besetzte Kategorien und hochgradig selektive, auf amerikanische Errungenschaften fixierte Zielvorstellungen haben daher diese Modernisierungstheorien unübersehbar geprägt.

Zugleich fand sich aber unter dem weiten Dach dieser Theoriefamilie zweieinhalb Jahrzehnte lang ein geballter wissenschaftlicher Sachverstand zusammen, da dort viele der produktivsten Köpfe der amerikanischen und europäischen Sozialwissenschaft zusammenarbeiteten. Obwohl bei diesem Unternehmen selbstverständlich durchaus unterschiedliche Interessen verfolgt und unterschiedliche Schwerpunkte gebildet wurden, lassen sich doch Gemeinsamkeiten der Theorieorientierung und des Denkstils, auch der kritischen Revisionsbereitschaft gegenüber den eigenen Prämissen erkennen. Durchweg haben die Modernisierungstheoretiker an die globale Gültigkeit beanspruchenden, seit dem 18. Jahrhundert entwickelten Evolutionslehren angeknüpft und sie mit dem Strukturfunktionalismus der zeitgenössischen amerikanischen Soziologie verbunden. Zum einen gab es bloß sprachkosmetische Verschönerungen, durch die der alte Gegensatz von Barbarei und Zivilisation in die neue Dichotomie von Tradition und Moderne übersetzt wurde. Zum anderen wurde die vertraute

Suche nach evolutionären Universalien fortgesetzt, die angeblich in allen Evolutionsprozessen in bestimmter zeitlicher Abfolge und struktureller Ordnung auffindbar seien. Hier erfolgte öfters der Anschluß an die älteren Stereotypen der Lehre von typischen Entwicklungsstufen. Namentlich Parsons' Überlegungen zu den universellen evolutionären Bedingungen der Systementfaltung sowie der Steigerung der Selbststeuerungs- und Anpassungskapazität haben auf das theoretische „Design" einen nachhaltigen Einfluß ausgeübt. In mancher Hinsicht sind aber auch und gerade bei ihm spezifische amerikanische Erfahrungen zu einem „Prokrustesbett" (Bendix) dieser Evolutionstheorie geworden.

Wie die älteren Evolutionslehren hielten auch die neuen Modernisierungstheorien an der Konstruktion eines schroffen Unterschieds zwischen Altem = Traditionen und Neuem = Moderne fest. Diese Dichotomie wurde jetzt sogar noch idealtypisch zugespitzt, um den Ausgangspunkt und das Ziel eines gerichteten Evolutionsprozesses zu präzisieren. Auf diese Weise entstand ein umfangreicher Katalog von deskriptiv erfaßten, vorschnell verallgemeinerten Dichotomien, wobei häufig Modernität als das angeblich Vertraute zuerst definiert und dann der vermeintlich traditionale Gegensatz dazu gesucht wurde. Überall dominierte, wie Samuel Huntington ironisch geurteilt hat, die Denkfigur der „Großen Dichotomie": Aus der zu überwindenden Tradition führte der „grandiose Prozeß der Modernisierung" in die „Großartige Moderne".

Überdies floß in diese Überlegungen als stillschweigende Annahme das Interdependenzaxiom ein, demzufolge ein simultaner, gleichgerichteter Fortschritt auf allen Ebenen von der Tradition hin zur Moderne unterstellt wurde. Mit anderen Worten: In einem globalen, gleichgerichteten, von einer einzigen „Logik der Modernisierung" bestimmten Prozeß wurde, systemtheoretisch konsequent, ein systemischer Zusammenhang unterstellt, der dazu führte, daß Modernisierung in einem Systembereich interdependente Veränderungen in allen anderen Bereichen auslöste.

Für diesen Modernisierungsprozeß galten explizit oder doch implizit einige meist enthusiastisch verfochtene Annahmen. Modernisierung erschien als ein revolutionärer, unausweichlicher, irreversibler, globaler, komplexer, systematischer, langwieriger (aber in Phasen unterteilbarer), homogenisierender und progressiver Prozeß. In seinem Verlauf setzten sich an erster Stelle angeblich sechs Subprozesse durch:

1. Wirtschaftliches Wachstum als kumulative industrielle Expansion.

2. Strukturelle soziale Differenzierung, die auf einer Integrationsebene, beides à la Spencer, Durkheim und Parsons, wieder vermittelt werden mußte, etwa im Konsens über einen allgemein akzeptierten Wertekanon.

3. Wertewandel im Sinne von Parsons als Übergang von partikularistischen, diffusen, unspezifischen zu universalistischen, funktional spezifizierten Werten, die in Sozialisationsprozessen verinnerlicht und handlungsleitend werden.

4. Mobilisierung. Unter diesem Zauberwort wurden die Erzeugung von räumlicher und sozialer Mobilität, aber auch die Ausweitung der Erwartungen (Revolution of Rising Expectations) und die Verfügbarmachung von Ressourcen verstanden.

5. Partizipation. Je komplizierter die Ergebnisse der Differenzierung ausfielen, desto notwendiger wurden Vermittlungsmechanismen, welche die Teilhabe vieler unabweisbar machten. Und je erfolgreicher die Ressourcenmobilisierung ausfiel, um so wichtiger wurde die demokratische Legitimation der anstehenden Präferenzentscheidungen.

6. Die Institutionalisierung von Konflikten galt als adäquate, ja als unvermeidbare Strategie zur Vermeidung ungeregelter Antagonismen, welche im Grenzfall die Gefahr des Bürgerkriegs heraufbeschwören konnten. Der organisations- und verfahrensabhängige Konflikt konnte damit zum konfliktimitierenden Ritual werden, das den potentiell systemsprengenden Zusammenprall ersetzte. Überhaupt sahen viele Theoretiker der Modernisierung deren Hauptgewinn in der wachsenden Herrschaft des Menschen über seine soziale und natürliche Umwelt, mithin in der schier unbegrenzten Ausweitung der Steuerungs- und Lenkungskapazität.

Die Kritik an diesen Modernisierungstheorien der 1950er und 60er Jahre ist nicht nur von außen, vielmehr in hohem Maße auch und gerade von Repräsentanten dieser Theorieströmung vorgebracht worden. Sie läßt sich unter einigen systematischen Gesichtspunkten zusammenfassen.

1. Die normative und kategoriale Bindung an die amerikanische Gesellschaft nach 1945 habe dazu verleitet, Ike und Mamie Eisenhowers Amerika als realisierte Utopie zu stilisieren. Die Modernisierungstheorien spiegelten primär die weltpolitische Sonderrolle der Vereinigten Staaten und ihr ethnozentrisches Identitätsgefühl wieder.

2. Da eine allgemeine Evolutionsmechanik privilegiert werde, seien Krieg und Kolonialherrschaft, Imperialismus und internationale Machtpolitik so gut wie völlig ausgeblendet worden. Das vom westlichen Imperialismus befestigte Macht- und Wohlstandsgefälle insbesondere zwischen Nord und Süd werde nicht thematisiert, die Folgen jahrhundertelanger Kolonialherrschaft blieben durchweg unbeachtet, autochthone Entwicklungschancen würden nicht ernsthaft geprüft. Der gradualistische Aufstiegsrhythmus, den die Modernisierungslehre unterstelle, erkläre Revolutionen in der „Dritten Welt“ geradezu für überflüssig oder betrachte sie nur als lästige Zufallskrisen, welche Kommunisten manipulierten oder ausbeuteten.

3. In den Modernisierungstheorien lebe der Sozialdarwinismus, der bereits einmal die Spitzenstellung des viktorianischen England verklärt habe, erneut auf. In der neuen Maxime vom Vorsprung der „Bestgeeigneten“ trete, wie namentlich nichtwestliche Kritiker argumentierten, der Ethnozentrismus der Modernisierungstheorie erneut kraß zutage; er führe sowohl zu einem intellektuellen Begriffsimperialismus als auch zu abschätziger Arroganz gegenüber anderen Kulturen.

4. Die Modernisierungstheorien versagten vor ihrem eigenen Anspruch, als neues Paradigma ungleich mehr Phänomene schlüssiger zu erschließen als jedes andere Theorem mit bereits erwiesener Erklärungskraft. Die „Große Dichotomie“ etwa verführe dazu, die vage These von der Tradition förmlich als den Anfang, die amerikanische Moderne aber als das Ende der Geschichte zu begreifen. Alle Geschichte zwischen diesen beiden Polen werde im Grunde zur Übergangsgeschichte, die damit ihren eigenen Wert verliere. Obwohl der Inhalt dieser Transformation, die, je nach Autor, zwei bis vier Jahrhunderte umfasse, zur zentralen Forschungsaufgabe hätte werden müssen, anstatt zum Überbleibsel von Traditionen vor dem endgültigen Erreichen der Moderne degradiert zu werden, und obwohl sie von einer historischen Ver-

laufsanalyse möglichst genau erfaßt werden müsse, blieben doch die spezifischen Prozesse und Strukturen, Umfang und Zeitmaß, Richtung und Richtungswechsel dieser „Transition" zumeist unklar. Das Glasperlenspiel endloser Begriffsdiskussionen ersetze die Erfassung der historischen Veränderung. Anstelle einer historisch gesättigten Theorie dynamischen Wandels herrsche letztlich eine „komparative Statik" (W. E. Moore) vor, da die Etikettierung auffälliger Unterschiede besser gelinge als die Erklärung der Transformationsmotorik selber.

5. Auffällige Fehler seien zuhauf mit der Beurteilung von „Tradition" verbunden, zumal sie bis zu dem Punkte nivelliert und deformiert worden sei, daß letztlich eine hinreichende Ähnlichkeit aller Traditionen in allen Ländern unterstellt werde. Dadurch werde die Vielfalt der historischen Traditionen nicht nur um ihr Eigengewicht gebracht, vielmehr verbänden sich auch ganz und gar irreführende Vorstellungen mit ihnen. So behaupteten die Modernisierungstheoretiker

- traditionale Gesellschaften seien statisch. Tatsächlich seien sie aber in vielen Dimensionen in lebhafter Bewegung, ja oft voll expansiver Dynamik;
- traditionale Kultur besitze ein konsistentes Gefüge von Normen und Werten. Tatsächlich lägen aber Orthodoxe und Häretiker, Volks- und Adelskultur vielfach in heftigen Konflikten;
- traditionale Verbände besäßen eine homogene Sozialstruktur. Tatsächlich bewiesen aber Bürgerkriege, Bauernaufstände und Stadtrevolten ihre Heterogenität;
- Tradition und Moderne lägen stets im Widerstreit. Tatsächlich gingen sie aber viel öfter unterschiedliche Formen der Koexistenz ein;
- Traditionen müßten vor dem Anprall moderner Veränderungen zurückweichen. Tatsächlich komme aber ihre Vermischung oder wechselseitige Stützung mindestens ebenso häufig vor;
- Tradition und Moderne schlössen sich sogar aus. Tatsächlich komme es aber oft zur Fusion, partiellen Verbindung oder wechselseitigen Anpassung;
- Modernisierung schwäche, so die Minimalthese, auf jeden Fall immer die Traditionen. Tatsächlich gebe es aber oft eine labile Koexistenz, oder Traditionen fungierten als Legitimationsquelle für moderne Institutionen und würden dadurch aufge-

wertet. Kurzum, von einem vertieften historischen Verständnis des komplexen Verhältnisses von Traditionen und Modernisierung blieben die historisch kenntnisarmen Modernisierungstheorien weit entfernt.

6. Um den Sammelbegriff der Modernisierung zu operationalisieren, wurden Indikatoren ersonnen, die es gestatten sollten, wichtige Elemente dieses Prozesses möglichst genau zu messen. Der Wert sorgfältig ermittelter Raten der Urbanisierung und Alphabetisierung, der Wertschöpfung und sektoralen Beschäftigung ist unbestritten. Aber die empirische Zuverlässigkeit endet an der Grenze zum „vorstatistischen Zeitalter", in den deutschen Staaten etwa schon um 1850. Und auch für das ausgehende 19. und selbst das 20. Jahrhundert ist die Quellenbasis, je nach Land, von ganz unterschiedlicher Tragfähigkeit. Der Indikatorenfetischismus der Quantifizierungsapostel erzeugt daher oft durch fiktive Eindeutigkeit eine gefährlich irreführende Pseudogenauigkeit. Außerdem gestatten die statistischen Zeitreihen meist keine präzisere, einengende Periodisierung. Auch empirisch gesicherte lange Zeitreihen, die Verlaufsrichtungen suggerieren, müssen interpretiert werden, wie auch Korrelationen die Phänomene noch keineswegs erklären, sondern selber erklärungsbedürftig sind.

7. Weitere wesentliche Schwächen dieser Modernisierungstheorien hingen mit ihrem evolutionstheoretischen Charakter zusammen. Evolution wurde zu oft als linearer Aufstieg verstanden, während Umweg und Abbruch, Verfall und Pathologie nicht problematisiert würden. Wo blieben etwa die Schübe von Rückentwicklung (Absinken der schottischen, holländischen und deutschen Alphabetisierungsrate vom 16. bis zum 19. Jahrhundert), Entdifferenzierung (durch Homogenisierung von Marktklassen) und die Gemengelage von Modernisierung und Entmodernisierung (im Nationalsozialismus), obwohl sie in modernisierenden Gesellschaften unleugbar, oft sogar gleichzeitig auftreten? Differenzierung führe nicht notwendig zu Mobilisierung, sondern könne auch in Passivität und Stagnation münden. Mobilisierung wiederum führe nicht notwendig zur Partizipationssteigerung, sondern könne Energie absorbieren und von politischer Teilhabe fernhalten. Überhaupt sei politische Partizipation ein normatives Ziel der „Demokratischen Revolution" seit dem ausgehenden 18. Jahrhundert und müsse stets im politischen Kampf durchge-

setzt werden, da sie keineswegs eine systeminhärente Universalie, geschweige denn eine symmetrische Folge der Industrialisierung sei. Die Ausweitung von Partizipation schließlich führe auch nicht immer zur Institutionalisierung von Konflikten, vielmehr könne sie diese bis zur Revolution steigern. Konfliktzähmung müsse nicht notwendig zur Erhöhung der Steuerungskapazität führen, sondern könne auch in ritualisierte Erstarrung münden.

8. Zu einem Paradefeld der Kritik wurde auch die strukturfunktionalistische Systemtheorie, die den Kern vieler Modernisierungslehren bildete. Das Axiom, daß die „Form der Funktion folgt", mithin die Übermacht der Funktionswahrnehmung bestimmte Institutionen geradezu erzwingt, läßt sich mit zahllosen historischen Gegenbeweisen negieren. Plausibler ist es, im Modernisierungsprozeß von einer Universalisierung von Funktionen in dem Sinne auszugehen, daß bestimmte Probleme in strukturell ähnlicher oder sogar gleicher Form auftreten, wogegen die institutionellen Lösungen offen sind und empirisch geklärt werden müssen.

Systemtheorien gehören meist zur Klasse derjenigen Theorien, die mit der Leitvorstellung von einem Gleichgewicht operieren, das oft über seinen heuristischen Nutzen hinaus zum normativen Sollwert erhoben wird. Wandel wird dann als Abweichung von der Norm anstatt als Normalität verstanden, zu deren Erfassung Theorien dynamischer Veränderung erforderlich sind. Wandel wird auch oft, da er als „Deviance" definiert wird, als traumatisierende Erfahrung begriffen. Zahlreiche Gesellschaften sind aber imstande, ein hohes Maß an Dynamik als „normale" Belastung zu verarbeiten, während Wandel nur dann zu Krisen führt, wenn grundlegende Sicherheitslagen und -vorstellungen eklatant verletzt werden. Das Interesse an der Verinnerlichung und der Stabilisierungskraft von Werten führte oft zu einem Psychologismus, der den zweiten Hauptaspekt des Sozialisationsprozesses: die wertevermittelnden gesellschaftlichen Institutionen, vernachlässigte. Auf jeden Fall sind für die Analyse von Wandel immer auch Prozeß- und das heißt Zeitkategorien unumgänglich. Mit der modernen Steigerung der Kommunikationsgeschwindigkeit verbinden sich neue Zeiterfahrungen, schrumpfen zum Beispiel die Entscheidungsspielräume.

Wenn die Modernisierung als Wandlungsprozeß analysiert wurde, wurde sie meist als ein eurhythmischer Prozeß konstruiert, nicht aber als das, was sie historisch durchweg ist: als ein dysrhythmischer Prozeß. Der harmonische Gleichschritt dominierte, obwohl es realistischer gewesen wäre, ein ungleichmäßiges Wachstum in den verschiedenen Dimensionen zugrunde zu legen. Das hing mit dem Interdependenzaxiom zusammen, das eine relativ schnelle Veränderung aller Systembereiche suggeriert, obwohl die diffundierenden Auswirkungen eines systemrelevanten Impulses lange Zeitspannen in Anspruch nehmen können. Prinzipiell liegt hier aber ein Trugschluß vieler Systemtheoretiker auf der Hand, denn keineswegs hängt in einem „System" alles mit allem zusammen. Vieles hängt zwar mit vielem zusammen, vieles auch mit wichtigem, aber nicht beliebig viel mit unendlich vielem. Im englischen „System" des 17. Jahrhunderts z.B. hing das vorherrschende, eminent wichtige „europäische Heiratsmuster" (Hajnal) bei der Steuerung des generativen Wachstums keineswegs mit dem gleichzeitig ablaufenden englisch-holländischen Konkurrenzkampf so eng zusammen, daß man Interdependenz annehmen dürfte.

An vier häufigen Unterstellungen lassen sich die Schwächen dieses Interdependenztheorems illustrieren. a) Alle Institutionen seien interdependent, heißt es, daher löse institutioneller Wandel stets kumulative Wirkungen aus. Entgegen dieser Dominotheorie können jedoch altertümliche und moderne Institutionen jahrhundertelang nebeneinander bestehen, etwa hochindustrielle Unternehmen und mittelalterliche Lehrlingsausbildung. b) Moderne psychische Einstellungen erzwängen, heißt es, eine wahre Kettenreaktion von Dispositionsveränderungen. Das Spannungsverhältnis z.B. von wissenschaftlichem Habitus und Habitus der alltäglichen Lebensführung zeigt aber seit mindestens vier Jahrhunderten das Gegenteil. c) Fundamental unterschiedliche Normen unterminierten, heißt es, die Kohärenz des sozialen Systems. Das Nebeneinander oder die Durchdringung rivalisierender Wertsysteme ist aber, wie das Verhältnis von europäischer Adels- und Bürgerwelt zeigt, keineswegs notwendig mit systemsprengenden Wirkungen verbunden. d) Modernisierung erzeuge einen Persönlichkeitstypus, der auf Wandel an sich eingestellt sei, ihn also in allen Lebenssphären bejaht. Tatsächlich aber gibt es oft die Nachbarschaft von Innovationslust und Konservativismus in ein und derselben Person oder sozialen Formation, etwa unter neuenglischen, rheinischen, französischen Unternehmern des 19. Jahrhunderts. Wandel an sich wurde außerdem oft als progressiv verherrlicht, obwohl die historische Einsicht trivial anmutet, daß Wandel, wenn er sich denn ereignet, nicht notwendig einen Schritt nach vorn bedeuten muß, wie bereits ein flüchtiger Blick auf Deutschland nach 1933, Vietnam nach 1963, Chile nach 1973 bestätigt.

9. Daß die Theorie des „Sozialen Systems" für die Modernisierungstheorien uneingeschränkt einen Gewinn dargestellt hätte, läßt sich mit guten Gründen bezweifeln. Bei der entscheidenden Frage nach der Grenzbestimmung und -erhaltung entstanden zahlreiche Probleme, da etwa die Systemgrenze mit der völkerrechtlich sanktionierten Grenze eines Nationalstaates oft naiv gleichgesetzt wurde. Das bedeutete nicht nur im Hinblick auf grenzüberschreitende, transnationale Prozesse eine unzulässige Einengung (etwa im Hinblick auf Industrieregionen wie Westdeutschland-Südbelgien-Nordfrankreich oder im deutsch-österreichisch-russischen Oberschlesien), sondern erst recht bei Entwicklungsländern, die häufig aus willkürlich abgegrenzten Kolonialgebieten hervorgegangen sind. Und was wird aus „der Gesellschaft" im „sozialen System"? Verspricht es wirklich wissenschaftliche Präzisierung, wenn Modernisierungstheorien europäische Nationalgesellschaften des 19. Jahrhunderts ganz so wie afrikanische Stämme, asiatische Großreiche, lateinamerikanische Kulturregionen, pazifische Herrschaftsverbände als „System" klassifizieren und analogen Systemregeln unterwerfen? Gewiß erfordert die Logik komparativer Modernisierungsstudien auch vergleichbare Größen, möglichst im selben kategorialen Bezugssystem, um Analogien oder zumindest funktionale Äquivalente feststellen zu können. Aber stellt die unterschiedliche Struktur der „Gesellschaften" nicht die Sammelkategorie des – ursprünglich von der Sozialanthropologie für nichtkomplexe Verbände entwickelten – „Systems" in Frage? Nivelliert sie nicht wesentliche Unterschiede, macht sie diese nicht durch ihren Verzicht auf jede historische Tiefendimension geradezu unkenntlich? Den Königsweg haben die Systemtheorien für die überzeugende Analyse von Modernisierungsprozessen offenbar keineswegs gefunden.

10. Zur Belastung durch den systemtheoretischen Ansatz gehörte auch durchweg eine theoretisch wie empirisch fatale Unterschätzung von Politik. Herrschaft und Macht, Konflikt und In-

teresse wurden nicht als zentrale Probleme thematisiert. Politik wurde als Subsystem des umfassenden sozialen Systems aufgefaßt, anstatt als eine anthropologische Achse einer jeden Gesellschaft, zumindest als eine relativ autonome Aktions- und Gedankensphäre anerkannt zu werden. Die realistische Auffassung, daß das Herrschaftssystem zwar einen integralen Teil der Gesamtgesellschaft bildet, aber einen disruptiven Eigencharakter und die Fähigkeit besitzt, diese gegebenenfalls entscheidend zu verändern, lag außerhalb des „Hauptstroms" der amerikanischen Modernisierungstheorien, obwohl etwa schon die Steigerung des modernen bürokratisierten Flächenstaates zum Leviathan der Hitlerdiktatur die Denkfigur vom „Subsystem" Politik hätte sprengen müssen. Politischer Wandel kann überzeugend nicht allein aus einem inneren Systemwandel oder einer ominösen systemischen Entwicklung auf Sollwerte hin abgeleitet werden.

Politische Herrschaft wurde aber auch deshalb häufig unterschätzt, weil die Modernisierungstheorien von einem notwendigen Nexus zwischen übermächtiger Industrialisierung und nachfolgender Demokratisierung ausgingen. Demokratie in Industrieländern ist aber eher die Ausnahme als die Regel, und von einem symmetrischen Zusammenhang, geschweige denn einer Synchronisation kann ohnehin nicht die Rede sein. Auch im Westen sind während der „Doppelrevolution" die Amerikanische und die Französische Revolution für die mühsame Erkämpfung demokratischer Verfassungsverhältnisse ungleich wichtiger gewesen als die später folgende Industrielle Revolution.

Aus eben diesem eklatanten Defizit hat jedoch, ein typisches Beispiel für produktive selbstkritische Lernfähigkeit, eine politikwissenschaftliche Schule der Modernisierungstheorie die Konsequenzen gezogen, indem sie ihre Lehre von der „Politischen Entwicklung" (PE) ausgearbeitet hat, wobei ihr die enge Kooperation im „Committee on Comparative Politics" (CCP) zustatten kam. Zwar wurde „Politische Entwicklung" anfangs zu teleologisch verstanden, und die erhoffte notwendige Stufenfolge dieser Entwicklung ließ sich auch nicht nachweisen. Das „politische System", das diese „Politische Entwicklung" zu verarbeiten hat, wird jedoch nicht mehr als abhängiges Subsystem, sondern als autonome, sogar vorrangige, herrschaftlich strukturierte Ordnung für die Distribution knapper Güter konzipiert; es wird durch

Legitimationsprinzipien und Verfahrensregeln zu Präferenzentscheidungen ermächtigt, verfügt über die notwendigen Institutionen und Sanktionsmechanismen, um die ermittelten Ziele in der gesamten Gesellschaft durchsetzen zu können. Das soziale Umfeld dieser beim Projekt der inneren Staatsbildung aufgebauten Institutionen umfaßt auch Interessenverbände, die „vierte Gewalt" der Medien, nichtstaatliche Funktionseliten usw., weshalb die Systemgrenzen leicht verfließen. Der Ansatz gestattet es aber, den fundamental wichtigen Aufbau staatlicher Institutionen im Prozeß des „Institution-building" in den Mittelpunkt zu stellen, die Ausweitung der Staatsfunktionen zu erfassen und die Dimensionen der politischen Entscheidungsfindung weit genug auszulegen.

Die Verbindung von empirischer Forschung und anhaltender Theoriediskussion hat zu einem Kategoriensystem geführt, das wichtige politische Phänomene der Modernisierung, die vom CCP als historische „Herausforderung", aber nicht mehr als lineare Evolution verstanden wird, genauer aufzuschlüsseln gestattet. Die Theorie legt zugrunde einige Basisfunktionen des politischen Systems, zentrale Dimensionen des politischen Prozesses und typische politische Entwicklungsprobleme in Gestalt von Krisen. Als die wichtigsten (immer noch universellen) politischen Systemfunktionen gelten die Legitimationsfunktionen (z.B. Herrschaftsteilung, Loyalitätsbeschaffung); die Prozeßfunktionen (z.B. Elitenrekrutierung, Interessenartikulation); die Leistungsfunktionen (z.B. Ressourcenmobilisierung, Ordnungserhaltung). Auch die Theorie der „Politischen Entwicklung" hält noch an drei bevorzugten Entwicklungsdimensionen fest, die zu einem „Modernisierungssyndrom" mit eigenen Bedingungen und Grenzen zusammengefaßt werden. Es handelt sich um die Ausdehnung der strukturellen Differenzierung, die Durchsetzung der Gleichheitsimperative sowie die Steigerung der Leistungs- und Steuerungskapazität. Die Interaktion dieser Prozesse und ihre Einwirkung auf das „traditionale" Erbe führt zu Spannungen und Widersprüchen, welche die „Politische Entwicklung" vieldeutig und unabschließbar machen, ja in der Regel zu Krisen führen, für die man typische Felder der Konfliktentfaltung lokalisiert hat. Diese Krisen können nacheinander, alle zusammen (als „kumulative Revolution") oder teilweise gleichzeitig auftreten. Sie werden auch nur im extremen Ausnahmefall definitiv „gelöst“, weil sie als stets erneut auftretende Herausforderungen verstanden werden. Deshalb bleibt das Interpretationsschema ziemlich elastisch. Konsens besteht über sechs solcher Krisen:

Die Identitätskrise entsteht bei der Schaffung eines neuen Selbstverständnisses, wenn z.B. regionale und religiöse Eigenarten, ethnisch-kulturelle und einzelstaatliche Traditionen durch neue Bezugswerte, etwa durch den Nationalismus, umgeformt werden.

Die Legitimationskrise entsteht durch die Veränderung der Legitimationsbasis politischer Herrschaft, wenn etwa die Umstellung von einer traditionalen oder charismatischen auf eine rationale, säkularisierte Grundlage erfolgt.

Die Partizipationskrise entsteht sowohl aus der wachsenden politischen Beteiligung, oft aus dem Konflikt zwischen traditionalen Machteliten und neuen Kräften, als auch aus der Politisierung zentraler Staatsfunktionen.

Die Integrationskrise entsteht zum einen als Reaktion auf tiefgreifende strukturelle Differenzierung, zum anderen sehr konkret aus dem Kampf um die Überwindung sperriger regionaler, konfessioneller, kultureller Unterschiede, wenn gegen sie die Anerkennung verbindlicher neuer Loyalitätspole durchgesetzt wird.

Zur Penetrationskrise kommt es, wenn vom politischen Zentrum aus die gesamte Gesellschaft bis hin zur Peripherie gegen den Widerstand bisher autonomer Rechts- und Machtbesitzer durch die moderne Verwaltungsbürokratie erfaßt und mediatisiert wird.

Die Distributionskrise schließlich entsteht aus der Problematik der Umverteilung von Lebenschancen und Gütern, wenn moderne Gerechtigkeits- und Gleichheitspostulate, Sicherheit der Daseinsvorsorge und des Loyalitätszuflusses gegen bisher Privilegierte geltend gemacht werden.

Jede modernisierende Gesellschaft erwirbt ihre Charakteristika auf Entwicklungspfaden, die durch alle oder einige dieser Krisen hindurchführen. Es gibt eine relative Beliebigkeit bei der Kombination der analytischen Elemente oder anders gesagt: eine wünschenswerte Flexibilität je nach der historischen Besonderheit des Untersuchungsgegenstandes. Der Gewinn des Rasters ist ein doppelter: Zum ersten wird eine Problemtypologie angeboten, die überschaubar und nicht starr ist; zum zweiten wird eine Lösungstypologie angeboten, die zu überprüfen erlaubt, wie unter wechselnden restriktiven Bedingungen auf einen unterschiedlichen Problemhaushalt reagiert wird. Manchmal kann auch schon eine Erklärungsskizze entworfen werden, da sich aus spezifischen Konstellationen der Leistungs- und Steuerungskapazität, der Herausforderung durch die Krisen und der Lösungsstrategien Unterschiede der politischen Regime im Verlauf der „Politischen Entwicklung" herleiten lassen. Diese Vorzüge, dazu die verschiedenartigen Abstraktionsebenen, die tendenziell weitreichende Berücksichtigung historischer Einflußfaktoren im Verein mit einer begrenzten Offenheit der analytischen Kombinationen machen die Attraktivität der Theorie der „Politischen Entwicklung" aus, welche die empirische Forschung erfolgreich angeleitet hat.

Die vorn skizzierte, von Grund auf veränderte außen- und innenpolitische Konstellation der USA seit den frühen 1970er Jahren hat zu einer unübersehbaren Deflation des Einflusses der amerikazentrierten sozialwissenschaftlichen Modernisierungstheorien geführt. In das ideelle und wissenschaftstheoretische Vakuum, das dadurch entstand, schob sich zeitweilig, wie ein Komet aufleuchtend und ebenso schnell wieder versinkend, die „Weltsystem"-Lehre von Immanuel Wallerstein. Als Politikwissenschaftler ursprünglich Spezialist für Westafrika hat Wallerstein, zum Teil im Anschluß an die neomarxistische Diskussion über das Verhältnis der westlichen Industriestaaten zu den Entwicklungsländern, zum Teil beeinflußt durch Fernand Braudels Konstruktion langlebiger, strukturgeschichtlich bestimmter Phasen der Dominanz und Abhängigkeit in der frühneuzeitlichen europäischen Geschichte, sein Deutungsschema für den Aufstieg des westlichen Kapitalismus im Sinne einer „schwarzen" Modernisierungsgeschichte entworfen.

Seine ausschlaggebenden Denkfiguren stammen aus der marxistischen Dependencia-Theorie der lateinamerikanischen Politökonomen. Ihr zufolge beruhte der Siegeszug des europäisch-amerikanischen Kapitalismus darauf, daß er die Hegemonie eines „Zentrums" auf Kosten der unterentwickelten „Peripherie" in der überseeischen Welt gewonnen und befestigt hatte. Die Ausbeutungsgeschichte großen Stils, die Wallerstein im Anschluß daran entfaltet, führte seit dem 16. Jahrhundert zu einer kontinuierlichen Ausplünderung aller natürlichen und menschlichen Ressourcen durch das überlegene Zentrum und, gravierender noch, zu einem fatalen Ersticken aller endogenen Wachstumskräfte der Peripherie, während der kapitalistische Westen als Inkarnation eines universellen Schmarotzertums seinen Vorrang bis in die Gegenwart ausbauen konnte. Wallerstein lockerte seine krude Dichotomie durch die Einführung einer halbentwickelten (z.B. süd- und osteuropäischen, nahöstlichen) „Semiperipherie" auf, die sich kreisförmig zwischen das Zentrum und die Peripherie legte. Er beharrte aber auf seiner schlichten Interpretation der neuzeitlichen „Modernisierung", die seit rund 500 Jahren durch das Gefälle zwischen dem westlichen Ausbeutungserfolg und der Degradierung der Peripherie und Semiperipherie auf den Status der ewigen Zweitklassigkeit des ausgepowerten Zulieferanten bestimmt werde.

Diese selbstkritische Pose und der auch schlichten Gemütern verständliche Ökonomismus Wallersteins fanden eine Zeitlang unter amerikanischen Sozial- und Politikwissenschaftlern eine verblüffende Resonanz. Aber bis der vierte Band seiner „Geschichte des Weltsystems" (1989) erschien, war sie schon wieder von der intellektuellen Landkarte verschwunden. Und die internationale Kritik der Wirtschaftshistoriker hatte seinen simplifizierenden Reduktionismus ohnehin von Anfang an einmütig abgelehnt.

Unbestritten bleibt aber weiterhin, daß der kapitalistische Wachstumsprozeß in Europa, das seit dem 16. Jahrhundert bereits mit einem autonom gewonnenen großen Vorsprung die Ausbeutung der überseeischen Welt begann, durch die Reichtümer, Märkte und menschlichen Ressourcen der „Neuen Welt" im Westen und Osten erheblich beschleunigt worden ist, ohne daß diese Expansion ihn jedoch ausgelöst oder erst ermöglicht hätte.

Währenddessen hat sich jedoch als Ergebnis einer intensiven theoretischen und empirischen Debatte in den 1970er und 80er Jahren ein überlebensfähiger Zweig der Modernisierungstheorien klarer herausgebildet: die historisch-komparative Modernisierungsforschung. Sie ging zum einen aus der Selbstkritik hervor, wie sie mit dem Ziel einer Korrektur der ursprünglichen Schwächen und Grenzen des Ansatzes z.B. von Reinhard Bendix, Shmuel Eisenstadt, Stein Rokkan, Wolfgang Zapf u.a. schlüssig entfaltet wurde. Zum anderen hing sie mit einer Rückwendung zu Max Weber und einer Neuformulierung der Ziele zusammen. Sie vollzog sich auch im Kontext einer Desillusionierung im Hinblick auf die Leistungskraft von anderen „Großtheorien“: Sowohl die anfänglichen Modernisierungstheorien als auch der Neomarxismus einschließlich seines „Weltsystem“-Ablegers und die Systemtheorie haben sich als unzulängliche, überschätzte Fundamente einer realitätsnahen Analyse erwiesen, während die Theorien des wirtschaftlichen Wachstums, der Staatsbildung, der Nationalstaatsentwicklung für den Zweck der Erfassung gesamtgesellschaftlicher Transformationsprozesse zu eng angelegt sind. Deshalb schien eine historisch fundierte, sorgfältig vergleichende Modernisierungsforschung, befreit von der naiven Erwartung eines Passepartouts für die Weltgeschichte und von der normativen Fixierung auf die USA, ein überlegenes Paradigma anzubieten. An der Dringlichkeit ihrer vorrangigen erkenntnisleitenden Interessen: den Vorsprung des Westens und die Rückständigkeit der „Less Developed Countries“ einschließlich des sich vielerorts weiterhin vertiefenden Abstandes zwischen Nord und Süd überzeugend zu analysieren und vor allem zu erklären, kann kein ernsthafter Zweifel aufkommen. Dabei erwies sich der theoretische und methodische Anschluß an Weber erneut als Gewinn an Klarheit. Sein erweiterungsfähiger Katalog von okzidentalen Eigenarten bewies auch in der neueren Diskussion seine problemerschließende Kraft, wie auch sein neukantianischer Konstruktivismus und die Leitvorstellung von der doppelten Konstituierung von Wirklichkeit der neuen erkenntnistheoretischen Debatte sehr entgegenkam. Weiter und genauer als er hatte kein Konkurrent, keine rivalisierende Denkschule gedacht.

Methodisch konnte ein auf breiter empirischer Forschung beruhender Idealtypus der westlichen (auch speziell der britischen, amerikanischen, deutschen usw.) Modernisierung erarbeitet werden. Dieses Meßinstrument gestattet es, Abweichungen vom Idealtypus und damit die Spezifik des Modernisierungsprozesses präziser als zuvor zu bestimmen und schließlich in nichtwestlichen Gesellschaften funktionale Äquivalente und endogene Entwicklungschancen herauszuarbeiten. Überdies stellte sich auch heraus, daß eine solche undogmatische Modernisierungsforschung wegen der Abwesenheit überlegener Optionen für die Synthesezwecke von Historikern und Historischen Soziologen vorzüglich geeignet ist.

Streng genommen handelt es sich bei ihr (noch) nicht um ein „geschlossenes theoretisches System“, sondern um einen relativ locker strukturierten „Bereich von Problemen und Lösungsvorstellungen“, zu dem die Geschichts- und Sozialwissenschaften beitragen. Die historisch-komparative Modernisierungsforschung befaßt sich „mit einer epochalen, langlebigen, nicht selten gewaltsamen Transformation, die in Europa begann, dann aber die ganze Welt in ihre Dynamik einbezogen hat“. Modernisierung gilt ihr als „ein systematischer Prozeß, in dem sich generelle Probleme stellen“, gleichzeitig und gleichgewichtig aber auch als „ein historischer Prozeß, der ganz unterschiedliche Lösungen produziert“. Im Vergleich mit anderen Unternehmen, welche gesamtgesellschaftliche Transformation analysieren und erklären wollen, besitzt diese verfeinerte, im Prinzip weberianische Modernisierungstheorie einige klare Vorzüge:

1. Sie stellt ausdehnungsfähige Grundlagen für eine historische und systematische Analyse von gesamtgesellschaftlichem Wandel bereit, für die ihre Problem- und Lösungstypologien genutzt und ständig verfeinert werden können.

2. Das idealtypische Instrumentarium unterliegt der unablässigen empirischen Kontrolle.

3. Die Flexibilität der „Theoriekombinatorik“ ist ein Gewinn. Einzelne Theoreme stellen Kriterien für die Selektion wichtiger Forschungsfelder zur Verfügung, sie bieten Arbeitshypothesen und kausalfunktionale Erklärungen an.

4. Die Notwendigkeit des Vergleichs von westlichen mit nichtwestlichen Gesellschaften wird ernst genommen.

5. Diese Modernisierungsforschung zwingt auch dazu, die evolutionstheoretischen Prämissen zu klären. Indem Modernisierung nicht mehr, wie in der Tradition der älteren amerikanischen Sozialwissenschaft, als Wachstumsprozeß hin auf Gleichgewichtslagen, sondern, einer europäischen Theorietradition entsprechend, als Strukturwandel mit inhärenten Krisen, Konflikten und Disparitäten, mit Wachstum, aber auch „Involution“ verstanden wird, erweist sich das als ein Gewinn an historischer Trennschärfe und Komplexitätserfassung. Auch die Suche nach evolutionären Universalien kann, wenn diese als idealtypische Tendenzbegriffe verstanden werden, zu einer anregenden Heuristik mit lohnenden Fragen führen.

6. Außer isolierten endogenen Modernisierungsprozessen kann der internationale Transfer von Ideen und Technologien, von vorbildlichen Institutionen und Verfassungsnormen, kann die Problematik von „Pionieren" und „Nachzüglern" im internationalen System erfaßt und damit die nationalhistorische Parzellierung überwunden werden.

7. Dem Kampf um Macht und Herrschaft, um die Legitimationsgrundlagen politischer Regime wird, im Anschluß an einen typischen Schwerpunkt Webers, seine eigene Arena, in der auch Wirtschaft und Gesellschaft strukturell verändert werden können, eingeräumt. Die Anerkennung dieser relativen Autonomie des Herrschaftssystems befreit es von der Degradierung zum „Subsystem".

8. Die historisch komparative Modernisierungsforschung ist mit weiten und engen Erkenntnisinteressen vereinbar. Sie kann Einzelphänomene und Entwicklungsetappen in einer Gesellschaft oder vergleichend in mehreren Gesellschaften, aber auch die synthetische Erfassung des gesamtgesellschaftlichen Transformationsprozesses in einem Land anleiten, wobei die „Krisen" als Knotenpunkte der Entwicklung (die Krisenlehre Jacob Burckhardts und des CCP rücken hier sehr eng aneinander!) einen besonderen Stellenwert gewinnen.

9. Zugleich erlaubt es diese Modernisierungsforschung, genauer als zuvor die okzidentalen Rahmenbedingungen für die epochale Zäsur der „Doppelrevolution" seit dem ausgehenden 18. Jahrhundert herauszuarbeiten, die seither anhaltenden Transformationsprozesse im Westen zu untersuchen und die Folgewirkungen für die gesamte Welt zu erklären.

10. Und, last, but not least, zwingt eine an Weber orientierte Modernisierungsforschung dazu, die normativen Elemente der Urteilsbildung und Begriffsbestimmung mit größtmöglicher Klarheit zu explizieren, um sie diskussionsfähig zu machen. An die Stelle naiv suggerierter evolutionärer Gesetzmäßigkeiten treten begründete Wertentscheidungen, die im intersubjektiven Diskurs verteidigt werden müssen.

So gesehen ist „die" Modernisierungstheorie von der schlüssigen Kritik an ihrer amerikanischen Strömung in den 1950er, 60er und frühen 70er Jahren keineswegs wissenschaftlich begraben worden.

Das zeigt sich nicht nur an dem Interesse, das ihr die Geschichts- und Sozialwissenschaften im Westen entgegenbringen, sondern auch in den von sowjetrussischer Hegemonie befreiten Ländern Osteuropas, wo die Probleme des Übergangs zur erstrebten „Zivilgesellschaft" die Begriffswelt und die normativen Dimensionen der neuen Modernisierungstheorie als besonders attraktiv und erklärungskräftig erscheinen lassen. Mangels überlegener Alternativen hat, scheint es, für die historisch-komparative Modernisierungsforschung in der Tradition Max Webers die Zukunft erst unlängst begonnen.

IV.

16. Emotionen in der Geschichte: Sind soziale Klassen auch emotionale Klassen?

Am Anfang muß die Frage stehen: Warum überhaupt eine Geschichte der Emotionen?[1] Diese Geschichte ist durch die seit 20 Jahren laufende kulturwissenschaftliche Debatte auf die Tagesordnung gesetzt worden. Die Sozialgeschichte hatte – in ihrer Wendung gegen den Historismus – Strukturen aufgewertet. Hinter ihnen als den angeblich ausschlaggebenden Prägefaktoren traten die Emotionen, als bunte Fassade um den Kern dieser Determinanten, zurück. Ihre Zweitrangigkeit wurde entweder theoretisch begründet, meistens aber ohne weiteres Nachfragen behauptet und allgemein in Kauf genommen.

Mit dem Schlachtruf der kulturwissenschaftlichen Debatte „Agency Against Structure" – Aufwertung mithin der individuellen Erfahrung, Subjektivität und Handlungsfähigkeit gegenüber den anonymen Strukturen – tauchte mit innerer Konsequenz auch der Ruf nach der angemessenen Berücksichtigung der Rolle von Emotionen und damit nach ihrer wissenschaftlichen Analyse auf.

Bei diesem Appell ist es bisher, soweit ich zu sehen vermag, in der Neuzeithistoriographie weithin geblieben, wenn man von einigen noch zu erwähnenden Vorstudien einmal absieht. Aber der unleugbare Nexus zwischen subjektiver Erfahrung und Emotionen verdient es, endlich ernst genommen zu werden – und zwar methodisch glaubwürdig und kontrollierbar.

Wechselt man die Perspektive, sollte auch eine theoretisch und methodisch um die Kulturanalyse erweiterte Sozialgeschichte nicht länger auf die Untersuchung und Gewichtung von Emotionen verzichten. Auch sie muß sich ja ständig für Emotionen interessieren: die 1848 feststellbar sind, die den Bismarck-Kult begleiteten – charismatische Herrschaft basiert immer auf Gefühlsmobilisierung –, die die Loyalität der organisierten Arbeiterbewegung mittrugen, die den August 1914 mitprägten, zum ersten totalen Krieg gehörten, die Radikalisierung seit 1929 unterstützten, Hitlers Diktatur stabilisierten, die zweite Kriegserfahrung umgaben, zum Fundament des „Wirtschaftswunders“ und der Ultrastabilität der alten Bundesrepublik gehörten.

Überall wirkten Emotionen im historischen Prozeß mit. Wenn das so ist, lohnt es sich, die Debatte über eine Geschichte der Emotionen voranzutreiben. Ich möchte daher versuchen, das Thema der Emotionen unter sechs Gesichtspunkten zu erörtern. Die methodischen Überlegungen stehen im Vordergrund, wie immer, wenn man den Inhalt eines Problems noch nicht genau kennt. Sie richten sich an allgemein Interessierte, nicht primär an die Gefühlsvirtuosen, die sich in der Problematik schon auskennen.

Das erste Argument: Es ist unvermeidbar, sich mit Nachbarwissenschaften vertraut zu machen (wie früher bei anderen Problemen), also mit der Psychiatrie und Sozialpsychologie, der Neurobiologie und Psychobiologie, mit Norbert Elias' Lehre von der Affektkontrolle. Dabei ist nicht gleich an ein Doppelstudium gedacht, wohl aber an die Beschäftigung mit Überblicksdarstellungen, die natürlich ein Opfer an Zeit und vor allem viel Neugierde verlangen.

Zweitens: Die Entstehung und der Verlauf, die Rolle von Gefühlen im Lichte dieser Nachbarwissenschaften müssen zur Kenntnis genommen werden. Meines Erachtens werden diese Kenntnisse für den Historiker und die Historikerin in ihrer praktischen Arbeit nicht zentral sein. Aber wir müssen wissen, womit wir es bei dem Ideenhaushalt der Nachbarwissenschaften zu tun haben, auch wenn dadurch nur eine Art von Vorwissen geschaffen wird.

Was bedeutet, drittens, die Anerkennung der emotionalen Grundlagen des Denkens für unsere erkenntnisleitenden Interessen, also auch für die Selektionskriterien, welche die Problemauswahl bestimmen, für die Konstruktion dann der Probleme selber, nicht zuletzt für die Beurteilung historischer Phänomene?

Danach geht es, viertens, um eine Typologie der wichtigsten Emotionen mit Hilfe einer rigorosen idealtypischen Reduzierung auf sechs „Grundaffekte“.

Wie lassen sich, fünftens, Emotionen methodisch sauber analysieren? Hier geht es um die Entstehung, den Aufbau, die Wirkung kulturell kodierter Emotionen, z.B. durch den eklektischen Rückgriff auf die Sozialisationsforschung und die Mentalitätsgeschichte, die Politische Theorie und den Fundus der Sozialgeschichte. Am spannendsten erscheint mir jedoch zur Zeit der Weg von der Körpergeschichte zur Emotionengeschichte.

Schließlich geht es, sechstens, um die Anschlußfähigkeit und gegenwärtig vor allem um die Anlehnungsbedürftigkeit der Emotionengeschichte; das kann am Beispiel von Bourdieus Habituskonzept erörtert werden, um auch die Brücke zur Sozialgeschichte zu schlagen.

I. Die methodischen Vorentscheidungen sind selbstverständlich sehr folgenreich. Wir müssen uns mit dem Stand des Wissens in den Nachbarwissenschaften, die wie die Psychiatrie, die Sozialpsychologie, die Neurobiologie Emotionen schon lange untersuchen, ein wenig vertraut machen. Das setzt in erster Linie Neugierde und die Erwartung voraus, daß sich das Unternehmen lohnen wird. Das setzt aber auch die Bereitschaft voraus, Zeit für dieses Lernen aufzubringen, um allmählich die anderen Theoriesprachen zu lernen und für unsere Zwecke gewissermaßen zu übersetzen.

Der Vorgang selber, die Anleihe bei sach- und theoriekundigen Nachbarwissenschaften, ist uns allen vertraut. Dazu nur vier Beispiele für diese „Normalität".

Wer an wirtschaftlichem Wachstum, an den Konjunkturen und Krisen der kapitalistischen Wirtschaft interessiert ist, muß sich der Ökonomie zuwenden: von Smith, Marx und der Historischen Schule der deutschen Nationalökonomie über Schumpeter und Weber bis zu Gerschenkron, Keynes, Rostow, North, den Cliometrikern und der Neoklassik. Das mag etwas bombastisch klingen, aber dieses Wissen ist durchaus abrufbar und kann dann im Lichte der eigenen historischen Interessen und Kenntnisse überprüft und verwendet werden.

Wer an Sozialer Ungleichheit interessiert ist, muß auf die Soziologie zurückgreifen, denn dort sind, ungleich präziser als meistens bei Historikern, die Ungleichheitsdimensionen von Macht und Herrschaft, Prestige und ökonomischer Lage, Geschlecht, Alter und ethnischer Zugehörigkeit empirisch und systematisch erschlossen worden – bis hin jetzt zu Bourdieus Erklärung der „feinen Unterschiede".

Wer an der Erklärung und nicht nur der Deskription politischer Abläufe interessiert ist, muß auf die Politikwissenschaft oder die Politische Soziologie zurückgreifen, denn dort wird er über die Legitimationsbasis politischer Herrschaft, über Legitimationskrisen und ihre Lösung, über Staats- und Nationsbildung aufschlußreicher belehrt als von vielen Historikern.

Und auch die neue Debatte über die Kulturgeschichte oder eine Historische Kulturwissenschaft hat ganz offensichtlich auf die Kulturanthropologie, die Sprachanalyse, die Kunstgeschichte, die Ikonologie, die verschiedenen Varianten der Diskurstheorie zurückgegriffen. Der Transfer dieser Begriffe, Anregungen und Forschungsergebnisse ist bekannt.

Kurzum: Da die Geschichtswissenschaft noch nicht von ferne sachkundig genug ist, stehen wir bei der Annäherung an die Geschichte der Emotionen vor derselben Aufgabe, uns zuerst einmal mit denjenigen Nachbarwissenschaften zu beschäftigen, die sich schon seit vielen Jahrzehnten mit Emotionen auseinandersetzen.

Dabei ist, noch einmal, die Bereitschaft zum geduldigen Einlesen notwendig, denn die Vertrautheit mit fremdem Wissen wächst einem nur langsam, keineswegs aber spontan zu. Dazu gehört das Eingeständnis des eigenen Nichtwissens, denn man läuft in eine Falle, wenn man naiv unterstellt, man könne im Stil der bekannten hermeneutischen Analogieschlüsse die begrenzten eigenen Lebenserfahrungen zugrunde legen und damit schon eine methodisch belastbare wissenschaftliche Basis gewinnen. Dazu gehört auch das neugierige Einlassen auf theoretische Reflexion, denn bei all diesen Problemen gibt es keinen direkten „common sense"-Zugang, aber auch noch keine bewährte Hermeneutik, auf die man zurückfallen könnte. Droysen, Dilthey, Gadamer – die gesamte Hermeneutik hat sich nicht für die Erfassung und Erklärung von wirtschaftlichen Wachstumsschwankungen, von Ungleichheitsproblemen und Legitimationskrisen interessiert, erst recht nicht für die Geschichte der Emotionen und des Körpers. Deshalb muß eine Verstehenslehre der Emotionen- und Körpergeschichte erst noch Schritt für Schritt in ständiger Reflexion entwickelt werden.

Meine These daher zum ersten Punkt: Für eine Geschichte der Emotionen steht uns derselbe Lernprozeß und derselbe Erkundungsgang bevor, der uns von anderen Problemfeldern her bekannt ist: Wir müssen das systematisch gesammelte und kodifizierte Wissen von Nachbarwissenschaften zur Kenntnis nehmen und für unsere Zwecke auswerten oder auch verwerfen. Wir besitzen mehrere Optionen: den Weg zur Sozialpsychologie etwa, auch zur Psychoanalyse; das habe ich früher einmal versucht. Deshalb wähle ich jetzt einmal einen Einstieg mit Hilfe des neuen Buches von Luc Ciompi, das meines Erachtens eine gelungene Synthese von Psychiatrie, Neurobiologie sowie Evolutionslehre darstellt.[2]

II. Ganz kurz zur Entstehung, zum Verlauf und zur Rolle von Emotionen. Man sollte das ebenso kennen, wie man als Wirtschaftshistoriker über den Konjunkturrhythmus einer Zeit und seine Ursachen informiert sein sollte.

Die Auslösung von Emotionen erfolgt durch Initiatoren. Hier gibt es eine große Palette, zum Beispiel von Sinnesreizen (Blick, Geschmack, Geruch usw.). In jedem Menschen bilden sich „Affektspeicher“ (Ciompi), die Gefühlserinnerungen aufbewahren und Emotionen immer aufs Neue in Gang setzen können; LeDoux spricht von „Langzeitdatenbanken“, wenn er dasselbe Phänomen charakterisiert. Selbstverständlich gibt es auch die rationale Wahrnehmung von Situationen, die heftige Emotionen auslösen, etwa Berichte über die Bombardierung von Städten, Konzentrationslager, Flüchtlingstrecks, die Massenvergewaltigungen in Naimarks Buch „Die Russen in Deutschland“.

Der Verlauf im Gehirn folgt im wesentlichen keiner elektrischen Steuerung (die dann mit Hilfe des EEG meßbar wäre). Vielmehr geben hormonelle Sekrete die Impulse weiter, die sog. Neurotransmittoren. Sie sind zentral für alle Gemütsbewegungen, für Freude und Trauer, für Euphorie und Depression. Umgangssprachlich sprechen wir vom Adrenalinschub, tatsächlich geht es aber um Endorphine und Serotonin. Die Neurotransmittoren müssen die synaptischen Spalten überbrücken. Biochemisch liegt psychischen Störungen in der Regel zugrunde, daß diese Überbrückung nicht gelingt. Die Korrektur erfolgt heutzutage durch moderne Psychopharmaka, welche die Neurotransmittoren gewissermaßen wieder beleben. Freuds Satz, daß seine Psychoanalyse nur ein Provisorium sei, bis die naturwissenschaftliche Medizin biochemisch intervenieren könne, wird von fast allen Freudschen Schulen verlegen verschwiegen.

Im Gehirn schaffen Gefühle und die Affektspeicher bevorzugte neuronale Bahnen, auf denen positive und negative Emotionen fortab in der Regel verlaufen und dann auch das Denken und Handeln beeinflussen. Es gibt Nebenstraßen, Umwege, Sackgassen, aber die Hauptwege schleifen sich dominierend ein und übernehmen fortab eine Steuerungsfunktion. Die Ausbildung dieser Bahnen beginnt zwischen dem 6. und 18. Lebensmonat mit der Fixierung auf die Mutter oder eine vertraute Bezugsperson, mit dem Aufbau von Urvertrauen, mit der Erfahrung von Schmerz und Entsagung. Auf diese Weise entsteht ein „Fühl-, Denk- und Verhaltensprogramm" (Ciompi) von großer Steuerungskraft, das die gesamten Umweltbeziehungen mit einspeichert und eine enorm hohe Integrationsfähigkeit besitzt.

Auch das rationale Denken beruht auf emotionalen Grundlagen. Ratio und Emotionen durchdringen sich wechselseitig zu einer unauflösbaren Einheit. Ein simples Beispiel: Der Sohn einer Bildungsbürgerfamilie wird Historiker. Er trägt in seinen neuronalen Hauptverkehrsstraßen auch die tief eingeschliffenen emotionalen Erfahrungen der familiär erlebten sozialen Ordnung als eines wesentlichen Teils seiner frühen Lebensgeschichte mit sich. Sein Interesse an Kulturgeschichte ist nicht nur eine intellektuelle Option für eine aussichtsreiche Analyse, sondern auch eine unbewußte, emotional gesteuerte Entscheidung für vertraute Probleme, die bereits auf volle Affektspeicher zurückgreifen kann. Der Erfolg seiner geschichtswissenschaftlichen Arbeit befriedigt ihn darum nicht nur intellektuell, sondern führt gleichzeitig auch zu emotionalem Wohlbefinden.

Wird sein kulturhistorischer Ansatz durch eine sozialökonomische Klassenanalyse herausgefordert oder sogar in Frage gestellt, opponiert er nicht nur mit rational kontrollierbaren Argumenten, sondern tief verwurzelte Emotionen bekräftigen die Abwehrhaltung. Der neue Ansatz wird als materialistischer Reduktionismus zunächst argumentativ diskreditiert, aber eben auch emotional abgelehnt; er muß nicht nur rational, sondern auch emotional allmählich akzeptiert werden – oder aber er wird, wenn die neuronalen Verkehrswege der Affekte nicht mehr flexibel gewechselt werden können, weiterhin abgelehnt.

Man kann diese Geschichte auch umgekehrt über Historiker aus dem Arbeitermilieu mit anderen neuronalen Verkehrsadern erzählen, da dort von den Erfahrungen sozialer Ungleichheit her eine Klassenanalyse bevorzugt und gegen die Kulturanalyse als „Flucht in die Innerlichkeit" hartnäckig verteidigt werden könnte.

Beiläufig gesagt: Was manche als Mentalitätsgeschichte interessiert, ist auch ein System auf Dauer eingeschliffener neuronaler Wege, auf denen vorauskalkulierbar dieselben Gefühle transportiert werden, dasselbe Denken begünstigt, dasselbe Verhalten erzeugt wird. Mentalität beruht, so gesehen, nicht nur auf stabilen mentalen Dispositionen, sondern auch immer auf einer Gefühlsmatrix.

III. Wenn Ciompis, Damasios und LeDoux' Argumentation über die emotionalen Grundlagen des Denkens zutrifft – was bedeutet das für unsere erkenntnisleitenden Interessen, die Selektionskriterien bei der Problemauswahl, die Konstruktion dieser Probleme und unsere Beurteilung historischer Probleme? Ich unterstelle einmal, da man sich dieser Argumentation schwer verschließen kann, ihre vorläufige Triftigkeit und ziehe hier nur einige Konsequenzen.

Zu den erkenntnisleitenden Interessen gehörte schon immer außer den Argumenten pro und contra das Engagement für ein historisches Problem. Das zeigt mit aller Deutlichkeit die Erforschung des Nationalsozialismus oder die „Sonderwegs"-Debatte. Jetzt muß man sich über die erkenntnisfördernde oder -hemmende Rolle von Emotionen noch einmal genauer Rechenschaft ablegen, um ihren Einfluß diskussionsfähig zu machen, auch wenn dabei nur die Spitze eines Eisbergs auftaucht. Wir müssen unseren „affektiven Kompaß" (Ciompi) genauer kennenlernen.

Ich glaube natürlich nicht, daß man mit positiven oder negativen Emotionen die Wahl eines Dissertationsthemas über die Stasi oder die Freimaurer begründen kann. Dasselbe gilt für unser Urteil über historische Phänomene. Aber wir sollten uns doch immer wieder prüfen, inwieweit unsere Emotionen das beeinflussen, was wir – den Regeln unseres Gewerbes entsprechend – als rationale Argumentation ausgeben.

Kurzum: Ich plädiere für eine offene Diskussion über den Einfluß unserer Emotionen, um durch diese Rationalisierung ihren Einfluß ins Bewußtsein zu heben und diskutierbar zu machen. Das ist selbstverständlich eine klassische Webersche Position.

IV. Zur Sache selber. Mit welchen Emotionen haben wir es zu tun? Die Experten bieten Kataloge von drei bis fünf Dutzend angeblich isolierbarer Gefühle an. Man kann diese Menge mit Hilfe von Ciompi auf eine Typologie von sechs Grundgefühlen reduzieren, aus denen dann Dutzende von Differenzierungen abgeleitet werden können.

1) Angst und Furcht,
2) Wut und Zorn,
3) Trauer und Leid,
4) Freude und Glück,
5) Ekel und Abscheu,
6) Interesse und Neugier.

Das sind Universalien, anthropologische Konstanten bei allen Menschen. Aber sie sind immer, das ist auch Ciompis Auffassung und für uns grundlegend, durch Kultur und Sprache geprägt, daher immer kulturell kodiert, mit ungeheuren Variationsmöglichkeiten, über die vermutlich am besten die Kulturanthropologie informiert. Ihr Zusammenwirken schafft „typische Fühl-, Denk- und Verhaltensprogramme von langdauernder Wirkung".[3] (Von Instinkten, kurzlebigen, biologisch fundierten Verhaltensmustern, und von Trieben, langlebigen, permanent präsenten Verhaltensbereitschaften, sollte dieses „Programm" streng unterschieden werden!)

V. Wie kann der Historiker die Varianten dieser Grundgefühle methodisch sauber erfassen? Das ist die 100000-Dollar-Frage. Hierzu zwei Vorschläge:

Wir könnten zuerst einmal versuchen, das Entstehen, den Aufbau und die Wirkung der kulturell kodierten Affekte durch den – ganz eklektischen – Rückgriff auf vertraute Disziplinen zu erhellen, z.B. auf die Mentalitätsgeschichte, die Sozialisationsforschung, die Politische Theorie, die Sozialgeschichte, die Erfahrungsgeschichte, die Bildungsgeschichte. Dort liegt eine Unmenge an Informationen parat, die wir unter neuen Fragestellungen neu sortieren und neu interpretieren können. Diese leitenden Fragen zu entwickeln ist zuerst einmal die Aufgabe einer Emotionengeschichte.

Wie wird etwa während der primären Sozialisation in der Familie die Artikulation einiger Gefühle privilegiert, z.B. durch das

Mutter-Kind-Verhältnis? Wie werden andere diszipliniert, etwa bei den Adelskindern nach Reifs Studie über den westfälischen Adel?

Wie wird während der sekundären Sozialisation in der Schule etwa der wilhelminische Tugendkatalog des Geschichtsunterrichts mit Affekten besetzt: Liebe zur Monarchie, Haß auf den „Erbfeind", Abscheu vor den „Reichsfeinden"? Indem die Affektspeicher über die Jahre hinweg gefüllt werden, wird eine zuverlässige Gefühlsautomatik installiert, die dann durch den Militärdienst, den Kriegerverein, den Stammtisch aufrechterhalten wird.

Wir wissen, wie der Aufstieg des Antisemitismus, des Rassismus, des Nationalismus von der Ausbildung und Speicherung starker Gefühle begleitet wird.

Wir wissen, wie Protestbewegungen: die Arbeiterbewegung, die Frauenbewegung, die Jugendbewegung, die Friedensbewegung, in hohem Maße von der Mobilisierung und Stabilisierung von Gefühlen leben, nicht allein von ihren guten Argumenten.

Wir wissen aus der Mentalitätsgeschichte, wie sich der Haß zwischen den konfessionellen Lagern auswirkte, wie die Politische Theorie Carl Schmitts auch von der emotionalen Aversion gegen den Parlamentarismus geprägt war, wie sich – so die Professionalisierungsgeschichte – Gefühle des Stolzes oder der Wut auf Kurpfuscher und Winkeladvokaten, der Abscheu vor den Regelverletzern in den eigenen Reihen an den Aufstieg und die Berufstätigkeit in den Professionen heften.

Bei alledem ist es wichtig zu prüfen, unter welchen Bedingungen die Gefühlsprogrammatik sich als so flexibel erweist, daß sie andere neuronale Bahnen wählen und aufwerten kann. Haß, Abscheu, Angst dominierten z.B. im Stellungskrieg an der Westfront während des Ersten Weltkriegs. Wie aber konnte es 1914/15, 1915/16 zu Verbrüderungsszenen zwischen deutschen, französischen und englischen Soldaten kommen?

Kurzum: Wer sich für die Geschichte der Emotionen interessiert, fängt nicht ab ovo an, vielmehr kann er auf einen riesigen Fundus von Informationen zurückgreifen und sie sich unter seinen leitenden Gesichtspunkten und Fragestellungen neu erschließen und entziffern.

Der zweite Vorschlag: Beim ersten Vorschlag geht es in der Regel um den Aufbau von Gefühlen und von Affektspeichern durch

Sozialisationsprozesse, oft durch die Auswirkung von Erziehungsnormen, die in Familie und Schule, in Militär und Beruf verbindlich gemacht und verinnerlicht werden. Dann geht es um die Einwirkung der Emotionen auf Verhalten und Denken. Es gibt aber noch einen anderen, methodisch spannenderen Weg, um an die Generierung und Perpetuierung von Emotionen heranzukommen. Das ist der Weg, der von der Körpergeschichte zu den Emotionen führt.

Jeder Psychiater weiß, wie sich die gestörte Psyche, die Gefühle der Melancholie und Trauer auf die Körpersprache auswirken. Die hochgezogenen Schultern, der schlurfende Gang, die bleiernen Arme, die Unfähigkeit zu aktiven Bewegungen überhaupt, der ernste Blick, die belegte Stimme – das alles sagt dem Kenner viel über das Ausmaß einer depressiven Verstimmung. Eine andere Körpersprache verrät eine andere psychische Grundlage. Der Zustand des Gemüts und der Affekte drückt sich auch in der Körpersprache aus. Kein Wunder, wenn man, wie wir das überwiegend tun, von der Einheit von Körper und Seele ausgeht.

Methodisch kann man aber auch den umgekehrten Wege einschlagen. Der intensiv beeinflußte Körper ist offenbar imstande, Emotionen zu generieren, auf Dauer zu stellen, zu speichern, ihre Steuerungsprogrammatik zu gewährleisten. In der psychiatrischen Therapie wirken Schwimmen und leichte Gymnastik längst über körperliche Bewegungen auf die Psyche ein.

Abgesehen von der Psychiatrie knüpft dieser Vorschlag an Bourdieus „Einverleibung“ von Elementen des Habitus an, die durch körperliche Einübung aufgenommen werden. Das scheint mir der aussichtsreichste Ansatz zu sein, deshalb dazu später noch einige Bemerkungen. Man kann auch an Foucaults „Einkörperung“ denken, denn die Verinnerlichung von Disziplinierung erfolgt bei ihm bekanntlich durch den Körper, nicht durch die mentale Steuerung.

Forschungspragmatisch muß man sich zuerst menschliche Verbände aussuchen, für die bestimmte Körperübungen und -rituale wichtig und die zugleich auch groß genug sind, um erste Verallgemeinerungen zuzulassen. Habitusformierung kann man etwa an den Turnern verfolgen. Nach meinem Eindruck kann ein Projekt wie das von Goltermann, das schon manches über den Aufbau und die Installierung eines Gefühlsprogramms enthält, durch die Konzentration auf die Emotionenformierung erweitert werden.[4]

Man kann auch das Militär, Kadettenanstalten, Offiziersakademien, den Rekrutendrill analysieren, um dasselbe Interesse zu verfolgen. Man könnte sich auch Verbindungsstudenten vornehmen, die beim Duelldrill Gefühle verinnerlichen und, so die Hoffnung, auf Dauer stellen. Wichtig ist wahrscheinlich der Kontrast individualisierender Sportarten mit den Mannschaftsspielen an englischen „Public Schools" und Colleges: zuerst Rugby, dann Fußball.

Der Vorzug besteht darin, daß man an das derzeitige Interesse an der Körpergeschichte anknüpfen und herausfinden kann, wie weit einen die Untersuchung des Körpers als Medium der Gefühlserzeugung und -speicherung bringt.

Gegen beide Vorschläge richtet sich ein voraussehbarer Einwand. Da die historischen Akteure in aller Regel tot und ihre Emotionen nicht anschaulich erfahrbar, sondern gewöhnlich in schriftlichen Quellen überliefert sind, wird vermutlich die These vertreten werden, daß eine umfassende Sprachtheorie die erforderlichen hermeneutischen Instrumente auch zur Erfassung von Gefühlen bereitstelle. Reinhart Koselleck hat aber unlängst zu Recht geltend gemacht, daß die Sprache keinen „allumfassenden" Zugang zur Realität eröffne; es gebe Wirklichkeitsdimensionen, die einen anderen Zugriff erforderten.[5] Emotionen besitzen offenbar in der Tat ihre eigene Welt, die sprachlich nur annäherungsweise zu erfassen ist.

Max Webers Ratschlag im Hinblick auf die Klärung von methodischen und theoretischen Fragen lautet, immer vom extremen Grenzfall auszugehen. Solche Grenzfälle wären hier etwa die Todesangst und der Liebesakt. Wir wissen alle, daß sie nur zum Teil in Sprache transformierbar sind. Andererseits: Die Sprache ist gewöhnlich das einzige Medium, das uns zur wissenschaftlichen Verständigung, auch über die Rolle von Emotionen, zur Verfügung steht. Ja, mehr noch: Für Historiker geht es bei ihrem Urteil über Emotionen doch immer um ihre Bedeutung im historischen Kontext – nicht um anthropologische Universalien oder einen therapeutischen Zugriff. „Bedeutung" aber können wir am ehesten – wenn man einmal von der Bildinterpretation des Kunsthistorikers absieht – an der sprachlichen Artikulation ablesen und sprachlich interpretieren. Einen rundum überzeugenden Weg aus diesem Dilemma, der prinzipiellen Spannung zwischen emotionaler Eigenwelt und Sprache, vermag ich noch nicht zu sehen.

VI. Der letzte Gesichtspunkt: Das ist die Anlehnungsbedürftigkeit, aber auch die Anschlußfähigkeit der Emotionengeschichte. Da es sich bei ihr noch um lauter offene und durchweg prekäre Probleme handelt, sollte man die Emotionengeschichte nicht isoliert betreiben. Vielmehr liegt es nahe, sie an Konzeptionen anzuschließen, die sich bereits für Historiker als ergiebig erwiesen haben. Das ist kein Defätismus, diese Anlehnung hat sich vielmehr schon oft bewährt.

Die Forschung zur Sozialen Ungleichheit war gut beraten, daß sie von Klassikern wie Marx, Lorenz v. Stein, Weber, Schmoller, Sombart in engster Verbindung mit der jeweiligen Wirtschaftsordnung konzeptualisiert und empirisch betrieben wurde. Selbst bei der hochdifferenzierten Untersuchung von Bourdieus „feinen Unterschieden" ist dieser Nexus vorhanden und wird mit Hilfe der Kapitalsorten aufrechterhalten.

In der Politischen Soziologie lehnte sich die Untersuchung der Legitimationsprobleme im Sinne Webers an die Regimenlehre seit Aristoteles an. Der halbwegs geniale Einfall Webers war es dann aber, nicht mehr nach der institutionellen Ordnung, der Verteilung von Herrschaft und Mitwirkungschancen, sondern in erster Linie nach den Legitimationsgrundlagen zu fragen. Auch Weber behielt die Anlehnung an Regimetypen im zweiten Gedankenschritt bei.

Ähnlich scheint es zur Zeit die pragmatische Klugheit zu empfehlen, die Emotionengeschichte an belastbare und zugleich umfassend angelegte Konzepte anzubinden. Ich sehe keine überlegene Alternative zu Bourdieus Habituskonzept. Seine berühmte Definition des Habitus bezeichnet ihn als „Handlungs-, Wahrnehmungs- und Denkmatrix" aus verinnerlichten Dispositionen, welche Verhalten und Denken, Wahrnehmung und Sprache, Mimik und Gestik usw. regulieren und steuern. Hier ließen sich die Emotionen relativ mühelos einfügen, da der Habitus auch eine Gefühlsmatrix ist.

Das Verblüffende ist nun, daß Ciompi derselben Meinung ist, ohne Bourdieu zu kennen, obwohl er sich sonst in der zeitgenössischen Theoriediskussion vorzüglich auskennt. Denn Ciompi kommt bei seiner Synthese aus Neurobiologie, Psychiatrie und Evolutionslehre zu der vergleichbaren Bilanz, daß der Mensch jeweils eine „Gefühls-, Denk- und Verhaltensprogrammatik" entwickelt und ihr dann folgt, ihr weithin zu folgen hat.

Nun ist es immer aufregend, auch tröstlich im Hinblick auf die Konvergenz von Wissenschaften, wenn souveräne Köpfe in sehr verschiedenartigen Wissenschaften, jeweils in ihrer Sprache, zu ganz eng verwandten Ergebnissen kommen. Das ist auch bei Bourdieu und Ciompi der Fall, und nach meinem Eindruck läßt sich die Gefühlsmatrix an Bourdieus allgemeines Habituskonzept konsistent ankoppeln.

Das empfiehlt sich übrigens auch aus einem geschlechtergeschichtlichen Gesichtspunkt, denn Bourdieu hat in einem berühmten Aufsatz über „männliche Herrschaft" den Habitus endlich geschlechtsspezifisch differenziert und zwar mit Hilfe von Kategorien wie „vergeschlechtlichter Habitus" und „vergeschlechtlichender Habitus" ganz analog zu seiner prinzipiellen Charakterisierung des strukturierten und strukturierenden Habitus.[6]

Deshalb kann eine Emotionengeschichte, die sich an Bourdieus Habituskonzept anschließt, nicht nur schnell wegkommen von den Universalien der Neurobiologie, da Bourdieus Habitus ja immer ein kultur- und klassenspezifischer Habitus ist. Vielmehr muß sie auch von Anfang an auf die geschlechtsspezifische Gefühlsmatrix des Habitus achten und ihre Eigenarten herausarbeiten. Das scheint übrigens auch ein großer Vorzug dieses Konzepts zu sein im Vergleich mit der geläufigen Vorstellung von Mentalität, die in aller Regel an männlicher Realität orientiert ist.

Wenn man daher in der Bürgertums-, Adels-, Arbeiter-, Nationalismusforschung usw. Habitusformierung als ein Konzept zugrunde legte, das imstande ist, erstaunlich weite Bereiche der historischen Realität zu erschließen und zu integrieren, könnte das für eine Geschichte der Emotionen, welche die Gefühlsmatrix des Habitus erschlösse, nur ein Gewinn sein. Denn Bourdieu schwebt mit seiner „Handlungs-, Wahrnehmungs- und Denkmatrix" offenbar eine ganz ähnliche Synthese vor, wie sie Ciompi (und den vielen Wissenschaftlern, auf die er sich stützt) mit seiner „Gefühls-, Denk- und Verhaltensprogrammatik" vor Augen steht.

Beide haben die Fusion von kognitiven und emotionalen Elementen im Auge, beide fragen nach der Steuerungskapazität, die menschliches Verhalten dauerhaft reguliert. Für Historiker und Historikerinnen ist es zugleich attraktiv, daß beide von der relativen Flexibilität des Habitus oder der Programmatik überzeugt sind, einen also nicht in ein starres Prokrustesbett zwingen, sondern für historischen Wandel, der dann präzisiert werden muß, offen sind.

Mit diesem Anschluß an das Habituskonzept ergeben sich auch neue Perspektiven für die sozialhistorische Forschung. Da der Bourdieusche Habitus immer klassenspezifisch eingeprägt ist, taucht sogleich, wenn man ihn um diese Gefühlsmatrix erweitert, die Frage auf, ob soziale Klassen auch emotionale Klassen bilden. Schafft der gemeinsame emotionale Habitus Gefühlsgemeinschaften, die durch eine tendenziell identische Disziplinierung, Privilegierung und Äußerung von Affekten gekennzeichnet sind? Läßt sich z.B. den hochkarätigen Berufsklassen, die aus den Absolventen der Grandes Ecoles, einem von Bourdieu bevorzugten Sample, oder von „Oxbridge" bestehen, ein spezifischer Gefühlshaushalt empirisch glaubwürdig zuordnen? Teilen andererseits Unterklasssen wie die „klassische" städtische Industriearbeiterschaft und das Landarbeiterproletariat ein je eigenes, habituell verankertes Ensemble von gemeinsamen Gefühlen? Läßt sich etwa aus dem um die Gefühlsmatrix erweiterten Habitus ein unterschiedliches Verhältnis zur Gewalt, zur klassenspezifischen Disziplinierung oder zum klassenspezifischen Ausagieren von Gewalt plausibel herleiten?

Manche Common-Sense-Erfahrung würde diesen Nexus zwischen der Klassenlage und einer entsprechend kodierten Gefühlswelt zunächst bestätigen. Diese Annahme bedarf aber selbstverständlich der strengen methodischen Überprüfung. Für die Sozialgeschichte käme es dann darauf an, sofern sie diese verlokkende Spur endlich verfolgen will, den Zusammenhang zwischen der soziopolitischen Lage großer gesellschaftlicher Formationen und ihrem habitualisierten Gefühlskosmos in Hypothesen und leitenden Fragestellungen anzuvisieren und empirisch zu erforschen. Der Gewinn, ein methodisch überzeugend abgesichertes Verständnis klassenspezifischer Emotionen, würde den Einsatz lohnen.

17. Soziologie und Geschichte als Nachbarwissenschaften

Wenn noch einmal der Frage nach der disziplinären Eigenständigkeit der Soziologie und damit zugleich ihrer Beziehung zu einigen Nachbarwissenschaften nachgegangen werden soll, steht auch erneut das Verhältnis von Soziologie und Geschichtswissenschaft zur Debatte. Das ist seit den 1960er Jahren ein „Dauerbrenner" der theoretischen und methodischen Reflexion nicht nur in der deutschen, sondern überhaupt in der internationalen Sozialgeschichte. Von ihrer Position aus soll hier auch Stellung bezogen werden. Damit wird sowohl die Haltung jener traditionserstarrten Geschichtswissenschaft, die ursprünglich den kecken Neuling als „Wortmaskenverleihinstitut" (Alfred Dove) verachtet hat und seither ihre anhaltende Skepsis pflegt, als auch jener naivfortschrittsgläubigen Soziologie, die seit der anfänglichen Heilsgewißheit des Fachs immer noch an seine permanente Überlegenheit glaubt, als unproduktive Verkrustung abgelehnt. Wohl aber geht es um einen doppelten Anschluß: zum einen an jene geschichtsbewußte Soziologietradition, für welche die Namen von Karl Marx, Lorenz v. Stein und Max Weber als repräsentativ stehen können, zum anderen an jene gegenwärtige Diskussionsströmung, die gegen schlechthin alle Kategoriensysteme mit dem Anspruch auf überzeitliche Geltung die Historisierung alles Sozialen erstrebt, ganz gleich ob die Impulse aus der genuin Historischen Soziologie oder der Ethnomethodologie, von Pierre Bourdieu oder von Alfred Schütz stammen. Vorrangig ist dabei die Frage nach gemeinsamen Interessen, nach Kooperationsmöglichkeiten, nach Chancen, voneinander zu lernen.

In der Bundesrepublik gab es seit den 1960er Jahren entschiedene Bekundungen des Interesses einiger Soziologen daran, die historische Dimension für das eigene Fach wieder zurückzugewinnen. René König und Rainer Lepsius, Ralf Dahrendorf und Peter Christian Ludz etwa haben diese Auffassung nachdrücklich verfochten, ohne jedoch in ihrer Zunft, die sich soeben dem Professionalisierungsideal der streng gegenwartsorientierten amerikanischen empirischen Sozialforschung öffnete, eine bestätigende und ermutigende Resonanz zu finden. Ungleich heftiger wurde dagegen die Soziologie von jüngeren Historikern, namentlich solchen mit ausgeprägt sozialhistorischen Interessen, umworben. Sie plädierten mit Entschiedenheit dafür, soziologische Theorien und wo möglich auch nützliche Methoden aufgeschlossen zu prüfen und aufzugreifen, die strengere Begrifflichkeit und den Systematisierungswillen der Soziologie als Vorbild zu akzeptieren.[1]

Diesem Appell folgte die Tat, denn in der jetzt folgenden sozialhistorischen Erforschung z.B. der sozialen Ungleichheit und der Mobilität, der Urbanisierung und der Interessenverbände läßt sich die geforderte Öffnung und die Rolle von soziologischen Theorien als Ideenspendern ebenso verfolgen wie an der Bereitwilligkeit, mit der diese Historiker an der Weber-Renaissance mitwirkten.[2] Bilanzierend wird man im Rückblick auf die letzten dreißig, vierzig Jahre konstatieren können, daß diese Öffnung der Historiographie einen beträchtlichen Zugewinn im Hinblick auf die präzisere Konstruktion, Beschreibung und Erklärung ihrer Probleme eingetragen hat. Die anfängliche Überschätzung der Soziologie als Theoriemonopolist wich dabei einem je nach Problemlage differenzierten Nützlichkeitskalkül, das sich vielfach bewährt hat. Das alles gilt selbstverständlich nicht nur für die deutsche, sondern auch für die internationale Entwicklung der Sozialgeschichte.[3]

Umgekehrt hat sich aber in der deutschen Soziologie, grosso modo, der ahistorische Trend auf breiter Front durchgesetzt. Das Liebeswerben der Neuzeithistoriker traf auf keine vergleichbare Erwiderung in der Soziologie. Nicht allein die Geschichtswissenschaft stieß auf Desinteresse, vielmehr war die disziplinäre Verselbständigung der deutschen Soziologie auch mit einer mindestens ebenso nachteiligen Abnabelung von der Ökonomie und Ethnologie verbunden. Nirgendwo gibt es inzwischen einen deutschen Soziologen mit der Ausbildung und den lebenslang anhaltenden kulturanthropologischen Interessen Bourdieus, nirgendwo mehr eine Strömung, welche die Ökonomie noch so unbefangen in ihre Domäne einbezieht, wie das für Marx und Weber selbstverständlich war. Behält jemand die Ökonomie im Auge wie Claus Offe, wird ihm womöglich sogar der Soziologenstatus bestritten. Das mag man als die unvermeidbaren Kosten der fachspezifischen Professionalisierung entschuldigen, doch jede derzeitige Kosten-Nutzen-Abwägung lenkt auf die unleugbaren Nachteile dieser Abkapselung hin.[4]

In der Perspektive des Historikers hat wohl erst der Sieg des ahistorischen Trends dazu geführt, daß erschreckend viele deutsche Soziologen ein extrem kurzes wissenschaftliches Gedächtnis besitzen. Bei nicht wenigen setzt es erst 1968 oder allenfalls 1949, bald vielleicht mit 1989 ein. In der veröffentlichten Produktion, seien es nun Monographien oder Beiträge in Fachzeitschriften, muß man Auseinandersetzungen mit Problemen in der Zeit vor 1945 wie die sprichwörtliche Stecknadel im Heuhaufen suchen. Der absolute Präsentismus triumphiert, Trendiness regiert das Feld.

Das ist zur Zeit an verschiedenen Phänomenen unzweideutig ablesbar.

1. So gibt es z.B. in der Bundesrepublik keinen neuen Aufschwung der Historischen Soziologie, wie er in den USA und in England festzustellen ist. Reinhard Bendix, Charles Tilly, Michael Mann, Rogers Brubaker, John Hall, Walter Runciman, natürlich auch Shmuel Eisenstadt, Norbert Elias, Pierre Bourdieu besitzen hierzulande kein vergleichbar einflußreiches Pendant. Rainer Lepsius' Studien, die auf Historiker eminent anregend gewirkt haben, stehen ziemlich isoliert da.[5]

2. Es gibt keine soziologische Nationalismusforschung, wiederum mit der Ausnahme von Lepsius, obwohl es sich doch um ein geradezu brennendes Problem handelt. Anders sieht es wiederum in England und den USA aus, wo Ernest Gellner und Benedict Anderson, der neue „Kulturalismus" und die Folgen des „Linguistic Turn" diese Diskussion seit den frühen 1980er Jahren kraftvoll angestoßen haben. Außer mit Georg Elwert, Bernhard Giesen und Rainer Lepsius könnten Nationalismushistoriker mit deutschen Soziologen kaum lohnend diskutieren.

3. Und dann das Debakel der Ungleichheits-, der Schichtungs-, der Klassenforschung. In einer atemberaubend kurzen Zeit wurden die produktivsten Ansätze der soziologischen Tradition nahezu verdrängt durch die schillernden, sozialtheoretisch ganz ungeklärten Konzepte des Lebensstils, der Lebenslage, des Lebenslaufs, denen eine innovative Erschließungskraft gegenüber einer vermeintlich strukturell neuartigen Realität zugetraut wurde – ohne doch, trotz aller Beredsamkeit, über das gehobene Feuilleton hinauszugelangen. Die historisch ahnungslose Begriffsakrobatik Luhmanns mit ihrer Privilegierung der neuzeitlichen „funktiona-

len Differenzierung“ hat die Unterminierung realitätsnaher Konzepte noch gefördert.

Die eindrucksvollen Ergebnisse der gleichzeitig ja weiter betriebenen theoretisch reflektierten Empirischen Sozialforschung (Wolfgang Zapf, Karl Ulrich Mayer, Reiner Geißler, Bernhard Schäfers, Wolfgang Glatzer) wurden von den Adepten der neuen Strömung nicht einmal mehr ernsthaft zur Kenntnis genommen, geschweige denn, daß sie auf die dort dokumentierte Persistenz überkommener Strukturen der sozialen Ungleichheit abwägend – wo z.B. sind Webers Klassenkategorien sprachanalytisch zu historisieren? – argumentativ eingingen. Man wird bald sehen, wie sich die Dauerhaftigkeit oder die Rückkehr sozusagen ordinärer Ungleichheitsprobleme nicht nur in den ostdeutschen Bundesländern theoretisch auswirken wird. Das Verblüffende an diesem Beispiel für einen modischen Umschwung war die Geschwindigkeit, mit der über Nacht die ältere Soziologie der Ungleichheit als vermeintlich in toto überholt beiseite geschoben oder vergessen wurde. Nur die Vertrautheit mit der historischen Dimension zählebiger Sozialstrukturen, aber auch mit der Wissenschaftsgeschichte des eigenen Fachs hätte diese deprimierende Kapitulation verhindern können.

4. Ebenso auffällig ist, um ein letztes Beispiel zu nennen, der Bodengewinn des „Kulturalismus“, der wie ein Steppenfeuer erst durch die amerikanischen, dann auch durch die deutschen Departments fegte. Gegen die ebenso raffinierte wie imponierende Leistung von Pierre Bourdieus Kultursoziologie soll selbstverständlich kein Einwand erhoben werden. Auch nicht gegen jene längst überfälligen Bemühungen, die im Kontext der Weber- und Schütz-Renaissance dem Wiederaufstieg einer hermeneutischen Soziologie zugrunde lagen und seit dem „Linguistic Turn“ zu einer nachhaltigen Aufwertung der Sprache, der religiösen Weltbilder, der Werte und Normen, der Mentalität und des Habitus beigetragen haben. Vielmehr geht es um die Bedenkenlosigkeit, mit der nach einer jahrzehntelangen Verherrlichung des neopositivistischen Faktenmythos jetzt auf einmal in kulturellen Phänomenen der Passepartout zur Weltgeschichte gesehen wurde. Diese Gutgläubigkeit war in den USA fraglos noch stärker ausgeprägt als hierzulande, in jedem Fall aber fiel die Theoriediskussion hinter jenen Stand zurück, den die Generation von Weber, Durk-

heim, Simmel bereits um die letzte Jahrhundertwende erreicht hatte.

Einer solchen Kritik geht es nicht darum, das Überlegenheitsgefühl des Historikers auszuspielen. Vielmehr geht es zum einen um den Gewinn, den eine Vertiefung der Erkenntnisse durch die Einbeziehung der historischen Dimension bedeuten würde, und zum anderen um den korrespondierenden Verlust, wenn die soziologische Analyse auch weiterhin aus ihrer historischen Verankerung gerissen wird, so daß sie nur mehr im seichten Gewässer der sogenannten „Gegenwart" treibt.

Offenbar glauben nicht wenige Soziologen weiterhin an eine Periodisierungseinheit namens „Gegenwart". Zwar fehlt uns noch immer eine ausführliche Ausarbeitung von Reinhart Kosellecks Überlegungen zur Theorie historischer Zeiten. Eins steht jedoch fest: Die Gegenwart hat allenfalls die Breite einer Klinge, welche die Vergangenheit von der Zukunft trennt. Insofern richtet sich auch alle historische und soziologische Forschung zur „Gegenwart" auf die jüngere Vergangenheit und auf die mehr oder weniger abgesicherte Extrapolation von vergangenen Entwicklungen in die Zukunft. Will man eine Gegenwart definieren – als einen Zeitabschnitt, der mehr oder minder weit in die Vergangenheit zurückreicht und trotz mancher restriktiven Bedingungen in die Zukunft hinein offen bleibt –, benötigt man außerordentlich begründungsbedürftige Kriterien. Man kann z.B. Gegenwart als die überschaubare Lebensgeschichte oder als die Erwachsenenjahre eines Soziologen bestimmen, als die Zeit nach der Fusion der beiden deutschen Staaten seit 1989, als die Phase nach 1945, aber auch als die Langzeitperiode nach dem Durchbruch der industriellen und politischen „Doppelrevolution" am Ende des 18. Jahrhunderts. Unterschiedliche Optionen gibt es da zuhauf. Die westdeutsche Zeitgeschichte hat etwa jahrzehntelang daran festgehalten, daß ihre Art von Gegenwart mit der Russischen Revolution von 1917 und der gleichzeitig erfolgenden Intervention der amerikanischen Flügelmacht im Ersten Weltkrieg begonnen habe. Sieht man von dem seit jeher wenig überzeugenden zweiten Argument ab, hätte diese Gegenwart mit dem Zerfall der sowjetischen Weltmacht und des europäischen Kommunismus 1991 geendet. Tatsächlich aber neigt die deutsche Zeitgeschichtsforschung jetzt eher dazu, ohne größeren theoretischen Aufwand einem

Plausibilitätspragmatismus folgend, die gesamte Epoche seit 1945 stillschweigend als ihre neue Gegenwart zu begreifen.

Welcher Definition Soziologen sich auch immer anschließen und welche Legitimationskriterien sie dafür mobilisieren – von einem naiven Gegenwartsbegriff bleibt da nichts mehr übrig, und sie müßten, wie das bei der geradezu exotischen Ausnahme von Franz Xaver Kaufmanns Analysen der Sozialstaatsproblematik der Fall ist,[6] die historische Dimension ihrer Probleme von Anfang an erkenntnistheoretisch und empirisch in ihre Analyse mit einbeziehen. Die Folgen für ihre Ausbildung und Interessenorientierung wären beträchtlich. Würde Interdisziplinarität, die inhaltlich nie geklärte Geheimwaffe seit den 1970er Jahren, aufgewertet? Im allgemeinen sind die Anläufe, diesen Gral zu erreichen, steckengeblieben, wenn nicht sogar evident gescheitert. Wo sich die neue Historische Soziologie entfaltet hat – an der London School of Economics, in Ann Arbor, an der New Yorker „New School", im Soziologie-Department der University of California in Los Angeles –, war sie das Werk von einsichtigen Soziologen mit weiten theoretischen und empirischen Interessen, einem wachen Problembewußtsein und lohnenden Fragestellungen, nicht aber das Ergebnis interdisziplinärer Kooperation.

Die Anläufe seit den 1960er/70er Jahren, zu einer Historischen Sozialwissenschaft oder einer sozialwissenschaftlichen Geschichte vorzustoßen, haben zwar zu lohnenden Ergebnissen, aber nicht zu einer eigenen, lebensfähigen Fachdisziplin geführt. Die Beharrungskraft der Wissenschaftstradition erwies sich als zu mächtig. Trotzdem lohnt es weiterhin, an dem Doppelziel: der Durchdringung der Geschichtswissenschaft durch soziologische Theoriereflexion, der Soziologie durch historisch-genetisches Denken, festzuhalten.

Erfahrungsgemäß ist jedoch die wissenschaftliche Sozialisation sehr unterschiedlich. Will man sich nicht allein auf das seltene Talent für autodidaktisches Lernen verlassen, muß die Aufgeschlossenheit gegenüber dem anderen Fach, seinen Denkgewohnheiten und Theorietraditionen frühzeitig institutionell vermittelt werden. Manche deutschen Geschichtsfakultäten oder -fachbereiche versuchen das mit ihren einführenden Theorieseminaren im Grundstudium, nicht selten erfolgreich, doch effektiv in der Regel nur dann, wenn daraus ein Doppelstudium hervorgeht. Indes, von keinem einzigen deutschen Soziologie-Department ist bisher eine solche Anstrengung bekannt.[7]

Das liegt vermutlich zum einen daran, daß die Selbstgenügsamkeit vieler Soziologen eine Einsicht in die Grenzen des eigenen Fachs und daher die Konsequenz einer Öffnung, etwa zur Geschichtswissenschaft, Kulturanthropologie und Ökonomie hin, verhindert. Zum anderen gilt die intellektuelle Autarkie innerhalb der etablierten Grenzzäune des Fachs als erstrebenswerter Gewinn. Verloren geht dabei die Einsicht, daß solche Grenzen zunächst einmal nichts anderes als das Ergebnis inneruniversitärer Machtkämpfe, namentlich seit dem letzten Drittel des 19. Jahrhunderts, sind, keineswegs aber durch eine gleichwie disziplinäre „Logik" geboten waren. Die wahrhaft lohnenden Probleme respektieren ohnehin solche dem Ehrgeiz und der Aversion der Gutachter entspringenden Grenzen keineswegs, sie ignorieren sie gründlich und verlangen, daß man ihrer Komplexität durch die Berücksichtigung mehrerer fachwissenschaftlicher Ansätze gerecht zu werden versucht. Wer würde noch glauben, daß man dem Aufstieg des Nationalsozialismus oder des Sozialstaats, den Veränderungen des Nationalismus oder der Sozialstruktur ausschließlich von einem soziologischen, politikgeschichtlichen, ökonomischen Ansatz her gerecht werden könnte? Die neuere Historische Soziologie demonstriert geradezu schlagend, wie man sich aus dem Gehäuse einer einzigen Fachwissenschaft herausbewegen muß und etablierte Grenzen überwinden kann.[8]

Eine weitere effektive Blockade eines jeden Anlaufs, sich auf wichtige Nachbarwissenschaften einzulassen, rührt aus der Fata Morgana der Popperschen nomothetischen Einheitswissenschaft her, wie sie Andreas Diekmann und, in ökonomistischer Verengung, Peter Weise auf dem Freiburger Soziologentag von 1998 noch einmal beschworen haben. Erkenntnistheoretisch klafft nun einmal eine tiefe Kluft zwischen einer neopositivistischen empirischen Soziologie, einer neoklassischen ökonomischen Theorie, einer hermeneutisch operierenden Geschichtswissenschaft, von den Naturwissenschaften ganz zu schweigen. Die von der Sozialgeschichte häufig praktizierte Verbindung des hermeneutischen „Verstehens" mit systematischer Erklärung bedarf einer ebenso behutsamen wie komplizierten Vorgehensweise, ständiger theoretischer Reflexion und empirischer Rückkoppelung. Selbst dort, wo die Fusion gelingt, entstehen keineswegs die Grundlagen einer Einheitswissenschaft. Man wird gemeinsame Interessen und Denkfiguren bereitwillig anerkennen, aber den Pluralismus der Theorien bestehen lassen. Weder die Systemtheorie à la Luhmann noch die bestürzend limitierte ökonomische Theorie der Neoklassik (die gerade Soziologen endlich durch die Sozialökonomik Webers ersetzen könnten[9]) oder die Poppersche Erkenntnistheorie vermögen die Superwaffe einer solchen Einheitswissenschaft zu schmieden.

Gibt man diese Gaukelei mit der Fixierung auf ein Wissenschaftsideal des 19. Jahrhunderts auf, kann man auch den Pluralismus der Subdisziplinen und vielfältigen Interessenfelder der Soziologie als Differenzierungsgewinn akzeptieren, anstatt – wie auch 1998 in Freiburg – ihn als eine fatale Fragmentierung und das Fehlen der alle verbindenden soziologischen Mega-Theorie zu beklagen. Es hängt dann ganz von der Überzeugungskraft der spezifischen Selektionskriterien (und natürlich von der Leistungsfähigkeit des Autors) ab, inwiefern einheitliche Perspektiven die Problemkonstruktion und die empirische Stoffülle eines Projekts mit dem Anspruch auf Synthese anzuleiten und zu bändigen vermögen. Nie und nimmer kann diese Mühsal durch die vorgegebene Theorie einer Einheitswissenschaft vermieden werden.

Das einzige lohnende Ziel bleibt auch für die Soziologie, historische Theorien mit begrenzter Reichweite und Erklärungskraft Schritt für Schritt zu erarbeiten. Dafür muß die historische Tiefendimension aller Probleme ernst genommen, der Irrglaube an eine vorgegebene „Gegenwart“ aufgegeben werden. Erst dann ließe sich die beklemmende Kurzatmigkeit des soziologischen Präsentismus ebenso vermeiden wie die Neigung, vor dem jeweils neuesten Trend vorbehaltlos zu kapitulieren.

Ungeachtet dieser Kritik am professionellen Habitus vieler Soziologen behalten soziologische Theoreme ihre unverzichtbare Anregerfunktion für die Geschichtswissenschaft, obwohl die Soziologie im allgemeinen von ihr nicht mehr als universeller Theoriespender anerkannt wird. Gerade im Zusammenhang der Debatte über eine Rückkehr zur „Historischen Kulturwissenschaft“ der Weber, Simmel, Troeltsch vor hundert Jahren oder über eine „neue Kulturgeschichte“ sind die Kultursoziologie eines Pierre Bourdieu, die Ethnologie eines Clifford Geertz, die Ethnomethodologie eines Erving Goffman unter jüngeren Historikern und Historikerinnen aufgewertet worden. Denn sie kommen dem neuen Bedürfnis nach Analyse kultureller Phänomene, nach Mikrohistorie, nach Abwendung von den Großtheorien entgegen.[10] Trotz aller ziemlich vollmundigen Theoriediskussionen über „Kultur" ergibt jedoch ein vorläufiges Fazit nur ein bisher höchst schmales Korpus an innovativen, empirisch gesättigten Veröffentlichungen, das im Licht der bewährten Leistungskriterien zu bestehen vermag. Immerhin: Eine reichere Ernte mag ja noch eingefahren werden.

Erkennbar ist aber jetzt schon ein fatales Defizit dieser Debatte und auch mancher vorliegenden Studien. Im Zeichen der „postmodernen" Theoriediskussion ist sowohl die kausale als auch die strukturfunktionale Erklärung radikal abgewertet worden. Über die älteren Ansätze, die ihrem hochgemuten Erklärungsanspruch in der Regel auch nicht voll gerecht geworden sind, wird ein hochmütig abwertendes Verdikt verhängt. Statt der Frage nach dem „Warum" wird mit verblüffender Genügsamkeit der Frage nach dem „Wie" der Primat zuerkannt, ohne daß die zahlreichen erkenntnistheoretischen Prämissen, erst recht die implizit eingeschmuggelten Erklärungssuggestionen, hinreichend geklärt würden.

Mit dieser Position ist dann auch häufig eine modische Skepsis gegenüber der Wirkungsgeschichte verbunden. Die Abneigung gegen schlichte Wenn-dann-Sätze, etwa der vulgärmarxistischen Ableitungslehre, ist ja nur zu verständlich. Aber wer sich nicht mit der mikrohistorischen Deskription peripherer Phänomene zufrieden gibt, sondern sich in die Debatte, um bei den genannten Beispielen zu bleiben, über den Nationalsozialismus und den Sozialstaat, den Nationalismus und die Sozialstruktur einschaltet, kann einer reflektierten Analyse der Wirkungen überhaupt nicht ausweichen.

Auch Problemlagen müssen selbstverständlich historisiert werden. Ergo wird die „postmoderne" Diskussion, deren Scheitelpunkt schon überschritten scheint, demnächst die Faszination des überwältigenden Neuen verlieren. Anstelle von Diskurs-, Ritual- und Mythosanalyse, anstelle der Geertz-Imitation und Foucault-Beweihräucherung werden die dauerhaften Probleme wieder ihr Recht verlangen: die soziale Ungleichheit in aller Welt, die Wirtschaft im Zeichen rasanter Globalisierung und neoliberaler Dogmatik, die politischen Machtkämpfe nach der welthistorischen Zäsur von 1991, der Wandel und die Persistenz der verhaltenssteuernden „Weltbilder", der Umbau des Sozialstaats als eines Ergebnisses langwieriger Lernprozesse der westlichen Gesellschaften, die Wissenschafts- und Technikexpansion mit unabsehbaren theoretischen, materiellen und ethischen Folgen und so fort. Solche Problemlagen werden ihr Eigengewicht erneut verstärkt geltend machen. Und dann wird sich die Bereitschaft von Historikern, von den klugen Fragestellungen und systematischen Analysen in der Soziologie der vergangenen anderthalb Jahrhunderte zu lernen, ebenso lohnen wie die Bereitschaft von Soziologen, sich auf die historische Dimension ihrer Probleme wieder einzulassen.

18. Anerkennung und Kritik

1. Staatsbildung als europäisches Unikat. Aus der Vogelperspektive kann man in der internationalen Geschichtswissenschaft nach dem Zweiten Weltkrieg einige Wellenbewegungen der vorrangigen Interessen wahrnehmen. In den 1950/60er Jahren erlebte die Wirtschaftsgeschichte, getragen von einer säkularen Hochkonjunktur und euphorischen Hoffnungen in der Entwicklungspolitik, einen Aufschwung im Zeichen ihres Wachstumsparadigmas. Als diese Hoffnungen zuschanden wurden, die vertrauten Fluktuationen des Konjunkturzyklus zurückkehrten und zudem die sozialen Kosten des Wachstums als Umweltfrage in das öffentliche Bewußtsein einzudringen begannen, wirkten die ökonomischen Probleme ungleich komplizierter als zuvor. Dadurch wurde die Aufmerksamkeit auf ihre Abhängigkeit von den gesellschaftlichen Rahmenbedingungen gelenkt, und damit schlug die Stunde der Sozialgeschichte in den 1970/80er Jahren. In Deutschland wurde ihr Vorstoß durch die drängende Frage nach den sozialen Voraussetzungen des Nationalsozialismus und seines Herrschaftssystems verstärkt, insofern blieb sie dort aus guten Gründen häufig „Politische Sozialgeschichte".

Beide Disziplinen stießen jedoch auf Grenzen, wenn es darum ging, auch die Wirkung politischer Machtkämpfe und staatlicher Politik angemessen zu erfassen, obwohl beide in der Geschichte des 19. und 20. Jahrhunderts immer wieder auf die außergewöhnlich einflußreiche Machtpotenz moderner Staaten trafen. Das leitete allmählich eine Aufwertung der Geschichte neuzeitlicher Staatsbildung und -entwicklung ein. Dieser Fortgang der Forschung wurde freilich durch die öffentlichkeitswirksamere Diskussion über die „neue Kulturgeschichte", die den verhaltensleitenden Einfluß von religiösen Überzeugungen, von Normen und Werten, von Mentalität, Habitus und Sprache aufwertete, eine geraume Zeit lang verdeckt. Doch gerade die Erfahrungen der jüngeren Wirtschafts- und Sozialgeschichte lenkten auf die grundlegende Bedeutung des „State Building" hin, auf den Ausbau und die Stabilisierung zuverlässig funktionierender, Rechtssicherheit und Vorauskalkulierbarkeit der Handlungsfolgen gewährleistender staatlicher Institutionen, vor allem auch auf die immense wirtschafts- und gesellschaftspolitische Prägekraft solcher neuzeitlichen Herrschaftssysteme. Diese Einsicht hat sich gleichzeitig auch in der historischen Modernisierungsforschung, in der Politikwissenschaft und Politischen Soziologie Bahn gebrochen. Insofern gibt es seither einen starken Treibsatz für eine weit verstandene moderne Politikforschung, die durch die lebensgeschichtlichen Erfahrungen mit dem Zerfall der sowjetischen Weltmacht seit 1989/91 noch verstärkt wird.

Erst in letzter Zeit läßt sich auch in Deutschland die Wiederentdeckung dieses klassischen Themas feststellen, das seit der Barockhistoriographie die Historiker lange Zeit fasziniert hatte: des Aufstiegs des neuzeitlichen Staates. Bei ihm handelt es sich unstreitig um ein Unikat Europas: „Europa hat den Staat entdeckt". Denn nur dort hat sich unter den vielfältigen Herrschaftssystemen des Globus der moderne, bürokratisierte, durchrationalisierte Flächen- und Anstaltsstaat herausgebildet, auf dem der Verfassungs-, Rechts- und Sozialstaat, auch der Nationalstaat, bis heute beruht. Das ist im Grunde in Max Webers vergleichender universalhistorischen Herrschaftssoziologie bereits mit aller wünschenswerten Klarheit herausgearbeitet, von Otto Hintze auch schon historisch vertieft worden, bedarf aber heutzutage im Licht des gegenwärtigen Theorie- und Wissensstandes neuer und umfassenderer analytischer Anstrengungen.

Die erste große historische Synthese der europäischen Staatsbildungsgeschichte hat jetzt der Freiburger Historiker Wolfgang

Reinhard vorgelegt.[1] Das ist nicht allein die erste Gesamtdarstellung dieser Art in deutscher Sprache, sondern – soweit ich zu sehen vermag – die erste derart weit angelegte Analyse überhaupt. Reinhard gelingt es dank seiner präzise reflektierten Fragestellungen und seiner eindrucksvollen Beherrschung des gewaltigen empirischen Stoffs, den roten Faden seines Themas von den antiken und germanischen Anfängen bis in die unmittelbare Gegenwart in bestechender Klarheit zu verfolgen. In dieses anspruchsvolle Projekt sind jahrzehntelang währende Vorarbeiten eingegangen. Doch der Arbeitsaufwand bildet letztlich nur die Grundlage dieser Darstellung, deren Komprimierungsleistung im Verein mit den mustergültigen historischen Einzeluntersuchungen ganz von den weiten Erkenntnisinteressen und einem bestechenden Reflexionsvermögen zehrt.

Was sind die auffälligsten Vorzüge dieses Opus magnum? Die Bindung an eine konventionelle Institutionengeschichte – wie entstanden Geheime Räte, Verwaltungsbehörden, moderne Fachministerien? – hat Reinhard aufgegeben zugunsten einer Konzeption, die das dynamische Wachstum, die Erfindung, Konsolidierung oder Verdrängung von Institutionen und weniger dauerhaften Herrschaftsmechanismen in den Mittelpunkt stellt. Die genuin historisch-genetische, doch stets auch systematisch strukturierte Prozeßanalyse der staatsbildenden Vorgänge, Einflüsse, Machteliten erleichtert die geglückte Verbindung mit der Wirtschafts-, Sozial- und Kulturgeschichte. Dafür muß man einen weiten Blick, tiefgestaffelte Sachkenntnisse und eine ebenso unersättliche wie undogmatische Neugier besitzen – und eben diese Eigenschaften zeichnen den Verfasser aus.

Erstmals wird die zählebige nationalgeschichtliche Perspektive durch eine weitgespannte, wahrhaft europäische ersetzt. (Das trifft soeben nicht mehr ohne Einschränkung zu, denn Heinz Schillings brillante Partien zur Staatengeschichte in seiner großen Darstellung vormoderner europäischer Geschichte: Die Neue Zeit 1250–1750, Berlin 1999, halten die Vergleichsperspektive, mit manchen Berührungspunkten mit Reinhard, ebenfalls kompetent durch). Sie erlaubt es, hinter der verwirrenden historischen Vielfalt jeweils gleichartige „Grundmuster“ in der europäischen Geschichte vom Mittelalter bis in das späte 20. Jahrhundert zu verfolgen. Daß der Autor dem Sog der zahlreichen historischen Varianten nicht erliegt, anders gesagt: vor dem Indivualitätsaxiom des Historismus nicht kapituliert, sondern die gemeineuropäischen Prozesse, die allgemeine „Patterns“ hervorbringen, zu erfassen vermag, beweist seine Strukturierungskraft.

Reinhard ist nicht nur mit der neueren Diskussion in der Politischen Soziologie, Wirtschaftsgeschichte und Historischen Kulturwissenschaft vertraut. Vielmehr nutzt er sie zielstrebig zur Entwicklung seiner eigenen Fragestellungen und Interpretationsperspektiven, die neues Licht auf vermeintlich geklärte Probleme werfen. Der Begriffsschärfe, die ihn dabei auszeichnet, eignet eine beneidenswerte Klarheit. Über die Strukturbedingungen und Antriebskräfte, die in den klar periodisierten Entwicklungsetappen jene institutionelle Verdichtung vorantrieben, die wir Staatsbildung nennen, wird man umfassend informiert.

Als ein Beispiel die Argumentation über die lange Anlaufsphase. Zwei Basiskonstellationen spielen hier eine zentrale Rolle. Da ist einmal die Trennung von geistlicher und weltlicher Gewalt als Ergebnis erbitterter Auseinandersetzungen zwischen Papsttum und Kaisertum. Dadurch wurde ein monolithisches, theokratisch eingefärbtes Großreich vermieden, wie es in anderen Kulturkreisen immer wieder entstanden ist, und zugleich die Bedingung der Möglichkeit geschaffen, den säkularisierten Staat auf seine eigene Entwicklungsbahn zu setzen. Und da ist zum zweiten eine weitere, nirgendwo sonst auftretende welthistorische Eigenart: das spätestens seit dem 15. Jahrhundert etablierte europäische Staatensystem mit seinem unablässigen Konkurrenzkampf auf Leben und Tod. Es erwies sich als fundamentale Voraussetzung für jenen eminent folgenreichen Transformationsprozeß, in dem aus der älteren Personenverbandsherrschaft die fürstliche Landesherrschaft mit ihrem ständigen Impuls zur äußeren und inneren Machtexpansion hervorging.

Er führte zwangsläufig zu einer Unzahl kriegerischer Konflikte, die durch Militär ausgetragen wurden. Ob es sich dabei um die von den Ständeversammlungen bewilligten oder aus der fürstlichen Schatulle bezahlten Aufgebote, um die angemieteten Landsknechthaufen frühkapitalistischer Kriegsunternehmer oder um die „stehenden“, ständig einsatzbereiten Heere von Berufssoldaten oder schließlich von Wehrpflichtigen handelte: Immer bedurfte es großer, zudem ständig anwachsender Finanzmittel, um solche

Streitkräfte zu unterhalten. Da aber ständische Zuschüsse, fürstliche Privatmittel und Bankiersdarlehen alsbald nicht ausreichten, ergab sich ein harter Zwang zur Abschöpfung finanzieller Ressourcen von der besteuerbaren Bevölkerung. Daraus gingen, in engster Verbindung mit der Militärverwaltung, die Anfänge der Finanzbehörden und der zentralstaatlichen Besteuerung hervor.

Damit entstand jenes fürstliche Herrschaftssystem, das dank dem mit Zwangsmitteln vorangetriebenen „Extraktionszyklus" zum neuzeitlichen Staatsapparat hinführte. Für eine effektive Verwaltung bedurfte es der Rechtsexperten, die frühzeitig auf den Universitäten geschult wurden. Und als die „Fürstenrevolution" des Reformationszeitalters den protestantischen Staaten die Kirchenhoheit und den Summepiskopat zuspielte, benötigten sie auch Heilsfunktionäre des neuen Glaubens, die ebenfalls auf den Landesuniversitäten herangebildet wurden. Seither bestand im Fürstenstaat eine institutionelle Konstellation, aus der mit erkennbarer Folgerichtigkeit der moderne bürokratische Apparat mit seiner Fähigkeit zu zunehmender Regelungsdichte hervorging. Als Schüler, Steuerzahler, Soldat wurde schließlich jedermann erfaßt.

Dieser Nexus zwischen europäischem Staatensystem, fürstlicher Machtausbreitung, Militärwesen, Finanzpolitik und Behördenaufbau hat zwar schon Ranke und Hintze vor Augen gestanden. Doch Reinhard vermag ihn für die Zeit vom 14. bis zum 18. Jahrhundert ungleich genauer und in seinen gemeineuropäischen Dimensionen überzeugender darzustellen – nicht nur für den deutschen „Klassiker" Preußen, sondern von Kastilien bis Schweden, von den oberitalienischen Stadtstaaten bis zu den Niederlanden und England. In der Folgezeit bewegt er sich in einem gemeinhin vertrauteren Gelände, wo der Leser an die Übergänge von der Fürstenherrschaft zum Verfassungsstaat, von der Monarchie zur demokratischen Republik, vom heterogenen Flächenstaat zum homogenisierten Nationalstaat bis hin zum „totalen Staat" des Rechts- und Linkstotalitarismus herangeführt wird.

Reinhards Darstellung verbindet Struktur- und Prozeßgeschichte, indem sie sich auch den systematischen Nachbarwissenschaften weit öffnet. Die neuere Historische Soziologie, etwa Charles Tillys und Michael Manns, hat, früher als die Historiker, ihr Interesse an historisch gesättigter Systematisierung und verallgemeinerungsfähigem Urteil in anregenden Darstellungen produktiv umgesetzt. Wo immer möglich, läßt sich der Verfasser davon anregen, ohne die historische Tiefendimension und die empirische Genauigkeit zu opfern. Auch insofern ist sein Buch eine geschichts- und sozialwissenschaftliche Synthese von eigenem Rang.

Selbst ein großer Wurf läßt kritische Einwände zu, ja er provoziert sie sogar. Zu Recht ist der Verfasser etwa von der monarchischen Fürstenherrschaft als dem Zentrum des Staatsbildungsprozesses fasziniert. Wird dabei aber nicht die Langzeitwirkung der Republiken unterschätzt? Es geht dabei nicht um die Sackgasse der „Adelsrepubliken" Venedig und Polen, nicht um die Rolle der gelegentlich überschätzten, spät konsolidierten Schweiz, sondern um den Vorbildcharakter der kleinen „Stadtrepubliken": der italienischen und oberdeutschen, der hanseatischen und niederländischen. Haben sie nicht in ihrer Finanzpolitik und -verwaltung, in ihrer Sozial- und Gesellschaftspolitik Modelle geschaffen, an denen sich der Fürstenstaat orientieren konnte, wie ja auch noch der moderne Interventionsstaat seit dem späten 19. Jahrhundert seinen Vorläufer in der kommunalen Sozial- und Wirtschaftspolitik besessen hat?

Hätte nicht die dialektische Wechselbeziehung zwischen Staatsbildung und Kapitalismusaufstieg genauer durchleuchtet werden können? Weber und Hintze, Sombart und Schmoller haben diese Verschränkung zweier dynamischer Entwicklungsprozesse schon intensiv thematisiert. Der Erfolg zunehmender Ressourcenextraktion hing ja nicht nur von der institutionellen Effizienz der jungen Behörden, sondern auch und gerade vom Wohlstandsniveau der sich entfaltenden kapitalistischen Verkehrswirtschaft und der darauf gestützten Akkumulationsfähigkeit der Bankenkonsortien als Gehilfen der Staats- und Kriegsfinanzierung, dann der Steuerbehörden ab.

Hat der Strukturtypus des modernen Nationalstaats, trotz seines Siegeszugs um die Welt, nicht ein insgesamt skeptischeres Urteil verdient? Seine Organisations- und Legitimationsprinzipien haben, entgegen den frühliberalen Anfangshoffnungen, weder zu friedlicher Koexistenz in der Staatenwelt noch zum friedlichen Zusammenleben gleichberechtigter Nationsgenossen, vielmehr zu endlosen Kriegen, zur Exklusion und gewalttätigen Homogenisierung bis hin zur „ethnischen Säuberung“ geführt. Welche rationalen Argumente sprechen eigentlich nach dieser zweihundertjährigen Geschichte noch für den Nationalstaat, denn die unverzichtbaren Leistungen des modernen Verfassungs-, Rechts- und Sozialstaats sind doch keineswegs an seine Existenz gebunden?

Reinhard teilt, in etwas zu dichter Nachbarschaft zu den Kassandrarufen über den „Zerfall“ des modernen Staates, ein gutes Stück weit die verbreitete Staatsskepsis. Die innere Staatsbildung hat jedoch im 20. Jahrhundert durch den Ausbau des Sozial- und Interventionsstaats eine historisch beispiellose Steuerungskapazität geschaffen. Fraglos steht überall ein Umbau an, aber sprechen nicht noch immer viele staatspolitische Gründe für diesen Kompromiß von „Kapital und Arbeit“ als Ergebnis der Lernfähigkeit der soziopolitischen Systeme westlicher Staaten? Ihre Durchdringung, ja Aushöhlung durch das Recht supranationaler Organisationen wie der EU ist unleugbar; 60 Prozent der Bundestagsmaterie sollen inzwischen aus Brüssel stammen. Trotz des wachsenden Einflusses solcher Organisationen bleiben jedoch die etablierten Staaten auf absehbare Zeit die Garanten der Rechtssicherheit und der sozialen Abfederung, die Exekutoren auch des supranationalen Rechts.

Fraglos werden Staatskompetenzen ebenfalls durch die internationale Anarchie der Multis und Kapitalströme gefährlich unterminiert, deren Repräsentanten jede Bindung an global effektive Ordnungsregeln bisher verhindert haben. Sie praktizieren einen informellen Imperialismus in besonders krasser Form, der nach der Zerstörung ganzer Volkswirtschaften durch Fonds und Großspekulanten zu der Eroberung lohnender Unternehmen und dauerhafter Finanzhegemonie schreitet. Damit ist selbstverständlich erneut das inzwischen 200 Jahre alte Kantsche Problem einer durchsetzungsfähigen Weltregierung unmittelbar präsent. Aber wird nicht auf absehbare Zeit jeder Anlauf zu einer Zähmung ganz wesentlich von handlungsfähigen, kooperationswilligen Staaten abhängen?

Im Vergleich mit 1899 oder 1949 kann man angesichts der rapide weiter gesteigerten staatlichen Interventionskapazität und Regulierungsdichte kaum von einem „Zerfall“ sprechen. Im Gegenteil, der lärmende Egoismus der dogmatischen Neoliberalen mit ihrem Postulat, alles den Ungleichheit generierenden Marktkräften zu überlassen, wird in demokratischen Gesellschaften mit ihrem egalitären Credo über kurz oder lang zu einer Gegensteuerung führen, die kein Markt, sondern allein der erneut aufgewertete Staat im Auftrag seiner Bürger gewährleisten kann.

Das Fazit: Als bedeutendster deutscher Historiker in der ersten Hälfte des 20. Jahrhunderts kann Otto Hintze gelten. Bis heute imponiert die kühle Präzision seines Urteils und seiner empirischen Forschung, sein Theoriebewußtsein und seine produktive Auseinandersetzung mit brillanten Anregern wie Max Weber. Hintzes großes Alterswerk, eine vergleichende europäische Verfassungsgeschichte, ist in den Wirren des Zweiten Weltkrieges im pommerschen Pyritz offenbar verschollen. Mit Wolfgang Reinhards Buch gibt es jetzt einen „neuen“ Hintze: auf der Höhe des gegenwärtigen Theorie- und Reflexionsniveaus, weitläufig komparativ angelegt und in einer straffen Synthese gebändigt. Kurzum: Eine Spitzenleistung, ja geradezu ein Meisterwerk moderner Geschichtswissenschaft.

2. *Kultursoziologie statt Kulturgeschichte?* Mehr als zwei Jahrzehnte lang hält jetzt in der westlichen Geschichts- und Sozialwissenschaft die leidenschaftliche Debatte über eine neue Historische Kulturwissenschaft an. Darauf wirken mächtige lebensweltliche Impulse ein. Sie stammen aus den Erfahrungen mit multikulturellen Gesellschaften, mit fundamentalistischen Protestbewegungen gegen die Überwältigung durch die westliche Moderne, mit der überall auffälligen Resistenzfähigkeit kultureller Traditionen. In der Welt der Wissenschaft lebt diese Diskussion von den nachhaltigen Anregungen der Kulturanthropologie, von den sprachtheoretischen Anstößen des „Linguistic Turn“, von der Expansionslust der Diskursanalyse bis hin zu der anregenden Scharlatanerie Foucaults. Sie zehrt nicht zuletzt auch von der Kultursoziologie, an erster Stelle von dem Werk Max Webers und Pierre Bourdieus, die als die produktivsten Ideenspender wirken. Die Stoßrichtung dieser Diskussion geht, kurz gesagt, dahin, daß ein umfassender Begriff von „Kultur“ den der „Gesellschaft“ ersetzen soll.

In der Zeit einer solchen Grundlagenkontroverse erscheint erneut Alfred Webers einstmals berühmte „Kulturgeschichte als

Kultursoziologie“ als Nachdruck der in Holland erschienenen Erstausgabe von 1935.[2] Zugleich ist das der erste Band einer künftig zehn Bände umfassenden Gesamtausgabe, die als Ehrenrettung und Wiederentdeckung eines – nach Überzeugung der Herausgeber – zu Unrecht in Vergessenheit geratenen bedeutenden Sozialwissenschaftlers gedacht ist. Der Eröffnungsband sei als Werbung für das Unternehmen besonders geeignet, glauben sie, denn er demonstriere die unverminderte Anregungskraft und Aktualität von Webers Denken. Kann dieser hohe Anspruch heutzutage zu Recht erhoben werden?

Von Alfred Weber (1868–1958), der seit 1907 ein halbes Jahrhundert lang als Soziologe und Ökonom an der Universität Heidelberg gelehrt hat, muß eine faszinierende Wirkung als akademischer Lehrer ausgegangen sein; diese Ausstrahlung ist vielfach bezeugt. Das Dilemma seiner wissenschaftlichen Produktion lag und liegt aber darin, daß sie seit jeher im Schatten seines genialen, etwas älteren Bruders Max stand. Selbst wenn man von diesem Dauerkonflikt absehen könnte, drängt sich doch die Frage auf, ob der Nachdruck eines Buches noch immer lohnt, das nach dem eigenen Eingeständnis des Autors vor 1914 als Entwurf „in mir fertig“ war, obwohl es dann erst zwischen 1931 und 1934 geschrieben wurde – eines Buches also, dessen Entstehungsgeschichte 80 bis 90 Jahre zurückliegt. Immerhin bezeichnete es Alfred Weber als sein „eigentliches Lebenswerk“. Ohne angekränkeltes Selbstbewußtsein gab er sich der Hoffnung hin, daß es dem Vergleich mit Arnold Toynbees Universalgeschichte standhalten könne.

Das erste Hindernis, das sich einem Verständnis des Textes sperrig entgegenstellt, sind, vorsichtig gesagt, seine eigentümliche Sprache und sein eigenwilliger Stil. Die syntaktische Verstiegenheit der Sätze, die ungebremste Neigung, eine Anhäufung blasser Abstraktionen mit einer schwer erträglichen expressionistischen Sprache aus dem Umfeld des George-Kreises zu verbinden (stets wollte Alfred lieber Dichter als Wissenschaftler sein), der Rückgriff auf längst fatal belastete Ausdrücke (die „völkische Anlagequalität“ der Russen; die „Rasseparole der Gelben“) – sie bauen derart hohe Barrieren auf, daß der Leser schon sehr guten Willens sein muß, um sie immer wieder zu überwinden.

Die sachlichen Probleme dieser universalgeschichtlichen Skizzen stellen dann keineswegs niedrigere Hürden dar. Alfred Weber besitzt einen antiquierten Begriff von „Kulturgeschichte“, wie ihn vor 1914 etwa auch Kurt Breysig in seiner „Menschheitsgeschichte“ oder auch Karl Lamprecht in seiner umstrittenen psychologisierenden Darstellung der deutschen Geschichte vertreten hat. Es geht um einen analytisch nur schwach konturierten, von der Gestaltpsychologie und Kunstgeschichte angeregten, primär geistesgeschichtlichen Abriß der „Hochkulturen“, die von den „Primitiven“ scharf abgesetzt werden. Es fehlen klare Auskünfte über die Kriterien der Problemauswahl, die Antriebskräfte und Formationsprinzipien, die überprüfbaren Funktions- und Strukturzusammenhänge. Selten nur wird der Text unterbrochen von einem hellsichtigen Urteil.

Nichts findet sich hier von dem Kulturbegriff in der Diskussion der letzten Jahre, der von der Kulturanthropologie übernommen worden ist und als Alternative zum sozialwissenschaftlichen Gesellschaftsbegriff auf die Erfassung der gesamten Lebenswelt eines menschlichen Verbandes abhebt. Nur sporadisch taucht etwas zu den wichtigen Themen dieser gegenwärtigen Auseinandersetzung auf: zu Weltbildern und Sinnkonstruktionen, zu Symbolen und Ritualen, zu Sprache und Handeln, zur individuellen Perzeption von Wirklichkeit und ihrer Verarbeitung, zur Erfahrungsgeschichte und Kontingenzerfahrung. Zugegeben, hier und da äußert sich der Autor über religiöse Weltbilder, aber noch immer führt auf diesem Gebiet Max Weber ungleich weiter. Es gibt auch einige allgemeine Äußerungen über den kollektiven Habitus, doch das Raffinement von Bourdieus Habitustheorie hat sie geradezu um Lichtjahre hinter sich gelassen.

Zwar wird von Alfred Weber immer wieder der Begriff der Kultursoziologie als überlegene Alternative zur Kulturgeschichte beschworen, aber er bleibt völlig amorph. Gemeint sind meist nur strukturgeschichtliche Phänomene und allgemeine Konstellationen, die sich heutzutage ungleich präziser in der Sprache einer theorieorientierten Geschichtswissenschaft oder der Historischen Soziologie à la Rainer Lepsius, Michael Mann, Rogers Brubaker ausdrücken lassen.

Inhaltlich besteht der Band aus einer Serie von locker koordinierten Ausflügen in die Weltgeschichte von dem Zeitpunkt ab, wo sie für Alfred Weber zählt: seit etwa 3500 v. Chr. Die Abschnitte über China und Indien halten in keinem einzigen Satz dem Vergleich mit Max Webers brillanter Syntheseleistung in seiner „Religionssoziologie" stand. Über die griechische und römische Antike braucht man nur die Studien von Christian Meier, von Alfred Heuß und Moses Finley zu lesen, um des deprimierenden Abstandes gewahr zu werden, der Alfred Webers Buch vom modernen Forschungsstand trennt. Auf seinen Grundriß der westlichen Geschichte seit 1500 mag man erst gar nicht genauer eingehen.

Alfred Weber ist wie besessen von der Erklärungskraft eines vermeintlichen Basisphänomens, das er in der Geschichte aller Hochkulturen vorzufinden glaubt. Das ist der Vorgang der Überlagerung indigener Bevölkerungen durch Reiterstämme seit der Mitte des vierten Jahrtausends v. Chr. Diese „reiterlichen Herrenmenschen" seien, da sie bereits ein „herrschaftliches Verhältnis" zur Natur mitbrachten, imstande gewesen, über fünftausend Jahre hinweg ihre Führungsposition zu behaupten und, das glaubt der Verfasser, mit ihren letzten Ausläufern auch die okzidentale Kultur bis 1945 zu prägen. Alle „Großkulturen" gehen mithin aus jenem „expansiven Reiterkriegertum" hervor, an dem Webers Herz hängt. Als „unzweifelhafte Herrenvölker" tragen sie jahrtausendelang „das Geschehen".

Die derart strapazierte Überlagerungsthese ist später unter anderem auch von Alexander Rüstow in seiner „Ortsbestimmung der Gegenwart" (1950) verfochten worden. Darin mochte Weber eine Bestätigung finden. Tatsächlich geht es aber nur um eine anregende Hypothese für die Frühzeit einiger historischer Großregionen. Unter der Überlast der Zurechnung zahlloser komplexer Phänomene über die Jahrtausende hinweg bricht sie im Nu zusammen. Auch die realitätsprägende „Seele" der angeblich die unterschiedlichsten Kulturkreise dauerhaft prägenden „reiterlichen Herrenmenschen" ist ein luftiges, an wilder Verallgemeinerung leidendes Konstrukt, das längst an theoretischer und empirischer Anämie dahingesiecht ist. Für Alfred Weber aber ist es – vor 1914 konzipiert, doch bis zum Ende der 1950er Jahre beibehalten – trotz aller Einwände offenbar unangefochten das unverzichtbare Fundament seiner Interpretation geblieben.

Nicht minder dubios ist die Konstruktion von vier Menschentypen zur kultursoziologischen Untergliederung der hochkulturellen Weltgeschichte. Der „Dritte Mensch" etwa, einer seiner fehlkonstruierten Idealtypen, bewältigt in der westlichen Neuzeit das Spannungsverhältnis von Freiheit, Autonomie und Ordnung. Der „Vierte Mensch“ dagegen ist das bürokratisch gegängelte, autoritär verführbare, rundum manipulierte, kulturpessimistisch imprägnierte, gesichtslose Individuum des 20. Jahrhunderts. Was diese Fiktion neuartiger anthropologischer Konstanten in Gestalt der vier Menschentypen, die jeweils die Durchschnittspersönlichkeit mehrerer Kulturkreise zu repräsentieren beanspruchen, für ein differenziertes „kultursoziologisches“ Verständnis der Vergangenheit erbringen sollen, bleibt schleierhaft.

Weber konstruiert überdies ein „synchronistisches Weltzeitalter“ zwischen dem 9. und 6. Jahrhundert v. Chr., von dem in „merkwürdiger Gleichzeitigkeit“ die philosophischen und religiösen Grundlagen für die Epochen bis ca. 1500 gelegt worden seien: durch Zarathustra, altisraelitische Propheten und griechische Philosophen, durch Buddha, Laotse und Konfuzius. (Der Heidelberger Freund Karl Jaspers sollte daraus eine seiner „Achsenzeiten“ machen.) Angeblich ist zu dieser „weltreligiösen Glaubenssubstanz“ und „philosophischen Deutungssubstanz der Menschheit“ auch seit dem 16. Jahrhundert „nichts grundlegend Neues mehr hinzugetreten“. Gleichzeitig enden die großen Wanderungsbewegungen der Reitervölker, und es beginnt die Expansion des Westens über den Erdball. So schlägt Alfred Weber seine Schneisen durch dreitausend Jahre Geschichte.

Aber halt – da gibt es noch das Christentum, plötzlich „die stärkste revolutionäre Kraft der Welt“, wenn auch offenbar ein Spätling des „Weltzeitalters“. Wie wird seine historische Wirkung auf den Westen im Originalton Webers charakterisiert? Das Christentum enthielt eine paradoxe Spannung von „lebensnegativen“ und „lebenspositiven Haltungen“, und „unter dem Zeichen dieser Parodoxie kam der abendländische Mensch zu sich selber. Sie hat ihn vorangepeitscht zu einer Auseinanderspaltung seiner Triebe und seines Denkens ins Widerspruchsvolle“, zu einem „seitlichen Herausbrechen seines Triebhaften und seines unbewußten Wollens. Komplex und undurchsichtig, zugleich nach tausend Seiten explosiv, dynamisch ..., so stellte ihn sein religiöses Schicksal an den Anfang seiner Wege.“ Undurchsichtig ist das in der Tat, denn unzweideutig beruhte die „Kulturleistung des Abendlandes“ auch auf seinem „antiken Vorgut. Wobei die Art des Eingestelltseins seiner durch das Christentum dynamisch werdenden Menschen in den antiken Sozialraum, die Aneignung von dessen Gestaltungen und Mitteln, die Tendenz entfaltet – gleichgültig ob die Freiheit-Unfreiheits-Spannung des Nordens darüber liegt oder nicht –, die Sozialstruktur, vor allem die Wirtschaft, ja die politische Form zu einem Gegenstand stufenweise vorwärts getriebener Entwicklung zu machen, wie das kein anderer Geschichtskörper auf der Erde je gekannt hat."

Dem wird nicht jeder folgen können. Über die protestantische Reformation dagegen, die Alfred Weber offensichtlich hoch schätzt, obwohl seit 1500 angeblich „nichts grundlegend Neues" die Hochkultur-Geschichte bereichert hat, äußert er sich weniger verschnörkelt. Aber ist es darum treffender? Zum Dreh- und Angelpunkt wird ihm Luther, der „Sachse, im Temperament Niedersachse". Er verkörpert die „Rebellion eines Urmäßigen und Deutschen" – „ein Genie als Repräsentant der unteren ..., chtonischen Kräfte, und zwar solcher der europäischen Mittel- und Ostgebiete, die nie in die eigentliche Antike und ihre jahrhundertelangen vorabendländischen Einflüsse einbezogen gewesen waren".

Alfred Weber habe „den Mut", versichert der Herausgeber, „jene zentralen Fragen zu stellen, die Historiker vermeiden", etwa die nach der „einzigartigen Dynamik des Abendlandes seit dem 11. Jahrhundert". Das Urteil beweist eine irritierende Unkenntnis der Anstrengungen, mit der sich nicht wenige bedeutende Historiker eben dieser Frage zugewandt haben. Sei's drum. Tatsächlich beschäftigt Alfred Weber die Frage nach der okzidentalen Dynamik immer wieder. Was soll man aber heutzutage von seinem Resümee halten, „daß die dynamische Explosivkraft des Abendlandes sich aus den Spannungen ergeben hat, die eine antiherrenmäßige Demutsreligion, erlebt und rezipiert von aristokratischen Herrenseelen, stets von Neuem in diesen auslösen mußte. So wurde der Abendländer seelischer Vertiefer ... der dynamische Mensch." Aus Max Webers Text letzter Hand, der berühmten „Vorbemerkung" zum ersten Band seiner „Religionssoziologie" von 1920, lernt man auf fünfzehn Seiten unvergleichlich viel mehr über die Antriebskräfte der okzidentalen Sonderentwicklung als aus Alfred Webers 490 Seiten. Sich an Maxens bis heute unübertroffen brillanten Abriß zu halten hätte Alfred vor aller Seelenmystifikation bewahren können.

Die Antwort Alfred Webers könne, meint der Herausgeber vorsorglich, „sicherlich nicht jeden überzeugen". Doch berge das Buch noch eine begehrte knappe Ressource, denn die „kulturkritischen Aspekte" des Weberschen Hauptwerks hätten „nichts von ihrer Aktualität verloren", etwa für die gegenwärtige Bürokratie- und Kapitalismuskritik. In Wirklichkeit finden sich nur einige äußerst sparsam eingestreute Bemerkungen, wie sie in Webers Generation überall anzutreffen sind: bei Werner Sombart, Otto Hintze, Ernst Troeltsch, Max Weber und vielen anderen. Alfreds Kurzkommentare aber sind im Gegensatz zu den Überlegungen der soeben genannten Autoren ohne jede heuristische, geschweige denn theoretische Anregungskraft, die sich heute noch als produktiver Stachel erweisen könnte. Die „Verapparatung" unterwirft den „Vierten Menschen" der Kontrolle durch anonyme Großorganisationen, meint Alfred Weber, und der Kapitalismus entziehe sich eben jener gemeinwohlorientierten Steuerung, deren er so sehr bedürfe. Gewiß doch, aber was läßt sich aus solchen Thesen entfalten?

Wird das Buch vielleicht seinem Anspruch, eine klarsichtige Gegenwartsdiagnose für die Zeit nach dem Ersten Weltkrieg zu bieten, auf andere Weise gerecht? Kryptisch sind des Meisters Worte: „Der historisch tragende Aufbau der Geschichtskörper, die bisherige Art des geistigen Aufeinanderwirkens der historischen Gebilde der Nationen und der Einzelnen, ihre soziale und ökonomische Verflochtenheit, ihr staatliches Zusammengefaßtsein und das in langer Entwicklung heraufgeführte Verhältnis der verschiedenen Lebenssphären, die gesamte bisherige strukturelle und auch geistige Lebensaggregierung, die tellurische wie die besonders abendländische, sind weithin in Aufruhr und in revolutionärer Umwandlung. Ein Ende von nicht geringem Ausmaß." Die wahre Zäsur: Das „Schicksal des reiterlichen Herrenmenschen" endet endlich im Schattenreich. Denn unwiderruflich ist eine siegreiche Entwicklung „auf dem Wege, ... die psychischen Existenzvoraussetzungen derjenigen Menschenart anzutasten, die seit dreieinhalb Jahrtausenden auf der westlichen Hemissphäre Geschichte gemacht hat".

Etwas genauer wissen möchte man ja schon, was sich seit dem Ersten Weltkrieg getan hat und tun wird. Über die Sowjetunion weiß Alfred Weber im Nachwort von 1948/49 zu sagen: „Was heute in Rußland vorgeht, ist vom Standpunkt ... seines eigenen Schicksals ... prinzipiell nichts Anormales." Über die anderen totalitären Systeme des Nationalsozialismus und Faschismus schweigt er sich aus. Erreichte der Niedergang der „reiterlichen Herrenmenschen" in ihnen ein dramatisches Ende? Dressierten sie den „Vierten Menschen"? Wohl aber wird dem Leser versichert, daß der modernisierende Teil des Globus, das „Weltabendland", „in ein im Ganzen statisches Zeitalter eintreten werde". Die beispiellose Dynamik der Industriestaaten, der westlichen Weltwirtschaft, der Umweltzerstörung seit den späten 1940er Jahren und die Entwicklungsdynamik im Zeichen der forcierten Globalisierung haben ihr Urteil über diese pessimistische Prognose gesprochen.

Das verleiht der Frage nach einer Zähmung des Kapitalismus, wie sie im Zeichen des Sozialstaatskompromisses zu glücken schien, unstreitig eine neue Dringlichkeit. Wie formuliert Weber mit diagnostischer Sicherheit dieses Problem? „Es erwächst die Frage des starken Staates und der Entökonomisierung des Daseins durch ihn, die Forderung seiner Befreiung von der Vorherrschaft der organisierten ökonomischen und sozialen partikularen Großinteressen", also „die dienende Einordnung der Wirtschaft in das Staatliche und ihre Unterordnung unter das von diesem vertretene volksmäßige seelisch-geistige Ganze, die zugleich auch die nach der Formation des Staates ist". Wie sehnt man sich nach solch einem Schwulst nach der hellen analytischen Kraft und Sprache eines Max Weber oder eines Schumpeter.

„Wem kann Webers ‚Kulturgeschichte als Kultursoziologie'", fragt der Herausgeber, „heute methodologisch und inhaltlich noch etwas bieten?" Niemandem, ist zu befürchten, kann das Buch noch etwas bieten, vielleicht nur noch der Nostalgie nach Alt-Heidelberg. Denn methodologisch ist es hoffnungslos antiquiert. Methodisch beruht es auf wolkigen Spekulationen. Inhaltlich ist es von der Fachwissenschaft überall überholt. Interpretatorisch entführt es in ein verwirrendes Wolkenkuckucksheim. Und was die Aktualität der Anregungen angeht, verharrt es in vagen Gemeinplätzen, bar jener Anregungskraft, die noch immer von Max Webers Werk ausgeht. Nie zuvor ist man so nachdrücklich darüber belehrt worden, warum Alfred Weber stets im Schatten seines Bruders stand. Warum hat man ihn, in wohltätiger Vergessenheit, dort nicht weiter stehen lassen?

19. Zur Situation der Geisteswissenschaften

Geisteswissenschaften – das ist ein Kampfbegriff aus der zweiten Hälfte des 19. Jahrhunderts, der sich gegen den Primatanspruch der Naturwissenschaften, gegen den Positivismus, gegen eine einzige allgemeine Wissenschaftstheorie richtete, um die Domäne jener historischen Forschung abzustecken, die sich der Welt des Menschen zuwandte.[1] Heutzutage gibt es gute Gründe, andere allgemeine Begriffe zu bevorzugen: Humanwissenschaften etwa, Kulturwissenschaften, Sozialwissenschaften. Auch das sind alles noch sehr globale Begriffe, die der genauen Spezifizierung bedürfen. Daher möchte ich am Beispiel einer profilierten Wissenschaft, die herkömmlicherweise zu diesen Geistes-, Kultur-, Sozialwissenschaften gezählt wird, nämlich der Geschichtswissenschaft, einige der offenen Probleme in der gegenwärtigen Situation erörtern. Im Mittelpunkt stehen dabei die Probleme der deutschen Geschichtswissenschaft, erst in der alten, jetzt in der neuen Bundesrepublik. Sie sind jedoch für die angestrebte Diskussion hinreichend verallgemeinerungsfähig.

Um die historische Genese der Probleme der Geisteswissenschaften besser zu verstehen, bedarf es eines kurzen Blickes auf die jüngere Vergangenheit. Dabei geht es mir vor allem um drei Komplexe.

Mir liegt daran, die Kontext- und Generationsabhängigkeit der behandelten Probleme zu betonen, da ich der Vorstellung von einem stetig dominierenden wissenschaftsimmanenten Prozeß nicht anhänge, sondern diese Abhängigkeit und einen ihr entsprechenden Paradigmenwechsel für wichtiger halte.

Die Leistungsfähigkeit der Geschichtswissenschaft soll durch den Vergleich mit benachbarten Sozialwissenschaften unterstrichen werden.

Im Hinblick auf die erkenntnisleitenden Interessen möchte ich weiterhin für die Orientierung an dem zeitgemäß formulierten Projekt der Aufklärung plädieren.

Auch noch rund fünfzehn Jahre nach dem zweiten verlorenen totalen Krieg hat die deutsche Historikerzunft keine besonders eindrucksvolle Figur gemacht. Ob ihre Mitglieder Parteigenossen der NSDAP gewesen waren oder eine gewisse Distanz zum

„Dritten Reich" gewahrt hatten – in der Kritik an seinen Verbrechen und seinem Krieg stimmten sie überein. Theoretisch und methodisch wurden daraus jedoch keine Konsequenzen gezogen. Unverändert behauptete eine durchweg traditionelle Politikgeschichte ihren Vorrang. Sie zehrte von einem gewissermaßen moralisch geläuterten Historismus, dem der Nationalstaat als das eigentliche Telos der neuzeitlichen deutschen Geschichte abhanden gekommen war. Eine offene, undogmatische Diskussion über die erkenntnistheoretische Sackgasse des Historismus, über die Neubestimmung von Interpretationszielen, über eine Öffnung gegenüber der Sozialgeschichte und der Wirtschaftsgeschichte, wie sie in anderen Ländern längst vollzogen worden war, blieb vorerst aus.

Das wird durch die Debatte über das einzige brillante Buch der 1950er Jahre beleuchtet, Karl-Dietrich Brachers „Auflösung der Weimarer Republik". Es verdankte seinen kritischen strukturanalytischen Zugriff einer ersten Verbindung von Zeitgeschichte und systematischer Politikwissenschaft. Die empörte Ablehnung, die bekannte deutsche Historiker wie Werner Conze und Hans Rothfels unverzüglich äußerten, enthüllte nicht nur ihren politischen Konservativismus, sondern auch ihr antiquiertes methodisches Bewußtsein.

Seit den frühen 1960er Jahren überschnitt sich eine tiefreichende latente Veränderung mit einem auffälligen Konflikt. Am wichtigsten war auf längere Sicht der beginnende Generationswechsel, da jetzt jüngere Historiker vorrückten, die in größerer Zahl – zum ersten Mal in der deutschen Geschichtswissenschaft – Demokratie und Liberalismus im republikanischen Staat bejahten. Außerdem unterstützten sie, da sie fast alle ein, zwei Jahre in den Vereinigten Staaten oder in England studiert hatten, die Einbindung in den Westen ebenso nachdrücklich – auch das geschah zum ersten Mal –, wie sie den deutschen „Sonderweg" in die moderne Welt ablehnten.

Diese Generation spitzte die Kritik an der jüngsten deutschen Vergangenheit grundsätzlicher zu, als das in den 20 Jahren zuvor geschehen war. Sie insistierte auf einer Theorie- und Methodendebatte, um für die Forschung und Lehre neue Grundlagen zu gewinnen, die dem älteren Historismus überlegen waren. Sie setzte sich mit Nachdruck für lange Zeit vernachlässigte Disziplinen wie vor allem die Sozial- und Wirtschaftsgeschichte ein. Deshalb forderte sie auch eine möglichst enge, unbefangene Zusammenarbeit mit der Soziologie, der Politik- und Wirtschaftswissenschaft. Sie griff Themen auf, die früher die Jüngere Historische Schule der Nationalökonomie, Sozialwissenschaftler wie Max Weber, Werner Sombart, Gustav Schmoller, verfolgt hatte. Das waren Probleme, die um die Entwicklung des Kapitalismus, die Industrielle Revolution, die Bürokratisierung kreisten. Hinzu traten die Analyse des Imperialismus und die Suche nach einer realitätsadäquaten Erklärung des Nationalsozialismus. Es ging mithin um Fragen, die viel zu lange schmählich vernachlässigt oder – wie etwa im Hinblick auf den Nationalsozialismus – primär politik- und ideologiegeschichtlich angegangen worden waren. Ihre Beantwortung versprach einen besonders lohnenden Erkenntnisgewinn, darüber hinaus aber auch einen Beitrag zur Aufklärung des zeitgenössischen politischen Bewußtseins.

Zunächst fand freilich der heftige Streit, der seit etwa 1961 um die Thesen des Hamburger Historikers Fritz Fischer über die deutsche Kriegszielpolitik im Ersten Weltkrieg entbrannte, ungleich mehr Resonanz in der Fachwelt und Öffentlichkeit. Denn von Fischer wurde die Frage nach der Kontinuität zwischen Kaiserreich und „Drittem Reich“ explizit aufgeworfen. Das war ein brisantes Problem, dem sich die Historiker seit den späten 40er und 50er Jahren nicht gestellt hatten. Hitler war für diese ältere Generation, deren Jugend durchweg noch in die Zeit des Kaiserreichs gefallen war, der Einbruch des Bösen, der Sieg eines hergelaufenen Nichtpreußen, die Inkarnation einer „fremdartigen Rasse“ gewesen, wie selbst der bedeutendste deutsche Historiker in der ersten Hälfte des 20. Jahrhunderts, Otto Hintze, geurteilt hatte.

Diese „Fischer-Kontroverse“ wird inzwischen zwar, insbesondere im Ausland, völlig überschätzt. Unstreitig ging aber von ihr eine politisch befreiende Wirkung, auch eine nachhaltige Anregung für die Forschung aus. Die belebende politische Schwungkraft der „Fischer-Kontroverse“ kam der neuen Historikergeneration direkt oder vermittelt zugute. Personengeschichtlich sollte man den Konflikt aber nicht überschätzen, da nur erstaunlich wenige von Fischers Schülern seine Stoßrichtung weiterverfolgten. Die übergroße Mehrzahl der Innovationswilligen kam vielmehr aus anderen, durchaus verschiedenartigen Historischen Seminaren; sie war von denkbar unterschiedlichen Lehrern ausgebildet worden, mithin keineswegs homogen. Wohl aber stimmte sie in wesentlichen Zielen und Interessen überein. Diese generationsspezifischen Gemeinsamkeiten übertrafen die Heterogenität der wissenschaftlichen Herkunft. Als politische Generation konnte sie vor allem deshalb Einfluß gewinnen, weil sich mit der Expansion des westdeutschen Hochschulsystems die Anzahl der Planstellen für Historiker innerhalb weniger Jahre verfünffachte.

Dadurch entstand eine von der Weimarer Republik grundverschiedene Situation. Zu jener Zeit konnten liberale, sozialdemokratische, eben kritische Außenseiter von der Universität durchweg ferngehalten werden. Jetzt dagegen öffneten sich zeitweilig ihre Tore. Deshalb konnte sich die neue Generation institutionell festsetzen, den Lehr- und Forschungsbetrieb in ihrem Sinne beeinflussen, Zeitschriften und Publikationsreihen in Gang bringen. Zieht man eine Bilanz, vollzog sich, im Grunde außerordentlich verspätet, eine längst überfällige Liberalisierung und damit Pluralisierung der westdeutschen Historikerschaft.

Aufs Ganze gesehen handelte es sich dabei um eine Minderheit, die sich derartig engagierte. Sie beeinflußte jedoch die Diskussion der 60er, 70er und 80er Jahre, trieb Kontroversen voran, zog einen ähnlich interessierten Nachwuchs heran. Damals ist zum ersten Mal die Meinungsführerschaft den Konservativen der angeblich apolitischen Mehrheit entglitten oder besser: entwunden worden.

Zu dem Aufschwung während der ersten zweieinhalb Jahrzehnte der Bundesrepublik gehörte ebenfalls ein Aufschwung der Wirtschafts- und Sozialwissenschaften. In wissenssoziologischer Perspektive spiegelte er die neu entdeckte Bedeutung von Wirtschaft und Gesellschaft wider. Diesen Wissenschaften wurde in einer Gesellschaft, in der so viel Neues entstand und so viel Neues bevorzustehen schien, die Politikberatung geradezu angetragen. Daraus ging eine zeitweilig exzessive Planungseuphorie hervor. Angesichts dieser Großwetterlage in der politischen und gesellschaftlichen Atmosphäre geriet die Geschichtswissenschaft, deren Modernisierung sich erst allmählich durchsetzte, unter den Verdacht der ausschließlich konservativen Vergangenheitsdeutung, der antiquierten Faktenhuberei, insgesamt unter einen anhaltenden Legitimationsdruck. Auf ihn reagierten viele Historiker mit selbstgerechter Empörung, als brauche man im Heimatlande Leopold v. Rankes nichts mehr hinzuzulernen.

Andere gingen jedoch auf diese Herausforderung produktiv ein, indem sie für eine weite Öffnung gegenüber allen Nachbarwissenschaften, für eine enge Kooperation mit der Soziologie, der Politik- und Wirtschaftswissenschaft plädierten. Von diesen Nachbarwissenschaften galt es all das zu lernen, was sich dort lernen ließ. Begriffe wie „Historische Sozialwissenschaft" oder „Historische Sozialforschung" versuchten, diese Öffnung in einer griffigen Formel einzufangen. Trotz aller Lernbereitschaft behielten jedoch auch diese Historiker das Selbstbewußtsein, aufgrund ihrer Ausbildung und des ihnen zur Verfügung stehenden Potentials an gesammeltem Erfahrungswissen insbesondere in der Analyse langlebiger historischer Prozesse und Strukturen den Nachbarwissenschaften überlegen zu sein.

Der hämische Vorwurf, sich dem mächtigen Trend zugunsten der Sozialwissenschaften nur beflissen anzupassen, übersah dieses Selbstbewußtsein, dessen Wurzeln in der Überzeugung ruhten, daß Gesellschaften in Zeiten eines ungewöhnlich schnellen Wandels auf die Kenntnis ihrer historischen Herkunft und der daraus resultierenden Entwicklungstrends angewiesen sind. Die angestrebte Erweiterung der Geschichtswissenschaft und die Innovationsbereitschaft hatten daher nichts mit einem Ausverkauf an die vermeintliche Konkurrenz zu tun. Der Rückblick zeigt vielmehr, wie sehr die westdeutsche Geschichtswissenschaft dadurch belebt worden ist, wie sie endlich den Anschluß an die westliche Forschung mit ihren Diskussionsschwerpunkten gefunden hat.

Auf den antihistorischen Pessimismus der 1960er und frühen 1970er Jahre folgte seit der Mitte der 70er Jahre ein neuer Klimawechsel. Als Folge der gravierenden wirtschaftlichen und politischen Krisen, die in der Weltwirtschaft und Weltpolitik ebenso auftraten wie in der westdeutschen Wirtschaft und Innenpolitik, verflog die Planungseuphorie. Das neugewonnene Ansehen der Sozialwissenschaften verflüchtigte sich erstaunlich schnell. In einer hochmobilen, nach verläßlicher Orientierung suchenden Gesellschaft drang eine Rückwendung zur Vergangenheit vor. Sie ist ablesbar am überraschenden Erfolg großer historischer Ausstellungen, an der wachsenden Zahl historischer Museen, an den Verkaufszahlen historischer Bücher, an der Aufwertung des Geschichtsunterrichts an den Schulen. Geschichte war wieder „in". Die Überzeugung, daß schnell modernisierende Gesellschaften im Fluß des Wandels über kurz oder lang nach ihren historischen Traditionen fragen, an ihnen Anlehnung und Halt suchen, über die Gegenwartsprobleme historisch aufgeklärt werden wollen, wurde erneut bestätigt. Es trifft auch zu, daß die Geschichtswissenschaft in einer solchen Situation gerade im Vergleich mit anderen Humanwissenschaften ihre Stärke aufs neue beweisen kann. Dazu ein vergleichender Rundblick.

Blickt man etwa, erstens, auf die Politikwissenschaft, liegt es für Historiker nahe, eine heilsame Skepsis gegenüber dem naiven Glauben an globale, die Lösung aller Welträtsel versprechende Systemtheorien zu unterstützen. Die marxistische Geschichtstheologie ist vor unser aller Augen soeben radikal deflationiert worden. Der auf einer pervertierten Variante dieser Lehre aufgebaute Staatskommunismus ist überwiegend zerfallen. Im Grunde ist das ein atemberaubender Vorgang, den wir als Zeitgenossen erleben, anstatt ihn im nachhinein als Historiker mühsam rekonstruieren zu müssen. Der evidente Bankrott des Staatskommunismus ist allerdings noch längst kein Grund, in satter Selbstgerechtigkeit über den eingeschränkten Triumph westlicher Ideen und Institutionen, den endgültigen Sieg des Kapitalismus, geschweige denn das „Ende der Geschichte" zu bramarbasieren. Gerade wer von der Überlegenheit liberaldemokratischer Regierungsformen und von der Überlegenheit funktionsfähiger Märkte überzeugt ist – und für beide hat bisher noch keiner einen überlegenen Ersatz gefunden –, kann die sozialen Kosten hochentwikkelter westlicher Gesellschaften schlechthin nicht übersehen.

Krasse Formen der sozialen Ungleichheit sind weiterhin ein Kardinalproblem auch dieser Gesellschaften: Man denke nur an die scharf durchgezeichnete Segmentierung der Sozialstruktur in Wohlhabende und Arbeitsplatzbesitzer einerseits und jene 20 bis 30 Prozent andrerseits, die als Arbeitslose, Asoziale, Obdachlose, Kleinstrentner um die Armutsgrenze oder sogar darunter leben. Genausowenig kann man die unverändert folgenschweren Auswirkungen der Fluktuation von Konjunktur und Krise ignorieren. Zugegeben, anstelle der sozial und ökologisch gezügelten Wachstumsmaschine ist keine leistungsfähigere Lösung für die anstehenden Probleme zu erkennen. Reine Wachstumspolitik aber, welche die unleugbar schweren Belastungen durch erfolgreiches Wirtschaftswachstum ignoriert, sollte heutzutage ein historischer Anachronismus sein.

Blickt man, zweitens, auf die neoklassische Volkswirtschaftslehre, ist sie der Faszination des liberalkapitalistischen Wachstums, zeitweilig auch der Illusion beliebiger Steuerbarkeit des Wachstumsprozesses mit den Instrumenten der antizyklischen keynesianischen Konjunkturpolitik erlegen. Die historische Wirklichkeit eines seiner innersten Natur nach immer ungleichmäßigen Wachstums, die produktive und die zerstörerische Dynamik des Konjunkturverlaufs, der Wechsel von Prosperität, Krise, Abschwung, Depression und Aufschwung mit allen gesellschaftlichen und politischen Konsequenzen ist häufig verdrängt oder doch mit Hilfe der Ceteris-Paribus-Klausel in die nicht weiter analysierten Randbedingungen abgeschoben worden. Eine realistische Wirtschaftsgeschichte der modernen industriellen Welt kann hier ein unübertrefflich effektives Gegengewicht bilden.

Der Soziologie schließlich ist, drittens, ihr Anspruch, die gesellschaftliche Leitwissenschaft par excellence zu sein, unter der Hand zerronnen. Im Forschungsprozeß des Alltags ist sie in zahlreiche teils wichtige, teil exotische Bindestrich-Soziologien zerfallen, auf die jene ironische Kritik zutrifft, daß die Soziologie dazu tendiere, ein „Wortmaskenverleihinstitut" (A. Dove) zu sein. Die Notwendigkeit wissenschaftlicher Spezialisierung kann niemand leugnen, sie ist die Bedingung der Möglichkeit wissenschaftlichen Fortschritts. Aber die historische Dimension lenkt doch vor allem auf einige dominante Probleme hin: auf die soziale Ungleichheit in allen uns bekannten Gesellschaften gleich welchen politischen Typs und welchen Entwicklungsniveaus, auf die Geschlechterfrage, auf die ethnischen Konflikte und so weiter.

Kurzum: Die historische Konstellation hat seit den späten 1970er Jahren eine unübersehbare Aufwertung der Geschichte, damit auch der Geschichtswissenschaft mit sich gebracht. Anstatt jetzt vom Podest ihrer erneut bestätigten Bedeutung hochmütig hinunterzublicken, sollte sie jetzt erst recht mit den Nachbarwissenschaften kooperieren und hier und da ein evidentes Defizit korrigieren helfen, so wie unlängst noch diese Nachbarwissenschaften dabei behilflich waren, eine veraltete Geschichtswissenschaft auf das Niveau der zeitgenössischen Diskussion zu heben.

Diese Kooperation ist um so notwendiger, als die von manchen erhoffte Historisierung der Sozial- und Wirtschaftswissenschaften keineswegs vordringt, sondern eher – von wenigen Ausnahmeerscheinungen abgesehen – stagniert oder nicht einmal eine Entwicklungschance besitzt. Sollte aber der Präsentismus in diesen Wissenschaften siegen, wie es in der Ökonomie zur Zeit am ehesten den Anschein hat, wäre mit dieser Verbannung der historischen Tiefendimension und der Kurzatmigkeit der Argumentation keinem Interessierten gedient. Auf der anderen Seite sind, das ist schlechterdings nicht zu übersehen, mit diesem Klimaumschlag zugunsten der Geschichtswissenschaft wiederum intensive Konflikte verbunden. Sie halten noch an und reichen in ihren Folgen weit über die engere Fachdisziplin hinaus.

Auftrieb haben jene Historiker erhalten, die auf einer narrativen Geschichtsschreibung bestehen, um das offenbar wieder hinreichend interessierte breitere Publikum zu erreichen. Die Erfolge einiger historischer Biographien unterstreichen das. Hinter dem Leben des „Helden“ treten jedoch die allgemein prägenden Zeitumstände meistens wieder zurück. Das bedeutet einen Verlust an Einsicht in jene überindividuellen Strukturen und Prozesse, die menschliches Handeln weithin bestimmen.

Auftrieb haben auch jene erhalten, die immer schon geglaubt haben, daß an den bewährten Methoden und an dem Interpretationskanon der deutschen Geschichtswissenschaft ohnehin nichts geändert zu werden brauche. Mit dieser bornierten Beharrungsmentalität lohnt es sich nicht einmal zu streiten.

Auftrieb haben schließlich jene erhalten, die das neue historische Interesse politisch ausmünzen wollen. Wie Platons Philosophenkönige sollen Historiker als Sinnstifter in der deutschen Gesellschaft wirken. Den Jüngern der Clio wird ein politisches Priesteramt zugemutet. Die Ziele sind klar zu erkennen: ideologische Fundamentierung konservativer Politik, Aufwertung der deutschen Nationalgeschichte, Stabilisierung eines vermeintlich schwankenden Identitätsgefühls. Zum guten Teil bleiben die Argumente nebulös. Das Bekenntnis zur deutschen Nationalgeschichte etwa – was heißt das genau? Sind nicht die moderne Staatsbürgergesellschaft, der Verfassungs- und der Rechtsstaat, der Sozial- und Wohlfahrtsstaat in der Bundesrepublik zum überlegenden Loyalitätspol vor der „Nation“ geworden?

Unstrittig ist, daß im gegenwärtigen Selbstverständnis der deutschen Geschichtswissenschaft zwei politische Intentionen aufeinanderstoßen. Nicht nur die Konservativen und die „Neue Rechte" wollen den Einfluß auf die Geister in politische Werte und Entscheidungen verwandeln. Auch die liberalen, kritischen Historiker haben nie verhehlt, im Gegenteil stets betont, daß mit ihrer beruflichen Arbeit auch politische Ziele unvermeidbar verbunden sind. Diese wurden und werden auch bewußt formuliert. Es geht mithin nicht um einen einseitigen Politisierungsvorwurf.

Auf die Weisheit Wilhelm Diltheys: „Was wir unserer Zukunft als Zweck setzen, bedingt die Bestimmung der Bedeutung des Vergangenen", auch die Utopie der künftigen Gesellschaft bedinge die Auswahl und Interpretation der wissenswerten Probleme der Vergangenheit – darauf konnten sich die Vertreter der liberalkritischen Strömung seit jeher als gemeinsame Selbstverständlichkeit einigen. Denn immer fließen in die historische Arbeit Vorstellungen von einer anderen, von einer besseren Zukunft als erkenntnisleitende Interessen ein. Sie dienen auch als kritischer Maßstab, um Werturteile über die Vergangenheit und die Gegenwart zu begründen. Natürlich helfen sie zugleich, die Selektion der historischen Probleme zu steuern. Die politische Absicht als solche stellt daher, noch einmal, sofern über sie offen Auskunft gegeben wird, keine zu kritisierende Intention dar. Entscheidend sind vielmehr die Unterschiede zwischen beiden Positionen.

Die erkenntnisleitenden Interessen und Wertideen im Sinne Max Webers müssen explizit und damit diskussionsfähig gemacht werden. Werturteile dürfen nicht dem Historiker als priesterliche Aufgaben zugewiesen und seinem Publikum begründungslos zugemutet werden.

Geschichte kann nicht als Handlungs- und Herrschaftswissen dienen. Sie vermag nur als Orientierungswissen behilflich zu sein, das den Problemen historische Tiefenschärfe gibt. Zur Realitätsnähe anzuhalten, dazu ist allerdings die genaue Kenntnis der Geschichte unübertrefflich geeignet.

Selbstverständlich wirkt die Geschichtswissenschaft auch auf die Identitätsbildung ein, wenn wir diesen denkbar amorphen Modebegriff vorerst einmal akzeptieren wollen. Auf dem Weg über Schulbücher und historische Literatur, über Lehre und Forschung an der Schule und Universität, über öffentliche Diskussion und Publizistik trägt auch sie dazu bei, die Identität des Individuums und die kollektive Identität einer Gesellschaft zu prägen. Die Frage ist wiederum, welche Identität wir uns wünschen: eine auf nationale Traditionen ausgerichtete oder eine freie, selbstkritische, ständig zu kritischer Reflexion befähigte Identität, welche die vorgegebenen Traditionen sorgfältig prüft und erst danach bewußt annimmt oder verwirft.

Identität ist heute meist zu einer modischen Vokabel für die Identifikation mit der Nation verkommen. Soll aber wirklich das deutsche Identitätsbewußtsein, das endlich eine enge Verbindung mit der westlichen politischen Kultur und ihren Werten eingegangen ist, einem neuen Nationalismus weichen?

Es geht um ein politisches und wissenschaftspolitisches Duell, das heute und auf absehbare Zeit in der Geschichtswissenschaft weiter ausgetragen wird. Es geht um den Streit mit alt- und neukonservativen Historikern mit entsprechenden Leitvorstellungen und politischen Ratschlägen auf der einen Seite – bis hin zu jenem rechten Rand, wo die bizarren Irrationalismen eines Heideggerianers wie Ernst Nolte als „philosophische Geschichtsschreibung" verkündet werden. Auf der anderen Seite stehen all jene, die daran festhalten, daß die Aufklärung auch in Deutschland noch immer eine Zukunft hat, daß keineswegs alle ihrer wichtigsten Postulate bereits verwirklicht worden sind.

Man kann an die Zielutopie der „Bürgerlichen Gesellschaft", wie sie auch im deutschsprachigen Mitteleuropa sei dem ausgehenden 18. Jahrhundert entworfen worden ist, heute nur mehr anknüpfen, wenn sie zeitgemäß ergänzt wird. Dann läßt sich jedoch die Vision einer modernen Staatsbürgergesellschaft formulieren, die in einer sozialstaatlich abgefederten, rechtsstaatlich abgesicherten Republik ihr institutionelles Gehäuse besitzt, in dem ein Maximum an liberalen Freiheits- und demokratischen Gleichheitsrechten für beide Geschlechter und alle Einwohner gleich welcher Herkunft verwirklicht wird, in dem politische Entscheidungen von regelmäßig gewählten Repräsentativorganen getroffen, aber auf dem Forum der öffentlichen Kritik und des Parlaments überprüft und eventuell zur Korrektur oder zum Widerruf verurteilt werden.

Nachdem die Gegenutopie der kommunistischen Gesellschaft erloschen ist, bleibt heute diese zeitgemäß formulierte Zielvorstellung einer „Bürgerlichen Gesellschaft“ im demokratisch-republikanischen Verfassungs- und Rechtsstaat als einzige attraktive Vision übrig. Sie hat auch eine enorme Ausstrahlungskraft nach Osten gewonnen, da die dort verklärte „Zivilgesellschaft“ vom Vorbildcharakter westlicher Institutionen und Ideen lebt, die aus dem Umfeld der „Bürgerlichen Gesellschaft“ stammen.

Ihre eigenen Werte und Ziele muß diese moderne bürgerliche Gesellschaft freilich radikal ernst nehmen und insbesondere dort verwirklichen, wo schon seit den ersten Entwürfen der Sozialtheoretiker des 18. Jahrhunderts die Defizite am deutlichsten zu erkennen sind. Daran sollten Historiker und Historikerinnen mitwirken, die sich den Ideen der Aufklärung verpflichtet fühlen.

Die Bekämpfung von sozialer Ungleichheit muß eine der Hauptaufgaben dieser Gesellschaft bleiben. Ihre Segmentierung in eine relativ gut gestellte Mehrheit und jene Minderheit von mindestens 20 Prozent anzuerkennen, die auf Dauer von den Lebenschancen der Mehrheit ausgeschlossen bleiben, bedeutet einen Verrat an den Gerechtigkeits- und Gleichheitsidealen einer demokratisierten bürgerlichen Gesellschaft.

Die Gleichberechtigung der Frauen ist längst noch nicht verwirklicht. Die Aufklärungstheoretiker der ursprünglichen „Bürgerlichen Gesellschaft“ haben, von sehr wenigen Ausnahmen abgesehen, diese Hälfte der Erwachsenen meist gar nicht zu den vollberechtigten Staatsbürgern gezählt. Da ist seit 1918, erst recht in den letzten beiden Jahrzehnten manche überfällige Korrektur erfolgt. Dennoch bleibt ein weites Feld ungelöster Aufgaben offen, auch für die Historikerinnen und Historiker, die Geschlechtergeschichte betreiben.

An der Behandlung von Minderheiten läßt sich die Realisierung der politischen Werte und Normen einer modernen bürgerlichen Gesellschaft nicht weniger deutlich ablesen. Da die europäischen Gesellschaften in Zukunft unvermeidbar multikulturelle Gesellschaften sein werden, ist die Stellung der Minderheiten ein Maßstab, an dem man die Liberalität und Toleranz, die Demokratie im Alltag und das Gleichberechtigungsversprechen dieser Gesellschaften messen kann. Ich breche hier mit den Beispielen ab.

Was bedeutet dieses Plädoyer, noch einmal, für die Geschichtswissenschaft, die sich im Bereich der Neuzeit bewegt? Sie kann und sollte sich an denjenigen Problemen orientieren, die auch eine durch die Aufklärung beeinflußte moderne bürgerliche Gesellschaft weiterhin aufwirft, da menschliche Institutionen den Zustand paradiesischer Vollkommenheit nie erreichen. Die historische Genese gerade der problematischen Entwicklungen bis hin zur unmittelbaren Gegenwart zu erhellen ist eine besonders lohnende Aufgabe, zumal diese Arbeit in vermittelter Form auch zu einem realistischen politischen Handeln beitragen kann. Die Erforschung eines solchen Komplexphänomens wie der Sozialen Ungleichheit markiert unverändert den Königsweg der modernen Sozial- und Gesellschaftsgeschichte. Die Geschlechtergeschichte sieht sich einer Unzahl kaum zu überschauender Aufgaben gegenüber. Eine wahrhaft moderne Politikgeschichte ist trotz aller rhetorischen Postulate konventioneller Politikhistoriker bisher nur vereinzelt in Angriff genommen worden. Die inzwischen vordringende Kulturgeschichte findet sich im Kontext einer solchen programmatischen Forderung mit zahllosen lohnenden Problemen konfrontiert.

Dieses Plädoyer im Hinblick auf die Zukunft jener Geschichtswissenschaft, die sich mit der neuzeitlichen Geschichte befaßt, läuft daher auf die Entscheidung für erkenntnisleitende Interessen und ein aus ihnen entwickeltes umfassendes Programm hinaus, das sich im Anschluß an eine zeitgemäß modernisierte Aufklärung an den historischen Problemen der „Bürgerlichen Gesellschaft" orientiert, für die einzutreten sich unter vielen Gesichtspunkten lohnt. Man sollte, heißt das unter anderem, den Entwicklungsgang auch der Geschichtswissenschaft nicht allein den wissenschaftsimmanenten Forschungsfragen überlassen, so sehr diese auch zur pragmatischen Erweiterung unserer Kenntnisse beitragen. Für eine allgemeine Orientierung reicht solch eine Alltagsarbeit jedoch nicht aus. Dafür braucht man ein Zukunftsbild im Sinne Diltheys, das politisch wie wissenschaftspolitisch legitimierbar ist und die historische Forschung auf lange Sicht anzuleiten vermag. Das bleibt meines Erachtens das Projekt einer zeitgemäßen Aufklärung, aus dem sich die erkenntnisleitenden Interessen, die Problemauswahl, die Fragestellungen derjenigen Neuzeithistoriker gewinnen lassen, die über die empirische Kärrnerarbeit hinaus ihrer Arbeit sowohl wissenschaftlichen und politischen Sinn als auch praktische Relevanz verleihen möchten.

20. Historisches Denken am Ende des 20. Jahrhunderts

Zu Beginn eine Abgrenzung: Es geht hier bei dem Begriff des „Historischen Denkens“ nicht um die geschichtsphilosophischen Strömungen am Ende des 20. Jahrhunderts. In diesem Hochgebirge würde ich mich wegen mangelhafter Kletterkenntnisse heillos verlaufen. Hier geht es vielmehr um einige Schwerpunkte und Paradigmata, um einige dominierende Denkfiguren der professionellen Historiker, um einige wissenschaftliche und politische Intentionen und auch Wirkungen, um einige Grenzen und Aufgaben - mithin um ein Denken, das die Historiker selber geprägt haben, nicht aber um das historische Denken selber im Sinn der deutschen Theoriesprache. Beide Phänomene lassen sich selbstredend nicht fein säuberlich trennen, dennoch soll der Akzent anders gesetzt werden, als das bei den Debatten über den Einfluß von Historismus und Marxismus, Freudianismus und Weberianismus gemeinhin üblich ist.

Dieser Vorsatz verbietet von vornherein die provinzielle Nabelschau allein auf die deutschen Verhältnisse, obwohl sie später aus naheliegenden Gründen doch in den Mittelpunkt rücken werden. Zuerst also ein Rundblick auf die Entwicklung der Geschichtswissenschaft in einigen westlichen Ländern, die auf diesem Gebiet zeitweilig eine Führungsrolle ausgeübt haben, und zwar in dem halben Jahrhundert seit jener tiefen Zäsur, die der Zweite Weltkrieg überall bedeutet hat.

Der erste Befund: Ins Auge sticht zunächst einmal die verblüffende Asymmetrie und Vielfalt dieser Entwicklung, die prima facie keineswegs im Bann von großen, gemeinsamen, transnationalen Trends verlaufen ist, obwohl einige dieser Großwetterlagen im Rückblick schon feststellbar sind. (Später wird der zweite Befund ganz knapp einige dieser Parallelen betonen.) Die Eigenart der nationalhistorischen Bedingungen erwies sich offenbar als so durchsetzungsfähig, daß es jeweils zur zeitlich begrenzten, landesspezifischen Dominanz von Strömungen kam, für die es anderswo nur selten ein exaktes Pendant gibt. Dazu einige knappe, zugespitzte Thesen, die dem Vergleich dienen sollen.

I. USA. Das wird bereits deutlich, wenn man einen Blick auf die amerikanische Geschichtswissenschaft wirft, in der die Nachkriegseuphorie, daß zur politischen Hegemonie des Landes auch die intellektuelle Vorherrschaft auf dem Globus gehöre, weit verbreitet war, wenn auch spürbar weniger naiv und siegesgewiß als etwa in der Soziologie, Politikwissenschaft und Ökonomie. Die wissenschaftliche Kultur des Landes beruht seit jeher – weithin sogar noch immer – auf dem Fundament eines schwer zu erschütternden Positivismus. Im Bereich der Geistes- und Sozialwissenschaften dominiert daher eine schlichte methodische Denkfigur, die man als Bestandteil einer Historik oder Theorie zu charakterisieren kaum wagen wird. Der Forscher bricht, früher mit Exzerptkarten, heute mit PC und Xerox-Gerät bewaffnet, in den Steinbruch der Vergangenheit auf – so könnte man das lange vorherrschende Verständnis ohne besondere Bosheit charakterisieren –, bricht dort eine genügende Anzahl von jenen Brocken los, die er dann als sogenannte Fakten bezeichnet, unterwirft sie der äußeren und inneren Kritik und baut sie dann zu einer – von der Überzeugungskraft der empirischen Evidenz suggerierten, im übrigen aber vermeintlich werturteilsfreien – Darstellung zusammen, die ihre Konturen häufig nur aus der Auseinandersetzung mit der bereits vorliegenden Spezialliteratur erhält.

Von einer erkenntnistheoretischen Klärung, von der Explizierung der erkenntnisleitenden Interessen gibt es in aller Regel nicht einmal Spurenelemente. Daß die erdrückende Mehrheit der ominösen Tatsachen erst auf der Grundlage komplizierter theoretischer Vorarbeit konstruiert wird, mithin eine von Theorie und Fragestellung abhängige Konstruktionsleistung im Sinne der neukantianischen Erkenntnistheorie oder des zeitgenössischen Konstruktivismus darstellt, gehörte bis vor kurzem nicht zur alltäglichen Reflexionsarbeit.

Wenn etwa der bedeutendste amerikanische Historiker in der ersten Hälfte des 20. Jahrhunderts, Charles Beard, ausdrücklich einem maßvollen, dazu geschichtsphilosophisch kastrierten Marxschen Ansatz von der Durchsetzungsmacht ökonomischer Interessen und Problemlagen folgte, löste er damit einen leidenschaftlichen Protest gegen diese vermeintlich eklatante Verletzung des Postulats der Werturteilsfreiheit aus. Und wenn ein Neobeardianer wie William Appleman Williams seine brillante Kritik der amerikanischen Expansionsgeschichte und Außenpolitik zur Diskussion stellte, traf ihn in der Zeit des Kalten Krieges sogleich der unbarmherzige Vorwurf des Ausverkaufs an den Kommunismus.

Diese Vorherrschaft des Positivismus wurde seit den späten 1950er Jahren durch einige Strömungen im Prinzip in Frage gestellt, von anderen dagegen wieder zementiert. Solche Strömungen gewinnen in den Departments der amerikanischen Hochschulen wegen der erkenntnistheoretischen Hilflosigkeit ihrer positivistischen Tradition geradezu regelmäßig die Gewalt eines offenbar unwiderstehlichen Steppenfeuers, das sich aus der Heilsgewißheit der ultimativen Lösung nähert, nach einiger Zeit aber genau so schnell erlischt, wie es zuvor aufgetreten ist, so daß für die nächste neumodische „Trendiness" Platz geschaffen wird.

1. Die erste Welle bestand aus der „Psychohistory" mit ihrem hehren Ziel, die Psychoanalyse zur neuen Leitwissenschaft der Historie zu erheben. Meist wurde dabei fingiert, daß es *die* Psychoanalyse gäbe, in der Regel die orthodoxe Freudsche Lehre, obwohl inzwischen zahlreiche Schulen der Psychoanalyse existierten. Meist wurde auch das heikle Problem ignoriert, ob individualpsychologische Erkenntnisse ohne weiteres in die Analyse sozialpsychischer Phänomene übertragen werden können. Durchweg fehlte es an einer unbefangenen Abwägung, ob die nichtfreudianische Entwicklungspsychologie oder die Psychologie des abnormen Verhaltens für den Historiker nicht das vorteilhaftere Interpretationsangebot enthielt. Dennoch war die Macht dieser Strömung so stark, daß selbst ein gestandener Politikhistoriker wie der Bismarck-Biograph Otto Pflanze sich in die psychoanalytische Deutung von Bismarcks Innereien verirrte. Und auf den Kongressen der Psychohistoriker ging es – dies nur als Beispiel – mit evidentem Fanatismus um das welthistorische Problem, ob Hitler als Junge einen Hoden verloren habe und sein daraus mühelos erklärbarer Sadomasochismus den direkten Weg – anstelle der „twisted road" – nach Auschwitz planiert habe.

Im Rückblick bleibt von diesem Aufbruch in einen Irrgarten wenig übrig. Nur zwei Historiker haben den gebotenen, aber mühseligen Weg eingeschlagen, das siebenjährige Studium der Freudschen Psychoanalyse zu absolvieren. Aber Peter Gays bekannte Freud-Biographie geht verblüffenderweise ihren Gegenstand keineswegs stringent in Freudschen Kategorien an, und

Peter Loewenbergs beste Aufsätze beschäftigen sich mit der Geschichte der Psychoanalyse selber.

2. Kaum war die „Psychohistory", die ohne größere internationale Wirkung blieb, verblaßt, brach seit den 1960er Jahren die neue Welle der „Cliometriker" über die amerikanischen Geschichtsdepartments herein. Sie wurde von jungen Ökonomen ausgelöst, welche die neoklassische Wirtschaftstheorie für die optimale Welterklärungslehre hielten, in allen Raffinessen der Statistik und kontrafaktischen Methode firm und darüber hinaus gläubige Anhänger der Popperschen Einheitswissenschaft waren. Mit ihrem Versprechen der zweifelsfrei wissenschaftlichen Fundierung und theoretischen Überlegenheit machten sich die „Cliometriker" voller Siegesgewißheit an die Arbeit und rollten in dem nächsten Dutzend Jahre die amerikanische Wirtschaftsgeschichte, hier und da auch die Politikgeschichte, neu auf.

Zwei berühmte Beispiele: War der Eisenbahnbau, fragten sie, wirklich der vielgerühmte Motor der amerikanischen Industriellen Revolution? Was wäre denn ohne ihn passiert? Diese kontrafaktische Frage wurde nach einem riesigen empirischen Aufwand, den erst die Höllenmaschinen des Computer-Zeitalters ermöglicht haben, so geklärt, daß der volkswirtschaftliche Nettogewinn dank des Eisenbahnbaus relativ gering ausgefallen sei, wenn man ihn bei fehlendem Eisenbahnbau mit dem möglichen Gewinn aus neuen Fernstraßen, neuen Kanälen und frühem Autoeinsatz vergleiche. Ergo: Die strategische Bedeutung des Eisenbahnbaus wurde radikal in Frage gestellt, ohne doch damit die Wirtschafts*historiker* je überzeugen zu können.

War die Sklavenwirtschaft der Südstaaten vor 1860 – das war das zweite Problem – bereits so tief in ein Zerfallsstadium geraten, daß der zerstörerische Bürgerkrieg eigentlich unnötig war – wie noch hundert Jahre danach von der Südstaatenapologetik behauptet wurde? Nein, die Sklaverei war, das ergab die exakte Überprüfung, so bestechend lukrativ, daß ihre Kapitalrendite mit der höchstentwickelten Industrie im Norden, mit dem neuenglischen Maschinenbau und seiner jährlichen Zuwachsrate von 15 Prozent, Schritt hielt, so daß ökonomisch überhaupt kein Grund zu ihrer Abschaffung bestand.

Die „Cliometriker" übten einen ambivalenten Einfluß aus: Zum einen kamen sie dem Positivismus durch ihren Glauben an eine endgültig zuverlässige, da wissenschaftlich purifizierte Datenbasis entgegen. Zum anderen lenkte aber ihre theoriegeleitete Interpretation, wenn auch in sklavischer Abhängigkeit von der Neoklassik, auf erkenntnistheoretische Fragen der Problemkonstruktion hin, zumal häufig die sogenannten Tatsachen, etwa zu den vermeintlichen Alternativen zum Eisenbahnbau, aus dem vorhandenen Quellenmaterial mit Hilfe endloser Computerarbeit erst künstlich erzeugt werden mußten.

Dennoch: In der Hochzeit der „Cliometriker" war es unmöglich, etwa im Sinne des heute wieder aufgewerteten Institutionalismus, Studien über die Bedeutung der institutionellen Struktur des Wirtschaftssystems gedruckt zu bekommen. Max Webers weitsichtiges Plädoyer für seine „Sozialökonomik" traf, sofern es eine winzige Minderheit überhaupt kannte, auf Verachtung. Die vom Marxismus inspirierte Politische Ökonomie galt geradezu als Neandertalerzauber. Das neoklassische Wachstumsparadigma triumphierte allenthalben. Selbst ein weiser Wirtschaftshistoriker wie Alexander Gerschenkron gestand den „Cliometrikern" zu: „Es ist Eure Stunde, nutzt sie."

Die Bilanz bleibt zwiespältig: Zum einen wurden manche Probleme in der Tat bravourös präzisiert – von der maroden Sklavenhaltergesellschaft, die ohne den überflüssigen Krieg bald zerfallen wäre, wagt niemand mehr zu sprechen. Zum andern führte der neoklassische Dogmatismus so tief in die Sackgasse, daß der ursprüngliche Impetus seine Überzeugungskraft verlor.

Bereitwillig aufgenommen wurde die Lehre der „Cliometriker" nur in England, wo eine Gruppe von jüngeren Wirtschaftshistorikern dank der fest etablierten Tradition des britischen Empirismus zeitweilig auf diesen Wagen sprang. In Frankreich blieb sie folgenlos. In der Bundesrepublik wurde sie sehr behutsam nur von Richard Tilly in Münster, dem einzigen Beispiel für den „brain drain" in umgekehrter Richtung, eine Zeitlang weitergegeben. Hier muß man wohl sogar einräumen, daß der theoretisch und methodisch überwiegend biederen westdeutschen Wirtschaftsgeschichte – wie isoliert standen Knut Borchardt, Wolfram Fischer und Tilly damals da – die explizite Theorieorientierung und der unersättliche empirische Rigorismus der „Cliometriker" trotz ihrer intellektuellen Enge gut getan hätte, da er, wie die gelungenen deutschen Beispiele zeigen, manche dogmatische Interpretation in Frage stellen konnte.

Mit dem Aufstieg der „Cliometriker“ überschnitt sich das Vordringen der „New Social History“, die von den Aposteln einer strikten Quantifizierungsgläubigkeit in unmittelbarem Anschluß an den bewunderten Siegeszug der amerikanischen empirischen Sozialforschung verfochten wurde. Eine explizite Theorieorientierung ging ihr völlig ab, ein lebensweltlicher politischer Impuls ist auch nicht zu erkennen. Alles konzentrierte sich auf die methodische Anstrengung, zum Beispiel die soziale Komposition der Einwohnerschaft amerikanischer Städte oder der großen Mobilitätsbewegungen endlich exakt zu erfassen. War das dank der unentbehrlichen Hilfe des Computers gelungen, blieb die Interpretation in doppelter Hinsicht stumpf. Weder wurde die soziale Hierarchie der untersuchten Städte in den Kategorien einer – sei es marxistischen oder sei es weberianischen – Klassentheorie bzw. einer Anti-Klassentheorie gedeutet, noch wurde durch den Vergleich überprüft, ob der hohe Grad an geographischer Mobilität, den etwa Stephen Thernstrom an Boston nachweisen konnte, tatsächlich ein amerikanisches Unikat war – in der Regel wurde das Resultat im Sinne des amerikanischen „Exzeptionalismus“ vereinnahmt – oder ob er nur die amerikanische Variante einer gemeinsamen Massenbewegung in frühindustriellen Gesellschaften darstellte.

Eben das fand dann auch die westdeutsche Mobilitätsforschung heraus, als sie dieselben Mobilitätsraten in den deutschen Industriestädten des 19. und frühen 20. Jahrhunderts entdeckte. Andererseits: Wäre sie ohne das amerikanische Vorbild überhaupt auf diesen Fragenkomplex von sich aus gestoßen?

Die „New Social History“ hielt sich von der Politikgeschichte fein säuberlich fern. Sie wurde die Domäne der ebenfalls von der Soziologie und Politikwissenschaft faszinierten und gleichermaßen quantifizierungsbesessenen „New Political History“. Eine Politische Sozialgeschichte, wie sie sich seit den 1960er Jahren in der Bundesrepublik entfaltete und schon wegen 1933 und den Folgen von der politischen Dimension nicht absehen wollte und konnte, galt als unsaubere, erklärtermaßen rückständige Strömung, die den Weg zum Licht noch nicht gefunden hatte.

Über den hochgemuten Exklusivitätsanspruch der „Cliometriker“ und der „New Social History“ – übrigens auch der „New

Political History" – ist die Zeit erbarmungslos hinweggegangen. Zusammen trugen sie aber dazu bei, die amerikanische Geschichtswissenschaft gegen den Einfluß der französischen „Annales"-Schule zu immunisieren. Sie wurde zwar von einigen theoretisch interessierten Köpfen gepriesen, doch den amerikanischen Verfechtern „harter" wirtschafts- und sozialwissenschaftlicher Geschichte galt sie als verweichlichter Verwandter aus der Alten Welt, den man längst überholt hatte.

3. Man muß sich diese Dominanz der neopositivistischen „Cliometriker" und der „Neuen Sozial- und Politikhistoriker" vergegenwärtigen, um zu verstehen, warum die „linguistische Wende" und die „neue Kulturgeschichte" seit den 1970/80er Jahren derart vehement in das Gehege der amerikanischen Geschichtswissenschaft einbrechen und vermeintlich unerschütterliche Grenzzäune einreißen konnten. Während seit den Tagen von Droysen und Dilthey zum sakrosankten deutschen Proseminar die Einführung in die Hermeneutik, damit in die Sprach- und Textinterpretation gehört, wirkte in der amerikanischen Domäne des Positivismus die entschiedene Aufwertung von Sprache und Kultur – in einem weiten, bis heute durchaus diffusen Sinn – als wahre Enthüllung, die einen Passepartout zur Weltgeschichte versprach. Die Hilflosigkeit der eisenharten Empiristen in den Geschichtsdepartments erkennt man schon daran, wie geschwind sie sich von der neuen Mode des „Kulturalismus", der zuerst Linguisten und Literaturwissenschaftler, Philosophen und Sozialtheoretiker erfaßte und dann auf sie übersprang, ohne jede kühle Prüfung überrollen ließen. In einer Wissenschaftskultur ohne prägende hermeneutische Tradition wirkte der neue Primat der Sprache wie eine Offenbarung. Der schwammige Kulturbegriff versprach als exaktes Gegenbild des Empirismus die endlich glückende Erfassung der Komplexität schlechthin jeder historischen Lebenswelt.

Dabei kam es zu bizarren Exzessen. Nie hat Derrida die französische Geisteswelt in Aufregung versetzt, in Nordamerika aber stieg er zum Halbgott auf. Foucault hat in Frankreich eine sehr überschaubare Anhängerschaft gefunden, die es mit der großen Gemeinde von Braudel oder Bourdieu nicht aufnehmen kann, in Amerika aber konnte dieser radikal antinormativistische, von jeder Kenntnis der Hermeneutik unbeleckte Repräsentant der postmodernen Denkverwilderung aller scharlatanesken Züge entkleidet und zum wegweisenden Genie erklärt werden. So tauchte er in mancher antitraditionalistischen Polemik und in allerhand Einleitungen zu Monographien auf, ohne doch die theoretisch vorstrukturierte empirische Arbeit durchschlagend zu beeinflussen. Und Robert Darnton oder Lynn Hunt etwa kommen aus ganz anderen kulturgeschichtlichen Traditionen.

Dieses Pauschalurteil bedarf freilich sogleich der entschiedenen Differenzierung. Denn zumindest auf zwei noch immer expandierenden Forschungsfeldern hat die neue kulturwissenschaftliche Strömung, haben auch einige ihrer theoretischen Prämissen zu wichtigen neuen Ergebnissen geführt. Das sind die Bereiche der „Gender" und der „Ethnicity Studies", mithin der Geschlechtergeschichte und der Erforschung ethnisch heterogener Gesellschaften. In beiden Fällen hat allerdings der politisch-lebensweltliche Einfluß die entscheidende Schubkraft ausgeübt. Die Frauengeschichte stand zwei Jahrzehnte lang, ehe sie zur Geschlechtergeschichte unter Einbeziehung der Männergeschichte mutierte, mit der Frauenbewegung, an erster Stelle der amerikanischen, in allerengster Verbindung. Das hat zu allerhand Exzessen des Urteils geführt, da solche Expansionsbewegungen nur dank eines Überschusses an Energie und hochgesteckten Forderungen einige Ziele erreichen, erklärt aber auch zum guten Teil, warum dem neuen Kulturalismus, der ja, kurz gesagt, auch stets die Auflösung überkommener Herrschaftsverhältnisse, die Destruktion überlieferter Methoden und Denkfiguren verhieß, von der Frauengeschichte so bereitwillig ein weites Einfallstor geöffnet wurde. Gegen den vertrauten biologischen Essentialismus konnte zum Beispiel die Dimension der sozialen Konstruktion des Geschlechts ins Feld geführt werden. Im Überschwang der Entdekkung solcher Perspektiven mochte das zu bizarren Übersteigerungen, wie bei Judith Butler, führen. Über kurz oder lang setzte sich jedoch auch wieder die wissenschaftliche – keine spezifisch weibliche oder männliche – Vernunft durch, wie man das etwa an Nancy Frasers schneidender Foucault-Kritik ablesen kann. Und die empirisch arbeitenden Frauenhistorikerinnen haben sich, aufs ganze gesehen, von den übermütigen theoretischen Kapriolen ohnehin eher ferngehalten.

Der Stachel der Ethnizitätsforschung wiederum stammte genausowenig aus wissenschaftsimmanenten Impulsen, sondern ebenfalls aus den politisch-lebensweltlichen Erfahrungen in der ethnisch heterogenen amerikanischen Gesellschaft. Die heroische Leitidee vom „Schmelztiegel“ Amerika mit seiner alle Einwanderer spätestens in der zweiten Generation homogenisierenden Wirkung scheiterte an – in den 1960er Jahren bürgerkriegsähnlichen – Spannungen, die demonstrierten, daß die „afrikanischen Amerikaner“ und die „Latinos“, ob puertorikanischer oder mexikanischer Herkunft, ebensowenig eingeschmolzen worden waren wie italienische, polnische, tschechische Einwanderergruppen. Die damals auftauchende Zaubermetapher von der „Salatschüssel“, in der alle unterschiedlichen sozialkulturellen Verbände in friedlicher Eintracht nebeneinander ruhten, verblaßte alsbald auch wieder. Damit schlug die Stunde der Ethnizitätsforschung, die auf dauerhafter, bedingungsloser Anerkennung der „Differenz“ in multikulturellen Gesellschaften insistierte, ohne sich mit vergleichbarer Intensität dem Problem des inneren Friedens zu stellen, der einen gewissen Fundus an gemeinsamen Wertideen, an Anerkennung der allgemeinen Rechtsnormen, an Vertrauen auf die Ausgleichsmechanismen der Politischen Kultur voraussetzt.

In dieses Forschungsfeld ist der außeramerikanische Diskurs über die kulturelle Heterogenität „postkolonialer“ Gesellschaften mit der Vehemenz eines unkontrollierbaren Wirbelwinds eingebrochen, wobei irrlichternde Geister wie Bhabba eine ähnliche Rolle spielen wie die französischen Heroen der „Postmoderne“. Selbst wenn aber die vorbehaltlose Anerkennung von „Differenz“, dem neuen Schibboleth dieser Schwarmgeister, gewährleistet wäre, wäre damit noch lange nicht geklärt, welche homogenisierenden Traditionsbestände und Politikverfahren, welche Werte und Normen funktional notwendig sind, um ein friedliches Zusammenleben in multikulturellen Gesellschaften auf Dauer zu ermöglichen.

Auf beiden Feldern ist es mithin gelungen, mächtige politische Impulse in wissenschaftliche Interessen zu verwandeln, deren Ergebnisse dann jedoch wieder den bewährten Leistungskriterien der internationalen „Community of Scholars“ unterliegen, auch wenn der eine oder die andere seine oder ihre politische Überzeugung für so sakrosankt hält, daß diese Rationalitätskontrolle am liebsten vermieden würde.

Wie auch immer: Erneut findet sich in den kulturgeschichtlichen Strömungen in Amerika dieselbe „Trendiness", dieselbe Gläubigkeit wie anderswo, wenn es um die eigene, zumal die politisch geadelte Sache geht. Außerhalb der überzeugenden Studien zur Geschlechter- und Ethnizitätsgeschichte ist freilich der empirische Ausstoß, etwa im Vergleich mit den „Cliometrikern", bisher noch alles andere als überzeugend. Nach meinem Eindruck im gelobten Land selber ist der Zenit schon überschritten. An der durch jeden Trend extrem gefährdeten kalifornischen Westküste hat die Suche nach neuen Göttern begonnen – in glorreicher Ungewißheit über die künftigen Heroen. Hunderte von Studenten und Doktoranden werden sich jetzt fragen müssen, warum sie Jahr für Jahr der Wiederholungslektüre von Derrida und Foucault geopfert haben, ohne mit ihren Projekten auch nur eine einzige Seite weiter zu kommen.

Das Bild verzerrt ganz offensichtlich. Brillante Historiker wie Bernard Bailyn, Brion Davis, Robert Palmer, David Landes, Charles Maier, Jim Sheehan, erst recht die erfolgreichen deutschen Emigranten wie Felix Gilbert, Hajo Holborn, Fritz Stern, Paul Kristaller, Hans Baron, Hans Rosenberg passen überhaupt nicht in diesen Rahmen. Um sie herum wirkten sich aber die repräsentativen Strömungen und Strohfeuer aus.

II. England. Ganz andere Wege ist die Entwicklung des Historikerdenkens in England gegangen.

Dort gibt es drei auffällige Kontinuitätslinien. Da ist zum einen die konventionelle, völlig englandzentrierte, an jedem Vergleich desinteressierte Politikgeschichte, wie man sie etwa im „English Historical Review" findet, dem absolut zuverlässigen Schlafmittel in jeder ordentlichen Hausapotheke. Da ist, zum zweiten, eine solide, inzwischen freilich antiquierte Sozialgeschichte, deren Kern die gute alte Arbeiter- und Arbeiterbewegungsgeschichte bildet. Wie unberührt läuft auch die exzellente Wirtschaftsgeschichte weiter, welche die englischen „Cliometriker", wie sich herausstellte, zu absorbieren verstand. In die Politikgeschichte ist inzwischen durch den erfolgreichen Anlauf Bewegung geraten, die lange dominierende Whig-Interpretation – Englands unaufhaltsamer Aufstieg zum Land der Freiheit und des Liberalismus – durch eine realitätsnähere, politisch aber vielfach konservativ eingefärbte Deutung zu ersetzen.

Tiefer noch griff die Bewegung in der Sozialgeschichte. Das hängt mit der erstaunlichen Wirkung der marxistischen Historikergeneration zusammen, also von E. P. Thompson, Eric J. Hobsbawm, Christopher Hill, Rodney Hilton u.a. Alle sind in den späten 1930er Jahren für den Marxismus, auch für die englische KP gewonnen worden. Nach dem Prager Fenstersturz von 1948 verließen die ersten die Partei (Sidney Pollard z.B.), die letzten dann 1956 nach dem Ungarnaufstand. Nur Hobsbawm verteidigte seine Loyalität bei gleichzeitig schärfster Kritik an offiziösen Parteiveröffentlichungen, ist aber deshalb kein „card carrying member" mehr, weil sich die britische KP inzwischen stillschweigend aufgelöst hat. Zur Zeit gilt es als chic, jede Variante des Marxismus zu verdammen. Die undogmatische Aneignung durch diese englischen Historiker demonstriert jedoch erneut, welche realitätsaufschließende Kraft er freizusetzen vermochte.

Ohne den aufgeklärten Marxismus dieser Männer, aber auch ohne den Lernprozeß bei der Absetzung von ihm, ist der weltweit wirkende Einfluß der englischen Geschichtswissenschaft vor allem in den 60er/70er Jahren nicht denkbar. Thompsons „Making of the English Working Class"(1962) markiert, in seiner schroffen Abwendung von der strengen Orthodoxie seiner jungen Jahre, einen der Ausgangspunkte der neuen kulturgeschichtlichen Interpretation erst der Arbeiterbewegung, dann der englischen Sozialgeschichte des 18. und 19. Jahrhunderts überhaupt. Hobsbawm gab der Arbeitergeschichte, ebenfalls der Geschichte anderer Unterklassen und Außenseiter neue Impulse, erreichte allerdings erst durch sein Quartett (Das Zeitalter der Revolution, des Kapitals, des Empire, der Extreme) die größte Wirkung. Diese bravouröse Synthese neuzeitlicher, westlich geprägter Weltgeschichte wird von einer so subtilen marxistischen Methode getragen, daß man Studenten diese Position des Verfassers erst erläutern muß. Hill und Hilton haben frischen Wind in die englische Mittelalter- und Frühneuzeit-Forschung gebracht. Das brillanteste Buch über den englischen Imperialismus vor 1914, Robinson und Gallaghers „Africa and the Victorians", stammte weithin aus der Feder Gallaghers, der sich vorbereitet hatte, als Kolonial- und Empireexperte der KP zu fungieren. Aus der Abwendung von ihrer früheren Orthodoxie haben Raymond Williams und Stuart Hall die Konsequenz gezogen, die alles durchdringende Macht des kulturellen Lebens entschieden aufzuwerten. Williams hat seither mehrere Generationen von englischen Akademikern beeinflußt, und Hall hat mit seinen „Cultural Studies" dem verwaschenen amerikanischen Pendant ein überlegenes Modell entgegengestellt. Diese Liste ließe sich verlängern.

Ein vergleichbares Phänomen gibt es weder in Amerika noch in Kontinentaleuropa, wo die französischen Linken in der Geschichtswissenschaft im Vergleich mit Ex-Linken wie Furet denkbar schlecht abschneiden. Allenfalls Carlo Ginzburgs Werdegang läßt sich mit den Cambridge-Marxisten vergleichen. Ihre Tradition ist inzwischen jedoch fast abgerissen, allenfalls lebt sie in Perry Andersons Publizistik und in seinen brillanten historischen Studien weiter fort.

Freilich gab es in den 70er und frühen 80er Jahren eine neomarxistische Strömung, von der die Diskussion über die moderne deutsche Geschichte sehr profitiert hat. Ich meine die Anfangsphase von Richard Evans, Geoff Eley, David Blackbourn und einigen anderen, die sich, meist auf dem linken Labour-Flügel, als Gramscianer verstanden und auch deshalb für eine „Geschichte von unten" plädierten – mit der bekannten belebenden Infragestellung einer preußen- und elitenzentrierten Interpretation der deutschen Moderne, ja der „Sonderweg"-These überhaupt. Zu ihnen traten Generationsgenossen wie Ian Kershaw und John Breuilly, die theoretisch überlegenen und nicht minder motivierten Köpfe, so daß es eine englische Gruppe von Deutschlandexperten gibt, deren Einfluß sich nur mit dem der erheblich älteren amerikanischen Gruppe um Carl Schorske, Leonard Krieger, Theodore Hamerow, Arno Mayer, Henry Turner, Gerald Feldman, Jim Sheehan, Charles Maier vergleichen läßt.

Auch im Bereich der englischen Sozialgeschichte sind manche großen Leistungen, etwa David Cannadines Adelsstudien und Patrick Joyces Untersuchungen zur industriellen Welt, ohne die anregenden und abstoßenden Impulse des englischen Marxismus schwerlich vorstellbar. Er bildet ein Muster für englische Toleranz und pragmatische Lernfähigkeit, die man in der verbissenen Konfrontation von Soboul und seinen Kontrahenten in Frankreich vergeblich suchen wird. Und in der Bundesrepublik gab und gibt es ohnehin keinen einzigen nennenswerten marxistischen Historiker, auch seit 1968 nicht, der vielleicht ähnlich belebend hätte wirken können wie die alte und junge Garde in England. Die offene Frage bleibt freilich, woher in England jetzt die vorantreibenden Fragestellungen kommen werden, nachdem sie der englische Marxismus nicht mehr zu generieren vermag und die „neue Kulturgeschichte“, abgesehen von den üblichen programmatischen Pronunciamentos, bisher dazu ebenfalls nicht imstande war.

III. Frankreich. Ganz anders wiederum sieht die geschichtswissenschaftliche Landschaft in Frankreich aus. Hier gab es ein zweifaches Duell.

1. Gegen das Übergewicht einer traditionalistisch erstarrten Politikgeschichte stemmte sich die sozial- und wirtschaftsgeschichtliche Schule um die Zeitschrift „Annales“, nach den grundlegenden Vorarbeiten von Marc Bloch und Lucien Febvre insbesondere von Fernand Braudel animiert, vorangetrieben und konsolidiert. Als es Braudel, auch ein großer „Empirebuilder“, endlich sogar gelang, die berühmte „6. Sektion“ in die neue „Ecole des Hautes Etudes en Sciences Sociales“ zu verwandeln, konnte er sich auf immerhin sechshundert Mitarbeiter auf Planstellen stützen. Binnen kurzem umgab die „Annales-Schule“ ein wahrer Mythos und die Aura unbezweifelbarer Progressivität. Obwohl eine Theoriedebatte in unserem Sinn erst außerordentlich spät einsetzte, fielen doch frühzeitig einige theoriehaltige Entscheidungen. Die sozialökonomische Stoßrichtung galt bald als zu einseitig, die Mentalitätsgeschichte wurde auf den Spuren Febvres als unverzichtbare neue Leitwissenschaft anerkannt, die alsbald Pionierleistungen erbrachte. In diesem Kontext flackerte auch kurz eine Debatte über den Nutzen der Psychoanalyse auf, blieb aber im Grunde folgenarm. Insgesamt ließen die „Annales“ eine imponierende, geradezu gefräßige Neugier erkennen, die von der Klimageschichte bis zur Geschichte des Todes reichte.

Beide Hauptansätze, der oft auf rigider Quantifizierung beruhende sozialökonomische und der auf Émile Durkheim, Marcel Mauss und Maurice Halbwachs zurückgreifende mentalitätsgeschichtliche, litten jedoch unter einer bis heute nicht überwundenen Einschränkung. Fast alle Arbeiten führten nur bis an die Zäsur der Großen Revolution heran, im Grunde wurde sie extrem selten übersprungen. Mittelalter, Frühe Neuzeit und Ancien

Régime blieben daher die eigentliche „Annales"-Domäne. Es wirkte gelegentlich so, als ob sich Braudels zeittheoretische Überlegungen über die bevorzugten Modi der „longue durée" als Barriere gegen das Unternehmen stemmten, sich endlich auch einmal auf die bewegtere Geschichte seit der politischen und industriellen „Doppelrevolution" des ausgehenden 18. Jahrhunderts einzulassen. Der Reichtum an Anregungen und Pilotstudien wirkte sich deshalb jahrzehntelang nur auf das Studium der Vormoderne aus.

2. Der Aufbruch der „neuen Kulturgeschichte" begann auf breiter Front in Frankreich seit den späten 70er Jahren. Sie zehrte von drei Antriebskräften: vom Protest gegen den starren Sozialökonomismus nicht weniger „Annales"-Studien, vom Bedürfnis nach einer Modernisierung der bislang auf das Unter- und Unbewußte konzentrierten, methodisch ziemlich altertümlichen Mentalitätsgeschichte, von den Impulsen der neueren französischen Philosophie, Sprachwissenschaft und Linguistik. Deshalb wirkte die französische Kulturgeschichte zunächst als Anlauf zur Überwindung älterer Denkschranken der „Annales" und als expansionslustige Ausweitung der Mentalitätsgeschichte. Sie verwandelte sich aber alsbald unterderhand in einen viel breiter angelegten Ansatz mit einem – spürbar auch von der Ethnologie angeregten – weiten Kulturbegriff. Als paradigmatisch für den Ausweitungsprozeß können heutzutage die Studien von Roger Chartier angesehen werden.

Vom östlichen Nachbarn her betrachtet sind die Berührungspunkte mit Pierre Bourdieus Kultursoziologie mit beiden Händen greifbar. Eine Kooperation drängt sich, so gesehen, geradezu auf; sie scheitert aber offenbar bisher noch immer an dem innerfranzösischen Image Bourdieus als eines empiristischen Soziologen mit unverhohlenem Fächerimperialismus – vielleicht aber auch an den hohen theoretischen Ansprüchen Bourdieus.

3. Und was ist aus dem einst so mächtigen französischen Marxismus in der Geistes- und Sozialwissenschaft geworden? Einst die ideelle Hegemonialmacht der Nachkriegszeit, zog er auch viele Historiker in seinen Bann. Sieht man einmal von der kurzen Visite der damals aufsteigenden Jungstars wie Emmanuel Le Roy Ladurie und François Furet und vielen anderen ab, regierte Albert Soboul als linker Papst die Revolutionsforschung, ein dem Marxismus ge-

radezu angestammtes Revier, trotz aller beinharten Dogmatik eminent einflußreich, bis das Gebäude unter den Schlägen des kritischen Revisionismus von Furet und anderen endlich zusammenbrach. Ähnlich ließen sich in der Wirtschaftsgeschichte rund fünfunddreißig Jahre lang marxistische Denkschemata, man denke nur an den großen Einfluß Pierre Vilars, verfolgen.

Längst ehe der Zerfall der Sowjetunion unter Gorbatschow und die Zähmung der französischen KP unter Mitterrand den Niedergang des französischen Marxismus besiegelten, hatte der leidenschaftliche Revisionismus derer, die sich als junge Leute daran die Finger verbrannt hatten, dann der Ansturm der Mentalitäts- und schließlich der „neuen Kulturgeschichte" die ideelle Bastion des Marxismus geschleift. Hobsbawm, Ginzburg, Anderson müssen heutzutage einen unorthodoxen marxistischen Gesprächspartner in der französischen Wissenschaftslandschaft mit der Lupe suchen, sic transit gloria mundi.

IV. Deutschland. Und schließlich die Entwicklung in der Bundesrepublik. Von derjenigen in Ostdeutschland lohnt die Rede nicht, da unter den Trümmern der verblichenen DDR auch ihre Pseudowissenschaft folgerichtig begraben worden ist; allenfalls das Werk von einem halben Dutzend Historikern und Historikerinnen wird, wenn man an den bewährten Leistungskriterien festhält, das Debakel überstehen. Ich versuche, einige vertraute Phänomene noch einmal ins Gedächtnis zu rufen.

Fünfzehn Jahre lang, bis zum Beginn der 60er Jahre, stand die westdeutsche Geschichtswissenschaft der Neuzeit im Zeichen eines maßvoll geläuterten Historismus, der sich in den methodisch vertrauten, aber völlig konventionellen Bahnen der Politik-, manchmal auch der Ideengeschichte bewegte. Zwar gab es erste anregende Äußerungen über das Verhaltnis von Geschichte und Soziologie, etwa 1950 Theodor Schieders – schon für 1944 geplanter – Dialog mit Hans Freyer. Doch das eigentlich Verblüffende ist der selbstgenügsame Traditionalismus nach dem Absturz in die Barbarei, dem Vernichtungskrieg im Osten, dem Massenverbrechen der Judenvernichtung.

Fritz Fischers „Griff nach der Weltmacht" von 1961 und die nach ihm benannte Kontroverse gelten gemeinhin als die große Wasserscheide. Daran ist jedoch nur soviel richtig, daß die leidenschaftliche Debatte als solche etwas Befreiendes an sich hatte und die Atmosphäre veränderte, da der um Katharsis bemühte einstmalige Kirchenhistoriker Fischer mit seinem gesinnungsethischen Schwung alte Fronten aufbrach, indem er die Frage nach der Kontinuität vom Kaiserreich bis zum Frühjahr 1945 auf die Tagesordnung setzte. Methodisch, erst recht theoretisch blieben seine beiden Bücher jedoch bedrückend konventionell im Stil einer weithin altertümlichen Diplomatie- und Personengeschichte. Für eine theoretisch reflektierte und methodisch versierte neuartige Analyse der modernen deutschen Geschichte konnte man da kaum etwas lernen. Einige Dissertationen rechtfertigen es überdies kaum, gleich von einer Fischer-Schule zu sprechen.

Die Veränderung der nächsten drei Jahrzehnte kam vielmehr aus drei Richtungen.

1. Eine kleine Gruppe von Wirtschaftshistorikern brachte Bewegung in ihr Fach, ihr gelang auch der Anschluß an die internationale Diskussion. Knut Borchardt, Wolfram Fischer und Richard Tilly stiegen seit dem Ende der 50er Jahre zu Meinungsführern auf. Am meisten kümmerte sich Tilly um seine Nachwuchsgruppe von konkurrenzfähigen Wirtschaftshistorikern, während die beiden anderen eher erfolgreiche Einzelkämpfer blieben. Jedenfalls wurde die antiquierte Wirtschaftsgeschichte im Stil der Jüngeren Historischen Schule der Nationalökonomie, insbesondere der erstarrte Traditionalismus um Hermann Kellenbenz, endlich effektiv unter Druck gesetzt.

2. Eine der produktiven Reaktionen der westdeutschen Gesellschaft und Wissenschaft auf den „Zivilisationsbruch“ war die Erfindung der Zeitgeschichte, die es bis dahin in dieser Form nirgendwo als Spezialfach gegeben hatte. Nach dem heftig umstrittenen Auftakt mit Karl Dietrich Brachers brillanter „Auflösung der Weimarer Republik“, vielleicht dem wichtigsten historischen Buch in den ersten fünfzig Jahren nach 1945, expandierte sie rasch und gewann einen – im internationalen Vergleich, besonders mit Italien und Japan – erstaunlichen Einfluß auf die innerdeutsche Debatte über das Selbstverständnis und die Vorgeschichte der Nachkriegsgesellschaft. Unstreitig ist die Wirkung der großen Justizprozesse: des Auschwitz- und des Majdanek-Prozesses etwa, des neuen Fernsehmediums mit der Holocaust-Soap in den späten 70er Jahren, der Bilder der Wehrmachtsausstellung, der Mahn-

mal- und Goldhagen-Debatte jeweils größer gewesen als der unmittelbare Einfluß der geschichtswissenschaftlichen Kärrnerarbeit. Doch spätestens in der zweiten Phase solcher Kontroversen kamen auch die Ergebnisse der Historiographie zur Geltung, entdeckte man, wie viel sie schon zuverlässig geklärt hatte. Außer neuen Höhepunkten, wie Martin Broszats „Staat Hitlers" und Hans-Peter Schwarz' Adenauer-Biographie, zeichnete sich die westdeutsche Zeitgeschichte durch eine unbändige Diversifizierung aus, ohne freilich nach Brachers innovativem Vorstoß das theoretische Verständnis einer wahrhaft modernen Politikgeschichte nachhaltig zu verbessern.

Völker stellen sich äußerst widerwillig den gemeinsam begangenen Verbrechen ihrer Vergangenheit. Daß die Westdeutschen eben das allmählich in erstaunlicher Zahl taten, ist der nicht hoch genug zu schätzenden Mitwirkung der Zeitgeschichte ganz wesentlich zu verdanken. Und noch einmal: Im Vergleich wird deutlich, daß die Geschichtswissenschaft in keinem anderen Land nach 1945 eine derartig einflußreiche Rolle gespielt hat wie die deutsche Zeit- und Neuzeitgeschichte.

3. Last, but not least gehört in diese Trias die Sozialgeschichte, die sich seit der Mitte der 60er Jahre schnell entfaltete: Gefördert von Werner Conze, eher indirekt auch von Theodor Schieder, am nachhaltigsten aber von Hans Rosenberg beeinflußt, den vor allem Gerhard A. Ritter vermittelte, von dem die größte Anzahl strenger Sozialhistoriker, wie eine Quantifizierung mühelos ergibt, ausgebildet wurde. Im übrigen kamen damals die sozialgeschichtlich interessierten jüngeren Historiker aus den unterschiedlichsten „Ställen": aus Göttingen und Berlin, aus Tübingen und Köln, aus Hamburg und Heidelberg. Diese neue Strömung zeichnete sich durch verschiedene Eigenarten aus.

Im Vordergrund stand für sie die Erklärung der langlebigen gesellschaftlichen Voraussetzungen des deutschen Zivilisationsbruchs. Dadurch gewann die These vom deutschen „Sonderweg" ihre Bedeutung. Zum ersten Mal setzte sich, soweit ich zu sehen vermag, eine politische Generation vorbehaltlos für das ein, was der Jargon heutzutage die „Westernisierung" nennt. Das hing auch mit ihren lebensgeschichtlichen Erfahrungen während des Studiums in Amerika und England zusammen. Der arrogante Stolz auf den deutschen Historismus wich der Neugier, was man von den eher systematisch ausgerichteten Nachbarwissenschaften, von der Soziologie, der Politikwissenschaft und Ökonomie, lernen könne, um Strukturen und Prozesse angemessen zu erfassen. Das unterstützte die Wendung zum Werk Max Webers, zeitweilig auch des jungen Marx. Von beiden ging die Faszination eines Denkens in systemischen, in strukturellen Kategorien aus, freilich um den Preis einer klaren Abwertung der individuellen Akteure. Das Interesse an theoretischer Klärung, das zu einer anhaltenden Theoriedebatte führte – nach Theodor Schieder der dritten großen Debatte seit dem Droysen/Buckle- und dem Lamprecht-Streit – verband sich mit der Bereitschaft zum wissenschaftspolitischen und politischen Engagement, um für die eigene Position auch in der Öffentlichkeit zu werben. Zugrunde lag erneut eine Generationserfahrung: Lieber einmal zu früh und zu dezidiert öffentlich Stellung beziehen, als sich dem Vorwurf des Duckmäusertums, der die Vätergeneration getroffen hatte, aussetzen.

Wenn man einmal von den Historikern einen Augenblick absieht und den Generationsbegriff weit faßt, bekommt man übrigens mit den Jahrgängen zwischen etwa 1925 und 1940 das Phänomen eines erstaunlichen Einflusses zu fassen, denn zu dieser von Nationalsozialismus, Krieg und Nachkriegszeit geprägten Generation gehören: Habermas und Hennis, Dahrendorf und Lepsius, Bracher und Broszat, Lübbe und Nipperdey, die Mommsens und noch mancher Jüngere. Ohne Koketterie wird man vielleicht doch sagen können, daß diese Generation in der Wissenschaft und in der öffentlichen Meinungsbildung eine auffällige Wirkung erreicht hat, für die der internationale Vergleich so schnell kein Pendant liefert; ein Kollektivporträt dieser „Generation 1945“ würde sich vermutlich lohnen.

Immer handelte es sich bei den Sozialhistorikern um eine kleine Minderheit – gemessen an den schließlich mehr als zwölfhundert Professorenstellen für Geschichte oder an der Mitgliederzahl des Historikerverbandes. Aber die Sozialgeschichte zog theoretisch Interessierte und zugleich zu intensiver Empirie bereite Köpfe an, die der Politikgeschichte nicht mehr die Meinungsführerschaft überlassen wollten.

Nach rund zwei Jahrzehnten geriet sie jedoch unter den bis heute anhaltenden Druck einer Zangenbewegung. Zum einen wurde gegen das „kalte“ Denken in Strukturen und Prozessen die

Handlungsfähigkeit individueller Akteure, ihre lebensweltliche Erfahrung, kurz: das Moment der „Agency" zur Geltung gebracht. Diese Kritik zielte auf ein handlungstheoretisches Defizit der westdeutschen Sozialgeschichte, welche die doppelte Konstituierung von Wirklichkeit: durch „realhistorische" Bedingungen, aber auch durch Perzeption, Weltbilder und Sinndeutung trotz aller Beschwörung Webers, bei dem man gerade das lernen kann, ignoriert hatte.

Zum andern kam zu dieser legitimen innerwissenschaftlichen Kritik ein viel tiefer reichender Umschwung des geistigen Großklimas hinzu. Worauf beruhte er?

Der Abschwung der beispiellosen internationalen Hochkonjunktur seit dem Beginn der 70er Jahre, die allmählich zu Bewußtsein kommende Umweltproblematik, die endlosen Kriege in der „Dritten Welt" und der Einfluß eines neuen, philosophisch grundierten Skeptizismus im Stil des Aufklärungshassers Foucault untergruben den Optimismus der vorangehenden zweieinhalb Jahrzehnte und den Glauben an das überlegene Projekt der westlichen Modernisierung überhaupt. Damit verband sich eine wachsende Skepsis gegenüber den Großtheorien à la Weber und Marx, Luhmann und Parsons, in denen das klirrend harte Strukturdenken die Akteure und ihr individuelles Lebensschicksal erdrückt habe – ein fataler Nachteil in einer Zeit, die Betroffenheit, Befindlichkeit, Sich-Einbringen zur Maxime erhob. Die multikulturellen Gesellschaften lenkten auf andere Organisationsprinzipien, Spannungen und Kontingenzerfahrungen hin als die vertrauten Kategorien Sozialstruktur und Klasse, Markt und Wirtschaftswachstum. Die auch auf diese tektonischen Veränderungen reagierende „linguistische Wende", der geballte Einfluß von Sprachphilosophie und Linguistik, Ethnologie und Sozialtheorie mündeten in die Diskussion über eine „neue Kulturgeschichte" oder eine Historische Kulturwissenschaft ein, die sich alsbald mit dem typischen Primatanspruch gegen den profiliertesten Gegner, die theoriegeleitete Sozial- und Gesellschaftsgeschichte, wandte. In Deutschland hält diese Kontroverse im Grunde erst seit einem Dutzend Jahren an, da im Vergleich mit dem länger währenden französischen, amerikanischen und englischen Vorlauf wegen der hermeneutischen Tradition und Theorieorientierung eine gewisse Immunisierung gegen exzessive Ansprüche vorhanden war und ist.

Eine Zwischenbilanz:

a) Während der Kulturbegriff weiterhin oft amorph bleibt und zwischen allen möglichen Bedeutungen oszilliert, fehlt es für die moderne Geschichte zwar nicht an hochgestimmten Postulaten, wohl aber noch weithin an empirischen Studien mit werbender Überzeugungskraft. Immerhin gibt es neuerdings einige vorzügliche Arbeiten, etwa Sebastian Conrads „Auf der Suche nach der verlorenen Nation" in Deutschland und Japan nach 1945, Thomas Mergels Analyse des rheinisch-katholischen Bürgertums vor 1914, Manfred Hettlings „Politische Bürgerlichkeit" in deutschen und schweizerischen Städten vor dem Ersten Weltkrieg, Svenja Goltermanns „Körper der Nation" mit dem Problem der nationalen Habitusformierung, Ute Planerts „Antifeminismus im Kaiserreich", Manuel Freys „Reinliche Bürger" zwischen 1760 und 1860. Sie alle halten den herkömmlichen Leistungskriterien rundum stand und repräsentieren eine willkommene innovative Bewegung.

b) An solchen Studien kann man auch ablesen, daß vermutlich nicht Konfrontation, sondern Kooperation künftig die besten Aussichten haben. Denn Mergels und Hettlings Bürgertumsstudien, Planerts und Goltermanns Arbeiten zeigen: soviel Sozialgeschichte wie möglich und nötig, ohne auf die Vorliebe für eine kulturwissenschaftliche Interpretation zu verzichten. Diese Integrationsbereitschaft scheint aber noch ein rein deutsches Phänomen zu sein.

c) Dennoch: Der internationale Vergleich erlaubt es, einige unübersehbare Defizite der „neuen Kulturgeschichte" auszumachen. Weiterhin frönt die kulturgeschichtliche Debatte einem naiven Entdeckungseifer, dem entgangen zu sein scheint, wie weit die kulturwissenschaftliche Diskussion um 1900 – zwischen Weber, Simmel, Troeltsch, Jellinek u.a. – wichtige Probleme schon geklärt hatte. Als Historiker macht man daher ständig Déjà-vue-Erfahrungen.

Das erkenntnistheoretische Fundament einer breiten kulturgeschichtlichen Strömung ist der relative Konstruktivismus. Vom radikalen Konstruktivismus als extremer Übersteigerung, die immerhin einen so kühlen Kopf wie Niklas Luhmann in ihren Bann gezogen hat, braucht wegen seiner absurden Mißverständnisse nicht die Rede zu sein. Der relative Konstruktivismus ist jedoch, was sich offenbar noch nicht herumgesprochen hat, nicht mehr und nicht weniger als eine Renaissance der neukantianischen Erkenntnistheorie, wie sie Max Weber in seinem „Objektivitäts"-Aufsatz und überhaupt in seinen Beiträgen zur „Wissenschaftslehre" fulminant verfochten hat. Selbstverständlich kommt auch diese Renaissance mit mancher Raffinesse und präzisen Klarstellung über den Ausgangspunkt hinaus, darin steckt der eigentliche Gewinn. Doch vom unerhört innovatorischen Anspruch sprengt die evidente Kontinuität des konstruktivistischen Denkens manchen Lack ab.

Sieht man von den genannten deutschen Ausnahmen ab, verdrängt die „neue Kulturgeschichte" weiterhin zentrale Phänomene des gesellschaftlichen Lebens, nachdem die „Gesellschaft" für viele ihrer Anhänger zum schlechthin perhorreszierten Feindbegriff geworden ist. Die Hierarchie der Sozialstruktur, die zählebigen Folgen marktbedingter Klassen, der klassenspezifisch eingeschränkte Zugang zu Lebenschancen und Ressourcen, die Funktionen von Eliten, von Aufstiegs- und Abstiegsmobilität – all das wird verdrängt, als ob ein solcher Bannstrahl ex cathedra die Macht der realhistorischen Konstellationen auflösen könnte.

Mindestens ebenso nachteilig ist die Ausblendung der Wirtschaftsgeschichte. Das ist im Zeichen der Globalisierung, in der neuen Phase eines neoliberal drapierten Turbokapitalismus, eines von Fonds, Großbanken und Spekulanten getragenen informellen amerikanischen Finanzimperialismus auf den Börsen und Geldmärkten der Welt eine atemberaubende Realitätsblindheit. Längst hat sich ja der moderne Kapitalismus – die größte Macht unseres Alltagslebens, wie Weber konstatierte – als eigenes Institutionengefüge mit tiefer sozialpsychischer, rechtlicher und politischer Verankerung, mithin auch mit einer gewissen Eigenlogik etabliert. Dem muß sich die „neue Kulturgeschichte" über kurz oder lang bei Strafe ihres Untergangs stellen. Zumindest die doch naheliegende Diskursanalyse etwa der Durchsetzung von Adam Smiths Lehre, der „Sozialen Marktwirtschaft" in Westdeutschland, der neoliberalen Marktdogmatik müßte allmählich einige wache Geister anziehen.

Derselbe Vorwurf trifft auf die sträfliche Vernachlässigung der Politikgeschichte zu. Zugegeben, mancher Kulturhistoriker vertritt die Auffassung, daß die Analyse von Symbolen und Ritualen, von politischen Diskursen und Festen dazu beiträgt, bisher wenig oder gar nicht ausgeleuchtete Dimensionen des politischen Lebens zu erhellen. Manchmal gibt es in der Tat einen Zugewinn. Wenn Thomas Childers die Ständemetaphorik in der politischen Sprache der Weimarer Republik untersucht, trifft er einen – auch bisher nicht unbekannten – wichtigen Punkt. Doch warum die Ständesprache nur in Deutschland, überdies bis heute, so einflußreich bleiben konnte, wird nicht erklärt, wie überhaupt die Frage nach dem „Wie“ die nach dem „Warum“, die Deskription die kausal-funktionale Erklärung häufig verdrängt hat. Daß der Sozialdarwinismus einen erdrückenden Einfluß auf die Ideenwelt Hitlers und führender Nationalsozialisten ausgeübt hat, ist der Forschung längst wohlvertraut. Nimmt man heute die darwinistischen und rassenbiologischen Diskurse unter die Lupe, muß daher neues Licht auf das Phänomen des radikalen Nationalismus seit den 1890er Jahren fallen, um die isolierte Betrachtung der NS-Spitze zu überwinden.

Vor allem aber: Politikgeschichte darf nicht ihr Hauptthema, den unablässigen Kampf um politische Herrschaft und um ihre Legitimationsbasis aus dem Auge verlieren; „das Politische“ ist eine nebulose Velleität, die dringend der Spezifizierung durch Herrschafts- und Legitimationsformen bedarf – da beharre ich ganz auf Webers Position. Natürlich spielen Rituale und Symbole, Diskurse und Weltbilder eine wichtige Rolle. Insbesondere nach der enormen Aufwertung der Politikgeschichte durch die welthistorische Zäsur von 1989/91 – mit dem Zerfall nicht nur des sowjetischen Imperiums, sondern auch der russischen Weltmacht, ja des petrinischen Reiches und damit der Heraufkunft einer neuen globalen Kräftekonstellation – wird die Kulturgeschichte aber an Attraktivität, übrigens auch an Marktwert, einbüßen, wenn es ihr nicht gelingt, zentrale statt periphere Fragen der Herrschafts- und Legitimationsproblematik innovativ und überzeugend anzugehen.

Im Licht dieser eklatanten Defizite scheint mir der Vorsprung einer theoretisch reflektierten Sozial-, Wirtschafts- und Politikgeschichte noch immer schwer aufzuholen zu sein – ein Urteil, das freilich auch darauf beruht, daß sie weiterhin überdurchschnittliche Köpfe anzuziehen vermögen – aber eben das ist seit einiger Zeit fraglich. In mancher Hinsicht bietet sich das vertraute Bild eines Konkurrenzkampfes, in dem erneut Webers Diktum zur

Debatte steht, daß mit der Veränderung der leitenden Wertideen auch das Licht der Forschung weiterwandert und auf neue Probleme fällt.

Ehe ich zu meinem eigentlichen Vorwurf gegen eine aus „Trendiness" betriebene Kulturgeschichte komme, sind noch einige Bemerkungen zum eingangs angekündigten zweiten Befund geboten. Standen unter dem ersten Gesichtspunkt die Unterschiede und die Asymmetrie der disziplinären Schwerpunkte und dominierenden Strömungen im Vordergrund, kann man hinter dieser abwechslungsreichen Fassade doch auch einige gemeinsame Trends erkennen.

1. In den 1950er und 1960er Jahren gab es durchweg eine internationale Aufwertung der Wirtschaftsgeschichte, eingebettet in die ganz unerwartete Dauerkonjunktur der ersten 25 Nachkriegsjahre und getragen vom Wachstumsparadigma, bis hin zu den bizarren Exzessen der „Cliometriker"; am wenigsten hat allerdings dieser Aufschwung das Wirtschaftswunderland der Bundesrepublik erreicht.

2. Von den späten 1960er Jahren bis in die 1980er Jahre dauerte der Aufschwung der Sozialgeschichte, die nicht zuletzt die lange vernachlässigten gesellschaftlichen Grundlagen der Wirtschaftsentwicklung, aber auch der Politik klären wollte.

3. Diesen beiden Trends entsprach, grosso modo, ein erstaunlicher Abschwung der Politikgeschichte, die erst seit den 80er Jahren neuen Auftrieb erhalten hat. Die deutsche Zeitgeschichte bildet hier aus naheliegenden Gründen eine Ausnahme, hat aber theoretisch und methodisch zu einer modernen Politikgeschichte, wie sie die Arbeiten von Christopher Thorne und Jürgen Osterhammel verkörpern, bisher wenig beigetragen.

4. Mit auffälliger zeitlicher Verschiebung wirkte sich überall die Herausforderung der „Neuen Kulturgeschichte" aus. Nach der Vorreiterrolle von Thompson seit den 1960er Jahren vor allem in Frankreich, Amerika und England, in Deutschland erst seit den 1980er Jahren. Die gegenwärtige Rivalität ist vorn skizziert worden. Die Prognose über ihren Ausgang hängt offensichtlich in hohem Maße auch von den eigenen wissenschaftlichen Erfahrungen und normativen Vorentscheidungen ab.

5. Das führt zum letzten Gesichtspunkt. In aller Kürze: Aufgrund unserer Standort- oder Kontextabhängigkeit, der durch

und durch normativ durchwachsenen Struktur unseres Denkens und unserer Sprache beziehen wir in den Humanwissenschaften auch immer politisch Stellung. Auf jeden Fall unvermeidbar implizit, hoffentlich aber möglichst explizit, um unsere Position diskussionsfähig zu machen. Nichts ist so mißverstanden worden wie die ominöse Werturteilsfreiheit, denn Weber plädierte ja „ohne wenn und aber" für eine dezidierte Festlegung auf erkenntnisleitende Interessen, auf leitende Wertideen, wollte danach aber den Gang der Forschung vom Einschmuggeln neuer, unreflektierter ethischer Postulate und Werturteile freihalten. Daß die Einsicht in das unaufhebbare politische „Commitment" und als Folge davon ein entsprechendes Verhalten seit den 1960er Jahren in der westdeutschen Geschichtswissenschaft eine solche Rolle spielten, ist vor allem zwei Einflüssen zu verdanken: zum einen der generationsspezifischen Prägung, die das politische Engagement dringend nahelegte; zum anderen aber auch – und das war ein großer Gewinn der oft ironisierten Theoriedebatte – der erkenntnistheoretischen Klärung dessen, was Geschichtswissenschaft ausrichten kann, will und soll.

Dieser Gewinn wird, pointiert gesagt, durch eine spürbar apolitische Grundhaltung in jüngeren Historikergenerationen in Frage gestellt. Sie spiegelt wahrscheinlich zum einen die andersartige generationelle Prägung durch die Normalvarianten der Politik in den ersten fünfzig Friedensjahren der Bundesrepublik wider. Zum anderen aber drückt sie vermutlich auch theoretische Inkonsequenz, ja Drückebergerei vor den Implikationen der eigenen Berufstätigkeit aus. Diese veränderte Grundhaltung kann man gewiß auch in der neueren Sozial-, Wirtschafts- und Politikgeschichte feststellen, am krassesten aber in der „Neuen Kulturgeschichte", die sich, obwohl sie durch ihre theoretische Klarheit exzellieren müßte, den Luxus einer auffälligen politischen Abstinenz leistet.

Zur Illustration ein Rückblick auf einige Großdebatten, nicht auf die zahlreichen subtileren politischen Kontroversen: Hat sich auch nur ein einziger älterer oder jüngerer Kulturhistoriker am Historikerstreit vor 13 Jahren beteiligt, obwohl es unstreitig auch um Weltbilder und Sprache ging? Wer von ihnen hat sich in die Debatte um das Holocaust-Mahnmal eingeschaltet? Kein einziger, die alte Garde hat die Argumente pro und kontra geliefert.

Wo war die Reaktion auf das unsägliche „trash book“ von Daniel Goldhagen, obwohl es um Mentalität, Habitus, Diskurs ging? Wer äußerte sich zur Wehrmachtsausstellung, deren Wirkung doch ganz auf der Macht der Bilder als Tabusprenger beruht? Trotz aller schlimmen handwerklichen Mängel bietet die derzeitige Kampagne gegen sie genug Anlaß zum Eingreifen. Und wie steht es mit Dauerproblemen: dem Umbau, aber auch der Verteidigung des Sozialstaats, dem Nord-Süd-Gefälle, dem Siegeszug des Marktaberglaubens der neuen Neoliberalen, den Problemen der multikulturellen Gesellschaft – mit lauter Fragen also, die auch den Jüngeren als Fragen ihrer Welt unter den Nägeln brennen müßten?

Die Verteidigung bedient sich vertrauter Argumente: Es gehe zum Beispiel der „Neuen Kulturgeschichte“ nicht um spektakuläre öffentliche Kontroversen, heißt es, vielmehr weit eher um das sublime Geschäft der Unterminierung von Kategorien, die bisher als unbelastete Selbstverständlichkeiten gegolten hätten, tatsächlich aber eine präjudizierende Belastung mit sich schleppten. Das war der Begriffsgeschichte bisher nicht unbekannt, aber wenn dieser Foucaultsche Impuls zu überzeugenden Erkenntnissen führt, dann um so besser. Doch kann politisches Engagement sich à la longue nicht mit der begriffsgeschichtlichen Klärung zufriedengeben.

Oder aber es heißt, daß der politische Impuls der Frauengeschichte und der Ethnizitätsforschung doch ganz evident seien, mithin nur von purer Ignoranz geleugnet werden könne. In Amerika trifft das zu, gewiß, doch auf dem Weg über den Atlantik hat offenbar eine Entschärfung stattgefunden. Das politische Interesse jüngerer Historikerinnen in der Geschlechtergeschichte hat spürbar nachgelassen, als ob etwa das Wesentliche geschafft und der erreichte Zustand ohne anhaltende politische Aktivität mühelos verteidigt werden könne. Und die Anregungen der Ethnizitätsforschung vermögen zwar im deutschen Kontext die Aufmerksamkeit erneut auf den Schmelztiegel des Ruhrgebiets oder auf das deutsch-jüdische Zusammenleben in Großstädten wie Breslau, mithin auf Probleme multikultureller Regional- und Stadtgesellschaften zu lenken, haben aber noch nicht zu einem sichtbaren, expliziten politischen Engagement außerhalb der ziemlich zahmen wissenschaftsimmanenten Opposition gegen die konservative, liberale, modernisierungstheoretische „Meistererzählung“ geführt.

Kurzum, seit zehn bis zwanzig Jahren fehlt im deutschen politischen Diskurs, wie das soeben auch Richard Rorty im Hinblick auf Amerika bitter beklagt hat, im Grunde die Stimme der kulturhistorischen Generation. Da aber die Geschichtswissenschaft auf evidente und subtile Weise immer mit den politischen Konstellationen verknüpft ist, könnte sich diese politische Abstinenz über kurz oder lang als das schwerste Handicap der „neuen Kulturgeschichte“ erweisen. Wenn sie sich dieser Abstinenz nicht endlich stellt, wird sie als Macht des historischen Denkens zu Recht scheitern.

Anhang

Anmerkungen

Vorwort

1 Vgl. dieselbe Verbindung dieser Elemente in den acht vorhergehenden Bänden: Krisenherde des Kaiserreichs 1871–1918, Göttingen 1970/1979[2]; Geschichte als Historische Sozialwissenschaft, Frankfurt 1973/1980[3]; Historische Sozialwissenschaft und Geschichtsschreibung, Göttingen 1980; Preußen ist wieder chic, Frankfurt 1983; Aus der Geschichte lernen? München 1988; Die Gegenwart als Geschichte, ebd. 1995; Politik in der Geschichte, ebd. 1998; Die Herausforderung der Kulturgeschichte, ebd. 1998.
2 Vgl. dazu auch: Die Gegenwart als Geschichte, 127–85.
3 Vgl. dazu auch: Systembelastung der zweiten Republik, Die deutsche Krise zwischen Globalisierung und Petrifizierung, in: Festschrift H.-J. Puhle, Frankfurt 2000.
4 Diese Beiträge begleiten den Fortgang meiner „Deutschen Gesellschaftsgeschichte“ (I: 1700–1815, München 1987; II: 1815–49, ebd. 1987; III: 1848–1914, ebd. 1995; demn. IV: 1914–1990).
5 Vgl. auch: Die Zielutopie der „Bürgerlichen Gesellschaft“ und die „Zivilgesellschaft“ heute, in: P. Lundgreen Hg., Sozial- und Kulturgeschichte des Bürgertums, Göttingen 2000.
6 Vgl. Die Gegenwart als Geschichte, 13–59; Aus der Geschichte lernen? 115–225.
7 Vgl. Historische Sozialwissenschaft und Geschichtsschreibung.

1. Nationalsozialismus und Historiker

1 E. Jäckel, Hitlers Weltanschauung, Stuttgart 1991[4], 159.
2 Um die Autoren der wichtigsten Studien in alphabetischer Reihenfolge zu nennen: Gadi Algazi, Götz Aly, Matthias Beer, Michael Burleigh, Angelika Ebbinghaus, Michael Fahlbusch, Ingo Haar, Martin Kröger, Willi Oberkrome, Karl Heinz Roth, Karin Schönwälder, Peter Schöttler, Winfried Schulze, Roland Thimme.
3 W. Oberkrome, Geschichte, Volk u. Theorie, in: P. Schöttler Hg., Geschichtsschreibung als Legitimationswissenschaft 1918–45, Frankfurt 1997, 114. Vgl. ausführlicher ders., Volksgeschichte, Göttingen 1993.
4 Das könnte etwa auf der Linie geschehen, die Ulrich Herbert in seiner paradigmatisch aufschlußreichen Biographie von Werner Best (Best, Bonn 1997) vorgezeichnet hat.

5 Als Schieder 1966 zum Vorsitzenden des „Verbandes Deutscher Historiker" (1967–72) gewählt wurde, erwarteten die Kölner Assistenten Angriffe aus der DDR. Um für sie gewappnet zu sein, habe ich damals von Schieders Veröffentlichungen vor 1945 gelesen, was ich bis dahin noch nicht kannte. Manche Formulierung empfand ich erwartungsgemäß als zeitabhängig, aber selten vom nationalsozialistischen Ungeist geprägt. Selbst sein Handbuch-Beitrag über den italienischen Faschismus (1940) deutete diesen, schien es, primär als moderne Entwicklungsdiktatur in einem industriell relativ rückständigen Land, erst danach als ein zukunftsträchtiges „völkisches" Regime. Der letzte, spät im Krieg gedruckte Aufsatz war mir damals nicht zugänglich, aber gerade er erweist sich als desillusionierend (s.u. Anm. 10).

6 T. Schieder, Die kleindeutsche Partei in Bayern 1863–1871, München 1936, Zit. S. V. – Bedenkt man, daß K. A. v. Müller als einziger deutscher Historiker buchstäblich vom ersten Augenblick an Hitlers Auftritt auf der Münchener politischen Bühne zustimmend verfolgt und sich der NSDAP mit „Schulungskursen" frühzeitig angedient hat, fällt auf, daß sich von diesen politischen Präferenzen des Doktorvaters in der Dissertation Schieders überhaupt nichts findet.

7 W. Conze, Die Königsberger Jahre, in: A. Hillgruber Hg., Vom Beruf des Historikers, München 1985, 25f.

8 I. Haar, Historiker im Nationalsozialismus, Diss. Halle 1998, 225f., demn. Göttingen 2000.

9 K. Schönwälder, Historiker u. Politik im Nationalsozialismus, Frankfurt 1992, 338, Anm. 46.

10 Zur Verfassungsgeschichte deutscher Volksgruppen, in: H. Aubin Hg., Deutsche Ostforschung, II, Leipzig 1943, 257–58.

11 Conze, 31.

12 A. Ebbinghaus u. K. H. Roth, Vorläufer des „Generalplans Ost". Eine Dokumentation über T. Schieders Polendenkschrift vom 7. 10. 1939, in: 1999. Zeitschrift für Sozialgeschichte des 20. u. 21. Jahrhunderts 7. 1992, 62–94, Text: 84–91. Vorher knapp erwähnt in: M. Burleigh, Germany Turns Eastwards. Ostforschung in the Third Reich, Cambridge 1988, 165f. Vgl. G. Aly, Rückwärtsgewandte Propheten, in: ders., Macht – Geist – Wahn, Berlin 1997, 180–82; ders., Endlösung, Frankfurt 1995[2], 16f. – Es versteht sich, daß ich angesichts der Erweiterung unserer Kenntnisse einen Teil des Nachrufes nicht mehr so schreiben könnte, wie ich das 1985 in „Geschichte und Gesellschaft" getan habe.

13 Aly, 175, 156. Man möchte die Aly offenbar vorliegenden Redetexte vom März 1945 selber lesen können. Oder hat Aly hier nicht doch geirrt?

14 Berlin 1934, gedruckt in Ipsens Reihe zur „Volkslehre und Gesellschaftskunde".

15 Oberkrome, 111, 113.

16 Teil I erschien sogleich: Die Hufenverfassung im Großfürstentum Litauen, Leipzig 1940; das Material zu Teil II, der bis zur sowjetischen Kollektivierung führen sollte, ging im Krieg verloren.

17 Aly, 160.

18 Jomsburg 1. 1937, 272.

19 Wilna und der Nordosten Polens, in: Osteuropa 13. 1938, 657–64.

20 D. Gusti Hg., Die Arbeiten des 14. Internationalen Soziologenkongresses, Bd. B/I, Bukarest 1940, 48. Ein Nachklang in W. Conze, Die Strukturkrise des östlichen Mitteleuropa, in: Vierteljahrshefte für Zeitgeschichte 1.1953.

21 I. Fried, Eröffnungsrede zum 42. Deutschen Historikertag, in: Zeitschrift für Geschichtswissenschaft 46.1998, 872.

22 Altpreußische Forschungen 17.1940, 24.

23 K. Zernack, W. Conze als Ostmitteleuropahistoriker, in: W. Conze, Ostmitteleuropa, München 1992, 243f.

24 Ebd., 244.

25 Aly, Propheten, 160; Zernack, 245; Haar, 296; Conze, in: Vierteljahrsschrift für Sozial- u. Wirtschaftsgeschichte 38. 1949/50, 2–43.

26 Frankfurter Allg. Zeitung 16.6.1965. Erdmann meinte Ernst Bertram, Martin Heidegger, Paul Lenard, Hans Naumann, Carl Schmitt, auch Ernst Rudolf Huber.

27 M. Kröger u. R. Thimme, Die Geschichtsbilder des Historikers K. D. Erdmann, München 1996; dies., K. D. Erdmann. Utopien u. Realitäten, in: Zeitschrift für Geschichtswissenschaft 46.1998, 602–21, mit der nach ihrem Buch entstandenen Kontroversliteratur, namentlich aus dem engeren „Schüler"-Kreis Erdmanns.

28 Wien 1939, ND 1965[5].

29 Die Belege in: W. Schieder, Sozialgeschichte zwischen Soziologie u. Geschichte. Das wissenschaftliche Lebenswerk W. Conzes, in: Geschichte und Gesellschaft 13. 1987, 244–66.

30 Vgl. z.B. Schieders Rezension von M. Weber, Wirtschaft u. Gesellschaft, in: Geschichte in Wissenschaft u. Unterricht 9.1958, 649–66.

31 Auf einem Blatt für sich steht Schieders Tätigkeit als Leiter der „Wissenschaftlichen Kommission" zur „Dokumentation der Vertreibung der Deutschen aus Ostmitteleuropa", deren acht Bände von 1953 bis 1961 erschienen sind. Von den „Königsbergern" waren außer Schieder auch Conze und Rothfels sowie zeitweilig Theodor Oberländer als auftraggebender Vertriebenenminister beteiligt. Schieders Befürwortung deutscher Vertreibungspolitik zehn Jahre zuvor – allen Mitarbeitern der „Dokumentation" (etwa Martin Broszat, Hans Booms, Eckhart G. Franz, Erwin Viefhaus, Hans-Christoph Schröder und mir während meiner halbjährigen Arbeit 1960 an der Einleitung des Jugoslawienbandes) völlig unbekannt – wirft jetzt ein eigentümliches Licht auf seine Leitungsfunktion in diesem Unternehmen. Hätte Schieder es nicht dezidiert ablehnen sollen? In Diskussionen machte er freilich in diesem Zusammenhang nie ein Hehl daraus, daß die Vertreibung der Deutschen nur als Gegenschlag gegen die deutsche Umsiedlungs- und Rassenpolitik angemessen zu verstehen sei. Warum er dann den umfangreichen, aus der Feder von Kurt Kluxen, Erwin Viefhaus und Siegfried Georg stammenden, im Manuskript vorliegenden Schlußband, der konzeptionell ganz auf dieser Interpretation beruhte, nicht energisch gegen den Widerstand im Ministerium durchsetzte, blieb allen Mitarbeitern ein Rätsel. Die Autoren des Schlußbandes haben freilich auch nicht unmißverständlich auf dem Druck ihres Manuskripts insistiert oder über ihr geistiges Eigentum bei einem selbstgewählten Verlag verfügt. – Der bei-

spiellose Vorgang selber, die in kürzester Zeit durchgeführte gewalttätige Vertreibung von rund zwölf Millionen Deutschen, rechtfertigte den Anlauf zu einer erfahrungsnahen, wissenschaftlich kontrollierten Bestandsaufnahme. In mancher Hinsicht wurde von Schieder, der offenbar an seiner Königsberger Forschungsstelle schon mit den Aussagen von historischen Zeitzeugen gearbeitet hatte, mit seinen Mitarbeitern an diesem Projekt eine Frühform der „Oral History" praktiziert, die auf einer vielfachen Kontrolle der eingeholten Berichte bestand. Dadurch sollte methodisch ein Kontrollfilter gegen Übertreibungen und Erfindungen eingebaut werden. Im Grunde muß die „Dokumentation" von unserem heutigen Kenntnisstand aus noch einmal einer sorgfältigen kritischen Überprüfung ihrer Vorzüge und Defizite unterworfen werden. Dazu jetzt nüchtern: M. Beer, Im Spannungsfeld zwischen Politik u. Zeitgeschichte. Das Großforschungsprojekt „Dokumentation der Vertreibung der Deutschen aus Ostmitteleuropa", in: Vierteljahreshefte für Zeitgeschichte 46.1998, 345–89. Beer will auch den Abschlußband edieren.

32 Brunner blieb nach 1945 wegen seiner NS-Vergangenheit in Wien zuerst stellenlos, dann seit 1956 an der Universität Hamburg ohne einen Schülerkreis. Sein Einfluß auf Neuzeit-Sozialhistoriker war begrenzt auf Anregungen zur begriffsgeschichtlichen Klärung, die dann jedoch Reinhart Koselleck ungleich wirkungsvoller anmahnte. Auch Erdmann hat in Kiel nur einen kleinen Schülerkreis aufgebaut. Beide können unter dem Gesichtspunkt der Wirkung auf Jüngere mit Schieder und Conze nicht verglichen werden.

33 C. Jahr, in: Neue Zürcher Zeitung 16. 9. 1998.

34 Vgl. H.-U. Wehler, Die Herausforderung der Kulturgeschichte, München 1998.

3. Nationalstaat und Krieg

1 D. Langewiesche, „Revolution von oben"? Krieg u. Nationalstaatsgründung in Deutschland, in: ders. Hg., Revolution u. Krieg, Paderborn 1989, 117–33.

2 M. Jeismann, Das Vaterland der Feinde. Studien zum nationalen Feindbegriff u. Selbstverständnis in Deutschland u. Frankreich 1792–1918, Stuttgart 1992.

6. Die Hybris einer Geschichtsphilosophie

1 H. D. Kittsteiner, Die Krisis der Historikerzunft, in: Rechtshistorisches Journal 18.1999, 496–510.

2 Anspruchsvoll nach einem großen Vorbild: „Was heißt und zu welchem Ende studiert man Kulturgeschichte?", in: Geschichte und Gesellschaft 23.1997, 5–27.

3 Seit dem Frankfurter Historikertag im Herbst 1998 habe ich daran teilgenommen, mit dem vorläufigen Ergebnis in: Historiker und Nationalsozialismus, in: W. Schulze u. O. G. Oexle Hg., Deutsche Historiker im Nationalsozialismus, Frankfurt 1999, 306–39, in diesem Band Nr. 1.

4 Das hat mit aller wünschenswerten Klarheit Ulrich Herbert in seiner fulminanten Best-Biographie gezeigt: Best. Biographische Studien über Radikalismus, Weltanschauung u. Vernunft 1903–89, Bonn 1996.

5 Als Mahnmal: Perry Andersons brillanter, aber steckengebliebener Anlauf: Von der Antike zum Feudalismus, Frankfurt 1978; Die Entstehung des absolutistischen Staates, ebd. 1979 (engl. 1974). Die angekündigten Bände, die sich daran anschließen sollten, sind seither nicht erschienen.

10. Die europäischen Revolutionen von 1848/49

1 D. Dowe u.a. Hg., Europa 1848. Revolution u. Reform, Bonn 1998; D. Langewiesche Hg., Demokratiebewegung u. Revolution 1847–1849. Internationale Aspekte u. europäische Verbindungen, Karlsruhe 1998. Am aufschlußreichsten allein zur deutschen Revolution ist der analytisch vorzüglich angelegte Querschnitt von C. Dipper u. U. Speck Hg., 1848. Revolution in Deutschland, Frankfurt 1998.

2 Das entschiedendste Plädoyer für diesen generationsspezifischen Paradigmenwechsel findet sich in: C. Jansen u. T. Mergel Hg., Die Revolutionen von 1848/49, Göttingen 1998.

14. Soziale Stratifikation und Stratifikationstheorien

1 Eine Kurzbibliographie zum Thema:

Bendix, R. u. S. M. Lipset Hg., Class, Status, and Power, N.Y. 1966².
Berger, P. A., Entstrukturierte Klassengesellschaft. Klassenbildung u. Strukturen sozialer Ungleichheit im historischen Wandel, Opladen 1986.
Berger, P. A. u. S. Hradil Hg., Lebenslagen, Lebensläufe, Lebensstile, Göttingen 1990.
Bernstein, B., Class, Codes, and Control, 3 Bde, N.Y. 1975.
Blau, P. M., Inequality and Heterogeneity, N.Y. 1977.
Bourdieu, P., Die feinen Unterschiede, Frankfurt 1987.
Bourdieu, P., Titel u. Stelle. Über die Reproduktion sozialer Macht, Frankfurt 1981.
Carlsson, G., Social Mobility and Class Structure, Lund 1969.
Dahrendorf, R., Soziale Klassen u. Klassenkonflikt in der industriellen Gesellschaft, Stuttgart 1957.
Eder, K. Hg., Klassenlage, Lebensstil u. kulturelle Praxis, Frankfurt 1989.
Eisenstadt, S. N., Social Differentiation and Stratification, London 1971.
Giddens, A., The Class Structure of Advanced Societies, N.Y. 1973, dt. Die Klassenstruktur fortgeschrittener Gesellschaften, Frankfurt 1984.
Granovetter, M. u. C. Tilly, Inequality and Labor Processes, in: N. J. Smelser Hg., Handbook of Sociology, Newbury Park 1988, 175–221.
Grusky, D. B. Hg., Social Stratification, Boulder/Col. 1992.
Haller, M., Klassenstrukturen u. Mobilität, Frankfurt 1989.
Jackson, J. A. Hg., Social Stratification, Cambridge 1968.
Kaelble, H., Soziale Mobilität u. Chancengleichheit im 19. u. 20. Jh., Göttingen 1983.
Kreckel, R., Politische Soziologie der Sozialen Ungleichheit, Frankfurt 1992.

Kreckel, R. Hg., Soziale Ungleichheiten, Göttingen 1983.
Lenski, G., Macht u. Privileg, Frankfurt 1973.
Luhmann, N., Die Gesellschaft der Gesellschaft, 2 Bde, Frankfurt 1997.
Nolte, P., Die Ordnung der deutschen Gesellschaft. Selbstentwurf u. Selbstbeschreibung im 20. Jh., München 2000.
Ossowski, S., Die Klassenstruktur im sozialen Bewußtsein, Neuwied 1962.
Parkin, F., Marxism and Class Theory, N.Y. 1979.
Parkin, F. Hg., The Social Analysis of Class Structure, London 1974.
Reissman, L., Social Stratification, in: N. J. Smelser Hg., Sociology, N.Y. 1967, 127–90.
Runciman, W. G., Towards a Theory of Social Stratification, in: J. A. Jackson Hg., Social Stratification, Cambridge 1968, 25–61, u. in: F. Parkin Hg., The Social Analysis of Class Structure, London 1974, 54–101.
Schumpeter, J. A., Die sozialen Klassen im ethnisch homogenen Milieu, in: ders., Aufsätze zur Soziologie, Tübingen 1953.
Smelser, N. J., Social Structure, in: ders. Hg., Handbook of Sociology, Newbury Park 1988, 103–30.
Sorensen, A., The Structural Basis of Social Inequality, in: American Journal of Sociology 101. 1996, 1333–65.
Sorensen, A. B., Class, Status, and Power, in: D. B. Grusky Hg., Social Stratification, Boulder/Col. 1992, 229–41.
Sorokin, P. A., Social and Cultural Mobility (1927), Glencoe/Ill. 1959.
Stedman Jones, G., Klassen, Politik u. Sprache, Münster 1987.
Strath, B., Language and the Construction of Class Identities, Gothenburg 1990.
Svalastoga, K., Social Differentiation, N.Y. 1965.
Tilly, C., Durable Inequality, Berkely 1999.
Tumin, M. M., Schichtung u. Mobilität, München 1970.
Wehler, H.-U., Deutsche Gesellschaftsgeschichte 1750–1914, 3 Bde, München 1987/95 (IV: 1914–1990).
Wehler, H.-U., P. Bourdieu, in: ders., Die Herausforderung der Kulturgeschichte, München 1998, 15–44.
Wehler, H.-U. Hg., Klassen in der europäischen Sozialgeschichte, Göttingen 1979.

Knappe Einführungen:

1 International Encyclopedia of the Social Sciences, 14. 1968 (H. Goldhamer, Social Mobility, 429–38; E. R. Udy, Social Structure, 482–95); 15.1968 (B. Barber u. a., Social Stratification, 288–337; M. Zelditch, Social Status, 250–52).
2 E. u. M. L. Borgatta Hg., Encyclopedia of Sociology IV, N. Y. 1992 (D. B. Grusky u. A. A. Takata, 1955–70; A. O. Haller, Societal Stratification, 1984–94; A. M. O'Randy, Social Inequality, 1850–55; L. M. Riess, Social Mobility, 1872–80; S. C. Rytina, Social Structure, 1970–76).
3 T. Bottomore, Soziale Schichtung, in: R. König Hg., Handbuch der Empirischen Sozialforschung V, München 1976[2], 1–39.
4 K. v. Beyme, Klassen, in: Sowjetsystem u. Demokratische Gesellschaft III, Freiburg 1969, 633–69.

15. Modernisierung und Modernisierungstheorien

1 Eine Kurzbibliographie zum Thema:

Avineri, S., Marx and Modernization, in: Review of Politics 31.1969, 172–88.
Bendix, R., What Is Modernization? in: W.A. Beling u. G.O. Tottem Hg., Developing Nations, N.Y. 1970, 3–20.
Bendix, R., Tradition and Modernity Reconsidered, in: ders., Embattled Reason, New Brunswick 1988[2], 279–320.
Black, C. E. Hg., Comparative Modernization, N.Y. 1976.
Black, C. E. u.a., The Modernization of Japan and Russia, N.Y. 1975.
Chong-Do Ha u. J. Schneider, A Critique of Current Studies on Political Development and Modernization, in: Social Research 35.1968, 130–58.
Eisenstadt, S.N., A Reappraisal of Theories of Social Change and Modernization, in: H. Haferkamp u. N.J. Smelser Hg., Social Change and Modernity, Berkeley 1992, 112–30.
Eisenstadt, S.N., Reflections on a Theory of Modernization, in: A. Rivkin Hg., Nations by Design, Garden City 1968, 35–61.
Flora, P., Modernisierungsforschung, Opladen 1974.
Harrison, D., The Sociology of Modernization, London 1988.
Kalberg, S., Einführung in die historisch-vergleichende Soziologie Max Webers, Opladen 2000.
Krantz, F. u. P. M. Hohenberg Hg., Failed Transitions to Modern Industrial Society: Renaissance Italy and 17th Century Holland, Montreal 1975.
Lepsius, M. R., Soziologische Theoreme über die Sozialstruktur der „Moderne" u. die „Modernisierung", in: ders., Interessen, Ideen u. Institutionen, Opladen 1990, 211–31.
Van der Loo, H. u. W. van Reijen, Modernisierung, München 1992.
Shiner, L. E., Tradition/Modernity: An Ideal Type Gone Astray, in: Comparative Studies in Society and History 17.1975, 245–52.
Tipps, D. C., Modernization Theory and the Study of National Societies, in: Comparative Studies in Society and History 15.1973, 199–226.
Varma, B. N., Modernization Theories, in: ders. Hg., The New Social Sciences, Westport/Conn. 1976, 139–67.
Wehler, H.-U., Modernisierungstheorie u. Geschichte, Göttingen 1975; überarbeitet in: ders., Die Gegenwart als Geschichte, München 1995, 13–59, 266–84.
Wehling, P., Die Moderne als Sozialmythos. Kritik der sozialwissenschaftlichen Modernisierungstheorie, Frankfurt 1992.
Zapf, W., Modernisierung u. Modernisierungstheorien, in: ders. Hg., Modernisierung moderner Gesellschaften, Frankfurt 1991, 23–39.
Zapf, W., Die soziologische Theorie der Modernisierung, in: Soziale Welt 26.1975, 212–26.
Zapf, W., Modernisierungstheorien, in: Festschrift B. Hanssler, Pullach 1974, 302–17.

Die „Studies in Political Development" des „Committee on Comparative Politics": 1. L.W. Pye Hg., Communications and Political Development,

Princeton 1963. 2. J. La Palombara Hg., Bureaucracy and Political Development, Princeton 1963. 3. R. E. Ward u. D. A. Rustow Hg., Political Modernization in Japan and Turkey, Princeton 1964. 4. J. S. Coleman Hg., Education and Political Development, Princeton 1965. 5. L.W. Pye u. S. Verba Hg., Political Culture and Political Development, Princeton 1965. 6. J. La Palombara u. M. Weiner Hg., Political Parties and Political Development, Princeton 1966. 7. L. Binder Hg., Crises and Sequences in Political Development, Princeton 1971. 8. G. A. Almond u.a. Hg., Crisis, Choice, and Change. Historical Studies of Political Development, Boston 1973.

Weitere Literatur in: D. Lerner u.a., Modernization, in: International Encyclopedia of the Social Sciences 10.1968, 386–409; J. Brode Hg., The Process of Modernization. An Annotated Bibliography, Cambridge/Mass. 1969; ausführlich bis 1995 in: Wehler, Modernisierungstheorie, 266–84.

Die wichtigste Literatur zu Marx und Weber findet sich nach den Kurzbiographien in: International Encyclopedia of the Social and Behavioral Sciences. Die anderen erwähnten Titel:

W.W. Rostow, The Stages of Economic Growth, Cambridge 1960; dt. Stadien wirtschaftlichen Wachstums, Göttingen 1967[2].

A. Gerschenkron, Economic Backwardness in Historical Perspective, N.Y. 1965[2].

D.C. North u. R.P. Thomas, The Rise of the Western World, Cambridge 1973.

B. Moore, Social Origins of Dictatorship and Democracy, Boston 1966; dt. Soziale Ursprünge von Diktatur u. Demokratie, Frankfurt 1969.

16. Emotionen in der Geschichte: Sind soziale Klassen auch emotionale Klassen?

1 Ganz provisorisch und noch weithin ungesichert möchte ich einige Überlegungen anstellen, um zu einer künftigen substantielleren Diskussion beizutragen. Der Vorzug dieses Experiments liegt darin, daß es dazu zwingt, die Gesichtspunkte thesenartig zu entwickeln, um zum Widerspruch oder Nachdenken anzuregen.

2 L. Ciompi, Die emotionalen Grundlagen des Denkens, Göttingen 1997. Außerdem habe ich auf das schmale Corpus der einschlägigen Literatur zurückgegriffen. Heranzuziehen sind hier: A. R. Damasio, Descartes' Irrtum. Fühlen, Denken u. das menschliche Gehirn, München 1997; J. LeDoux, Das Netz der Gefühle, ebd. 1998; U. Frevert, Angst vor Gefühlen? Die Geschichtsmächtigkeit von Emotionen im 20. Jh., in: M. Hettling u. a. Hg., Perspektiven der Gesellschaftsgeschichte, München 2000, 95–111; V. M. Reddy, The Historical Ethnography of Emotions, in: Current Anthropology 38.1997, 326–51; M. Cole, Cultural Psychology, Cambridge/Mass. 1996; P. N. Stearns, Emotions, in: ders. Hg., Encyclopedia of Social History, N. Y. 1994, 233–35; ders., Historical Analysis in the Study of Emotions, in: Motivation and Emotion 10.1986, 183–93; ders. u. C. Z. Stearns, Introducing the History of Emotions, in: Psychohistorical Review 18.1990, 263–

91; dies. Hg., Emotion and Social Change, N. Y. 1988; dies., Emotionology. Clarifying the History of Emotions and Standards, in: American Historical Review 90.1985, 813–36; H.-J. Pandel, Emotionalität – ein neues Thema der Sozialgeschichte, in: B. Mütter u. H. Uffelmann Hg., Emotionen u. historisches Lernen, Stuttgart 1992, 41–61; P. Bourdieu, Die männliche Herrschaft, in: I. Dölling u. B. Krais Hg., Ein alltägliches Spiel. Geschlechterkonstruktionen in der sozialen Praxis, Frankfurt 1997, 153–217; jetzt ders., Männliche Herrschaft, Frankfurt 2000; C. Wouters, On Status Competition and Emotion Management: The Study of Emotions, in: Theory, Culture & Society 9.1992, 229–52; A. Giddens, Wandel der Intimität, Frankfurt 1993; H.-G. Vester, Emotion, Gesellschaft u. Kultur, Opladen 1991; L. Abu-Lughod u. C. A. Lutz Hg., Language and the Politics of Emotions, Cambridge 1990; P. Burke, Collective Psychology and Social Change, in: B. Löwenstein Hg., Geschichte u. Psychologie, Pfaffenweiler 1992, 19–37; T.D. Kemper Hg., Research Agenda in the Sociology of Emotions, Albany/N. Y. 1990; ders., Power, Status, and Emotions, in: K. R. Scherer u. P. Ekman Hg., Approaches to Emotions, London 1984, 369–84; K. P. Hansen, Die Geschichte der Emotionalität, in: Psychologie u. Geschichte 1.1989, 37–48; G. Vowinckel, Zivilisationsformen der Affekte u. ihres körperlichen Ausdrucks, in: Zeitschrift für Soziologie 18.1989, 362–77; ders., Von politischen Köpfen u. schönen Seelen. Ein soziologischer Versuch über die Zivilisationsformen der Affekte u. ihres Ausdrucks, München 1983; J. Gerhards, Soziologie der Emotionen, ebd. 1988; ders., Die sozialen Bedingungen der Entstehung von Emotionen, in: Zeitschrift für Soziologie 17.1988, 187–202; ders., Affektionales Handeln – Der Stellenwert von Emotionen in der Soziologie M. Webers, in: J. Weiss Hg., M. Weber heute, Frankfurt 1989, 336–57; A. Hahn, M. Weber u. die historische Psychologie, in: G. Jüttemann Hg., Wegbereiter der historischen Psychologie, München 1988, 115–24; N. Elias, On Human Beings and Their Emotions, in: Theory, Culture & Society 4.1987, 339–61, und selbstverständlich noch immer sein „Klassiker": Über den Prozeß der Zivilisation, 2 Bde, Frankfurt 1997; C. A. Lutz u. G. M. White, Anthropology of Emotions, in: Annual Review of Anthropology 15.1986, 405–36; R. Harré Hg., The Social Construction of Emotions, N. Y. 1986; T. Zeldin, Personal History and the History of Emotions, in: Journal of Social History 15.1981/82, 339–47; G. Devereux, Angst u. Methode in den Verhaltenswissenschaften, München 1973; H. M. Gardiner u. a., Feeling and Emotion, Westport/Conn. 1970.

3 Ciompi, 87.

4 S. Goltermann, Körper der Nation. Habitusformierung u. Politik des Turnens 1850–90, Göttingen 1998.

5 Interview in „Neue Politische Literatur" 1998, H. 2, 187–205.

6 Deutsch in: Dölling u. Krais Hg., 153–217; erläutert ebd. im Interview, 218–30, dann in seinem neuen Buch über dasselbe Thema: La domination masculine, Paris 1998; dt. Männliche Herrschaft, Frankfurt 2000.

17. Soziologie und Geschichte als Nachbarwissenschaften

1 Die damalige Diskussion spiegeln einige Sammelbände und Einführungen wider, z.B. H.-U. Wehler Hg., Geschichte u. Soziologie, Köln 1972/Königstein 1984[3]; P.-C. Ludz Hg., Geschichte u. Soziologie, Opladen 1972; R. Rürup Hg., Historische Sozialwissenschaft, Göttingen 1977; W. Schulze, Soziologie u. Geschichtswissenschaft, München 1974.

2 Vgl. J. Kocka Hg., M. Weber – der Historiker, Göttingen 1986.

3 Vgl. z.B. die Literatur in: H.-U. Wehler, Bibliographie zur neueren deutschen Sozialgeschichte, München 1993; ders., Historische Sozialwissenschaft u. Geschichtsschreibung, Göttingen 1980; J. Kocka, Sozialgeschichte, Göttingen 1986[2]. Zur englischsprachigen Diskussion: P. Abrams Hg., Historical Sociology, Ithaca 1982; P. Burke, Sociology and History, London 1982/ ND History and Social Theory, Ithaca 1992.

4 Andrerseits ist es völlig verfehlt, der Chimäre der Einheitswissenschaft weiter nachzujagen und dafür allein die Ökonomie zu empfehlen; solche Überlegungen treffen nur auf schmale Segmente moderner Marktgesellschaften zu. Die führenden amerikanischen „Cliometriker", die ursprünglich, da sie von der neoklassischen Theorie herkamen, an denselben Primat geglaubt hatten, haben diese Ökonomismus, aus Schaden klug geworden, längst wieder aufgegeben.

5 Diese Pionierstudien finden sich jetzt gesammelt in: M. R. Lepsius, Demokratie in Deutschland, Göttingen 1993; ders., Interessen, Ideen u. Institutionen, Opladen 1990.

6 Vgl. z.B. F.X. Kaufmann, Die Herausforderungen des Sozialstaates, Frankfurt 1997.

7 Eine erhebliche Zahl von solchen soziologiekundigen Historikern ist mir, dank der Bemühungen vor allem in Bielefeld und Berlin, bekannt. Umgekehrt kenne ich keinen jüngeren deutschen Soziologen mit einer solchen Doppelausbildung, wohl aber einige in den USA und in England.

8 Das maßvolle Plädoyer, das H. G. Vester für sie gehalten hat (Geschichte u. Gesellschaft. Ansätze historisch-komparativer Soziologie, München 1995), ist typischerweise, soweit ich zu sehen vermag, ohne Echo geblieben.

9 Vgl. jetzt vorzüglich dazu: R. Swedberg, M. Weber and the Idea of Economic Sociology, Princeton 1998.

10 Vgl. dazu T. Mergel, Geschichte u. Soziologie, in: H.-J. Goertz Hg., Geschichte – ein Grundkurs, Reinbeck 1998, 621–51; dazu auch ders. u. T. Welskopp Hg., Geschichte zwischen Kultur u. Gesellschaft, München 1997; W. Hardtwig u. H.-U. Wehler Hg., Kulturgeschichte Heute, Göttingen 1996.

18. Anerkennung und Kritik

1 W. Reinhard, Geschichte der Staatsgewalt. Eine vergleichende Verfassungsgeschichte Europas von den Anfängen bis zur Gegenwart, München 1999.

2 A. Weber, Kulturgeschichte als Kultursoziologie (1935), Hg. E. Demm, Marburg 1997 (= Alfred Weber-Gesamtausgabe I).

19. Zur Situation der Geisteswissenschaften

1 W. Frühwald u.a., Geisteswissenschaften heute, Frankfurt 1991; W. Prinz u.a., Die sog. Geisteswissenschaften. Innenansichten, ebd. 1990; dies. Hg., Die sog. Geisteswissenschaften. Außenansichten, ebd. 1991; W. Prinz, Die sog. Geisteswissenschaften, in: H. Reinalter Hg., Vernetztes Denken – gemeinsames Handeln, München 1993. – H.-U. Wehler, Geschichte als Historische Sozialwissenschaft, Frankfurt 1980[3]; ders., Historische Sozialwissenschaft u. Geschichtsschreibung, Göttingen 1980; ders., Aus der Geschichte lernen? ebd. 1988; ders., Die Gegenwart als Geschichte, ebd. 1995; ders., Politik in der Geschichte, ebd. 1998; ders., Die Herausforderung der Kulturgeschichte, ebd. 1998.

Bibliographische Notiz

1 W. Schulze u. O.G. Oexle Hg., Deutsche Historiker im Nationalsozialismus, Frankfurt 1999, 309–39.
2 Bisher ungedruckt.
3 W. Rösener Hg., Staat u. Krieg, Göttingen 2000.
4 Tagesspiegel 2.8.1999.
5 Zeit-Punkte 1/1998: Kanzler, Krisen, Kontroversen, 64–66.
6 Rechtshistorisches Journal 18. 1999, 540–47.
7 J. Düwell u. T. Vormbaum Hg., Recht u. Nationalsozialismus, Baden-Baden 1998, 15–27.
8 Festschrift C. Kleßmann, Bonn 1998, 346–52.
9 Die Zeit 20. 8. 1998.
10 Frankfurter Allg. Zeitung 9. 7. 1998.
11 M. Ragati u. H. Wixforth Hg., Wirtschaft u. Energie im Wandel der Zeit, Köln 1999, 5–21.
12 Festschrift J. Rüsen, Weimar 1998, 377–82.
13 Festschrift H. Zwahr, Weimar 2000.
14 Bisher ungedruckt.
15 Bisher ungedruckt.
16 Festschrift W. Schieder, Berlin 2000.
17 C. Funken Hg., Soziologischer Eigensinn, Opladen 2000.
18 Zeit 14. 10. 1999; Frankfurter Allg. Zeitung 14. 10. 1999.
19 H. Reinalter u. R. Benedikler Hg., Die Geisteswissenschaften, Wien 1998, 187–98.
20 Bisher ungedruckt.

Personenregister

Hans-Ulrich Wehler im Verlag C.H. Beck
(Auswahl)

Deutsche Gesellschaftsgeschichte
1700–1914
Band 1: 1700–1815. Vom Feudalismus des Alten Reiches
bis zur Defensiven Modernisierung der Reformära
3. Auflage. 1996. XII, 676 Seiten. Leinen

Band 2: 1815–1845/49. Von der Reformära bis zur industriellen
und politischen „Deutschen Doppelrevolution"
3. Auflage. 1996. XII, 914 Seiten. Leinen

Band 3: 1849–1914. Von der „Deutschen Doppelrevolution"
bis zum Beginn des Ersten Weltkrieges
3. Auflage. 1996. XVII, 1515 Seiten. Leinen

Die Gegenwart als Geschichte
Essays
1995. 304 Seiten. Broschiert

Die Herausforderung der Kulturgeschichte
1998. 160 Seiten. Paperback
Beck'sche Reihe Band 1276

Politik in der Geschichte
Essays
1998. 269 Seiten. Paperback
Beck'sche Reihe Band 1240

Verlag C.H. Beck München